DIEDERICHS GELBE REIHE

herausgegeben von Michael Günther

Vom Frieden der Seele

Ein Lesebuch mit Texten aus drei Jahrtausenden

Herausgegeben und mit Einführungen versehen
von Gerd Becher und Elmar Treptow

Eugen Diederichs Verlag

Umschlagbild: Aus Boethius' »Trost der Philosophie« (Folioausgabe des 15. Jahrhunderts). Die Philosophie in Gestalt einer Frau verhilft dem zum Tode verurteilten Autor zur Seelenruhe (siehe Text S. 102–115). Auf ihr Kleid sind die Namen der sieben Freien Künste gestickt, die im Mittelalter die Grundausbildung an der Universität ausmachten: Arithmetik, Musik, Geometrie, Astronomie, Grammatik, Logik und Rhetorik.

Herausgeber und Verlag danken den folgenden Verlagen für die freundliche Abdruckgenehmigung der ausgewählten Schriften: Artemis Verlag Zürich/München, S. Fischer Verlag, Frankfurt a. M., Hamburger Stiftung zur Förderung von Wissenschaft und Kultur, Hamburg, Carl Hanser Verlag, München, Herder Verlag, Freiburg i. Br., Insel Verlag, Frankfurt a. M., Alfred Kröner Verlag, Stuttgart, Manesse Verlag, Zürich, Felix Meiner Verlag, Hamburg, Justus Perthes Verlag, Gotha, Reclam Verlag, Leipzig, Scherz Verlag, Bern/München/Wien, Suhrkamp Verlag, Frankfurt a. M., Vandenhoeck & Ruprecht Verlag, Göttingen.

Die Deutsche Bibliothek – CIP-Einheitsaufnahme
Vom Frieden der Seele : ein Lesebuch mit Texten aus drei Jahrtausenden / Gerd Becher/Elmar Treptow (Hg.). – München : Diederichs, 1996
   (Diederichs Gelbe Reihe ; 127 : Weltkulturen)
   ISBN 3-424-01330-7
NE: Becher, Gerd [Hrsg.]; GT

Umschlaggestaltung: Zembsch' Werkstatt, München
Produktion: Tillmann Roeder, München
Satz: Fotosatz Otto Gutfreund GmbH, Darmstadt
Druck und Bindung: Pressedruck, Augsburg
Printed in Germany

ISBN 3-424-01330-7

Inhalt

MITTELALTER UND RENAISSANCE

VOM BEGINN DER NEUZEIT BIS ZUR GEGENWART

Editorischer Hinweis:

Textkürzungen und Einfügungen der Herausgeber dieses Buches sind durch eckige Klammern gekennzeichnet. In einigen Fällen wurden Orthographie und Zeichensetzung behutsam modernisiert.
Die Überschriften vor den Einführungstexten wurden überwiegend von den Herausgebern gewählt. Originalüberschriften sind im Quellenverzeichnis (s. S. 377–381) mit einem Sternchen (*) gekennzeichnet.

Vorwort

Das Leben im Einklang mit sich selbst und in innerem Gleichgewicht ist ein Grundanliegen der Menschen fast aller Kulturen und Epochen. Das Streben nach dieser Ruhe, dem Frieden der Seele, muß jedoch – das zeigen die meisten der in diesem Buch abgedruckten Texte – keineswegs gleichbedeutend sein mit Resignation vor drückenden Verhältnissen oder mit Flucht in illusionären Trost. Auch wenn die Lebensumstände durch praktische, nach außen gerichtete Aktivität verbessert werden können, bleibt sozusagen ein unveränderbarer »Rest«, mit dem der Mensch »zurechtzukommen« hat, was ihm nur durch eine innere, kontemplative Einstellung gelingen kann.

Der interkulturellen und epochenübergreifenden Bedeutung des Themas entsprechend versammelt das Buch die wichtigsten und einflußreichsten Aussagen zum Seelenfrieden aus dem Alten Orient, der griechischen und römischen Antike, dem Mittelalter und der Renaissance sowie vom Beginn der Neuzeit bis zur Gegenwart. So unterschiedlich die Weltgegenden und Zeiten sind, aus denen die Texte stammen, so vielfältig ist auch das Spektrum der Autoren. Ehrwürdige östliche Weisheitslehrer erheben hier ebenso ihre Stimme wie Größen der europäischen Geistesgeschichte; christliche und islamische Mystiker bezeugen die Suche nach innerer Harmonie und Übereinstimmung mit sich selbst nicht weniger deutlich als glaubensferne Denker. Sie alle bekunden, wie die Menschen in dem Wunsch nach einem Leben in Ruhe, Zufriedenheit und Glückseligkeit universell verbunden sind.

Jeder der 32 Texte wird durch eine biographisch-inhaltliche Einführung erschlossen, die, wo erforderlich, auch Informationen über politische und gesellschaftliche Hintergründe enthält. Eine behutsame Interpretation läßt dem Leser Spielraum für eigenes Nachdenken und ermöglicht es ihm, sich die Texte kritisch anzueignen. Und er wird sich auch selbst Gedanken über ihre inhaltlichen Unterschiede machen, so z. B. darüber, daß die Seelenruhe einerseits als das Resultat menschlicher

Selbsttätigkeit, andererseits als ein Gnadengeschenk höherer Mächte erscheint, oder daß der Ruhepunkt teils als Indifferenzpunkt jenseits der Gegensätze bzw. der Bewegung, teils als die Einheit der ineinander übergehenden Gegensätze aufgefaßt wird.

Das Buch bietet keine wohlfeilen Ratschläge für die »richtige« Lebensführung in einer krisengeschüttelten Welt und verzichtet bewußt auf die Patentrezepte marktgängiger Heilslehren. Es will den Leser aber dazu einladen und ermutigen, sich auch und gerade in Zeiten äußeren Unfriedens sowie angesichts der modernen »Selbstmobilisierung ins Unendliche« (Peter Sloterdijk) um den Frieden der eigenen Seele zu kümmern – unbesorgt um den Vorwurf der Flucht oder der Resignation.

Gerd Becher, Elmar Treptow

ALTER ORIENT
UND
EUROPÄISCHE ANTIKE

Amenemope

Die Seligkeit des Schweigers

Wie alt die Sehnsucht nach einem Leben im Frieden mit sich selbst, nach Harmonie und innerem Gleichgewicht ist, zeigt uns die große Lebenslehre des Ägypters Amenemope. Sie wurde um 1100 v. Chr., am Ende des Neuen Reiches, niedergeschrieben und ist an den Sohn gerichtet, doch ihre Ratschläge und Ermahnungen gelten im Grunde für alle Menschen.

Gestützt auf das religiöse Weltbild der Bewohner des Pharaonenreiches – auf die Überzeugung also, daß ein Gott der Welt eine Ordnung (ma^cat) gegeben hat, die nicht nur das sinnreiche Gefüge der Natur umfaßt, sondern auch die gesamte menschliche Sozialordnung bis hin zur Regelung des Steuerwesens oder gar der Tischsitten – empfiehlt Amenemope eindringlich, sich in den freien Willen Gottes vorbehaltlos zu fügen. Im Unterschied zu früheren ägyptischen Lebenslehren wird dieser Rat jedoch nicht mehr damit begründet, daß denjenigen, der den »Weg Gottes« geht, äußerer Erfolg, wie etwa Reichtum, Ansehen und eine königsnahe Stellung, erwartet. Statt dessen propagiert der Weisheitslehrer als oberste Tugend Bescheidenheit in allen irdischen Dingen. Und das höchste im Diesseits zu erreichende Ziel besteht für ihn in der Zufriedenheit des Herzens, der inneren Ruhe auch bei einem kargen Los.

Um seine Vorstellungen zu verdeutlichen, bedient sich Amenemope eines den Ägyptern seit langem vertrauten Gegensatzpaares: dem Ideal des »Schweigers« wird der »Heiße« gegenübergestellt. Letzterer ist unbeherrscht, verletzt die Mitmenschen durch seine Worte und Handlungen und wird deshalb gemieden. Der Schweiger dagegen hat seine Gefühle und sein Verhalten jederzeit unter Kontrolle und verhält sich auch bei Angriffen von Gegnern ruhig. Er nimmt das ihm von Gott auferlegte Schicksal ergeben hin, ohne es selbst ändern zu wollen oder sich aufzulehnen. Gerade dadurch aber, und in dem Bewußtsein, aus Gottesliebe richtig zu handeln, lebt der Besonnene mit »fröhlichem Herzen« und bleibt »unversehrt vom Schrecken«.

*In den ersten sieben Kapiteln von Amenemopes einflußrei-
cher Lehre, deren Postulate sich zum Teil auch im Alten Testament wiederfinden, werden die Kerngedanken in beeindruk-
kender Weise dargeboten.*

[Amenemope] sagt: Erstes Kapitel.
Leih deine Ohren, höre, was gesagt wird;
gib dein Herz, es zu verstehen.[1]
Es ist nützlich, es in dein Herz zu geben,[2]
aber wehe dem, der es mißachtet.
Laß es im Kasten deines Leibes ruhen,[3]
dann bildet es einen Pflock in deinem Herzen.
Wenn dann ein Wirbelwind von Worten aufkommt,
dann ist es ein Haltepfosten für deine Zunge.
Wenn du deine Lebensspanne verbringst mit diesem im
    Herzen,
dann wirst du finden, daß es Erfolg bringt.
Du wirst meine Worte als ein Vorratshaus für das Leben
    finden,
und dein Leib wird heil sein auf Erden.

Zweites Kapitel.
Hüte dich, einen Elenden zu berauben
oder einem Schwachen Gewalt anzutun.
Strecke nicht deine Hand aus, einem Alten zu nahe zu treten,
und fahre einem Älteren nicht über den Mund.
Laß dich nicht mit einer rauhen Botschaft ausschicken
und schätze den nicht, der sie aufgetragen hat.
Erhebe kein Geschrei gegen den, der sich gegen dich vergeht,
und tritt ihm gegenüber nicht für dich selber ein.
Wer Böses tut, den stößt der Uferdamm ab,
und seine (des Dammes) Flutwelle holt ihn.[4]
Der Nordwind kommt herab und beendet seine (des Bösen)
    Stunde,
er vereinigt sich mit dem Unwetter;
die Gewitterwolken sind laut, die Krokodile böse:
Du Heißer, was ist jetzt mit dir?
Er schreit, und seine Stimme dringt bis zum Himmel,
und der Mond ist es, der seine Verbrechen feststellt.[5]

Steure, daß wir den Bösen übersetzen,
wir wollen nicht handeln wie seinesgleichen.
Richte ihn auf, reiche ihm deine Hand,
setze ihn in die Arme des Gottes,
fülle seinen Leib mit Brot von dir,
daß er satt werde und sich schäme.
Gut ist es auch im Herzen des Gottes,
vor dem Reden zu zögern.

Drittes Kapitel.
Fang keinen Streit mit dem Heißmäuligen an
und stichle ihn nicht mit Worten.
Zögere vor einem Gegner, beuge dich vor einem Angreifer,
schlafe vor dem Reden.
Ein Sturm, der sich erhebt wie Feuer im Stroh,
das ist der Heiße in seiner Stunde.[6]
Zieh dich vor ihm zurück, laß ihn unbeachtet,
der Gott wird ihm zu antworten wissen.
Wenn du deine Lebenszeit lang diesen Rat im Herzen hast,
dann werden auch deine Kinder es noch bemerken.

Viertes Kapitel.
Der Heiße im Tempel,
er ist wie ein Baum, der in einem Innern wächst,
einen Augenblick nur bringt er Schößlinge hervor.
Sein Ende findet er entweder im Wasser –
er treibt (dabei) weitab von seiner Heimat –,
oder er findet sein Begräbnis in der Flamme.[7]
Der wahre Schweiger aber hält sich abseits;
er ist wie ein Baum, der im Sonnenlicht wächst.
Er grünt und verdoppelt seine Früchte,
er steht im Angesicht seines Herrn,
seine Früchte sind süß, sein Schatten ist angenehm,
und sein Ende findet er als Statue.[8]

Fünftes Kapitel.
Eigne dir nicht Anteile des Tempels an,[9]
sei nicht gierig, dann wirst du Überfluß finden.
Dränge nicht einen Diener Gottes beiseite,
um einem anderen einen Vorteil zu verschaffen.[10]

Sage nicht: »Heute ist wie morgen«,[11]
Wie soll das enden?
Wenn das Morgen gekommen und das Heute vorbeigegangen
   ist,
dann ist die Flut zum Rand einer Welle geworden,
die Krokodile liegen bloß, die Nilpferde auf dem Trockenen,
die Fische sind zusammengedrängt.
Die Wölfe sind satt, die Vögel im Fest:
die Fischnetze aber sind leer geblieben.[12]
Die Schweigenden im Tempel,
sie sagen: »Groß an Gunst ist Re«.[13]
Halte dich an den Schweiger, dann wirst du Leben finden,
und dein Leib wird heil sein auf Erden.

Sechstes Kapitel.
Verrücke nicht den Markstein auf den Grenzen der Felder
und verschiebe nicht die Meßschnur von ihrer Stelle.
Sei nicht gierig nach einer Elle Ackers
und vergreife dich nicht an den (Feld-)Grenzen einer Witwe.
Die Furche zum Treten,[14] die schon die Zeit verringert hat,
wer sie für (sein) Feld verwischt
und sie sich mit falschen Eiden erhascht,
der wird durch eine Erscheinung des Mondes eingefangen.[15]
Du erkennst den, der solches tut, schon auf Erden:
Er ist ein Bedrücker des Schwachen,
ein Widersacher, darauf aus, dich zu zerstören.
Aus seinem Auge blitzt Verderben,
sein Haus ist ein Feind für die (ganze) Stadt.
Seine Vorratsräume werden zerstört,
sein Besitz wird seinen Kindern verweigert[16]
und seine Habe einem anderen gegeben.
Hüte dich (also), Ackergrenzen zu verletzen,
damit dich nicht ein Schrecken hole.
Man befriedigt Gott in der Erscheinung des Herrn,[17]
der die Ackergrenzen festsetzt.
Strebe danach, daß dein Leib heil bleibe,[18]
hüte dich vor dem Allherrn.
Betritt nicht die Furche eines anderen,
es bringt dir Vorteil, wenn sie unversehrt bleibt.
Pflüge (deine) Felder, und du wirst finden, was du brauchst,

du wirst Brot von deiner eigenen Tenne erhalten.
Besser ist ein Scheffel, den der Gott dir gibt,
als fünftausend aus Unrecht.
Die verbleiben nicht einen Tag in Speicher und Scheune,
die geben keine Nahrung für den Bierkrug.[19]
Kurz nur ist ihre Zeit im Vorratshaus,
bei Tagesanbruch sind sie versunken.
Besser ist Armut in der Hand Gottes
als Schätze im Vorratshaus,
besser sind Brote bei fröhlichem Herzen
als Reichtum mit Kummer.

Siebtes Kapitel.
Hänge dein Herz nicht an Schätze:
Es gibt keinen, der nicht um Bestimmung und Geschick
    wüßte.[20]
Wirf dein Herz nicht hinter Äußerlichkeiten her:
Jedermann hat seine (ihm bestimmte) Stunde.
Mühe dich nicht, nach Mehr zu suchen,
dann bleibt dein Bedarf dir sicher. [...]
Freue dich nicht über Schätze durch Betrug
und seufze nicht über Armut.
Einen Gruppenführer, der sich zu weit vorwagt,
den läßt seine Truppe im Stich.
Das Schiff des Habgierigen bleibt im Schlamm stecken,[21]
während das Schiff des Schweigers mit gutem Winde fährt.
Bete du zur Sonne, wenn sie aufgeht,
und sprich: »Gib mir Heil und Gesundheit!«,
dann gibt er dir deinen Lebensbedarf,
und du bleibst unversehrt vom Schrecken.

Laotse

Rückkehr zur Wurzel heißt Stille

Einen reichen Fundus von Gedanken zur richtigen Lebensführung besitzt seit jeher China. In der Epoche seiner klassischen Philosophie gab es drei Hauptrichtungen: Konfuzius und seine Anhänger vertraten die Ideale der Familie, der Gerechtigkeit im Staat und der Tradition; Mo Ti und seine Nachfolger, die »Mohisten«, lehrten die allgemeine Menschenliebe, forderten gesellschaftliche Reformen und wandten sich vor allem gegen den Krieg; die Taoisten schließlich erstrebten eine mystisch-intuitive Einheit mit der Natur, die mit einer weitgehenden Abkehr von der sozialen Wirklichkeit verbunden war.

Die ehrwürdigste Quelle des Taoismus ist das »Tao te king«, eines der meistübersetzten Bücher der Weltliteratur. Es wird dem Laotse (Laudse, Lao Tzu), dem »Alten Meister«, zugeschrieben und soll im 6. Jahrhundert v. Chr. entstanden sein, doch wird das Werk heute oft später datiert. Wie auch immer: Seine Aphorismen und Gleichnisse sind eine wirkungsmächtige philosophische Reaktion auf die krisenhaften Verhältnisse im China der späten Chou-Dynastie, einer Zeit, in der die angestammten Herrscher ihre Macht verloren hatten und das fernöstliche Reich in eine Vielzahl von selbständigen, um die Hegemonie kämpfenden Staaten zerfallen war.

Das in Versen verfaßte »Tao te king« enthält 81 Abschnitte. Im Mittelpunkt seines Gedankengebäudes steht das tao, *was wörtlich »Weg« bedeutet und auch mit »Ureinheit« oder »Weltgrund« übersetzt wird. Richard Wilhelm gebraucht in seiner hier benutzten Ausgabe des Werkes das Wort »Sinn«. Vom* tao *heißt es unter anderem, daß es schon immer unverändert da war, still, allein und groß ist und in sich zurückkehrt. Durch die Beziehung auf das eine* tao *hat alles Mannigfaltige sein Sein. Das andere zentrale Wort ist* te *und bedeutet »lebendige Kraft« oder »Leben«.* Te *wird durch die Versenkung in das* tao *gewonnen. Damit verbunden ist das Ablassen vom Handeln, das Nicht-Handeln* (wu wei). *Die Übereinstimmung von* te *und* tao *führt zum Zustand der Ruhe. Und durch das Nicht-Handeln, auch in der Politik, wird »die Welt von selber recht«.*

Die nachstehenden Abschnitte des »Buchs vom Sinn und Leben« bringen die Denkweise des Laotse und sein Verhaltensideal besonders gut zum Ausdruck.

Schaffe Leere bis zum Höchsten!
Wahre die Stille bis zum Völligsten!
Alle Dinge mögen sich dann zugleich erheben.
Ich schaue, wie sie sich wenden.
Die Dinge in all ihrer Menge,
ein jedes kehrt zurück zu seiner Wurzel.
Rückkehr zur Wurzel heißt Stille.
Stille heißt Wendung zum Schicksal.
Wendung zum Schicksal heißt Ewigkeit.
Erkenntnis der Ewigkeit heißt Klarheit.
Erkennt man das Ewige nicht,
so kommt man in Wirrnis und Sünde.
Erkennt man das Ewige,
so wird man duldsam.
Duldsamkeit führt zur Gerechtigkeit.
Gerechtigkeit führt zur Herrschaft.
Herrschaft führt zum Himmel.
Himmel führt zum SINN.
SINN führt zur Dauer.
Sein Leben lang kommt man nicht in Gefahr.

＊

Der SINN ist ewig ohne Machen,
und nichts bleibt ungemacht.
Wenn Fürsten und Könige ihn zu wahren verstehen,
so werden alle Dinge sich von selber gestalten.
Gestalten sie sich und es erheben sich die Begierden,
so würde ich sie bannen durch namenlose Einfalt.
Namenlose Einfalt bewirkt Wunschlosigkeit.
Wunschlosigkeit macht still,
und die Welt wird von selber recht.

＊

Wenn der SINN herrscht auf Erden,
so tut man die Rennpferde ab zum Dungführen.

Wenn der SINN abhanden ist auf Erden,
so werden Kriegsrosse gezüchtet auf dem Anger.
Es gibt keine größere Sünde als viele Wünsche.
Es gibt kein größeres Übel als kein Genüge kennen.
Es gibt keinen größeren Fehler als haben wollen.

Darum:
Das Genügen der Genügsamkeit ist dauerndes Genügen.

*

Der Berufene hat kein eigenes Herz.
Er macht das Herz der Leute zu seinem Herzen.
Zu den Guten bin ich gut,
zu den Nichtguten bin ich auch gut;
denn das LEBEN ist die Güte.
Zu den Treuen bin ich treu,
zu den Untreuen bin ich auch treu;
denn das LEBEN ist die Treue.
Der Berufene lebt in der Welt ganz still
und macht sein Herz für die Welt weit.
Die Leute alle blicken und horchen nach ihm.
Und der Berufene nimmt sie alle an als seine Kinder.

*

Wer festhält des LEBENS Völligkeit,
der gleicht einem neugeborenen Kindlein:
Giftige Schlangen stechen es nicht.
Reißende Tiere packen es nicht.
Raubvögel stoßen nicht nach ihm.
Seine Knochen sind schwach, seine Sehnen weich,
und doch kann es fest zugreifen.
Es weiß noch nichts von Mann und Weib,
und doch regt sich sein Blut,
weil es des Samens Fülle hat.
Es kann den ganzen Tag schreien,
und doch wird seine Stimme nicht heiser,
weil es des Friedens Fülle hat.
Den Frieden erkennen heißt ewig sein.
Die Ewigkeit erkennen heißt klar sein.
Das Leben mehren nennt man Glück.

Für sein Begehren seine Kraft einsetzen nennt man stark.
Sind die Dinge stark geworden, altern sie.
Denn das ist Wider-SINN.
Und Wider-SINN ist nahe dem Ende.

*

Zur Leitung des Staates braucht man Regierungskunst,
zum Waffenhandwerk braucht man
außerordentliche Begabung.
Um aber die Welt zu gewinnen,
muß man frei sein von Geschäftigkeit.
Woher weiß ich, daß es also mit der Welt steht?
Je mehr es Dinge in der Welt gibt, die man nicht tun darf,
desto mehr verarmt das Volk.
Je mehr die Menschen scharfe Geräte haben,
desto mehr kommen Haus und Staat ins Verderben.
Je mehr die Leute Kunst und Schlauheit pflegen,
desto mehr erheben sich böse Zeichen.
Je mehr die Gesetze und Befehle prangen,
desto mehr gibt es Diebe und Räuber.

Darum spricht ein Berufener:
Wenn wir nichts machen,
so wandelt sich von selbst das Volk.
Wenn wir die Stille lieben,
so wird das Volk von selber recht.
Wenn wir nichts unternehmen,
so wird das Volk von selber reich.
Wenn wir keine Begierden haben,
so wird das Volk von selber einfältig.

BUDDHA

Frieden als Erlöschen des Lebensfeuers

Buddha, der »Erwachte«, »Erleuchtete«, ist der Name, den Siddhartha Gautama nach seiner Erweckung erhielt. Er wurde um 560 v. Chr. in Kapilavastu im nordwestlichen Indien geboren und starb im nicht weit entfernten Kusinara um 480. Siddhartha Gautama war der Sohn eines Stammesfürsten, der zur Kaste des Krieger- und Beamtenadels gehörte. In jener für das Land krisenhaften Zeit lösten sich als Folge ökonomischer Umwälzungen die Stammesstrukturen allmählich auf, entstanden städtische Handelszentren und erstarkten in der Ganges-Ebene drei monarchisch-despotische Großreiche. An die Stelle der alten vedisch-brahmanischen Opferriten trat immer mehr das Streben nach mystischer Vereinigung der Individualseele (âtman) mit der Weltseele (brahman), wie wir es in den Upanishaden, den religiös-philosophischen Geheimlehren für Eingeweihte, finden. Von da aus ging die Entwicklung weiter zur »Bhagavadgita« (siehe S. 79–92). Buddha aber unterbrach die indische Tradition radikal, wenn er auch die überlieferten Anschauungen von der Wiedergeburt (samsara) und der Vergeltung der Taten (karma) in sein Gedankengebäude integrierte.

Mit 29 Jahren verließ Siddhartha Heimat und Familie und wanderte auf der Suche nach Wahrheit und Erlösung sieben Jahre im Lande umher. Zeitweilig schloß er sich Asketen an, gab die Selbstkasteiung dann aber wieder auf. Schließlich fand er – unter einem Feigenbaum – die Erleuchtung, nämlich die Einsicht in die »vier edlen Wahrheiten«. Er verkündete sie in der »Predigt von Benares« und lehrte sie auf der anschließenden Wanderschaft bis zu seinem Tode. Hierbei bildete sich seine sowohl aus Mönchen wie aus Laienbrüdern bestehende Anhängerschaft.

Als der Buddhismus sich ausbreitete, spaltete er sich in den »Hinayana«, das »Kleine Fahrzeug« für wenige Auserwählte, und den »Mahayana«, das »Große Fahrzeug« für die Buddhaschaft aller Menschen. Der »Mahayana«, der sich auch anderen Religionen anpaßte, ist gegenwärtig vor allem in Nepal,

Vietnam, China, Korea und Japan verbreitet. Den »Hinayana« trifft man insbesondere in Sri Lanka, Birma, Thailand, Laos und Kambodscha an. Wo der Buddhismus Fuß faßte, ließ er eine Kultur der Milde und Toleranz entstehen. Der Zen-Buddhismus in Japan erhielt entscheidende Anstöße aus China durch Seng-ts'an (S. 116–122). Den Buddhismus in der tibetischen Sonderform des Lamaismus repräsentiert derzeit in faszinierender Weise der XIV. Dalai Lama (S. 336–350).

Buddhas Lehre wurde zunächst mündlich weitergegeben und dann im ersten vorchristlichen Jahrhundert aufgezeichnet, und zwar auf Ceylon (Sri Lanka) in der Pali-Sprache, die mit dem altindischen Sanskrit verwandt ist. Im Zentrum der Vorstellungen des »Erhabenen« steht die Erlösung vom Leiden, die auch den Kreislauf der Wiedergeburten durchbricht. Er formuliert seine Erkenntnis von den »vier edlen Wahrheiten« nach dem Muster der Heilkunde – der Beschreibung der Symptome folgt das Aufdecken der Ursachen bzw. die Diagnose und schließlich die Therapie. Nach diesem Muster lehrt Buddha: Alles Leben ist Leiden; die Ursache des Leidens ist unwissendes Begehren; die Überwindung des Leidens kann erreicht werden; der Weg dazu besteht in einem »achtfachen Pfad« (rechte Anschauung, rechte Gesinnung, rechtes Reden, rechtes Handeln, rechtes Leben, rechtes Streben, rechtes Überdenken, rechtes Sich-Versenken). Der angestrebte Zustand der Erlösung vom Leiden ist das Aufhören des »Lebensfeuers« und des »Anhaftens« und somit das »Nichts«. »Nichts« – nirvâna – heißt wörtlich »ausblasen«, »auswehen« oder »aushauchen«. Der Metapher liegt das Bild der Flamme zugrunde. Die Flamme oder das Feuer des Lebensprozesses mit seinen Leidenschaften und Bedürfnissen wird ausgeblasen. Die Figur des sitzenden Buddha mit den in sich verschränkten Armen und Beinen zeigt uns anschaulich den erstrebten Zustand der erlösenden Versenkung und des erhabenen In-sich-Ruhens.

Hier werden Buddhas »Predigt von Benares« und andere, mit ihr zusammenhängende Quellen des Pali-Kanons wiedergegeben.

Leid und Leidenschaft

Die Predigt von Benares

Dies ist die edle Wahrheit vom Leiden: Geburt ist leidvoll, Altern ist leidvoll, Krankheit ist leidvoll, Sterben ist leidvoll. Mit Unlieben vereint zu sein ist leidvoll, von Lieben getrennt zu sein ist leidvoll, und wenn man etwas, das man sich wünscht, nicht erlangt, auch das ist leidvoll – kurz, die fünf »Gruppen« von Daseinsfaktoren,[1] die durch den Lebenshang[2] bedingt sind, sind leidvoll.

Dies ist die edle Wahrheit von der Entstehung des Leidens. Es ist der Durst (die Gier), der die Wiedergeburt hervorruft, der von Freude und Leidenschaft begleitet ist, der hier und dort seine Freude findet, der Durst nach Sinnenlust, der Durst nach Werden, der Durst nach Entwerden.

Dies ist die edle Wahrheit von der Aufhebung des Leidens: Es ist eben dieses Durstes Aufhebung durch völlige Leidenschaftslosigkeit, das Aufgeben, Sich-Entäußern, Sich-Loslösen, Sich-Befreien von ihm.

Dies ist die edle Wahrheit von dem zur Aufhebung des Leidens führenden Wege. Es ist dieser edle achtgliedrige Pfad, nämlich: rechte Anschauung, rechte Gesinnung, rechtes Reden, rechtes Handeln, rechtes Leben, rechtes Streben, rechtes Überdenken, rechtes Sich-Versenken.

»Drei Arten von Empfindungen gibt es, hat der Erhabene gesagt: die lustvolle, die leidvolle und die, welche weder lustvoll noch leidvoll ist. Der Erhabene hat aber auch gesagt: Was auch immer empfunden wird, das gehört zum Leiden.« – »Gewiß, Mönch, das habe ich beides gesagt. Wenn ich sagte: was auch immer empfunden wird, das gehört zum Leiden, so habe ich das gesagt, weil alle bedingten Daseinsfaktoren dem Dahinschwinden, dem Vergehen unterliegen.«

Wären die fünf Gruppen von Daseinsfaktoren einseitig leidvoll, so würden sich die Wesen nicht zu ihnen hingezogen fühlen, und wären sie einseitig lustvoll, so würden sich die Wesen nicht von ihnen abgestoßen fühlen können. Weil die Gruppen aber lustvoll sind, fühlen sich die Wesen zu ihnen hingezogen, infolge ihrer Leidenschaft verbinden sie sich mit ihnen, und infolge dieser Verbindung werden die Wesen unrein. Und weil die Gruppen leidvoll sind, fühlen sich die Wesen von ihnen abgestoßen, infolge ihres Überdrusses werden die Wesen frei von Leidenschaft, und durch Leidenschaftslosigkeit werden die Wesen rein.

Die entzückenden, reizenden Gestalten, Töne, Düfte, Geschmäcke und Tastungen sind Gegenstände der Sinnenlust, sie sind selbst aber keine Sinnenlüste. Sinnenlust ist die *Begierde*, die beim Menschen durch seine Absicht hervorgerufen wird. Die schönen Dinge in der Welt bleiben bestehen, die Weisen wenden ihren Willen von ihnen ab.

Aus dem Willen stammt das Übel, aus dem Willen stammt das Leiden. Durch Beseitigung des Willens erfolgt die Beseitigung des Übels, durch die Beseitigung des Übels erfolgt die Beseitigung des Leidens.

Durch die Gier entsteht das Aufsuchen, durch das Aufsuchen das Erlangen, durch das Erlangen die Entscheidung (darüber, was man mit dem Erlangten machen will), durch den Willen das Sich-daran-Klammern, durch das Sich-daran-Klammern das Ganz-in-Besitz-Nehmen, durch das In-Besitz-Nehmen das Niemand-anderem-Gönnen, durch das Mißgönnen das Bewahrenwollen. Durch das Bewahrenwollen aber entstehen viele böse, unheilvolle Dharmas: Schläge, Wunden, Streit, Zwietracht, Hader, Zank, Verleumdung und Lüge.

›Nie zufrieden ist die Welt, nimmer satt, ein Sklave der Gier.‹ Den Sinn dieses Buddhawortes erklärte der Mönch Râshtrapâla (Ratthapâla) dem König der Kurus. »Ist dein Land nicht reich? Was meinst du aber, Mahârâja, wenn ein zuverlässiger Mann von Osten, Westen, Süden, Norden oder von jenseits des Meeres zu dir käme und dir meldete: ›Ich habe ein großes Land gesehen, dicht bevölkert, mit zahlreichen Elefanten, Rossen, Wagen und Soldaten, mit Schatzkammern voll Elfenbein, Fellen, Gold und mit zahlreichen Weibern. Und es ist möglich, das Land mit einer Heeresmacht von der und der Größe zu erobern.‹ Was würdest du dann tun?« – »Wir würden dann dieses Land erobern und uns dort festsetzen.« – »Eben deshalb hat der Erhabene diesen Ausspruch getan.«

Der Wille, die Leidenschaft, die Freude, die Gier, durch die einer am Körperlichen und den anderen »Gruppen« von Daseinsfaktoren haftet, das ist das Wesentliche an einem Lebewesen.

Das Vergangene ist das eine Ende, das Zukünftige ist das andere Ende, das Gegenwärtige steht in der Mitte, die Gier aber ist die Nähterin. Denn die Gier knüpft alles zusammen zur Wiedergeburt in dieser oder jener Daseinsform.

Im letzten Monat der heißen Zeit fiel der Same eines Schlinggewächses an der Wurzel eines Sâl-Baumes nieder. Als die den Baum bewohnende Gottheit hierüber erschrak, trösteten sie ihre Freunde, die anderen Waldgottheiten: »Fürchte dich nicht! Sicherlich wird dieser Same von einem Pfau oder einem Reh gefressen, oder bei einem Waldbrand vernichtet, oder durch Waldarbeiter fortgetragen, oder von Ameisen verspeist werden, oder er wird gar nicht keimen.« Das Samenkorn wuchs aber doch und wurde zu einer zarten Ranke und umschlang den Baum. Da dachte der Baumgott: ›Warum haben meine Freunde eine künftige Gefahr vorausgesehen und mich deshalb getröstet; angenehm ist doch die Berührung mit dieser jungen Ranke.‹ Das Schlinggewächs aber breitete sich immer weiter aus und erstickte schließlich die mächtigen Äste. Da dachte die Baumgottheit: ›Das war also die Gefahr, die meine Freunde vorausgesehen hatten; das Samenkorn ist die Ursache davon, daß ich jetzt Schmerzen erdulden muß.‹ So geht es denen, die glauben, daß an den Sinnengenüssen nichts Böses sei.

Die meisten Götter und Menschen freuen sich am Werden (Dasein); wird ihnen die Lehre von der Aufhebung des Werdens verkündet, so finden sie an ihr keine Befriedigung. Andere wieder fühlen sich durch das Werden bedrückt und abgestoßen und sehen das Heil im Entwerden und meinen: ›Daß man nach dem Tode restlos zunichte wird und nicht mehr ist, das ist die Ruhe, das höchste Gut.‹ Wie aber sehen die, welche Augen haben, die Sache an? Ein solcher betrachtet das Gewordene als Gewordenes, wendet sich vom Gewordenen ab und bringt es durch Leidenschaftslosigkeit zur Aufhebung.

Die Vorstellung von der Vergänglichkeit reißt, wenn sie verwirklicht und gefördert wird, alle Gier nach Sinnenlust, nach Körperlichem, nach Dasein aus, reißt alles Nichtwissen aus, reißt allen Ich-Wahn aus, so wie ein Pflug alle Wurzeln ausreißt, oder wie die Sonne alle Finsternis vertreibt.

Die reiche Frau Migâramâtâ kam zum Erhabenen, als ihr eine liebe Enkelin gestorben war. Da fragte er sie: »Würdest du dir so viele Söhne und Enkel wünschen, als Menschen in der Stadt Shrâvastî leben?« »Gewiß, Herr.« »Wie viele Menschen sterben wohl jeden Tag in der Stadt?« »Zehn Menschen, acht... oder wenigstens ein Mensch.« »Was meinst du, würdest du dann wohl jemals keine Trauer haben? Wer hundertfaches Liebes hat, hat hundertfaches Leid, wer neunzigfaches Liebes hat, hat neunzigfaches Leid..., wer ein Liebes hat, hat ein Leid. Nur wer kein Liebes hat, hat kein Leid. Ich sage dir, nur der ist ohne Kummer.«

(Bei dieser Gelegenheit sprach der Erhabene die folgende Strophe:)

Die Kümmernisse, Wehklagen und Leiden,
Die stets erneut in dieser Welt erscheinen,
Sie sind nur da, solang wir etwas lieben.
Wenn man nichts liebt, hat man nichts zu beweinen.
Drum sind *die* glücklich nur und ohne Trauer,
Die hier auf Erden nicht an etwas hangen.
Wer frei von Trübsal, frei von Leid will werden,
Befreie sich von liebendem Verlangen.

Solange Kinder an Sandburgen ihre Freude haben, hängen sie an ihnen. Wenn sie aber die Lust an ihnen verloren haben, zerstören sie sie und spielen nicht mehr mit ihnen.

Ein Knabe spielt auf dem Rücken liegend mit seinem eigenen Unrat, wenn er älter geworden ist, spielt er mit Windmühlchen, Wägelchen und Flitzbogen, und ist er herangewachsen, so ergibt er sich den Genüssen der fünf Sinne. Wird er aber dann der Heilsverkündung des Vollendeten ergriffen, so sagt er sich: ›Eine drangvolle Enge ist das Leben im Hause, ein Weg des Staubes (der Leidenschaft), der freie Raum ist die Weltentsagung.‹ So wird er denn Mönch, befolgt die edle Zucht, läutert sein Denken, steigt von einer Stufe der Versenkung zur anderen empor und bringt schließlich alle Leidenschaft zum Versiegen.

Was von der ganzen Welt bis zu den Göttern hin als »Glück« betrachtet wird, das wird von den Edlen der Wirklichkeit gemäß als »Leid« angesehen. Und was da von der ganzen Welt als »Leid« betrachtet wird, das wird von den Edlen als »Glück« angesehen.

So wie es auf diesem Kontinent nur wenige Gärten und

Felder, aber viele Dschungeln und Berge gibt, so gibt es nur wenige Lebewesen auf dem Lande, aber viel mehr im Wasser; nur wenige, die als Menschen wiedergeboren worden sind, aber viele außerhalb der Menschheit; nur wenige [...] Verständige, aber viele Toren, wenige, die die Lehre des Vollendeten vernehmen, aber viele, zu denen sie nicht dringt, wenige, die das, was sie gehört, beherzigen, aber viele, die dies nicht tun, wenige, die um das Heil kämpfen, wenige, die die Erlösung erreichen, aber viele, denen dies nicht beschieden ist.

Der Stufengang zum Heil

Das große Meer senkt sich stufenweise, fällt aber nicht plötzlich steil ab. So gibt es auch in dieser Lehre und Zucht eine stufenweise Belehrung, eine stufenweise praktische Anwendung, ein stufenweises Vorwärtsschreiten, und nicht ein plötzliches Gewinnen der Erkenntnis. [...]

Der achtfache edle Pfad

1. Rechte *Anschauung* ist das Wissen um das Leid, um seine Entstehung und Aufhebung und um den Weg zu seiner Aufhebung. 2. Rechte *Gesinnung* ist eine solche, die frei ist von Begierde, Übelwollen und Gewalttätigkeit. 3. Rechtes *Reden* ist das Abstehen von Lüge, Verleumdung, Schimpfen und Schwatzen. 4. Rechtes *Handeln* ist das Unterlassen von Töten, Stehlen und Unkeuschheit. 5. Rechtes *Leben* ist es, wenn man einen schlechten Lebenserwerb (durch Schwindel, Wahrsagerei, gieriges Zusammenraffen, Handel mit Waffen, Lebewesen, Fleisch, berauschenden Getränken, als Schlächter, Vogelsteller, Jäger, Fischer, Räuber, Henker, Gefangenenwärter) aufgibt und seinen Unterhalt in der richtigen Weise gewinnt. 6. Rechtes *Streben* richtet sich darauf, erstens die schlechten, unheilvollen »Dinge« (*dharma*, Gemütsregungen), welche noch nicht entstanden sind, nicht entstehen zu lassen und die, welche schon entstanden sind, von sich zu tun, und zweitens die noch nicht entstandenen heilvollen »Dinge« zum Entstehen zu bringen und die, welche schon entstanden sind, zu mehren und zur Vollendung zu bringen. 7. Rechtes *Überdenken* ist die besonnene Betrachtung des Körpers, der

Empfindungen, des Denkens und der »Dinge« (*dharma*).
8. Rechtes *Sich-Versenken* ist das Verweilen in den Versenkungsstufen.

Vier Arten von Menschen gibt es in der Welt. Der eine erstrebt weder eigenes noch fremdes Heil (d. h. sittliche Vervollkommnung): er bekämpft Haß, Gier und Wahn weder bei sich noch bei anderen. Der zweite erstrebt nur das Heil der anderen, aber nicht das eigene: er gibt anderen gute Lehren, die er selbst nicht befolgt. Der dritte erstrebt nur das eigene Heil, nicht das der anderen: er lebt selbst sittlich, belehrt aber nicht die anderen. Der vierte schließlich erstrebt eigenes und fremdes Heil: er führt selbst ein sittliches Leben und hält auch andere zu einem solchen an. Unter diesen Menschen ist der dritte besser als die beiden ersten, der vierte aber ist von allen der erhabenste.

Ein Akrobat ließ seinen Schüler auf die Bambusstange steigen, die er selbst auf der Stirn, Schulter usw. balancieren wollte, und sagte zu ihm: »Jetzt achte auf mich, und ich werde auf dich achten, dann werden wir mit unseren Künsten Erfolg haben.« Da sagte der Schüler: »So geht das nicht, Meister. Achte du auf dich, und ich werde auf mich selbst achten. Das ist das richtige Verfahren.« So sollt ihr auf euch selbst achten, dann achtet ihr zugleich auf die anderen, weil sie eurem guten Beispiel folgen. Indem ihr aber durch Milde, durch Schonung, durch freundliche Gesinnung, durch Mitleid auf die anderen achtet, achtet ihr zugleich auf euch selbst.

Ich lehre das Tun und das Nicht-Tun: das Tun von Gutem und das Nicht-Tun von Bösem.[3]

Selbst wenn einer die Überreste seines Speisenapfes in einen schmutzigen Pfuhl am Eingang des Dorfes tut, damit die darin lebenden Wesen sich nähren, so bringt dies eine Mehrung des guten Karma, um wieviel mehr ist dies der Fall, wenn man Menschen Gutes tut! Zu folgenden fünf Zeiten soll man Gaben spenden: wenn einer kommt, wenn einer geht, wenn einer krank ist, in Notzeiten und wenn das erste Korn und die ersten Früchte sich zeigen. Nicht soll man nur mir und meinen Anhängern Gaben spenden, sondern auch den Anhängern anderer Lehren.

Zur rechten Zeit, wahrheitsgemäß, sanft, zweckentsprechend und in freundlicher Gesinnung soll man reden. [...]

Ein Weiser von großer Einsicht denkt zugleich an das eigene Heil, an das Heil des andern, an das beiderseitige Heil und an das Heil der ganzen Welt.

Was es immer an verdienstvollen Werken gibt, sie haben alle nicht den Wert eines sechzehnten Teils der freundlichen Gesinnung gegen alle Wesen, so wie der Glanz aller Sterne nicht den Wert des sechzehnten Teils des Mondscheins hat.

Auch wenn Räuber und Mörder einem mit einer Säge Glied für Glied abschnitten, wer darüber zornig würde, der handelt nicht nach meiner Lehre. Denn auch in einem solchen Fall sollt ihr euch also üben: ›Nicht soll unser Denken sich verändern, nicht wollen wir ein böses Wort von uns geben, sondern gütig und mitleidig bleiben, voll freundlicher Gesinnung und ohne Haß. Wir wollen diesen Menschen mit von freundlicher Gesinnung erfülltem Geiste durchdringen und von ihm ausgehend die ganze Welt.‹ [...]

So wie ein kräftiger Muschelbläser alle vier Himmelsrichtungen mit dem Schall durchdringt, so durchdringt der Mönch die ganze Welt mit freundlicher Gesinnung, mit Mitleid, mit Mitfreude und mit Gleichmut. [...]

Wenn das Herz bleibt unerschüttert,
Wo Versuchung es umringt,
Frei von Leidenschaft und Sorge:
Dieser Brauch stets Segen bringt. [...]

Wenn vor einem Elefanten beständig andere Elefanten herlaufen, die Spitzen der Gräser abreißen, die Zweige wegfressen, das Wasser trüben, oder wenn die Elefantenkühe sich an seinem Leibe reiben, wenn er zum Baden ins Wasser gestiegen ist, dann wird der Elefant mißgestimmt und er denkt: ›Ich will mich von der Herde trennen und allein bleiben.‹ Und er lebt dann allein, wie es ihm behagt. So auch trennt sich ein Mönch von der Schar der Mönche und Nonnen, Laienanhänger, Fürsten, Beamten und (disputierenden) Irrlehrer, die sonst um ihn sind, und er nimmt seinen Wohnsitz im Wald, an der Wurzel eines Baumes, auf einem Berge, in einer Höhle, auf einem Leichenverbrennungsplatz oder in einem leeren Hause. Dort setzt er sich mit untergeschlagenen Beinen, den Körper gerade aufgerichtet, nieder und widmet sich geistigen Übungen.

Rechtes *Überdenken* ist das besonnene Betrachten 1. des Körpers, 2. der Empfindungen, 3. des Denkens und 4. der »Kräfte« *(dharma)*.

1. Besonnen atmet der Mönch ein, besonnen atmet er aus. So wie ein geschickter Drechsler weiß: ›ich ziehe lang an‹, ›ich ziehe kurz an‹, so ist der Mönch sich dessen bewußt: ›ich atme lang ein und aus.‹ Und ebenso ist er sich dessen voll bewußt, wenn er geht oder steht, liegt, hierhin oder dorthin blickt, seinen Arm ausstreckt oder einzieht, ißt, trinkt, kaut und schmeckt, Kot und Harn läßt, schläft, erwacht, redet oder schweigt. Und weiterhin betrachtet der Mönch seinen Körper von den Fußsohlen bis zum Scheitel, den hautumschlossenen, der voll ist von Unreinheit, indem er sich vergegenwärtigt: ›In diesem Körper sind Haare, Zähne, Nägel und andere Bestandteile bis hin zu Nasenschleim, Gelenkschmiere und Harn‹, so wie ein sachverständiger Mann bei einem Sack von Körnern feststellt: ›Dies ist Reis, dies sind Bohnen‹ usw. Und weiterhin überdenkt der Mönch: ›In diesem Körper sind vorhanden die Elemente Erde, Wasser, Feuer, Luft‹, so wie ein Schlächter, der ein Rind geschlachtet hat, es in seine einzelnen Teile zerlegt. Und weiterhin, als sähe er einen Leichnam, angeschwollen, in Verwesung begriffen, von Vögeln angefressen, oder nur noch aus weißen Knochen bestehend, oder zu Staub zerfallen, vergegenwärtigt er sich: ›Auch dieser mein Körper ist so.‹ So verweilt er bei der Betrachtung des Entstehens und Vergehens des eigenen oder eines fremden Körpers und überdenkt: ›So ist der Körper.‹

2. Wenn er eine angenehme, unangenehme oder indifferente Empfindung fühlt, eine fleischliche oder eine nicht-fleischliche, ist er sich dessen bewußt: ›Ich fühle diese oder jene Empfindung.‹ 3. Bei der Betrachtung des Denkens (der Gedanken) ist er sich dessen bewußt: ›Es ist voll oder frei von Haß, Gier, Wahn, Aufmerksamkeit, Größe, Hoheit, Sammlung, Befreiung.‹ 4. Bei der Betrachtung der »Kräfte« *(dharma)* vergegenwärtigt er sich die fünf Hemmungen (Lustgier, Übelwollen, schläfrige Trägheit, aufgeregte Unruhe, Zweifelsucht) und ist sich dessen bewußt, ob sie in ihm sind oder nicht, wie sie entstehen und vergehen usw. Und ebenso überdenkt er die fünf Gruppen des Anhaftens,[4] die sechs Sinne und ihre Gegenstände und die sieben Glieder der Erleuchtung (Überden-

ken, Lehre-Ergründung, Kraft, Freude, Ruhe, Versenkung, Gleichmut) und die vier edlen Wahrheiten.

So verweilt er bei diesen Betrachtungen, losgelöst und ohne an irgend etwas in der Welt zu hängen. [...]

Sobald der Meditierende sieht, daß die fünf Hemmungen geschwunden sind, entsteht in ihm eine frohe Stimmung, dann freudige Verzückung, dann wird sein Körper ruhig, dadurch empfindet er ein Glücksgefühl, und dann sammelt er sein Denken zur Konzentration. Losgelöst von Sinnenlüsten und den unheilvollen »Dingen« *(dharma)* erreicht er die *erste Versenkung*, die aus der Loslösung geborene, welche durch Erwägen und Erfassen, durch Freude und Glücksgefühl gekennzeichnet ist. Er erfüllt und durchdringt seinen Körper mit der Freude und dem Glücksgefühl, die aus der Loslösung geboren sind, so wie ein Bader einen Seifenball ganz und gar mit Feuchtigkeit durchnäßt.

Dann erreicht er, nachdem er Erwägen und Erfassen zur Ruhe gebracht hat, den inneren Frieden, die Einung des Denkens, die von Erwägen und Erfassen freie, aus der Sammlung geborene, von Freude und Glücksgefühl begleitete *zweite Versenkung*. Er erfüllt und durchdringt seinen Körper mit Freude und Glücksgefühl, die aus der Sammlung geboren sind, so wie ein kühler Quellstrom einen nur von ihm gespeisten See ganz und gar durchflutet.

Nachdem er sich von der Freude freigemacht hat, verharrt er gleichmütig, besonnen und vollbewußt und empfindet mit dem Körper ein Glück, wie es die Edlen in die Worte fassen: ›Er ist gleichmütig, besonnen und verweilt im Glück.‹ So erreicht er die *dritte Versenkung*. Er erfüllt und durchdringt seinen Körper mit einem freudefreien Glücksgefühl, vergleichbar dem kühlen Wasser, das eine unter dem Wasserspiegel blühende Lotosblume ganz und gar umspült.

Nach dem Aufgeben von Glück und Leid, nachdem Frohsinn und Trübsinn vergangen, erreicht er die von Glück und Leid freie *vierte Versenkung*, die rein ist durch Gleichmut und besonnenes Überdenken. Er durchdringt seinen Körper mit reinem geläutertem Denken und sitzt da wie einer, der vom Kopf bis zu den Füßen mit weißen Gewändern bedeckt ist.

Und bei allen Versenkungen weiß er, welche »Dinge« *(dharma,* Gemütszustände) bei ihnen entstehen, bestehen und vergehen. Und er erkennt: diese »Dinge« entstehen, nachdem sie vorher nicht waren, und wenn sie da sind, werden sie erfahren. Ohne Zuneigung und Abneigung gegen diese »Dinge« verharrt er losgelöst mit ungefesseltem Denken.

Schließlich richtet er sein Denken auf die Erkenntnis der Vernichtung der schlechten »Einflüsse«. Er erkennt die edlen vier Wahrheiten und erlöst sein Denken von Sinnenlust, Werdelust und Nichtwissen. ›Im Erlösten ist die Erlösung.‹ Dieses Wissen ist ihm jetzt geworden, und er erkennt: ›Aufgehoben ist die Wiedergeburt, vollendet der heilige Wandel, getan ist, was zu tun war, nach diesem Leben gibt es kein anderes.‹

Das Nirvâna

Von allen bedingten »Dingen« *(dharma)* ist der edle achtgliedrige Pfad die Spitze. Von allen bedingten und nicht bedingten aber ist die Leidenschaftslosigkeit die Spitze, die Vernichtung der Gier, die Aufhebung, das Nirvâna. Die Vernichtung von Gier, Haß und Wahn ist das »Nicht-Bedingte«.

Wenn einer die restlose Vernichtung von Gier, Haß und Wahn empfindet, dann ist das Nirvâna schon in diesem Leben verwirklicht.

Zwei Arten des Nirvâna gibt es. Das eine ist noch mit einem Rest von Beilegungen, d. h. den fünf Gruppen von Daseinsfaktoren versehen, gehört dem gegenwärtigen Leben an und besteht in der Vernichtung der zu neuen Existenzen führenden Gier. Das andere ist frei von Beilegungen, tritt in Zukunft (d. h. nach dem Tode) ein und besteht darin, daß alle Möglichkeiten für ein weiteres Werden gänzlich aufgehoben sind.

Kein Auge, keine Zunge, kein Denken vermag den (mit dem Tode) ins Nirvâna eingegangenen, allem Leid entronnenen Buddha zu erfassen.

Nicht zu berechnen ist das Wasser im Ozean, nicht zu erfassen ist der Vollendete nach dem Tode. Sein Körperliches, seine Empfindungen, sein Unterscheidungsvermögen, seine gestaltenden Kräfte, sein Bewußtsein – alles dies ist mit der Wurzel ausgerissen und unfähig, wieder zu erstehen. Nicht mehr läßt er sich durch eine der fünf Gruppen bestimmen. Tief, unermeßlich, unergründlich ist er wie der große Ozean.

Bei einem, der ins Nirvâna eingegangen ist, ist kein Bewußtsein mehr vorhanden, da eine Grundlage für ein solches nicht besteht. Durch die Aufhebung des Bewußtseins sind auch »Name und Gestalt« (alle geistigen und leiblichen Faktoren, welche ein Individuum bilden) restlos geschwunden.

Der Erhabene belehrte die Mönche durch eine Rede über das Nirvâna und tat den Ausspruch: »Schwer zu sehen ist das, was ohne Selbst ist, nicht ist die Wahrheit leicht zu verstehen. Für den Wissenden ist die Gier überwunden, für den Sehenden gibt es nicht irgend etwas.«

Früher erwachte Heilige haben schon gesagt: »Von Krankheit frei sein ist der höchste Besitz, das Nirvâna ist die höchste Wonne.« Als Shâriputra (Sâriputta) die Mönche unterwies: »Wonne ist das Nirvâna«, fragte ihn Udâyi: »Wie kann dort Wonne sein, wenn dort nichts empfunden wird?« Da sagte er: »Darin besteht dort ja gerade die Wonne, daß dort nichts empfunden wird.«

Kann einer, der das Nirvâna nicht erlangt hat, wissen, daß es ein Glück ist? Gewiß, so wie man wissen kann, daß das Abschneiden der Hände, Füße usw. Leid ist, wenn man die Schmerzensschreie eines so Behandelten gehört hat. Genauso weiß man, daß Nirvâna Glück bedeutet, wenn man den Freudenruf derer vernommen hat, die es erfahren haben.

Es ist (das Nirvâna) der Bereich, wo nicht Erde, Wasser, Feuer, Luft ist, wo nicht der Bereich der Unendlichkeit des Raumes oder des Bewußtseins, nicht der Bereich der Nicht-Irgendetwasheit noch der Grenze von Unterscheidung und Nicht-Unterscheidung, nicht diese Welt, nicht jene Welt, nicht Sonne und Mond ist. Das nenne ich nicht Kommen und Gehen, nicht Feststehen, nicht Vergehen und nicht Entstehen. Ohne Grundlage, ohne Fortgang, ohne Halt ist es. Dies ist das Ende des Leidens.

ARISTOTELES

Höchste Glückseligkeit:
Die Autarkie des beschaulichen Lebens

*Der Grieche Aristoteles ist neben seinem Landsmann Platon
der größte Philosoph der europäischen Antike. Er wurde im
Jahr 384 v. Chr. in Stagira (Makedonien) als Sohn eines Arztes
geboren. Von 367 bis 347 war er Schüler in Platons »Akademie«. Nach einem Aufenthalt in Kleinasien und in Mytilene
erzog er von 342 bis 335 am Hof Philipps von Makedonien
dessen Sohn Alexander. Nach der Thronbesteigung seines Zög-
lings gründete Aristoteles in Athen im Lykeion seine eigene
Lehranstalt, die nach ihren Wandelgängen »Peripatetische
Schule« genannt wurde. Nach dem Tod Alexanders mußte der
Denker Athen verlassen. Kurz darauf – im Jahr 322 – starb er
in Chalkis auf Euböa.*

*Aristoteles begründete die bis heute herrschende Einteilung
der Philosophie in theoretische, praktische und poietisch-ästhe-
tische Philosophie. In allen drei Bereichen verfaßte er grundlegende Schriften. Dazu gehören die Werke zur »ersten Philosophie« (später als »Metaphysik« bezeichnet), zur Physik,
Psychologie, Politik, Rhetorik, Ethik und Poetik bzw. Tragö-
dientheorie. Außerdem etablierte er die Logik, die als »Orga-
non« (Werkzeug) in allen Disziplinen benutzt wird.*

*In seiner Lehre von der Politik bestimmt Aristoteles den
Menschen als zóon politikón, das heißt als ein Lebewesen,
dessen Natur es ist, in der Polis, dem Stadtstaat, zu leben. Die
selbständige Polis hat dann die richtige Verfassung, wenn sie
sich nicht am partikularen Interesse, sondern am Gemeinwohl
orientiert. Dazu gehört die Herstellung der Gerechtigkeit, die
als Gleichheit in den zwei Formen der »ausgleichenden« und
der »austeilenden« (verteilenden) Gerechtigkeit definiert
wird. Die Aufgabe der Politik ist, den Individuen das »gute
Leben« und somit die Glückseligkeit (eudaimonia) zu gewähr-
leisten. In dieser Weise bilden Politik und Ethik für Aristoteles
eine Einheit.*

*Von den drei aristotelischen Ethiken ist die »Nikomachische
Ethik« die bedeutendste. Sie wurde nach dem Sohn des Phi-*

losophen benannt und umfaßt 10 Bücher. Wie Aristoteles im 1. Buch – an das der Gedankengang des 10. Buches anschließt – darlegt, ist das höchste aller Ziele oder Güter, nach denen der Mensch strebt, die Glückseligkeit. Sie besteht darin, daß der Mensch das verwirklicht, was seiner eigenen Natur, seinem Wesen, entspricht – und das ist die Vernunft, der logos. *Die Aktivität der Vernunft, die geistige Energie, ist die Tugend (areté) des Menschen, seine eigentümliche Tüchtigkeit. Auf die Handlungen bezogen ist sie »ethische Tugend«; als Selbstzweck ist sie theoretische, »dianoetische Tugend« und als solche Weisheit (sophia). Sowohl das praktische wie auch das theoretische Leben wird von Lust (hedoné) begleitet, die Aristoteles mithin weder verwirft noch zum Hauptzweck macht. Die praktische, »ethische« Tugend vermeidet die Extreme und sucht die Mitte. So ist etwa die Tapferkeit die Mitte zwischen Feigheit und Tollkühnheit. Die höchste Glückseligkeit des Menschen aber besteht in der theoretischen Tätigkeit, im beschaulichen Leben, das zu seinem Inhalt eben jene Tätigkeit selbst hat und darin – ein scheinbares Paradox – seine Ruhe findet. Diese Art des Lebens ist selbständig, unabhängig, ohne Mangel, also autark, und gleicht der göttlichen Seligkeit. Die Muße ist seine Voraussetzung; zusätzlich müssen äußere Bedingungen wie Gesundheit, ein gewisser Besitz und Freunde vorhanden sein.*

Nachfolgend sind aus dem 10. Buch der »Nikomachischen Ethik« die Kapitel 6 bis 9 abgedruckt.

Unsere Erörterung über die Tugenden, die Freundschaft und die Lust ist nun zu Ende, und so bleibt noch die Glückseligkeit im Umrisse zu behandeln, da wir sie als das Ziel allen menschlichen Tuns ansetzen. Wir werden uns kürzer fassen können, wenn wir uns auf das Vorausgehende zurückbeziehen.

Wir haben gesagt, die Glückseligkeit sei kein bloßes Verhalten. Sonst könnte ja auch derjenige sie besitzen, der sein Leben lang schläft und wie eine Pflanze lebt, oder auch ein Mensch, den die größten Unglücksfälle träfen. Wenn uns dies nun nicht befriedigt und wir sie vielmehr, wie früher gesagt worden ist, in eine gewisse Tätigkeit setzen müssen und wenn ferner die Tätigkeiten teils notwendig und als Mittel, teils an sich begehrenswert sind, so ist die Glückseligkeit offensichtlich als eine von den Tätigkeiten aufzufassen, die an sich und nicht bloß als Mittel begehrenswert sind. Sie ist ja keines anderen Dinges bedürftig, sondern sich selbst genug. Und an sich begehrenswert sind die Tätigkeiten, bei denen man nichts weiter sucht als die Tätigkeit selbst.

Diesen Charakter scheinen die tugendgemäßen Handlungen zu haben, da es an sich begehrenswert ist, schön und tugendhaft zu handeln; sodann die Unterhaltungen, die dem Genusse dienen, da man auch sie ja nicht als Mittel zu einem Zweck begehrt. Man hat freilich mehr Schaden als Nutzen von ihnen, da man ihretwegen Gesundheit und Vermögen vernachlässigt. Zu solchem Zeitvertreib nimmt die Mehrheit derer, die man glücklich preist, ihre Zuflucht. Darum stehen bei den Fürsten diejenigen, die in solchen Unterhaltungen gewandt sind, in hoher Gunst. Sie machen sich ihnen angenehm in dem, wonach jene streben; und gerade solcher Leute bedürfen sie.

So gewinnt es den Anschein, als ob derartiges die Glückseligkeit ausmache, da die Machthaber ihre Muße damit zubringen. Indessen dürfte das Verhalten solcher Leute nichts beweisen. Denn Tugend und Vernunft, von denen die edlen Tätigkeiten kommen, beruhen nicht auf dem Besitz der Macht. Und wenn jene Menschen, da ihnen der Geschmack für reine und edle Freude fehlt, ihre Zuflucht zu den sinnlichen Genüssen nehmen, so darf man nicht glauben, daß diese darum besonders begehrenswert sind. Glauben doch auch Kinder, was bei ihnen geschätzt werde, sei das Höchste. So ist es begreiflich, daß, wie für Kinder andere Dinge Wert haben als für Erwachsene, so auch schlechte Menschen andere Dinge schätzen als tugendhafte. Wie wir schon oft wiederholt haben, ist also wertvoll und genußreich zugleich das, was dem Tugendhaften solches ist. Nun ist jedem diejenige Tätigkeit am liebsten, die seiner eigentümlichen Art entspricht. Dies kann für den Tugendhaften nur die der Tugend gemäße Tätigkeit sein.

Die Glückseligkeit besteht also nicht im Spiel. Es wäre ja unsinnig, wenn unser Ziel das Spiel wäre und wenn die Mühe und das Leid eines ganzen Lebens das bloße Spiel zum Zweck hätte. Fast alles begehren wir als Mittel, ausgenommen die

Glückseligkeit. Denn sie ist das Ziel. Da erscheint es doch als töricht und gar zu kindisch, dem Spiel zuliebe zu arbeiten und sich anzustrengen; dagegen der Satz des Anacharsis[1]: »Spielen, um zu arbeiten«, darf als richtig gelten. Das Spiel ist nämlich eine Art von Erholung, und der Erholung bedürfen wir, weil wir nicht ununterbrochen arbeiten können. Also ist die Erholung nicht Zweck. Der Tätigkeit wegen wird sie gepflegt.

Auch scheint das glückselige Leben ein tugendhaftes Leben zu sein. Dieses ist aber ein Leben des Ernstes und nicht des Spiels. Das Ernste nennen wir ja besser als das Scherzhafte und Spielerische, und die Tätigkeit des besseren Teiles und Menschen nennen wir immer auch ernster. Nun ist aber die Tätigkeit des Besseren vorzüglicher und so denn auch glückseliger.

Auch kann die sinnliche Lust jeder beliebige genießen, der Sklave[2] nicht minder als der ausgezeichnetste Mensch. Die Glückseligkeit aber erkennt niemand einem Sklaven zu, außer es müßte auch seine Lebensform dem entsprechen. Denn die Glückseligkeit besteht nicht in solchen Vergnügungen, sondern in den tugendgemäßen Tätigkeiten, wie wir schon früher erklärt haben.

Ist aber die Glückseligkeit eine der Tugend gemäße Tätigkeit, so muß sie vernünftigerweise der vorzüglichsten Tugend gemäß sein, und diese ist wieder die Tugend des Besten in uns. Mag dies der Geist oder etwas anderes sein, was seiner Natur nach als das Herrschende und Leitende auftritt und das Schöne und Göttliche zu erkennen vermag, oder sei es selbst göttlich oder das Göttlichste in uns: immer wird die seiner eigentümlichen Tugend gemäße Tätigkeit die vollendete Glückseligkeit sein.

Daß diese Tätigkeit eine betrachtende ist, haben wir bereits gesagt. Dies dürfte doch wohl mit unsern früheren Ausführungen wie mit der Wahrheit übereinstimmen.

Denn zunächst ist diese Tätigkeit die beste. Der Geist nämlich ist das beste in uns, und die Objekte des Geistes sind wieder die besten im ganzen Bereich der Erkenntnis. Sodann ist sie die anhaltendste. Anhaltend denken können wir leichter als irgend etwas anderes anhaltend tun.

Ferner glauben wir, daß der Glückseligkeit Lust beigemischt sein muß. Nun ist aber unter allen tugendgemäßen Tätigkeiten die der Weisheit zugewandte eingestandenermaßen die genußreichste. Und in der Tat bietet die Philosophie Genüsse von wunderbarer Reinheit und Beständigkeit; natürlich ist aber die Tätigkeit und das Leben noch genußreicher, wenn man schon weiß, als wenn man erst sucht.

Auch was man Autarkie nennt, findet sich am meisten bei der Betrachtung. Was zum Leben erforderlich ist, dessen bedarf der Weise wie der Gerechte und die übrigen. Sind sie aber mit dergleichen ausreichend versehen, so bedarf der Gerechte noch solcher, gegen die und mit denen er gerecht handeln kann, und dasselbe gilt von dem Mäßigen, dem Tapferen und jedem anderen; der Weise dagegen kann, auch wenn er für sich ist, betrachten, und je weiser er ist, desto mehr. Vielleicht kann er es besser, wenn er Mitarbeiter hat, aber immerhin ist er sich selbst am meisten genug.

Von der Betrachtung läßt sich behaupten, daß sie ihrer selbst wegen geliebt wird. Sie bietet uns außer dem Betrachten nichts; vom praktischen Handeln dagegen haben wir noch einen größeren oder kleineren Gewinn außer der Handlung.

Die Glückseligkeit scheint weiterhin in der Muße zu bestehen. Wir opfern unsere Muße, um Muße zu haben, und wir führen Krieg, um in Frieden zu leben. Die praktischen Tugenden äußern ihre Tätigkeit in der Politik oder im Kriege. Die Aktionen auf diesen Gebieten aber dürften sich mit der Muße kaum vertragen, die kriegerische Tätigkeit schon gar nicht. Niemand will Krieg und Kriegsrüstungen des Krieges wegen. Denn man müßte als ein ganz blutdürstiger Mensch erscheinen, wenn man sich seine Freunde zu Feinden machte, nur damit es Kampf und Blutvergießen gäbe. Aber auch die Politik verträgt sich nicht mit der Muße und verfolgt neben den öffentlichen Angelegenheiten als solchen den Besitz von Macht und Ehren oder die Glückseligkeit für die eigene Person und die Mitbürger als ein Ziel, das von der Politik verschieden ist und das wir auch als ein von der Politik verschiedenes zu erreichen suchen. Wenn also nun zwar unter den tugendhaften Handlungen diejenigen, die sich um Staat und Krieg drehen, an Schönheit und Größe obenanstehen und sie trotzdem mit der Muße unvereinbar und auf ein außer ihnen liegendes Ziel gerichtet sind, also nicht ihrer selbst wegen begehrt werden, und wenn dagegen die betrachtende Tätigkeit des Geistes an Ernst hervorzuragen scheint, und keinen andern Zweck hat als sich selbst, auch eine eigentümliche Lust in sich schließt, die die Tätigkeit steigert, so sieht man klar, daß in dieser Tätigkeit, soweit es menschenmöglich ist, die Autarkie, die Muße, die Freiheit von Ermüdung und alles, was man sonst noch dem Glückseligen beilegt, sich finden wird. Somit wäre dies die vollendete Glückseligkeit des Menschen, wenn sie auch noch die volle Länge eines Lebens dauert. Denn nichts, was zur Glückseligkeit gehört, darf unvollkommen sein.

Aber ein solches Leben ist höher, als es dem Menschen als Menschen zukommt. Denn so kann er nicht leben, sofern er Mensch ist, sondern nur sofern er etwas Göttliches in sich hat. So groß aber der Unterschied ist zwischen diesem Göttlichen selbst und dem aus Leib und Seele zusammengesetzten Wesen, so groß ist auch der Unterschied zwischen der Tätigkeit, die von diesem Göttlichen ausgeht, und allem sonstigen tugendgemäßen Tun. Ist nun der Geist im Vergleich mit dem Menschen etwas Göttliches, so muß auch das Leben nach dem Geiste im Vergleich mit dem menschlichen Leben göttlich sein.

Man darf aber nicht auf jene Mahnung hören, die uns anweist, als Menschen nur an Menschliches und als Sterbliche nur an Sterbliches zu denken, sondern wir sollen, soweit es möglich ist, uns bemühen, unsterblich zu sein und alles zu tun, um nach dem Besten, was in uns ist, zu leben. Denn mag es auch klein an Umfang sein, ist es doch an Kraft und Wert das bei weitem über alles Hervorragende. Ja, jeder einzelne ist wohl gerade dieses, wenn anders es unser vornehmster und bester Teil ist. Also wäre es auch unsinnig, wenn einer nicht sein eigenes Leben leben wollte, sondern das eines anderen. Und was wir oben gesagt haben, paßt auch hieher. Was einem Wesen von Natur eigentümlich ist, ist auch für es das beste und genußreichste. Für den Menschen ist dies das Leben gemäß dem Geiste, da ja dieses am meisten der Mensch ist. Also ist dieses Leben auch das glückseligste.

An zweiter Stelle ist dasjenige Leben glückselig, das der sonstigen Tugend gemäß ist.

Die dieser sonstigen Tugend entsprechenden Tätigkeiten sind menschlicher Art. Gerechtigkeit, Tapferkeit und die anderen Tugenden üben wir gegeneinander im geschäftlichen Verkehr, in Notlagen, in Handlungen aller Art und in den Leidenschaften dadurch, daß wir jedem soviel zumessen, als sich gebührt. Das sind aber offenbar lauter menschliche Dinge. Einiges davon scheint auch vom Körper herzukommen und die ethische Tugend in mancher Hinsicht den Affekten nahezustehen. Auch ist mit der ethischen Tugend die Klugheit verbunden und umgekehrt, da ja die Grundsätze der Klugheit auf die ethischen Tugenden zielen und diese wieder durch jene geordnet werden. Da nun beide, ethische Tugend wie Klugheit, auch auf die Affekte Bezug haben, so haben sie es ohne Zweifel mit dem Ganzen aus Leib und Seele zu tun. Die Tugenden dieses zusammengesetzten Ganzen sind aber menschliche Tugenden. Somit ist auch das ihnen gemäße Leben menschlich und menschlich auch die Glückseligkeit, die es gewähren kann. Abgesondert von ihr ist die Glückseligkeit des Geistes. Dies sei darüber genug. Denn Genaueres darüber zu sagen ginge über die vorliegende Aufgabe hinaus.

Auch bedarf diese Glückseligkeit der äußeren Güter nur wenig oder doch weniger als diejenige gemäß den ethischen Tugenden. Mögen beide das zum Unterhalt Nötige auch gleich sehr brauchen – obschon der Politiker sich um den Körper und dergleichen mehr bemühen muß; doch macht dies nicht viel aus –, so muß sich doch bei der jeweiligen Tätigkeit ein großer Unterschied ergeben. Der Freigebige braucht Geld, um freigebig zu handeln, und der Gerechte braucht es, um Empfangenes zu vergelten; denn das bloße Wollen ist nicht erkennbar, und auch wer nicht gerecht ist, tut so, als wolle er gerecht handeln; der Mutige bedarf der Macht, wenn er eine Tat des Mutes vollbringen will, und der Mäßige bedarf der Gelegenheit. Wie könnte man sonst wissen, ob einer diese oder eine andere Tugend wirklich hat oder nicht? Man fragt sich freilich, welche Seite der Tugend die wichtigere ist, der Wille oder die Tat, da sie im einen wie im anderen sein könnte. Doch findet sie offenbar ihre Vollendung erst in beiden zugleich. Nun bedarf sie aber, um zu handeln, vieler Dinge und bedarf ihrer desto mehr, je größer und schöner ihre Handlungen sind. Der Betrachtende aber hat, wenigstens für diese seine Tätigkeit, keines dieser Dinge nötig, ja sie hindern ihn gewissermaßen an der Betrachtung. Sofern er aber Mensch ist und mit vielen zusammenlebt, wird er auch wünschen, die Werke der ethischen Tugend auszuüben; so wird der denn solcher Dinge bedürfen, um als Mensch unter Menschen zu leben.

Auch an folgendem mag man sehen, daß die vollkommene Glückseligkeit eine betrachtende Tätigkeit ist. Von den Göttern glauben wir, daß sie die glücklichsten und seligsten Wesen sind. Aber was für Handlungen soll man ihnen beilegen? Etwa Handlungen der Gerechtigkeit? Wäre es aber nicht lächerlich, sie Verträge schließen und Depositen zurückerstatten zu lassen und dergleichen mehr? Oder Handlungen des Mutes, wobei sie vor Furchterregendem standzuhalten und Gefahren zu bestehen hätten, weil es schön ist, solches zu tun? Oder Handlungen der Freigebigkeit? Aber wem sollen sie geben? Es wäre ja absurd, wenn sie Geld oder dergleichen zu vergeben hätten. Was hieße ferner Mäßigkeit bei den Göttern? Es wäre doch ein plumpes Lob, daß sie keine schlechten Begierden hätten. So mögen wir nehmen, was wir wollen, alles, was zur Tugendübung gehört, muß als klein und der Götter unwürdig erscheinen. Und doch hat man immer geglaubt, daß sie leben, also tätig sind; denn niemand denkt, daß sie schlafen wie Endymion.[3] Nimmt man aber dem Lebendigen jenes Handeln und noch viel mehr das Produzieren, was bleibt dann noch außer dem Betrachten? So muß denn die Tätigkeit Gottes, die an Seligkeit alles übertrifft, eine betrachtende sein. Ebenso wird von den menschlichen Tätigkeiten diejenige die seligste sein, die ihr am nächsten verwandt ist.

Ein Zeichen dafür ist endlich, daß die übrigen Lebewesen an der Glückseligkeit keinen Anteil haben, weil sie einer solchen Tätigkeit vollständig ermangeln. Das Leben der Götter ist seiner Totalität nach selig, das der Menschen soweit, als ihnen eine Ähnlichkeit mit dieser Tätigkeit zukommt. Von den andern Lebewesen ist aber keines glückselig, da sie an dem Betrachten in keiner Weise teilhaben. Soweit sich demnach das Betrachten erstreckt, so weit erstreckt sich auch die

Glückseligkeit, und den Menschen, denen das Betrachten in höherem Grade zukommt, kommt auch die Glückseligkeit in höherem Grade zu, nicht zufällig, sondern eben auf Grund des Betrachtens, das seinen Wert in sich selbst hat. So ist denn die Glückseligkeit ein Betrachten.

Der Glückselige wird als Mensch auch in guten äußeren Verhältnissen leben müssen. Denn die Natur genügt sich selbst zum Betrachten nicht; dazu bedarf es auch der leiblichen Gesundheit, der Nahrung und alles anderen, was zur Notdurft des Lebens gehört. Indessen darf man, wenn man ohne die äußeren Güter nicht glückselig sein kann, darum nicht meinen, daß dazu viele und große Güter erforderlich wären. Denn die Selbstgenügsamkeit und die Möglichkeit des Handelns liegt nicht am Überfluß; man kann auch ohne über Land und Meer zu herrschen edel handeln; auch mit mäßigen Mitteln läßt sich der Tugend gemäß handeln. Man kann das deutlich daran sehen, daß die Privatleute den Fürsten im rechten Handeln nicht nachstehen, sondern eher voraus zu sein scheinen. Es genügt also, wenn die nötigen Mittel vorhanden sind. Denn das Leben wird glückselig sein, wenn es in tugendgemäßer Tätigkeit verbracht wird.

Auch Solon[4] hat die Frage, wer glückselig sei, wohl treffend beantwortet, wenn er sagte, glückselig seien diejenigen, die, mit äußeren Gütern mäßig bedacht, die nach seiner Ansicht schönsten Taten verrichtet und besonnen gelebt hätten. Denn auch mit bescheidenen Mitteln läßt sich pflichtgemäß handeln. Desgleichen hat sich Anaxagoras[5] offenbar den glückseligen Menschen nicht als Reichen oder Fürsten gedacht, wenn er sagte, ihn würde es nicht wundern, wenn derjenige, den er selbst für glückselig hielte, der Menge als absurd erschiene. Denn die Menge urteilt nach dem Äußeren, weil sie dafür allein Sinn hat. So stimmen denn die Ansichten der Weisen mit den von uns dargelegten Gründen überein, und zweifellos liegt in solchen Zeugnissen eine gewisse Beweiskraft. Doch muß man im Gebiet des Praktischen die Wahrheit nach den Leistungen und der Lebensart beurteilen. Denn diese sind hier entscheidend. So muß man denn auch die bisherigen Darlegungen so prüfen, daß man sie mit den Leistungen und dem Leben vergleicht, und sie, falls sie damit zusammenstimmen, für wahr halten, falls sie aber damit im Widerspruch stehen, nur als leere Worte betrachten.

Wer aber denkend tätig ist und dies in sich pflegt, mag sich nicht nur der besten Verfassung erfreuen, sondern auch von der Gottheit am meisten geliebt werden. Denn wenn die Götter, wie man glaubt, um unsere menschlichen Dinge irgendwelche Fürsorge haben, so darf man annehmen, daß sie an dem besten und ihnen verwandtesten Freude haben – und das ist unser Geist – und daß sie denjenigen, die dies am meisten lieben und hochachten, mit Gutem vergelten, weil sie für das, was ihnen lieb ist, Sorge tragen und recht und edel handeln. Es ist aber unverkennbar, daß dies alles vorzüglich bei dem Weisen zu finden ist. Also wird er von der Gottheit am meisten geliebt; wenn aber dies, so muß er auch der Glückseligste sein. So wäre der Weise auch aus diesem Grunde der Glücklichste.

DSCHUANG DSI

Sich ruhig in den Lauf der Dinge fügen

Als die neben dem »Tao te king« des Laotse (siehe S. 17–20) wichtigste und einflußreichste taoistische Textsammlung, und zugleich als ein Glanzstück der älteren chinesischen Prosaliteratur überhaupt, gilt das »Wahre Buch vom südlichen Blütenland«. Es ist unter dem Namen des Philosophen Dschuang Dsi (Chuang-tse, Tschuang Tzu; Rufname: Dschou) überliefert, der wahrscheinlich von 365 bis 290 v. Chr. gelebt hat und dessen Vorstellungen auch die von unbekannten Autoren stammenden Teile des umfangreichen Werkes widerspiegeln.

Im Zentrum der Seins- und Sittenlehre des Meisters Dschuang stehen, wie bei Laotse, tao und te (hier wiederum mit »Sinn« und »Leben« übersetzt), aus deren Übereinstimmung Ruhe resultiert, zu der auch das Nicht-Handeln (wu wei) gehört. Anders als das »Tao te king« aber, dessen oft orakelhafte Verse Anlaß zu mancherlei Deutungen geben, ist das Buch des Dschuang Dsi in einer klaren, eingängigen Sprache geschrieben. Der frühe philosophische Taoismus findet sich nirgends prägnanter dargestellt.

Im folgenden drei charakteristische Abschnitte des Werkes. Der erste listet verschiedene im damaligen China wirksame »Schulen« von Weisen auf – darunter im zweiten Absatz die Konfuzianer – und zeichnet vor diesem Hintergrund das Bild des wahren Taoisten, des »berufenen Heiligen«. Im zweiten Text werden die Bedingungen für Ruhe und Zufriedenheit der Menschen und die richtige Haltung im Hinblick auf die Naturordnung beschrieben. Der dritte Abschnitt schließlich bietet eine Erörterung über den Tod, die zum Beeindruckendsten zählt, was in chinesischer Sprache je verfaßt worden ist.

Die Standpunkte und der Standpunkt

Sich auf einen Wandel nach starren Grundsätzen etwas zugute tun, sich von der Welt absondern und alles anders machen als die andern, hohe Reden führen und bitteres Urteil fällen: das ist der Menschenhaß. So lieben es die Weisen in den Bergklüften, die die Welt verurteilen, die einsam wie ein kahler Baum an tiefem Abgrund stehen.

Von Liebe reden und Pflicht, von Treu und Glauben, von Ehrfurcht und Mäßigkeit, Bescheidenheit und Gefälligkeit: das ist die Moral. So lieben es die Weisen, die die Welt zur Ruhe bringen wollen und Buße verkündigen, die Wanderprediger und Lernbeflissenen.

Von großen Werken reden, sich einen großen Namen machen, die Formen feststellen im Verkehr von Fürst und Diener, das Verhältnis ordnen zwischen Vorgesetzten und Untergebenen: das ist die Politik. So lieben es die Weisen an den Höfen, die ihren Herren ehren und ihren Staat stark machen wollen und ihre Arbeit darauf richten, andere Staaten zu annektieren.

Sich an Sümpfe und Seen zurückziehen, in einsamen Gefilden weilen, Fische angeln und müßig sein: das ist der Quietismus. So lieben es die Weisen an Fluß und Meer, die sich von der Welt zurückgezogen haben und in freier Muße leben.

Schnauben und den Mund aufsperren, ausatmen und einatmen, die alte Luft ausstoßen und die neue einziehen, sich recken wie ein Bär und strecken wie ein Vogel: das ist die Kunst, das Leben zu verlängern. So lieben es die Weisen, die Atemübungen treiben und ihren Körper pflegen, um alt zu werden wie der Vater Pong.[1]

Aber ohne starre Grundsätze erhaben sein, ohne die Betonung von Liebe und Pflicht Moral haben, ohne Werke und Ruhm Ordnung schaffen, ohne in die Einsamkeit zu gehen Muße finden, ohne Atemübungen hohes Alter erreichen, alles vergessen und alles besitzen in unendlicher Gelassenheit und dabei doch alles Schöne im Gefolge haben: das ist der SINN von Himmel und Erde, das LEBEN des berufenen Heiligen.

Darum heißt es: Ruhe, Schmacklosigkeit, Gelassenheit, Versinken, Leere, Nicht-Sein, Nicht-Handeln: das ist das Gleichgewicht von Himmel und Erde, und das Wesen von SINN ist Einigung mit himmlischem LEBEN.

Darum heißt es: Der berufene Heilige läßt ab. Ablassen bringt Gleichgewicht und Leichtigkeit; Gleichgewicht und Leichtigkeit bringen Ruhe und Schmacklosigkeit. Gleichgewicht und Leichtigkeit, Ruhe und Schmacklosigkeit: da können Leid und Schmerzen nicht hinein, und üble Einflüsse vermögen nicht zu überwältigen. So wird das LEBEN völlig und der Geist ohne Fehl. Darum heißt es: Das Leben des berufenen Heiligen ist Wirken des Himmels; sein Sterben ist Wandel der körperlichen Form. In seiner Stille ist er eins mit dem Wesen der Nacht; in seinen Regungen ist er eins mit den Wogen des Tags. Er sucht nicht dem Glück zuvorzukommen noch dem Unglück zu begegnen; er entspricht nur den Anregungen, die auf ihn wirken; er bewegt sich nur gezwungen und erhebt sich nur, wenn er nicht anders kann; er tut ab Vorsätze und Erinnerungen und folgt allein des Himmels Richtlinien. Darum trifft ihn nicht Strafe des Himmels noch Verwicklungen durch die Dinge, nicht der Tadel der Menschen noch Beunruhigung der Geister. Sein Leben ist wie Schwimmen, sein Sterben ist wie Ausruhen. Er macht sich keine Sorgen und schmiedet keine Pläne; er ist licht ohne Schimmer, er ist wahr ohne Beteuerungen. Sein Schlaf ist ohne Traum, sein Wachen ohne Leid. Sein Geist ist rein, seine Seele bleibt ohne Ermüdung. Leere, Nicht-Sein, Ruhe, Schmacklosigkeit ist Einigung mit himmlischem LEBEN.

Darum heißt es: Trauer und Freude sind Verkehrungen des LEBENS; Lust und Zorn sind Übertretungen des SINNS. Zuneigungen und Abneigungen sind Verlust des LEBENS. Darum, wenn das Herz frei ist von Trauer und Freude: das ist höchstes LEBEN. Einsam sein und unwandelbar: das ist höchste Stille. Kein Widerstreben kennen: das ist höchste Leere. Nicht mit der Außenwelt verkehren: das ist höchste Schmacklosigkeit. Frei sein von aller Unzufriedenheit: das ist höchste Echtheit.

Darum heißt es: Wenn der Leib sich abmüht ohne Ruhe, so wird er aufgebraucht; wenn der Geist tätig ist ohne Aufhören, so wird er müde. Müdigkeit führt zur Erschöpfung. Es ist die Art des Wassers, daß es rein ist, wenn es nicht bewegt wird. Wird es gehindert und eingedämmt, so fließt es wohl nicht, aber verliert seine Klarheit. Das ist ein Bild des himmlischen LEBENS. Darum heißt es: Rein sein und echt und ungemischt, stille sein und eins und ohne Wandel, schmacklos sein und nicht handeln, in allen Regungen sich nach den Wirkungen des Himmels richten: das ist der Weg zur Pflege des Geistes. Wer eine kostbare Klinge hat, der tut sie in einen Schrein und verbirgt sie und wagt sie nicht zu gebrauchen, weil sie so wertvoll ist. Wenn der Geist alles durchdringt und durchströmt und nichts ihm unerreichbar bleibt; wenn er hinaufdringt zum Himmel und unten die Erde umschlingt; wenn er alle Wesen wandelt und nährt und ohne Gleichnis noch Bildnis ist: das heißt eins sein mit Gott:

Wer des SINNES reine Art
Innerlich im Geist bewahrt
Und verliert in keiner Not,
Der wird eines sein mit Gott.
Und die Einheit, klar und echt
Einigt mit des Himmels Recht.

Es gibt ein Sprichwort, das sagt: Die Menge trachtet nach Gewinn, der Held trachtet nach Ruhm, der Würdige ehrt seinen Willen, der Heilige schätzt die Reinheit.

Einfalt, das heißt: Freiheit von aller Vermischung; Echtheit, das heißt: Freiheit von allem Trug. Wessen Geist Echtheit und Reinheit darzustellen vermag, der heißt der wahre Mensch.

Ruhe für die Welt

Ich weiß davon, daß man die Welt leben und gewähren lassen soll. Ich weiß nichts davon, daß man die Welt ordnen soll. Sie leben lassen, das heißt, besorgt sein, daß die Welt nicht ihre Natur verdreht; sie gewähren lassen, das heißt, besorgt sein, daß die Welt nicht abweicht von ihrem wahren LEBEN. Wenn die Welt ihre Natur nicht verdreht und nicht abweicht von ihrem wahren LEBEN, so ist damit die Ordnung der Welt schon erreicht. Der heilige Herrscher Yau[2] suchte die Welt zu ordnen, indem er sie fröhlich machte; aber wenn die Menschen mit Lust ihrer Natur bewußt werden, geht die Ruhe verloren. Der Tyrann Gië[3] suchte die Welt zu ordnen, indem er sie traurig machte; aber wenn die Menschen unter ihrer Natur zu leiden haben, so geht die Zufriedenheit verloren. Verlust der Ruhe und Zufriedenheit ist nicht das wahre LEBEN. Daß ohne das wahre LEBEN dauernde Zustände geschaffen werden, ist unmöglich. Wenn die Menschen zuviel Freude haben, so wird die Kraft des Lichten zu sehr gefördert; wenn die Menschen zu sehr gereizt werden, so wird die Kraft des Trüben zu sehr gefördert. Eine Steigerung dieser Kräfte führt dazu, daß die vier Jahreszeiten ihren rechten Lauf nicht haben, daß Kälte und Hitze nicht ihren Ausgleich finden. Dadurch wiederum wird der Menschen Leiblichkeit gestört, so daß der Menschen Lust und Groll ihre Grenzen überschreiten; sie werden unbeständig in ihrem Wesen und unbefriedigt in ihren Gedanken; sie lassen auf halbem Wege die Arbeit unvollendet liegen: auf diese Weise entstehen in der Welt Hoffart, Mißgunst, ehrgeiziges Tun und Eifersucht. Und so kommt es zu den Taten der Bösewichter und Tugendhelden. Darum ist es unzulänglich, die Welt heben zu wollen durch Belohnung der Guten, und es ist unmöglich, die Welt zu heben durch Bestrafung der Bösen. Die Welt ist so groß, daß man ihr mit Lohn und Strafe nicht beikommen kann. Vom Anbeginn der Weltgeschichte[4] gab es nur Aufregung. Immer gab man sich nur damit ab, zu belohnen und zu strafen. Da hatte man dann freilich keine Zeit, sich ruhig abzufinden mit den Verhältnissen der Naturordnung.

Lust am Scharfblick führt zum Übermaß der Farbenpracht; Lust an Feinhörigkeit führt zum Übermaß der Töne; Lust an der Menschenliebe[5] führt zur Verwirrung des wahren LEBENS; Lust an der Gerechtigkeit[6] führt zur Beeinträchtigung der Vernunft; Lust an den Umgangsformen fördert trügerischen Schein; Lust an der Musik fördert die Zügellosigkeit; Lust an der Heiligkeit fördert allerhand Kunstgriffe; Lust an der Erkenntnis fördert die Tadelsucht. Wenn die Welt sich ruhig abfindet mit den Verhältnissen der Naturordnung, so mögen jene Dinge da sein oder fehlen, und es bringt keinen Schaden. Wenn aber die Welt sich nicht ruhig abfindet mit den Verhältnissen der Naturordnung, dann fängt man an, jene Dinge unmäßig zu fördern oder gewaltsam zu unterdrücken, und verwirrt die Welt dadurch, und die Welt beginnt sie zu ehren, sie zu lieben. Tief wahrlich ist die Verblendung der Welt; nicht nur geht sie an diesen Dingen nicht vorüber oder entfernt sie, nein, sie fastet und kasteit sich, um von diesen Dingen zu reden; sie paukt und singt, um sie zu üben. Was läßt sich da machen?

Darum, wenn ein großer Mann gezwungen ist, sich mit der Regierung der Welt abzugeben, so ist am besten das Nicht-Handeln. Durch Nicht-Handeln kommt man zum ruhigen Abfinden mit den Verhältnissen der Naturordnung. Darum, wem sein (wahres) Ich wichtiger ist als die Herrschaft über die Welt, dem kann man die Welt übergeben. Wenn der Herrscher es fertig bringt, sein Inneres nicht zu zerteilen, seinen Scharfsinn nicht zu gebrauchen, dann weilt er wie ein Leichnam, und ungeheure Wirkungen zeigen sich;[7] er ist in abgrundtiefes Schweigen gehüllt und erschüttert doch (die Welt);[8] sein Geist bewegt sich, und die Natur folgt ihm; er läßt sich gehen und handelt nicht, und alle Wesen drängen sich um ihn zusammen. Wie sollte ein solcher noch Muße haben, die Welt zu ordnen!

Die vier Freunde

Meister Sï, Meister Yü, Meister Li und Meister Lai sprachen untereinander: »Wer ist imstand, das Nichts zum Kopf, das Leben zum Rumpf, das Sterben zum Schwanz zu haben? Wer weiß es, daß Geburt und Tod, Leben und Sterben Ein Ganzes bilden? Mit einem solchen wollen wir Freundschaft schließen.«

Da sahen sich die vier Männer an und lachten, und da sie alle im Herzen damit einverstanden waren, so schlossen sie zusammen Freundschaft.

Nicht lange darnach wurde Meister Yü krank. Meister Sï ging zu ihm hin, um nach ihm zu sehen. Jener sprach: »Groß ist der Schöpfer, der mich also angefaßt hat!«

Ein schlimmes Geschwür war auf seinem Rücken hervorgebrochen mit fünf Löchern. Seine ganze körperliche Verfassung war in Aufruhr, aber im Herzen war er ruhig und unbewegt.

Er schleppte sich an den Brunnen, sah sein Spiegelbild im Wasser und sprach: »Ach, wie der Schöpfer mich behandelt hat!«

Meister Sï sprach: »Tut es dir leid?«

Jener sprach: »Nein, wie sollte es mir leid tun! Wenn er mich nun auflöst und meinen linken Arm verwandelt in einen Hahn, so werde ich zur Nacht die Stunden rufen; wenn er mich auflöst und verwandelt meinen rechten Arm in eine Armbrust, so werde ich Eulen zum Braten herunterschießen; wenn er mich auflöst und verwandelt meine Hüften in einen Wagen und meinen Geist in ein Pferd, so werde ich ihn besteigen und bedarf keines anderen Gefährtes. Das Bekommen hat seine Zeit, das Verlieren ist der Lauf der Dinge. Wer es versteht, mit der ihm zugemessenen Zeit zufrieden zu sein und sich zu fügen in den Lauf der Dinge, dem vermag Freude und Leid nichts anzuhaben. Ich nahe mich jetzt dem Augenblick, den die Alten bezeichnet haben als Lösung der Bande. Der Gebundene kann sich nicht selber lösen; die Verhältnisse binden ihn, aber die Verhältnisse sind nicht stärker als die Natur. Das ist von jeher so gewesen. Was sollte mir dabei leid tun?«

Nicht lange darnach wurde Meister Lai krank und lag röchelnd im Sterben. Weib und Kinder umringten ihn unter Tränen.

Meister Li ging hin, um nach ihm zu sehen. Er sprach: »Fort, zieht euch zurück! Haltet ihn nicht auf in seiner Verwandlung!«

Dann lehnte er sich an die Tür, redete mit ihm und sprach: »Groß ist der Schöpfer! Was wird er nun aus dir machen; wohin wird er dich jetzt führen? Wird er eine Rattenleber aus dir machen oder einen Fliegenfuß?«

Meister Lai sprach: »Wenn die Eltern dem Sohne gebieten, nach Osten oder Westen, nach Norden oder Süden zu gehen, so folgt er einfach ihrem Befehl. Die Natur ist für den Menschen mehr als Vater und Mutter; wenn sie meinen Tod beschleunigen will, und ich wollte nicht gehorchen, so wäre ich widerspenstig. Was kann man ihr denn vorwerfen? Wenn der große Gießer sein Metall schmelzt, und das Metall wollte aufspritzen und sagen: ›Ich will, daß du ein Balmungschwert[9] aus mir machst!‹, so würde der große Gießer das Metall für untauglich halten. Wenn ich, nachdem ich einmal Menschengestalt erhalten habe, nun sprechen wollte: ›Wieder ein Mensch, wieder ein Mensch will ich werden!‹, so würde mich der Schöpfer sicher als untauglichen Menschen betrachten. Nun ist die Natur der große Schmelzofen, der Schöpfer ist der große Gießer: wohin er mich schickt, soll es mir recht sein. Es ist vollbracht; ich schlafe ein, und ruhig werde ich wieder aufwachen.«

EPIKUR

Die Unerschütterlichkeit der Seele und die Gesundheit des Leibes als höchste Güter

Der griechische Philosoph Epikur wurde 341 v. Chr. auf Samos geboren und starb 270 in Athen, wo er im Jahr 306 seine Schule, den »Garten«, gegründet hatte. In ihn zog er sich (gemäß seinem Wahlspruch: »Lebe im Verborgenen«) mit Freunden zurück, als die beginnende Auflösung der gemeinschaftstiftenden Polis zur Vereinzelung – zur »Atomisierung« – der Menschen im Hellenismus führte.

Seine an Demokrit anknüpfende atomistische Erklärung der Natur ist für Epikur kein theoretisch-wissenschaftlicher Selbstzweck, sondern hat ein praktisch-ethisches Ziel. Dieses erblickt er letztlich in der Unerschütterlichkeit (ataraxia) der Seele sowie in der Gesundheit des Leibes. Beides strebt jeder Mensch an, indem er die Lust und Freude (hedoné) wählt und den Schmerz meidet. Die Auffassung freilich, Epikureer würden genußsüchtig jede beliebige sinnliche Lust suchen, beruht nicht auf der Lehre des Philosophen selbst, sondern auf Mißverständnissen von Zeitgenossen und Karikaturen von Kirchenvätern. Es kommt Epikur vielmehr darauf an, den Menschen zu befähigen, selbst mit wenigem zufrieden zu sein, wenn es die Umstände erfordern. Somit progagiert er auch nicht Verzicht und Entsagung in jedem Fall. Die Voraussetzung für die Glückseligkeit (eudaimonia) ist die Befreiung der Menschen von der Furcht vor Göttern, Tod und Schicksal. Die Furcht vor den Göttern schwindet mit der Einsicht, daß diese selbstgenügsam in den unendlich vielen »Zwischenwelten« leben, ohne sich um das menschliche Leben zu kümmern. Die Furcht vor dem Tode wird vor allem durch die Erkenntnis überwunden, daß die Seele mit dem Leib zerfällt und nichts mehr empfindet. Und gegen die Furcht vor dem Schicksal ist die vernünftige Überlegung zu setzen, daß es nicht alles bestimmt (so wie andererseits der Zufall nicht alles bestimmt), sondern die Menschen auch autonom handeln können.

In dem folgenden Brief an den Schüler Menoikeus formuliert Epikur seine Lehre noch prägnanter als in den beiden

*anderen erhaltenen Briefen; sie wird hier auch deutlicher als in
den Aphorismen und den Fragmenten.*

Epikur wünscht seinem lieben Menoikeus Freude!

Mit dem Philosophieren soll man getrost schon in der Jugend beginnen, aber im Alter auch nicht müde davon ablassen. Denn um für seine seelische Gesundheit etwas zu tun, ist keiner zu jung oder zu alt, und wer etwa meint, für ihn sei es zum Philosophieren noch zu früh oder schon zu spät, der könnte ebensogut behaupten, der richtige Zeitpunkt für seine Glückseligkeit sei noch nicht da oder schon vorbei. Also, philosophieren muß der junge wie der alte Mensch; dieser, damit er jung bleibt im dankbaren Genuß des Guten, das die Vergangenheit ihm schenkte, und jener, damit er furchtlos in die Zukunft blicken kann und dadurch jung und alt zugleich ist. Freilich muß man sich beizeiten in dem üben, was Glückseligkeit verleiht, denn in ihr besitzen wir alles, und wem sie fehlt, der gibt sich ja doch alle Mühe, sie zu erwerben.

Darum tue Du, was ich Dir ständig anempfohlen habe, und übe Dich darin und sei gewiß, daß es die Grundbedingungen für ein wahrhaft schönes Dasein sind.

Vor allem glaube daran, daß die Gottheit ein unvergängliches und seliges Wesen ist – so jedenfalls läßt sich unsere Vorstellung von ihr ganz allgemein umreißen –, und hänge ihr nichts an, was ihrer Unvergänglichkeit zuwiderläuft oder was mit ihrer Seligkeit unvereinbar ist, vielmehr bringe zu ihr nur das in Beziehung, was ihrer mit Unvergänglichkeit gepaarten Seligkeit gemäß ist. Denn Götter gibt es, da wir sie doch offenbar zu erkennen vermögen. Nur sind sie nicht so, wie die große Menge sie sich denkt, denn wie sie sich die Götter vorstellt, so sind sie nicht, und nicht der ist gottlos, der die Gottesvorstellung der Masse beseitigt, sondern wer den Göttern die Ansichten der Masse anhängt. Was die Masse über die Götter aussagt, entspricht nämlich nicht der richtigen Gotterkenntnis, sondern falschen Vermutungen. Aus diesem Grunde sieht sie als Fügung der Götter an, was den Bösen an Üblem widerfährt oder was die Guten fördert. Sie empfindet eben als fremd, was nicht wie sie selbst geartet ist, und läßt sich darum nur Götter gefallen, die ihresgleichen sind.

Ferner gewöhne Dich an den Gedanken, daß der Tod für uns ein Nichts ist. Beruht doch alles Gute und alles Üble nur auf Empfindung, der Tod aber ist Aufhebung der Empfindung. Darum macht die Erkenntnis, daß der Tod ein Nichts ist, uns das vergängliche Leben erst köstlich. Dieses Wissen hebt natürlich die zeitliche Grenze unseres Daseins nicht auf, aber es nimmt uns das Verlangen, unsterblich zu sein, denn wer eingesehen hat, daß am Nichtleben gar nichts Schreckliches ist, den kann auch am Leben nichts schrecken. Sagt aber einer, er fürchte den Tod ja nicht deshalb, weil er Leid bringt, wenn er da ist, sondern weil sein Bevorstehen schon schmerzlich sei, der ist ein Tor; denn es ist doch Unsinn, daß etwas, dessen Vorhandensein uns nicht beunruhigen kann, uns dennoch Leid bereiten soll, weil und solange es nur erwartet wird!

So ist also der Tod, das Schrecklichste der Übel, für uns ein Nichts: Solange wir da sind, ist er nicht da, und wenn er da ist, sind wir nicht mehr. Folglich betrifft er weder die Lebenden noch die Gestorbenen, denn wo jene sind, ist er nicht, und diese sind ja überhaupt nicht mehr da.

Freilich, die große Masse meidet den Tod als das größte der Übel, sehnt ihn aber andererseits herbei als ein Ausruhen von den Mühsalen des Lebens. Der Weise dagegen lehnt weder das Leben ab, noch fürchtet er sich vor dem Nichtmehrleben, denn ihn widert das Leben nicht an, und er betrachtet das Nichtmehrleben nicht als ein Übel. Und wie er beim Essen nicht unbedingt möglichst viel haben will, sondern mehr Wert auf die gute Zubereitung legt, so ist er auch beim Leben nicht auf dessen Dauer bedacht, sondern auf die Köstlichkeit der Ernte, die es ihm einträgt.

Wer nun aber verkündet, der junge Mensch müsse ein schönes Leben haben, der alte aber brauche einen schönen Tod, der ist albern, und zwar nicht nur, weil das Leben stets erwünscht ist, sondern auch darum, weil die Übung eines schönen Lebens gleichbedeutend ist mit der Vorübung für ein schönes Sterben. Noch viel minderer aber ist, wer da sagt:

»Schön ist's, gar nicht geboren zu sein, (...)
Ist man geboren, aufs schnellste des Hades Tor zu durchschreiten.«[1]

Ist dies nämlich seine wirkliche Überzeugung, warum gibt er dann das Leben nicht auf? Das steht ihm ja frei, wenn er es sich fest vornimmt. Redet er aber nur aus Spott so daher, dann gilt er bei denen, die solches Gerede nicht mögen, erst recht als Narr.

Wir dürfen eben nie vergessen, daß die Zukunft zwar gewiß nicht in unsere Hand gegeben ist, daß sie aber ebenso gewiß doch auch nicht ganz außerhalb unserer Macht steht; so werden wir uns weder darauf verlassen, daß eintritt, was wir erwarten, noch werden wir verzweifeln, als könne es überhaupt nicht eintreten.

Man muß sich aber auch darüber klar werden, daß von unseren Begierden die einen naturbedingt, die anderen nichtig sind, und daß von den naturbedingten ein Teil notwendig, der andere eben nur natürlich ist, und schließlich, daß von den notwendigen einige zur Erlangung der Glückseligkeit erforderlich sind, andere, um unsere Gesundheit vor Störungen zu bewahren, und wieder andere, um überhaupt leben zu können.[2] Bei unbeirrbarer Betrachtung der Begierden lernt man nämlich, jedes Streben und jedes Meiden für die Gesundheit des Leibes und zur Wahrung der Seelenruhe zu nutzen, da diese beiden zusammen das glückselige Leben ausmachen. All unser Tun richten wir ja doch nur darauf, keinen Schmerz erdulden und keine Angst empfinden zu müssen. Haben wir aber diesen Zustand erst einmal erreicht, dann schwindet aller Aufruhr aus unserer Seele, da das Lebewesen sich nun nicht mehr gleichsam darauf einstellen muß, was ihm etwa noch fehle, und nichts mehr zu suchen braucht, womit es sein körperliches und seelisches Wohlbehagen erst vollkommen zu machen hätte. Denn nach Freude verlangt es uns nur, wenn wir sie schmerzlich vermissen; empfinden wir aber diesen Schmerz nicht, dann entbehren wir auch die Freude nicht mehr.

Darum behaupte ich, daß die Freude das A und O des glückselig gestalteten Lebens ist. Sie kennen wir als unser erstes angeborenes Gut, von ihr lassen wir uns bei unserem Streben und Meiden leiten und nach ihr richten wir uns, alles andere Gut mit ihrem Maßstab messend. Und gerade weil sie unser allererstes, naturgegebenes Gut ist, darum streben wir auch nicht nach jeder Freude, sondern übergehen bisweilen viele, wenn uns von ihnen nur ein desto größeres Unbehagen droht. Ja, viele Schmerzen bewerten wir mitunter sogar höher als Freuden, nämlich dann, wenn auf eine längere Schmerzenszeit eine um so größere Freude folgt. So bedeutet für uns also jede Freude, weil sie an sich etwas Annehmliches ist, zwar gewiß ein Gut, aber nicht jede ist erstrebenswert, wie umgekehrt jeder Schmerz wohl ein Übel ist, aber darum doch nicht unbedingt vermieden werden muß. Unsere Aufgabe ist es, durch Abwägen und Unterscheiden des Zuträglichen und Abträglichen immer alles richtig zu bewerten, denn manchmal bedienen wir uns des Guten gleich wie eines Übels und umgekehrt.

Auch die Selbstgenügsamkeit halten wir für ein großes Gut, doch nicht, damit wir uns unter allen Umständen am wenigen genügen lassen,[3] sondern damit wir mit wenigem zufrieden sind, wenn wir nicht viel haben. Dabei leitet uns die Überzeugung, daß der einen reichen Aufwand am stärksten genießt, der seiner am wenigsten bedarf, daß alles Natürliche leicht zu beschaffen ist, das Sinnlose aber schwer und daß schließlich die schlichten Genüsse ebensoviel Freude bereiten wie der größte Luxus, wenn nur das Schmerzgefühl des Entbehrens nicht aufkommt. Womit also gemeint ist, daß schon Brot und Wasser, wenn man sie zuvor entbehrte, einen Hochgenuß bereiten können. Außerdem fördert die Gewöhnung an eine einfache, nicht üppige Lebensweise die Gesundheit, befähigt den Menschen, unverdrossen zu leisten, was das Leben von ihm fordert, läßt uns die reicheren Genüsse, die uns dann und wann einmal geboten werden, um so stärker empfinden und unterstützt unsere Furchtlosigkeit gegenüber dem Zufall.

Wenn wir nun also sagen, daß Freude unser Lebensziel ist, so meinen wir nicht die Freuden der Prasser, denen es ums Genießen schlechthin zu tun ist. Das meinen die Unwissenden oder Leute, die unsere Lehre nicht verstehen oder sie böswillig mißverstehen. Für uns bedeutet Freude: keine Schmerzen haben im körperlichen Bereich und im seelischen Bereich keine Unruhe verspüren. Denn nicht eine endlose Reihe von Trinkgelagen und Festschmäusen, nicht das Genießen schöner Knaben[4] und Frauen, auch nicht der Genuß von leckeren Fischen und was ein reichbesetzter Tisch sonst zu bieten vermag, schafft ein freudevolles Leben, vielmehr allein das klare Denken, das allem Verlangen und allem Meiden auf den Grund geht und den Wahn vertreibt, der wie ein Wirbelsturm die Seelen erschüttert.

An allem Anfang aber steht die Vernunft, unser größtes Gut. Aus ihr ergeben sich alle übrigen Tugenden von selbst, ja sie ist sogar wertvoller als das Philosophieren, weil sie uns lehrt, daß in Freude zu leben unmöglich ist, ohne daß man ein vernünftiges, sittlich hochstehendes und gerechtes Leben führt, daß es umgekehrt aber auch unmöglich ist, ein vernünftiges, sittlich hochstehendes und gerechtes Leben zu führen, ohne in Freude zu leben. Denn die Tugenden sind mit dem freudevollen Leben eng verwachsen, und dieses ist von jenen nicht zu trennen.

Wen glaubst Du noch höher stellen zu können als den,

der von den Göttern fromm denkt, dem Tode allzeit furchtlos entgegensieht und das Ziel der Natur klar erkannt hat –

der erfaßt hat, daß das höchste Gut leicht zu erfüllen und leicht zu erwerben ist, wogegen das größte Übel entweder nur kurze Zeit währt oder nur kurzes Leid mit sich bringt –

der die von manchen als allgewaltige Herrscherin betrachtete Notwendigkeit verlacht – wäre es doch immer noch besser, dem alten Götterglauben zu huldigen, als sich der »Vorherbestimmung« der Naturphilosophen zu unterwerfen;[5] jener bietet doch wenigstens noch die Aussicht, daß die Götter uns erhören, wenn wir sie verehren, während diese die unerbittliche Notwendigkeit schlechthin ist –

der im Zufall nicht, wie die breite Masse es tut, eine Gottheit sieht – eine Gottheit läßt nämlich nichts wahllos geschehen –, ihn aber auch nicht für einen ganz unsicheren Ausgangspunkt hält – denn er glaubt zwar nicht, daß den Menschen ein Gut oder Übel zum glückseligen Leben allein vom Zufall beschert wird, wohl aber, daß die Ansätze, aus denen große Güter und große Übel entstehen können, zufällig sein können –

und dem es schließlich lieber ist, bei richtiger Überlegung vom Zufall betrogen als bei falscher von ihm begünstigt zu werden – denn es ist besser, daß bei unserem Handeln der richtige Entschluß infolge eines Zufalls zu einem Mißerfolg führt, als wenn wir uns falsch entschieden und trotzdem durch den Zufall ein Erfolg herbeigeführt wird –!

56

Dies also, und was mit ihm verwandt, übe Tag und Nacht, allein und mit einem Gesinnungsgenossen, und Du wirst niemals, weder wachend noch schlafend, in Unruhe geraten, sondern wirst leben wie ein Gott unter Menschen. Denn keineswegs gleicht einem vergänglichen Lebewesen ein Mensch, der in unvergänglichem Besitztum lebt.

SENECA

Die Glückseligkeit in der Harmonie mit sich selbst

Als der vom »Cäsarenwahnsinn« besessene römische Kaiser Nero im Jahr 65 n. Chr. seinen einstigen Erzieher und Berater Lucius Annaeus Seneca als angeblichen Verschwörer zum Selbstmord zwang, ist der hochangesehene Philosoph, Dichter und Staatsmann, so wird berichtet, mit staunenswerter Gelassenheit in den Tod gegangen – und hat sich damit auch in seiner Sterbestunde als wahrer Stoiker erwiesen. Für die Stoa (benannt nach einer Säulenhalle in Athen, die der um 300 v. Chr. von Zenon aus Kition gegründeten Philosophenschule als erster Versammlungsort diente) bestand die Glückseligkeit des Menschen in einem tugendhaften Leben im Einklang mit der Natur, das heißt den Geboten der Vernunft. Damit untrennbar verbunden war die Forderung nach Gleichmut hinsichtlich Glück und Unglück, Freude und Leid, Krankheit und Tod, kurz: hinsichtlich allem äußeren Geschick. Im Sich-Fügen in das unabänderliche Weltgeschehen, das göttliche Gesetz, sahen die stoischen Weisen die wirkliche Freiheit, und aus ihm folgte ein Zustand der Seele, der von ihnen zunächst als »Apathie« bzw. »Unerschütterlichkeit« (ataraxia), später als »Wohlgemutheit« (euthymia) bezeichnet wurde.

Seneca wurde kurz vor Beginn unserer Zeitrechnung als Sohn eines römischen Ritters in Córdoba (Spanien) geboren, übersiedelte aber bald in die Hauptstadt des Imperium Romanum. Er hat sich die ethischen Vorstellungen der Stoiker schon früh zu eigen gemacht, war aber unabhängig genug, auch die Ideen anderer Denker – etwa die des Epikur (siehe S. 51–57) – anzuerkennen. Nahezu das gesamte schriftstellerische Werk des großen Römers, das neben zahlreichen philosophischen Abhandlungen auch Tragödien und eine Naturlehre enthält, ist der existentiellen Frage gewidmet, wie der stets gefährdete, von Daseinsangst und Sorgen geplagte Mensch dennoch Zufriedenheit und Seelenruhe (tranquillitas animi) finden könne. Die Antworten, die Seneca – beispielsweise in seiner an den älteren Bruder gerichteten, hier gekürz-

ten Schrift »Vom glückseligen Leben« – auf diese Frage gege-
ben hat, haben dem vielgelesenen, auch in seinem Handeln
konsequenten Autor bis in die Gegenwart Ruhm und Bewun-
derung eingebracht.

Glücklich zu leben wünscht jedermann; aber die Grundlagen
des Glücks erkennt fast niemand. Freilich ist ein glückseliges
Leben keine ganz einfache Sache. Wer einmal den Weg verfehlt hat, entfernt sich immer weiter davon; und geht er nach
der entgegengesetzten Seite, so wird gerade Eile ihn immer
mehr abführen. Man muß daher zuerst wissen, worauf das
Streben zu richten ist; sodann ist der Weg aufzusuchen, der
am raschesten ans Ziel führt. Einmal auf dem rechten Weg,
wird man sehen, wie groß die Strecke ist, die man täglich
zurückgelegt hat, und wie weit noch das Ziel, zu dem uns ein
natürliches Verlangen zieht. Solange wir aber da und dort
herumschweifen, von verworrenen Stimmen bald da-, bald
dorthin gezogen, wird unser Leben nur ein steter Irrweg sein,
auch wenn wir uns Tag und Nacht um eine richtige Ansicht
bemühen. Daher entscheide man sich über das Ziel und den
Weg und sehe sich nach einem kundigen Führer um, der Ziel
und Weg bereits erforscht hat. Es ist hier nicht ebenso wie bei
anderen Reisen: hier hält uns ein Fußpfad, ein Hinweis an-
wohnender Leute auf dem rechten Weg; dort täuscht gerade
der betretenste Weg am meisten. Folgen wir nicht, wie das
Herdenvieh, der Schar der Vorangehenden! Wandern wir
nicht, wo gegangen wird, anstatt auf dem Wege, den man
gehen soll! Nichts bringt uns in größere Übel, als wenn wir
uns nach dem Gerede der Leute richten, für das Beste halten,
was »allgemein angenommen« ist, nicht nach Vernunftgrün-
den, sondern nach Beispielen leben. Betrachte jene gewaltige
Zusammenhäufung von Leuten, wo einer über den andern
fällt. Wie bei einem großen Menschengedränge niemand fällt,
ohne auch noch andere nach sich zu ziehen, und die Vorder-
sten den Folgenden verderblich werden, so ist es im ganzen
Leben: Niemand irrt nur für sich allein, sondern er ist auch
Ursache und Urheber fremden Irrtums. Jeder will lieber glauben als nachdenken, und so wird nie über das Leben nachge-
dacht. Immer glaubt man nur andern, und ein von Hand zu

Hand fortgegebener Irrtum lenkt uns und stürzt uns ins Verderben; durch fremde Beispiele gehen wir zugrunde. Wir werden gerettet, sobald wir uns vom großen Haufen absondern. Ihres eigenen Verderbens Verteidiger steht die Menge der Vernunft feindlich gegenüber. Und so geht es denn wie in den Wahlversammlungen, wo sich dieselben Leute darüber verwundern, daß einer Prätor geworden ist, die ihn doch mitgewählt haben; ein und dasselbe wird gebilligt und getadelt – das ist der Ausgang eines jeden Urteils, bei dem nach der Mehrzahl entschieden wird.

Wenn es sich um ein glückseliges Leben handelt, darfst du mir nicht wie bei Senatsabstimmungen antworten: »Auf dieser Seite scheint die Wahrheit zu sein.« Eben deshalb ist es das Schlimmere. Es steht mit der Sache der Menschheit nicht so gut, daß das Bessere der Mehrzahl gefiele, ein großer Haufe ist Beweis des Schlechtesten. Laß uns daher fragen, was am besten zu tun sei, nicht, was gewöhnlich geschieht, und was uns in den Besitz eines ewigen Glückes setzt, nicht, was dem großen Haufen, dem schlechtesten Dolmetscher der Wahrheit, genehm ist. Zum großen Haufen aber rechne ich ebensowohl Leute mit Kronen als Leute im schlechten Kittel. Nicht sehe ich auf die Farbe der Kleider, womit die Leiber behängt sind; nicht traue ich den Augen bei meinem Urteil über einen Menschen. Um das Wahre vom Falschen zu unterscheiden, habe ich ein besseres Licht: des Geistes Wert finde der Geist. Wenn dieser einmal Zeit gewinnt, sich zu erholen und sich in sich selbst zurückzuziehen, wie wird er, von sich selbst gefoltert, sich die Wahrheit gestehen und sagen: Alles, was ich bisher getan, möchte ich lieber ungeschehen wissen; wenn ich an alles zurückdenke, was ich gesprochen habe, so beneide ich die Sprachlosen; alles, was ich gewünscht habe, dünkt mir ein Fluch von Feinden; alles was ich gefürchtet, o ihr guten Götter, wieviel leichter war es zu ertragen als das, was ich wünschte? Mit vielen habe ich in Feindschaft gelebt und bin aus dem Hasse – wenn überhaupt es unter Schlechten Freundschaft gibt – wieder zur Freundschaft zurückgekehrt; mir selbst aber bin ich noch kein Freund. Ich habe mir alle Mühe gegeben, mich aus der Menge hervorzuheben und durch irgendein Talent bemerkbar zu machen; was anderes habe ich davon, als daß ich mich zu einem Ziel gemacht und dem Übelwollen gezeigt habe, wo es mich packen kann? Betrachte jene Leute, die deine Beredsamkeit preisen, deinem Reichtum nachgehen, um deine Gunst buhlen, deine Macht in den Himmel erheben! Sie alle sind deine Feinde oder, was gleich ist, können es sein. So viele Bewunderer, so viele Neider.

So will ich lieber etwas suchen, was als gut erprobt ist und wovon ich einen Genuß habe, nicht etwas, womit ich prunken kann; was man anschaut, wovor man stehen bleibt, was einer dem andern mit Erstaunen zeigt, das glänzt von außen, inwendig aber ist's elend. Laß uns etwas suchen, das nicht bloß dem äußern Scheine nach gut, sondern gehaltvoll, gleichförmig und auf der verborgenen Seite sogar noch schöner ist. Das laß uns ausfindig machen; und es liegt nicht fern, es wird sich finden lassen, nur muß man wissen, wohin man die Hand ausstrecken soll. Jetzt gehen wir wie im Finstern am Naheliegenden vorüber und stoßen gerade an das, was wir sehnlich verlangen.

Doch um dich nicht auf Umwegen herumzuschleppen, will ich die Ansichten andrer übergehen; denn es wäre zu weitläufig, sie herzuzählen und zu widerlegen. Hier hast du die unsrige. Wenn ich sage »die unsrige«, so binde ich mich nicht an einen von den Häuptern der Stoa!; auch ich habe das Recht meiner Meinung. Daher werde ich dem einen beipflichten, einen andern seine Ansicht im einzelnen entwickeln heißen; vielleicht werde ich auch, nach allen andern zum Sprechen aufgefordert, nichts von dem, was meine Vorgänger entschieden haben, verwerfen und bloß sagen: »Ich habe dazu noch folgendes zu bemerken.« Inzwischen halte ich mich, worin alle Stoiker eins sind, an die Natur; von ihr nicht abzuirren und sich nach ihrem Gesetz und Beispiel zu bilden, ist Weisheit. Glückselig also ist ein Leben, welches mit seiner Natur in Einklang steht; dies aber kann uns nicht anders zuteil werden, als wenn zuerst der Geist gesund und in beständigem Besitz seiner Gesundheit ist; sodann, wenn er kräftig und entschlossen, zudem sittlich rein und geduldig ist, sich den Umständen fügt, für den Körper und seine Bedürfnisse besorgt ist, jedoch ohne Ängstlichkeit; achtsam ferner auf die übrigen Dinge, die zum Leben gehören, ohne auf irgendeines großen Wert zu legen, bereit, die Gaben des Glückes zu benutzen, nicht aber ihnen zu frönen. Du siehst, auch ohne daß ich es hinzufüge, daß dem auch eine beständige Gemütsruhe und Freiheit folgen muß, da alles verbannt ist, was uns entweder reizt oder schreckt. Denn an die Stelle der sinnlichen Genüsse und alles dessen, was kleinlich und hinfällig und unheilbringend ist, tritt eine hohe, unerschütterliche und sich gleichbleibende Freude, Friede und Harmonie der Seele und Größe mit Sanftmut gepaart; denn alle Roheit ist nur ein Zeichen von Schwäche.

Der Begriff unseres höchsten Gutes läßt sich auch noch anders bestimmen; der Gedanke bleibt derselbe, wird aber in andere Worte gefaßt. Ein und dasselbe Heer kann bald weiter ausgebreitet, bald enger zusammengezogen und entweder mit eingebogenem Zentrum zu einem Halbkreis formiert oder in gerader Linie aufgestellt werden; wie es aber auch geordnet ist, seine Kraft und sein Wille, für dieselbe Partei zu stehen, bleibt sich gleich; so kann auch die Begriffsbestimmung des höchsten Gutes bald ausführlicher und umfassender, bald kürzer und gedrängter gegeben werden. Es ist ganz dasselbe, ob ich sage: Das höchste Gut ist eine das Zufällige geringschätzende, ihrer Tugend frohe Seele, oder: eine unüberwindliche Kraft der Seele, voll Einsicht, ruhig im Handeln, dabei reich an Menschenliebe und Rücksicht für die, mit denen man lebt. Man mag den Begriff auch so bestimmen, daß man denjenigen Menschen einen glücklichen nennt, dem nichts ein Gut oder ein Übel ist, als allein eine gute oder schlechte Seele, der das Sittlichgute verehrt, dem seine Tugend alles ist, den Zufälliges weder erhebt noch niederschlägt; der kein größeres Gut kennt, als daß er sich selbst geben kann, dem die Verachtung der Sinnenlust wahre Wollust ist. Will man noch weitergehen, so kann man dem Begriffe noch eine und die andere Form geben, ohne daß der Sinn verletzt oder beeinträchtigt wird. Denn was hindert uns, zu sagen, ein glückseliges Leben bestehe darin, einen freien, hochgesinnten, unerschrockenen und standhaften, über Furcht und Begierden erhabenen Geist zu besitzen, für den es nur *ein* Gut gibt, Sittlichkeit, und nur *ein* Übel, Unsittlichkeit? Dem alles übrige ein wertloser Tand ist, der dem glückseligen Leben weder irgend etwas entziehen, noch beifügen und ohne Vermehrung oder Verminderung des höchsten Gutes kommen und gehen kann. Wer solchen Grund in sich hat, den muß notwendig ununterbrochene Heiterkeit und eine hohe, dem Innersten entspringende Freude begleiten, die sich nur des ihrigen erfreut und nichts Größeres wünscht, als was ihr eigen ist. Sollte dies nicht die kleinlichen, armseligen und unbeharrlichen Triebe des elenden Körpers reichlich aufwiegen? Dem Schmerze unterliegt, wer dem Sinnengenusse unterliegt.

Du siehst, in welch schlimmer und unheilvoller Knechtschaft einer stehen würde, den Sinnenlust und Schmerzen, die unzuverlässigsten und zügellosesten Gebieter, abwechselnd in Besitz hätten. Daher muß man sich durchringen zur Freiheit; diese aber erreicht man durch nichts anderes als durch Gleichgültigkeit gegen das Schicksal. Dann wird jenes unschätzbare Gut erwachsen, jene Ruhe und Erhabenheit der Seele, die einen höheren Standpunkt gefunden hat, die zu fürchten verlernt hat, und die aus der Erkenntnis der Wahrheit eine hohe und ungestörte Freude gewinnt, eine stete Freundlichkeit und Heiterkeit des Gemüts, daran sie sich erfreut, nicht als an Gütern, sondern als an Früchten ihres eigenen Schatzes. Weil ich nun einmal angefangen habe, mit Begriffsbestimmungen freigebig zu sein, so definiere ich weiter: glückselig kann auch der genannt werden, der, von der Vernunft geleitet, nichts mehr wünscht und nichts mehr fürchtet. Auch die Steine sind ohne Furcht und Traurigkeit, und ebenso die Tiere; niemand wird sie deshalb glückselig nennen, da sie keine Erkenntnis ihrer Glückseligkeit haben. Auf derselben Stufe stehen Menschen, deren Stumpfsinn und Mangel an Selbsterkenntnis sie dem Vieh und den Tieren beigesellen. Es ist kein Unterschied zwischen diesen und jenen, weil diese gar keine Vernunft haben, jene aber eine verkehrte, die zu ihrem eigenen Schaden und widersinnig wirkt. Glückselig kann niemand genannt werden, der außer aller Wahrheit steht; ein glückseliges Leben ist also ein solches, das auf einem richtigen und sicheren Urteil ruht und unveränderlich ist. Dann nämlich ist die Seele rein und frei von allen Übeln, wenn sie sich nicht nur über Verletzungen, sondern auch über Quälereien hinwegsetzt, entschlossen, stehen zu bleiben, wo sie einmal Stand gefaßt hat, und ihren Platz auch gegen ein erzürntes Geschick zu behaupten. Die Sinnenlust mag sich von allen Seiten her um uns ergießen, auf allen Wegen heranströmen und der Seele mit ihren Reizungen schmeicheln, sie mag ein Mittel nach dem andern anwenden, um unser ganzes Wesen und die verschiedenen Seiten desselben zu reizen, – welcher Sterbliche, an dem nur noch eine Spur vom Menschen geblieben, wollte Tag und Nacht gekitzelt sein, um unter Verwahrlosung seiner Seele dem Körper zu frönen?

»Aber auch die Seele«, sagt man, »wird doch ihre Genüsse haben.« Mag sie solche haben und über Üppigkeit und Freudengenüsse entscheiden, mag sie sich anfüllen mit allem, was die Sinne zu ergötzen pflegt; darnach mag sie auf das Vergangene zurückschauen und der genossenen sinnlichen Freuden eingedenk über die früheren frohlocken und nach den kommenden schon begierig verlangen, ihre Hoffnungen ordnen, und während der Körper schon jetzt auf der Mast liegt, ihre Gedanken im voraus auf das Zukünftige lenken: sie wird mir dann um so elender erscheinen, weil Schlechtes statt Gutem zu wählen Wahnsinn ist. Wie kann jemand ohne gesunden Verstand glückselig sein? Und wer kann mit gesundem Verstand nach dem Schlechten als nach dem Besten trachten? Glückselig ist also, wer ein richtiges Urteil hat; glückselig ist, wer mit dem Bestehenden, wie es auch immer sei, zufrieden und mit seinen Verhältnissen befreundet ist; glückselig ist der, dessen ganze Lage seine Vernunft gutheißt. Welch eine schimpfliche Stelle weisen diejenigen dem höchsten Gute an, die es in sinnliche Genüsse setzen! Das Vergnügen, sagen sie, könne von der Tugend nicht getrennt werden, und sie behaupten, es könne weder jemand sittlich gut leben, ohne zugleich angenehm, noch angenehm, ohne zugleich sittlich gut zu leben. Ich begreife nicht, wie man so ganz verschiedene Dinge in eins zusammenwerfen kann. Warum soll denn, ich bitte euch, das sinnliche Vergnügen von der Tugend nicht getrennt werden können? Weil jedes Gut seine Quelle in der Tugend hat? Allerdings entstammt ihr auch das, was ihr liebt und verlangt; allein, wenn jene Dinge unzertrennlich wären, so würden wir nicht manches sehen, was angenehm, aber nicht sittlich gut, manches dagegen, was höchst sittlich, aber unangenehm und nur durch Schmerzen zu erringen ist.

Nimm noch hinzu, daß Vergnügen sich auch zu dem schändlichsten Leben gesellt, die Tugend aber ein schlechtes Leben gar nicht zuläßt, und daß manche nicht ohne Vergnügen, sondern gerade des Vergnügens wegen unglücklich sind; was nicht der Fall sein würde, wenn sich mit der Tugend das Vergnügen verschmolzen hätte, welches der Tugend oft fehlt, ihr aber nie Bedürfnis ist. Warum stellt ihr Unähnliches, ja ganz Entgegengesetztes zusammen? Die Tugend ist etwas Hohes, Erhabenes, Königliches, Unüberwindliches, Unermüdliches; das sinnliche Vergnügen etwas Niedriges, Sklavisches, Ohnmächtiges, Hinfälliges, dessen Aufenthalt und Heimat Hurenhäuser und Kneipen sind. Die Tugend wirst du im Tempel finden, auf dem Forum, in der Kurie, vor den Mauern stehend,[1] mit Staub bedeckt, von frischer Gesichtsfarbe,[2] mit schwieligen Händen; das sinnliche Vergnügen in Winkeln versteckt und die Finsternis suchend, um Badehäuser und Schwitzstuben und Orte, welche die Sittenpolizei fürchten, weichlich, entnervt, von Wein und Salben triefend, bleich oder geschminkt und durch Schönheitsmittel verdorben. Das höchste Gut ist unsterblich, es kann nicht untergehen, es bringt weder Überdruß noch Reue mit sich; denn der rechte Sinn wandelt sich nie, noch ist er sich selbst zuwider, und da er der beste ist, ändert er auch an sich nie etwas. Das sinnliche Vergnügen aber erlischt gerade dann, wenn es am höchsten ergötzt; es hat keinen weiten Spielraum; daher füllt es ihn bald aus, verursacht Überdruß und ermattet nach dem ersten Anlauf. Auch ist eine Sache nie zuverlässig, deren Natur Unbeständigkeit ist; und so kann auch das nichts Wesentliches sein, was ebenso schnell vorübergeht als kommt und schon während seines Genusses zerrinnt. Denn es gelangt zu dem Punkte, wo es aufhören muß, und indem es beginnt, läßt es schon sein Ende verspüren.

Haben den Genuß des sinnlichen Vergnügens die Schlechten nicht ebensowohl als die Guten? Auch erfreuen die Lasterhaften sich ihrer Schändlichkeiten nicht weniger als die Sittlichguten ihrer edlen Taten. Daher schrieben die Alten vor, man solle dem besten, nicht dem angenehmsten Leben nachgehen, so daß das Vergnügen nicht der Führer, sondern der Begleiter einer rechtschaffenen und edeln Gesinnung sei. Denn die Natur muß man zur Führerin nehmen; auf sie richtet die Vernunft ihr Augenmerk, bei ihr holt sie sich Rat. *Glückselig und naturgemäß leben ist ein und dasselbe*. Was dies letztere heißt, will ich jetzt erklären. Wir leben naturgemäß, wenn wir die körperlichen Anlagen und die Bedürfnisse unserer Natur sorgfältig, aber nicht ängstlich beachten als etwas, das uns nur auf Zeit gegeben und flüchtig ist; wenn wir nicht ihre Sklaven werden und nicht etwas unserem Wesen Fremdes uns in seine Gewalt gebracht hat; wenn wir das, was dem Körper angenehm ist und uns von außen zukommt, so betrachten wie Hilfsvölker und leichte Truppen. Es mag uns dienen, aber nicht uns beherrschen; nur dann ist es unserem geistigen Wesen von Nutzen. Ein Mann bleibe von Äußerlichkeiten unverführt und unbeherrscht, vertraue auf sich selbst und seinen Genius, sei auf alles gefaßt und der eigene Bildner seines Lebens. Sein Selbstvertrauen sei nicht ohne Einsicht, seine Einsicht nicht ohne Festigkeit; er halte fest an dem einmal für recht Erkannten, und was er beschlossen hat, das stehe fest. Man wird, auch wenn ich es nicht ausdrücklich hinzufüge, einsehen, daß ein solcher Mann geregelt und geordnet ist und hochherzig und mild zugleich. Eine gesunde Vernunft wird mit seinen Empfindungen verwachsen sein und davon ausgehen; denn er hat keinen andern Bestimmungsgrund, keinen andern Antrieb zur Wahrheit und zur Einkehr in sich selbst. Auch die alles umfassende Natur, die alles regierende Gottheit richtet zwar ihre Tätigkeit nach außen, kehrt aber von überall her in sich selbst zurück. Dasselbe soll unser Geist tun, wenn er, seinen Sinnen folgend, sich auf die Außenwelt gerichtet hat; er sei sowohl ihrer als seiner selbst mächtig. Auf diese Weise wird eine Macht und Gewalt geschaffen, die mit sich selbst in Einklang steht, und jene sichere Vernunft, die sich nicht widerspricht, die nicht schwankt in Meinungen, Begriffen und Überzeugungen. Hat sich diese geordnet zu einer klaren Harmonie, dann hat sie das höchste Gut erreicht. Denn nichts Verkehrtes, nichts Unhaltbares ist mehr übrig, nichts, wobei der Mensch straucheln oder wanken könnte. Dann wird er alles nach seinem eigenen Befehle tun und nichts wird ihm unerwartet begegnen; alles, was er tut, wird leicht und rasch und ohne Zögern geschehen und wohl geraten. Verdrossenheit und Unschlüssigkeit verrät Kampf und Uneinigkeit mit sich selbst. Daher kann man dreist behaupten, das höchste Gut sei *Harmonie mit sich selbst*. Denn da müssen Tugenden sein, wo Übereinstimmung und Einigkeit ist; Laster sind in Zwiespalt mit sich selbst.

»Aber auch du«, wendet man ein, »befleißigst dich der Tugend doch wohl nur deshalb, weil du irgendein Vergnügen von ihr hoffst.« Fürs erste wird die Tugend, auch wenn sie ein Vergnügen gewähren wird, doch nicht dessentwegen erstrebt: denn sie *gewährt* es nicht, sondern sie gewährt es *mit*, und sie bemüht sich nicht darum, sondern ihre Bemühung erreicht, obgleich sie etwas ganz anderes erstrebt, auch dieses mit. So wie auf dem Felde, das man für die Saat gepflügt hat, zwischen dieser auch manche Blumen mit aufwachsen, und man doch nicht dieser Pflänzchen wegen so viel Mühe aufgewendet hat, so sehr sie auch das Auge ergötzen mögen, so ist auch das Vergnügen weder der Lohn, noch der Beweggrund der Tugend, sondern eine Zugabe; weil es ergötzt, gefällt es; wenn es aber gefällt, so ergötzt es auch. Das höchste Gut liegt in dem Bewußtsein und dem Wesen einer edlen Seele, und wenn diese ihr Wesen vollendet und sich in ihre Sphäre eingeschlossen hat, so ist das höchste Gut erreicht, und sie will weiter nichts mehr. Denn über das Ganze hinaus gibt es nichts, so wenig als über das Ende hinaus. Daher bist du schon im Irrtum, wenn du fragst, was es sei, was mich nach der Tugend streben läßt; denn du fragst nach etwas, das über dem Höchsten stände. Du fragst, welchen Gewinn ich aus der Tugend ziehen will? Sie selbst; denn sie hat nichts Besseres, sie ist sich selbst ihr Lohn. Ist das etwa nicht herrlich genug? Wenn ich dir sage: das höchste Gut ist unbeugsame Beharrlichkeit und Einsicht und Scharfblick und Gesundheit und Freiheit und Harmonie und Schönheit der Seele, verlangst du dann noch etwas Größeres? Was sprichst du von Vergnügen? Des Menschen Glück suche ich, nicht des Bauches, der ist beim Vieh und bei Tieren geräumiger.

»Was jedoch hindert«, sagt man, »Tugend und Vergnügen zu verschmelzen und so das höchste Gut zu schaffen, daß ein und dasselbe zugleich sittlich gut und angenehm sei?« – Weil ein Teil der sittlichen Vollkommenheit selbst nicht anders als sittlich gut sein kann und das höchste Gut die ihm eigentümliche Reinheit nicht besitzen wird, wenn es etwas Unedles an sich hat. Nicht einmal die Freude, welche aus der Tugend entspringt, bildet, obgleich sie etwas Gutes ist, einen Teil des an und für sich Guten, ebensowenig, als Fröhlichkeit und Ruhe der Seele, auch wenn sie aus den schönsten Ursachen hervorgehen. Es sind allerdings Güter, aber solche, die aus dem höchsten Gute entspringen, nicht aber dasselbe ausmachen. Wer aber Tugend und Vergnügen zusammenwirft und nicht einmal zu gleichen Teilen, der stumpft durch die Gebrechlichkeit des einen Gutes auch alle Lebenskraft des andern ab, und die Freiheit, die nur dann unüberwindlich ist, wenn sie nichts kennt, das größeren Wert hat als sie selbst, bringt er in Sklaverei. Denn – was eben die äußerste Knechtschaft ist – das Glück fängt an, ihr zum Bedürfnis zu werden; die Folge davon ist ein ängstliches, verdachtvolles, vor Zufällen zitterndes und bebendes Leben; jeder Augenblick ist voll banger Erwartung. Da gibst du der Tugend keinen festen, unerschütterlichen Grund und Boden, sondern läßt sie auf einem wandelbaren Standpunkt ruhen. Was aber ist so wandelbar, als die Erwartung des Zufälligen und die Veränderlichkeit des Körpers und der auf ihn einwirkenden Dinge? Wie kann einer der Gottheit gehorchen und alles, was ihm auch begegnen mag, mit Seelenruhe aufnehmen, ohne über sein Geschick zu klagen und sein Schicksal sich zum Besten auszulegen, wenn er durch die leisesten Berührungen von Freuden und Leiden erschüttert wird? Aber nicht einmal ein guter Beschützer und Verteidiger seines Vaterlandes, noch auch ein Beschirmer seiner Freunde kann er sein, wenn er sich bloß von dem bestimmen läßt, was ihm Vergnügen macht. Daher muß das höchste Gut sich auf einen Punkt erheben, von wo es durch keine Gewalt herabgezogen werden kann, wohin weder der Schmerz, noch die Hoffnung, noch die Furcht Zutritt haben, noch irgend etwas, was das Recht des höchsten Gutes beeinträchtigen könnte. Dahin aber kann sich einzig und allein die Tugend erheben; nur durch Schritthalten mit ihr kann jene Höhe bewältigt werden; sie wird mannhaft stehen und, was auch kommen mag, nicht bloß duldend, sondern selbst willig ertragen und überzeugt sein, daß jede schwierige Lage naturgesetzlich bedingt sei. Und wie ein braver Soldat seine

Wunden ertragen, seine Narben aufzählen und von Pfeilen durchbohrt noch sterbend den Feldherrn lieben wird, für den er fällt: so wird er jenes alte Gebot im Herzen tragen: folge der Gottheit. Wer aber klagt und weint und seufzt, wenn er tun soll, was ihm auferlegt ist, der wird dennoch durch Gewalt dazu gezwungen und wider Willen zur Ausführung der Befehle genötigt. Ist es aber nicht Unsinn, sich lieber schleppen zu lassen, als willig zu folgen? Wahrlich, ebenso wäre es Torheit und Verkennung seiner Lage, zu trauern über ein hartes Geschick, oder sich zu wundern und unwillig zu ertragen, was Guten wie Schlechten zustößt, ich meine Krankheiten, Todesfälle, Gebrechlichkeit und was sonst Widerwärtiges im menschlichen Leben vorkommt. Alles, was nach der Einrichtung des Weltalls zu erdulden ist, laß uns mit hohem Geiste auf uns nehmen; wir sind ja dazu verpflichtet, das Los der Sterblichen zu ertragen und uns nicht in Verwirrung setzen zu lassen durch etwas, was zu vermeiden nicht in unserer Macht steht. Wir sind in einem Königreiche geboren: der Gottheit gehorchen, ist Freiheit.

Marc Aurel

Die Übereinstimmung mit sich selbst als Übereinstimmung des Handelns mit der Allnatur

Mit dem römischen Kaiser Marcus Aurelius Antonius über-
nahm ein Philosoph die Herrschaft, gelangte die Stoa (siehe
Seneca, S. 58–69) auf den Thron. In seiner Person vereinigten
sich Geist und Macht, wie es Platons Idee war. Sein Reiter-
standbild auf dem Kapitol vergegenwärtigt das antike Rom.
Marc Aurel, 121 n. Chr. geboren, regierte das Imperium Ro-
manum von 161 bis 180. Er starb im Feldlager bei Vindobona
(Wien) an der Pest, nachdem er in mehreren Kriegen versucht
hatte, die Grenzgebiete des Reichs gegen Aufstände und Ein-
fälle zu sichern. Während der Feldzüge verfaßte er in griechi-
scher Sprache die denkwürdigen »Selbstbetrachtungen« in
12 Büchern. Hier wird das 10. Buch in großen Teilen wieder-
gegeben.
Inmitten des äußeren Unfriedens findet Marc Aurel das in-
nere Gleichgewicht, indem er sich auf sich selbst sowie auf sein
Verhältnis zu den Menschen und zur Allnatur, dem Kosmos,
besinnt. Er stützt sich auf die Erkenntnis, daß die Menschen an
der gesetzmäßigen Ordnung der kosmischen Vernunft teilneh-
men, wodurch sie auch untereinander in kosmopolitischer Ge-
meinschaft verbunden sind. Die Übereinstimmung mit der
göttlichen Weltordnung nimmt dem Unglück, der Vergäng-
lichkeit und dem Tod den Schrecken und läßt die individuellen
Leidenschaften belanglos werden. Die daraus entstehende Ge-
lassenheit ist jedoch nicht gleichbedeutend mit Resignation.
Wer das kosmisch-göttliche Fatum bejaht, kann tapfer stand-
halten und selbstbeherrscht seine Pflicht tun. Der stoischen
Philosophie gibt Marc Aurel mit der Betonung des pflicht-
gemäßen unbeirrten Handelns als Quelle des Seelenfriedens
seinen eigenen Akzent – und darauf beruht auch seine weitrei-
chende Wirkung auf viele Größen der europäischen Geistesge-
schichte.

Wirst du denn nicht endlich einmal, meine Seele, gut, lauter, mit dir selber eins, hüllenlos und durchsichtiger als der dich umgebende Leib werden? Willst du nicht endlich einmal einer liebevollen und freundlichen Gesinnung froh werden? Wirst du nicht endlich einmal bedürfnislose Befriedigung finden, wo du nichts mehr begehrst noch verlangst, weder Beseeltes noch Unbeseeltes, um Freuden zu genießen? Wo du keine Zeit mehr brauchst, um den Genuß zu verlängern, noch einen Ort, noch eine Gegend, noch ein besonderes Klima, noch eine größere Harmonie mit den Menschen? Vielmehr mit deiner jeweiligen Lage zufrieden, dich der gesamten Gegenwart freust und die feste Überzeugung hegst, daß dir alles zur Verfügung stehe, alles für dich gut stehe und von den Göttern herrühre, daß aber zu deinem Besten dienen werde, was diesen gefällt und was sie nur zum Heil des vollendeten, guten, gerechten und schönen Wesens geben werden, das alles erzeugt, erhält, umfaßt und umgibt, was zur Entstehung anderer ähnlicher Wesen sich auflöst? Wirst du nicht endlich einmal, meine Seele, durch dein Wesen dich so mit Göttern und Menschen stellen können, daß du dich weder über sie beklagst, noch von ihnen verurteilt wirst?

Als unter der Herrschaft der Allnatur stehend gib acht, was deine Natur fordert; tue dies dann und laß sie gewähren, vorausgesetzt, daß die Verfassung deiner animalischen Natur dadurch nicht verschlimmert wird. Dann aber gib acht, was deine animalische Natur verlangt, und gönne ihr alles das, vorausgesetzt, daß die Verfassung deiner vernünftigen Natur dadurch nicht verschlimmert wird. Das Vernünftige ist aber auch ein Geselliges. Diese Grundsätze befolge und laß dich auf nichts weiter ein!

Alles was geschieht, geschieht so, daß du entweder die natürliche Kraft hast, es zu tragen, oder daß du diese Kraft nicht besitzest. Trifft dich nun ein Geschick, das du zu tragen stark genug bist, so jammere nicht, trag' es nach deiner Kraft! Übersteigt es aber deine Kraft, so jammere doch nicht, es wird sich selbst aufreiben, wenn es an dir gezehrt hat. Vergiß aber nie, daß du *von Natur* alles tragen *kannst*, was erträglich und leidlich zu machen von deinem eigenen Urteil abhängt mit

Hilfe der Vorstellung, daß es dir fromme oder gebühre, so zu handeln.

Den Irrenden belehre mit Wohlwollen und zeige ihm seinen Fehler. Kannst du das aber nicht, so klage dich selber an, oder auch nicht einmal dich selber!

Was dir auch begegnet, es war dir von Ewigkeit her so vorherbestimmt, und die Verkettung der Ursachen hat von Anbeginn an dein Dasein und dies dein Geschick miteinander verknüpft.

Sei nun die Welt ein Gewirre von Atomen oder ein geordnetes Ganzes, das steht zunächst fest: ich bin ein Teil des Ganzen, das von der Natur durchwaltet wird; und dann: ich bin mit allen mir gleichartigen Teilen in engem Zusammenhang; daran denkend werde ich mit nichts unzufrieden sein, was mir als einem Teil vom Ganzen zugeteilt wird; ist doch nichts dem Teil schädlich, was dem Ganzen förderlich ist, denn das Ganze enthält nichts, was nicht ihm selbst förderlich wäre. Alle Naturwesen haben dies miteinander gemein, die Allnatur aber hat noch den weiteren Vorzug, daß sie durch keine außer ihr liegende Ursache gezwungen werden kann, etwas ihr selbst Schädliches zu erzeugen. In dem Gedanken also, daß ich ein Teil dieses Ganzen bin, werde ich mit allem, was mich trifft, zufrieden sein. Insofern ich aber mit den mir gleichartigen Teilen in engem Zusammenhang stehe, werde ich nichts gegen das Ganze tun, vielmehr werde ich meine Mitmenschen berücksichtigen und mein Streben ganz auf das allgemeine Beste richten, vom Gegenteil mich aber fernhalten. Bei solcher Lebensführung muß mein Dasein glücklich dahinfließen, so glücklich, wie das Leben eines Bürgers dahinfließt, der von einer seine Mitbürger beglückenden Tat zur andern fortschreitet und alles, was ihm der Staat auferlegt, gerne übernimmt.

Alle Teile des Ganzen, alles, was von der Welt umschlossen wird, müssen zerstört oder, besser gesagt, umgewandelt werden. Wäre nun dies für sie von Natur ein Übel und zwar ein notwendiges Übel, so hätte das Weltall bei dem ewigen Übergang seiner Teile zur Veränderung und ihrer vorherrschenden Bestimmung zur Zerstörung keine gute Leitung. Denn sollte etwa die Allnatur selber die Einrichtung getroffen haben, ihren eigenen Teilen Übles zuzufügen, ja sie nicht nur ins Übel zu stürzen, sondern diesen Sturz sogar notwendig zu machen? Oder blieb ihr verborgen, daß so etwas werde? Beides ist doch unglaublich. Doch angenommen, diese Umwandlungen seien, abgesehen von der Allnatur, aus der natürlichen Einrichtung der Dinge selbst abzuleiten, so wäre es doch lächerlich, einmal zu behaupten, die Teile des Ganzen müßten sich vermöge ihrer natürlichen Anlage verwandeln, und das andere Mal über manches Ereignis als naturwidrig sich zu wundern oder zu ärgern; erfolgt doch die Auflösung in die Teile, aus denen jedes Ding entstanden ist, für sie wie eine Art Zerstäubung der Grundstoffe, woraus ein Ding zusammengesetzt ward, oder ein Übergang z. B. der festen Teile in das Erdige, der geistigen in das Luftartige, so daß auch sie wieder ins Weltall aufgenommen werden, mag dies nun nach bestimmten Perioden im Feuer auflodern oder sich durch ewige Umgestaltungen wieder erneuern. Denke aber nicht etwa, daß jene festen und geistigen Teile von Geburt an dir ankleben; denn alles dies ist dir ja erst von gestern oder vorgestern durch Speisen und eingeatmete Luft zugeflossen. Also wird auch nur das, was auf solche Art dir zugeflossen, nicht aber das, was dir Mutter Natur bei der Geburt mitgab, umgewandelt. Stellst du dagegen die Ansicht auf, daß die Natur jenes mit deiner besonderen Wesenskraft innig verflochten habe, so halte ich das wirklich für einen recht nichtigen Einwurf gegen das Gesagte.

Hast du dir einmal die Namen gut, bescheiden, wahrhaft, verständig, gleichmütig, hochherzig erworben, so sorge dafür, daß du nie die umgekehrten Bezeichnungen verdienst; und solltest du diese Namen je verlieren, so suche sie dir rasch wieder anzueignen. Gedenke aber, daß das Wort »verständig« bedeutet: alles sorgfältig unterscheiden und genau prüfen; »gleichmütig«: das willig annehmen, was die Allnatur beschieden hat; »hochherzig« dagegen bedeutet die Erhebung deines denkenden Teils über jede leise oder unsanfte Erregung des Fleisches, über den nichtigen Ruhm, den Tod und alles andere der Art. [...] Um aber die Erinnerung an jene Namen in dir immer lebendig zu erhalten, wird für dich der Gedanke an die Götter und daran ein kräftiges Heilmittel sein, daß diese von allen vernünftigen Wesen keine Schmeichelei, sondern das Streben, ihnen ähnlich zu werden, verlangen und daß, wie nur das ein Feigenbaum ist, was die Bestimmung eines solchen, und nur das ein Hund oder eine Biene, was die Bestimmung eines Hundes oder einer Biene erfüllt, so auch der nur ein Mensch ist, der die Bestimmung des Menschen erfüllt.

Komödienspiel, Krieg, Schrecken, Erschlaffung, Sklavensinn können jeden Tag jene heiligen Wahrheiten, die du beim Blick in die Natur dir nur so im Vorbeigehen eingebildet hast, wieder in dir auslöschen. Man muß vielmehr alles so beobachten und betreiben, daß zugleich die praktische Urteilskraft vervollkommnet, die theoretische Vernunft tätig erhalten und die Zuversicht gestärkt werde, welche, aus allumfassender Einsicht stammend, geheim, doch nicht verborgen bleiben kann. Dann erst wirst du deiner Lauterkeit, dann deiner Würde froh werden und erkennen, was jedes Ding seinem Wesen nach ist, welchen Platz es in der Welt einnimmt, wie lange es seiner Natur nach dauern wird, aus welchen Teilen es besteht, wem es zufallen und wer es geben und nehmen könne.

Die kleine Spinne ist stolz darauf, wenn sie eine Fliege gefangen hat. Mancher Mensch, wenn er ein Häschen, ein anderer, wenn er in seinem Netz eine Sardelle, ein dritter, wenn er einen Eber oder Bären, und noch ein anderer, wenn er Sarmaten[1] fängt. Sind aber all diese, wenn man die Triebfedern untersucht, nicht insgesamt Räuber?

Lerne wissenschaftlich untersuchen, wie alle Dinge sich ineinander verwandeln, lenke darauf deine beständige Aufmerksamkeit und übe dich in diesem Fach. Denn nichts ist für die Seelengröße so förderlich. Wer *sie* besitzt, hat seinen Leib schon abgestreift, und wenn er daran denkt, daß er gar bald dieses alles verlassen und aus dem Menschenleben scheiden muß, so überläßt er sich hinsichtlich seines Wirkens ganz und gar der Gerechtigkeit, hinsichtlich seiner Schicksale jedoch der Allnatur. Was aber andere von ihm sagen oder urteilen oder ihm zuwider tun mögen, das läßt er sich nicht anfechten; denn mit den zwei Grundsätzen, nämlich *das* recht zu tun, was er jetzt zu tun hat, und in Liebe hinzunehmen, was ihm jetzt zugeteilt wird, zufrieden, läßt er alle anderen Geschäfte und Ziele fahren und will weiter nichts als auf dem Pfad des Gesetzes *seinem* Ziel geradewegs zueilen und also der Gottheit folgen, die auch geradewegs ihrem Ziel entgegeneilt.

Wozu die Besorglichkeit? Steht es doch in deiner Hand zu untersuchen, was der Augenblick verlangt, und wenn du das einsiehst, wohlwollend und festen Schrittes diesen Weg zu wandeln, fehlt dir aber diese Einsicht, stehen zu bleiben und bei den Besten dir Rat zu holen, sollten sich aber andere Schwierigkeiten dagegen auftürmen, unter Anwendung der *vorhandenen* Mittel mit Überlegung und fester Anhänglichkeit an das, was dir recht scheint, vorwärts zu gehen. Das ist das Beste, was du tun kannst; es zu verfehlen ist daher bedauerlich. Ruhe, verbunden mit leichter Beweglichkeit, Heiterkeit, die des Ernstes nicht entbehrt – das ist das Wesen des Mannes, der in allem der Vernunft folgt.

Zu der alles spendenden und wieder zurücknehmenden Natur sagt der gebildete und bescheidene Mensch: »Gib, was du willst, nimm, was du willst«; er sagt dies aber nicht aus Trotz, sondern in gehorsamer und gelassener Gesinnung.

Kurz ist der Rest meines Lebens. Lebe wie auf einem Berg. Es ist ja einerlei, ob man hier oder dort, wenn man nur überall in der Welt wie in seiner Heimat lebt. Die Leute sollen in dir einen wahren, im Einklang mit der Natur lebenden Menschen sehen und erkennen. Können sie dich so nicht ertragen, so mögen sie dich umbringen. Immer noch besser, als so zu leben.

Es kommt gar nicht darauf an, dich immer über die notwendigen Eigenschaften eines guten Mannes zu *unterhalten* – man muß vielmehr ein solcher *sein!*

Die ganze Ewigkeit und den ganzen Weltstoff stelle dir immer vor und bedenke, daß jedes Einzelwesen mit dem All verglichen einem Feigenkörnchen gleicht und mit der unendlichen Zeit verglichen wie der Augenblick erscheint, in dem man einen Bohrer umdreht!

Jedes Sinnenwesen, das du betrachtest, stelle dir als schon in Auflösung, Verwandlung, gleichsam Verwesung oder Zerstreuung begriffen vor. Denke daran, daß jedes Ding nur geboren ist, um zu sterben.

Was sind das für Menschen, die nur essen, schlafen, sich begatten, verdauen und dergleichen tierische Funktionen mehr verrichten? Und was die, welche die Herren spielen, stolz einherschreiten, sich ungehalten gebärden und von ihrer Höhe herab mit Scheltworten um sich werfen? Vor kurzer Zeit beugten sie sich knechtisch vor weiß Gott wem und um weiß Gott welchen Lohn! Und nach einer kleinen Weile, was wird aus ihnen werden?

Jedem ist zuträglich, was ihm die Allnatur bringt, und gerade in dem Augenblick, wenn sie es bringt.

Der Regen liebt die Erde, sie liebt der hehre Äther; die Welt liebt zu tun, was geschehen soll; daher sage ich zur Erde: ich liebe, was du liebst. Ist's nicht auch so eine gewöhnliche Redensart: Dies pflegt gerne zu geschehen?

Entweder lebst du hier weiter und hast dich dann schon daran gewöhnt; oder du gehst von hier weg und wolltest dann eben dies; oder du stirbst und hast damit ausgedient. Ein viertes aber gibt es nicht: Sei also nur guten Mutes!

Was ist die leitende Vernunft in mir? Und was mache ich jetzt selbst aus ihr? Und wozu bediene ich mich jetzt ihrer? Ist sie unsichtbar? Oder von der Gemeinschaft abgetrennt und abgerissen? Oder an das Fleisch gekettet und mit ihm verschmolzen? Muß sie also alle seine Bewegungen teilen?

Wer seinem Herrn durchgeht, ist ein Ausreißer; ein Herr ist aber das Gesetz; wer also dawider handelt, ist ein Ausreißer. Aber nicht minder, wer sich betrübt, erzürnt, fürchtet. Denn der will nicht, daß geschehen sei oder geschehen soll, was doch der Allgebieter, das Gesetz, bestimmt hat, der für jeden festsetzt, was ihm zukommt. Also ist der Furchtsame, Leidtragende und Zornige ein Ausreißer.

Den Samen vertraut man dem Mutterschoße an und geht davon; nachher nimmt eine andere wirkende Kraft ihn auf, verarbeitet ihn und vollendet des Kindes Bildung. Welch ein Wesen aus welch einem Anfang! Wieder schluckt die Mutter durch den Mund Speise, nachher nimmt diese eine andere wirkende Kraft auf und bereitet daraus Empfindung, Trieb, überhaupt Leben und Stärke und wer weiß, wie viele und welcherlei Dinge sonst noch! Betrachte nur, wie dies alles im Verborgenen wird, und lerne die dabei tätige Kraft kennen, wie wir auch die Schwerkraft zwar nicht mit den Augen, aber doch ebenso einleuchtend erkennen.

Halte dir ständig im Sinn, daß alles, wie es jetzt ist, auch ehemals war, und daß es immer so sein wird. Stelle dir alle die gleichartigen Schauspiele und Auftritte vor, die du aus eigener Erfahrung oder aus der Geschichte kennst, z. B. den ganzen Hof eines Hadrian, eines Antonin, eines Philipp, eines Alexander, eines Krösus! Überall dasselbe Schauspiel, nur von andern Personen gespielt!

Wie ein Schwein, das an der Schlachtbank um sich schlägt und ein Geschrei erhebt, so macht es der Mensch, der über irgend etwas Trauer oder Unwillen empfindet. Nicht viel anders ist, wer auf einsamem Lager in der Stille unsere menschliche Unfreiheit beseufzt. Vergiß doch nicht, daß es den vernünftigen Wesen allein gegeben ist, freiwillig allen Schickungen zu folgen; schlechthin aber sich zu unterwerfen ist für alle Wesen Notwendigkeit.

Bei der Untersuchung jedes Einzeldinges, womit du zu tun hast, stelle dir die Frage: ist der Tod etwas Schreckliches, weil er dich dieses Dinges beraubt?

Sorge dafür, daß niemand in Wahrheit von dir sagen kann, du seist nicht lauter, du seist nicht gut; vielmehr soll der ein Lügner sein, wer also über dich urteilen wollte. All dies hängt nur von dir ab. Denn wer will dich hindern, gut und lauter zu sein! Sei nur entschlossen, eher zu sterben, als nicht ein solcher Mann zu werden. Billigt es ja auch die Vernunft keineswegs, wenn du das nicht bist.

Wer von den *wahren* Grundsätzen durchdrungen ist, dem genügt auch der kürzeste und allbekannte Ausspruch, um ihm Trost zu bringen und Furchtlosigkeit zu verschaffen: »Es verwehet der Wind zur Erde die Blätter, (...) so der Menschen Geschlecht.«[2] Blätter sind auch deine Kindlein, Blätter alles, was mit der Wahrheit Miene und lauter Stimme andere lobpreist oder verwünscht oder im stillen tadelt und verhöhnt, Blätter ebenso, was deinen Nachruhm fortpflanzen wird.

Denn alles dies »wird darnach zur Zeit des Frühlings geboren«; dann weht es ein Windstoß zu Boden, und hierauf treibt der Wald wieder anderes an seiner Stelle hervor. Kurze Lebensdauer ist ihnen allen gemein; du aber fliehst sie, oder rennst ihnen nach, als ob sie ewig wären. Über ein kleines, und auch dir werden die Augen zufallen, und den, der dich bestattet hat, wird bald ein anderer beweinen.

Niemand ist so glücklich, daß an seinem Sterbebette nicht einige stehen, die sein herannahendes Ende willkommen heißen. Angenommen, er war ein trefflicher und weiser Mann: gewiß findet sich am Ende jemand, der zu sich selbst sagt: »Nun werden wir doch endlich vor diesem Schulmeister wieder frei aufatmen können; zwar schlimm war er mit keinem von uns, aber ich hatte doch immer das Gefühl, daß er im stillen uns alle verdamme!« Solches geschieht nun beim Tod eines trefflichen Mannes; an uns aber, wieviel mag da noch hängen, um dessentwillen mancher unsrer los zu werden wünscht. Daran denke in deiner Sterbestunde, und du wirst leichter von hinnen scheiden, wenn du dir sagst: Ein Leben soll ich also verlassen, aus dem selbst meine Genossen, für die ich soviel gekämpft, gebetet und gesorgt habe, mich hinwegwünschen, indem sie von meinem Tode eine Erleichterung erhoffen. Warum sollte sich also einer an ein längeres Verweilen hier festklammern? Und doch scheide deshalb nicht weniger freundlich von ihnen, sondern bleibe deiner Sinnesart getreu, scheide liebevoll, wohlgesinnt, mild und nicht wie gewaltsam von ihnen losgerissen; sondern wie die Seele des sanft Sterbenden sich leicht dem Körper entwindet, so muß auch dein Scheiden von ihnen sein. Denn an sie hat die Natur dich einst geknüpft und gekettet, aber jetzt löst sie das Band wieder. So will ich denn von ihnen wie von Freunden, nicht mit Sträuben, sondern ohne Zwang, mich ablösen lassen. Denn auch dies eine gehört zu den Gesetzen der Natur.

BHAGAVADGITA

Seelenfrieden durch opferbereites, konzentriertes und reflektiertes Handeln

Die »Bhagavadgita«, der »Gesang des Erhabenen«, ist ein Teil des »Mahabharata«, des bedeutendsten Epos der Hindus, das in der gegenwärtigen Form zwischen dem 4. Jahrhundert v. Chr. und dem 4. Jahrhundert n. Chr. entstanden ist. Wilhelm von Humboldt nannte die »Bhagavadgita« »das schönste, ja vielleicht das einzig wahrhafte philosophische Gedicht, das alle uns bekannten Literaturen aufzuweisen haben«. Es beinhaltet in 18 Gesängen das Zwiegespräch zwischen dem Prinzen Arjuna und dem Gott Krishna, dem »Erhabenen«, der in Gestalt eines Wagenlenkers auftritt. Als Arjuna, der Anführer der Pându-Söhne, vor einer Schlacht in den Reihen der gegnerischen Kuru-Partei Verwandte, Freunde und Lehrer entdeckt, will er – von Mitleid übermannt – nicht kämpfen und wirft Pfeil und Bogen weg. In dieser Situation greift Krishna ein. Er fordert Arjuna auf, in Übereinstimmung mit seiner Pflicht als Angehöriger der Kriegerkaste zu handeln und dabei gegenüber den Früchten des Handelns, also dem Erfolg oder Mißerfolg der Tat, gleichgültig zu sein.

Weder das Nicht-Handeln des lebensverneinenden Asketen noch das Handeln des eigensinnig und besitzgierig auf seinen Vorteil Versessenen ist, so Krishna, der richtige Weg. Das in irgendeiner Weise immer unumgängliche Handeln führt zu dem Ziel der Seelenruhe und des Friedens, wenn in ihm drei Motivationen zusammenkommen: die opferbereite, entsagungsvolle, liebende Hingabe an Gott, die Andacht – das heißt die konzentrierte Versenkung und die Sammlung des Willens – mit ihrem Gleichmut sowie das reflektierende Denken, das sich den mannigfaltigen äußeren Erscheinungen entgegensetzt. Die altindischen Sanskrit-Begriffe dafür sind bhâkti, yoga *und* sânkhya. *So wird das Handeln von Erkenntnis und nicht mehr von den überkommenen magischen Opferriten der Veden, der heiligen Schriften, bestimmt. Und diese Erkenntnis schließt das Wissen ein, daß nur der Leib, nicht aber die Seele vernichtet wird, wenn ein Krieger – oder auch ein anderer Mensch –*

stirbt. Wer durch das von der richtigen Erkenntnis angeleitete Handeln die Erlösung findet, geht ein in das Selbst, das in allem ist (das gestaltlose âtman-brahman, *von dem auch Krishna sowie der von ihm verkörperte höchste Gott Vishnu, der Herr, letztlich nur personenhafte vergängliche Erscheinungen sind).*

In der indischen Religion und Philosophie werden insgesamt vier Lebensziele formuliert, für die es die entsprechenden Leitfäden oder Regelbücher gibt (sutras *bzw.* shastras): *Das eine Ziel besteht im ökonomischen, politischen oder militärischen Erfolg, zusammengefaßt in dem Wort* arthra; *besonders wichtig ist das umfangreiche »Arthrashastra« des Kautilya. Ein anderes Ziel sind Lust und Liebe,* kama; *berühmt geworden ist das »Kamasutra«. Ein weiteres Ziel betrifft die ethischen Pflichten eines rechtschaffenen Lebens,* dharma. *Und schließlich geht es immer wieder um das Ziel der Erlösung durch Befreiung von den Leidenschaften sowie von Unwissenheit,* moksha *oder* aparvaga, *wozu auch die Herauslösung aus der Kette der Wiedergeburten gehört.*

Für die »Bhagavadgita« ist charakteristisch, daß sie die Ziele der Erlösung und des pflichtgemäßen Handelns miteinander verbindet. Hierin unterscheidet sie sich auch von der Lehre Buddhas (siehe S. 21–33). Wie sie außerdem die überlieferte indische All-Eins-Lehre in eigentümlicher Weise sowohl mit dem nach innen gerichteten Yoga als auch mit dem nach außen gerichteten dualistischen Denken des Sânkhya verknüpft, zeigen anschaulich die folgenden Verse des 5. Gesangs: »Entsagen sowie Übung auch der Tat, sie bringen beide Heil, / Doch höher als Entsagung noch wird die Übung der Tat geschätzt. / Das ist der stets Entsagende, der nichts hasset und nichts sich wünscht, / Denn von den Gegensätzen frei, kommt leicht er von der Fessel los. / Denken und Andacht scheiden nur die Toren, doch die Weisen nicht [...]. / Wer handelt ohne jeden Hang und all sein Tun der Gottheit weiht, / Wird durch das Böse nicht befleckt, wie's Lotusblatt durchs Wasser nicht. / Mit ihrem Leib, Sinn und Verstand, und mit den Sinnen ganz allein, / Tun die Andächt'gen jede Tat, ganz ohne Hang – um rein zu sein. / Wer fromm aufgibt die Frucht der Tat, erlangt die höchste Seelenruh, / Wer unfromm hängt an dem Erfolg, wird durch begehrlich Tun verstrickt.«*

Den inhaltlichen und poetischen Höhepunkt des einmaligen
philosophischen Gedichts bieten die im folgenden abgedruck-
ten Gesänge 2 und 6.

Sanjaya[1] sprach
Als so von Mitleid übermannt und tränenüberströmten Augs
Arjuna in Betrübnis sank, sprach Krishna zu ihm dieses Wort:

Der Erhabene sprach
Woher kommt dieser Kleinmut dir im Augenblicke der Gefahr?
Unrühmlich und unwürdig ganz des edlen Manns, o Arjuna!
Verbanne die Unmännlichkeit! Sie ziemt dir nicht, o Prithâ-
  Sohn![2]
Die Schwäche, die erbärmlich ist, gib auf! Erhebe dich, du
  Held!

Arjuna sprach
Wie soll ich hier in diesem Kampf den Bhîshma[3] und den
  Drona[4] auch,
Die beide ich verehren muß, mit scharfen Pfeilen greifen an?
Weit besser, die höchwürd'gen Lehrer schonen
Und Bettlerbrot auf dieser Erde essen!
Denn töt' ich sie, ob sie auch schätzelüstern,
Mit Blut befleckt fortan wär' meine Speise!
Wir wissen's nicht, was mehr uns würde frommen, –
Wenn wir die Sieger – wenn wir die Besiegten?
Was soll das Leben uns, wenn wir getötet
Die Kuru-Söhne, die dort vor uns stehen?
Die jammervolle Lage bricht mein Wesen,
Die Pflicht verwirrt sich mir, – ich muß dich fragen:
Was wär' die bessere Entschließung? sag mir's!
Dein treuer Schüler bin ich, – lehre *du* mich!
Nicht seh' ich, was den Gram mir je verscheuchte,
Der meine Sinne ganz ausdörren müßte, –
Erlangt' ich auch der Erde reichste Krone,
Ja bei den Göttern selbst die Oberherrschaft;
So sprach der Ringellockige, der Held, zum ew'gen Gott
  gewandt;
Ich will nicht kämpfen! – also rief noch einmal er, dann war er
  still.

Doch lächelnd sprach zu ihm darauf, als er ihn so voll Kleinmut sah,
Inmitten beider Heeresreihn der heilige Krishna dieses Wort:

Der Erhabene sprach
Du redest gut, allein du klagst um die, die nicht beklagens-
wert,
Nicht Tote noch auch Lebende beklagt jemals der Weisen
Schar.
Nie war die Zeit, da ich nicht war, und du und diese Fürsten
all.
Noch werden jemals wir nicht sein, wir alle, in zukünftger
Zeit!
Denn wie der Mensch in diesem Leib Kindheit, Jugend und
Alter hat,
So kommt er auch zu neuem Leib, – der Weise wird da nicht
verwirrt.
Der Atome Berührung nur ist kalt und warm, bringt Lust und
Leid,
Sie kommen, gehen, ohn' Bestand, – ertrage sie, o Bhârata![5]
Der weise Mann, den diese nicht erregen, o du starker Held,
Der Leid und Lust gleichmütig trägt, der reift für die Un-
sterblichkeit.
Es gibt kein Werden aus dem Nichts, noch wird zu Nichts das
Seiende!
Die Grenze beider ist erschaut von denen, die die Wahrheit
schaun.
Doch wisse, unvergänglich ist die Macht, durch die das All
gewirkt!
Des Ewigen Vernichtung kann bewirken niemand, wer's auch
sei.
Vergänglich sind die Leiber nur, – in ihnen weilt der ew'ge
Geist,
Der unvergänglich, unbegrenzt – drum kämpfe nur, du Bhâ-
rata!
Wer denkt, es töte je der Geist oder werde getötet je,
Der denkt nicht recht! Er tötet nicht, noch wird jemals getötet
er.
Niemals wird er geboren, niemals stirbt er,
Nicht ist geworden er, noch wird er werden,

Der Ungeborne, Ewige, Alte – nimmer
Wird er getötet, wenn den Leib man tötet.
Wer ihn als unvernichtbar kennt, als ewig und unwandelbar,
Wie kann ein solcher töten je, wie töten lassen, Prithâ-Sohn?
Gleichwie ein Mann die altgewordnen Kleider
Ablegt und andre, neue Kleider anlegt,
So auch ablegend seine alten Leiber
Geht ein der Geist in immer andre, neue.
Es schneiden ihn die Waffen nicht, es brennet ihn das Feuer
    nicht,
Es nässet ihn das Wasser nicht, es dörret ihn auch nicht der
    Wind.
Zu schneiden nicht, zu brennen nicht, zu nässen nicht, zu
    dörren nicht,
Er ist beständig, überall, fest, ewig, unerschütterlich.
Unsichtbar und unvorstellbar und unveränderlich heißt er,
Darum, sobald du ihn erkannt, darfst du nicht mehr beklagen
    ihn.
Und wenn für stets geboren auch, für stets gestorben du ihn
    hältst,
Doch darfst du, Held mit starkem Arm, um diesen trauern
    nimmermehr.
Denn dem Gebornen ist der Tod, dem Toten die Geburt be-
    stimmt, –
Da unvermeidlich dies Geschick, darfst nicht darüber trauern
    du.
Unsichtbar sind die Anfänge der Wesen und ihr Ende auch,
Die Mitte nur ist sichtbar uns – was gibt's für Grund zur
    Klage da?
Der Eine schauet ihn als wie ein Wunder,
Der Andre spricht von ihm als einem Wunder,
Der Dritte hört von ihm als einem Wunder,
Doch hört er's auch, es kennet ihn doch keiner.
Die Seele unverletzbar ist, ewig, in eines jeden Leib,
Darum die Wesen allesamt darfst du betrauern nimmermehr.
Auch wenn du deine Pflicht bedenkst, geziemt sich's dir zu
    zittern nicht,
Denn für den Krieger gibt es ja nichts Bessres als gerechten
    Kampf.
Als hätte sich von ungefähr des Himmels Pforte aufgetan,

So grüßen freudig, Prithâ-Sohn, die Krieger einen solchen
  Kampf.
Wenn diesen pflichtgemäßen Kampf du aber nicht bestehen
  wirst,
Im Stiche lassend Pflicht und Ruhm, wird Übles nur dein
  Anteil sein.
Es werden deine Schande dann die Wesen künden immerfort,
Dem aber, der in Ehren steht, ist Schande mehr als selbst der
  Tod.
Furcht vor dem Kampf hielt dich zurück, so denken dann die
  Helden all,
Und wo du hoch geachtet warst, da wirst du bald verachtet sein.
Und viele böse Reden wird dann führen deiner Feinde Schar,
Beschimpfend deine Tüchtigkeit, – und was ist schmerzlicher
  als dies?
Im Tod gehst du zum Himmel ein! Siegst du, fällt dir die Erde
  zu!
Darum erheb' dich, Kuntî-Sohn, entschlossen wieder zu dem
  Kampf!
Gleich achtend Glück und Ungemach, Gewinn, Verlust, Sieg
  oder Tod,
Bereite nun zum Kampfe dich! So wird kein Übel dir zuteil.
Dies ist Weisheit durch Reflexion, nun höre die der Andacht
  auch!
Mit solcher Weisheit wohlversehn, streifst du der Taten Fes-
  seln ab.
Hier gibt es für dein Streben nie Vernichtung oder Minde-
  rung;
Ein wenig dieses frommen Brauchs bewahrt dich schon vor
  großer Furcht.
Entschlossenheit, o Kuru-Sproß, birgt diese Weisheit ganz
  allein!
Der Unentschloßnen Weisheit ist gar weitverzweigt und ohne
  End.
Gar blumenreiche Rede führt im Mund der Unver-
  ständ'gen Schar,
Am Vedenwort erfreun sie sich und sprechen: Andres gibt es
  nicht!
Ihr Höchstes ist das Himmelsglück! Ihr Wort verheißt als
  Lohn der Tat

Höh're Geburt, – für Opferwerk sei Herrschaft und Genuß
    der Lohn.
An Genuß und Herrschaft hängend, durch solche Rede sinn-
    beraubt,
Erlangen niemals sie, vertieft, die Weisheit der Entschlossen-
    heit.
Der Qualitäten Reich gehört der Veda an – davon sei frei!
Frei von der Gegensätze Band, frei von Besitz, Herr deiner
    selbst!
So viel ein Brunnen nützt, in den das Wasser strömt von aller-
    wärts,
So groß ist für die Priesterschaft der Nutzen, den der Veda
    bringt.
Bemühe nur dich um die Tat, doch niemals um Erfolg der Tat!
Nie sei Erfolg dir Grund des Tuns, – doch meid' auch Taten-
    losigkeit!
In Andacht fest, tu deine Tat! Doch häng' an nichts, du Sieg-
    reicher!
Laß den Erfolg ganz gleich dir sein, – der Gleichmut ist's, der
    Andacht heißt.
Die Tat steht ja, du Siegreicher, unter des Geistes Andacht
    tief!
Im Geiste such die Zuflucht du! Kläglich, wen Tatenfrucht
    bewegt.
Beides, Guttat und Übeltat, gibt der Andächt'ge völlig auf;
Drum weihe ganz der Andacht dich! Andacht bringt Heil
    auch bei der Tat.
Die tatgeborne Frucht gibt auf, wer andächtig und weise ist!
Von der Geburten Fessel frei gelangt er an den Ort des Heils.
Wofern dein Geist den dichten Wald der Torheit überwinden
    wird,
Dann wird der Ekel fassen dich ob allem, was der Veda lehrt.
Wenn – abgewandt dem Vedenwort – dein Geist nur fest und
    unverrückt
In der Vertiefung weilen wird, dann wird die Andacht dir
    zuteil.

Arjuna sprach
Den weisen und vertieften Mann, was zeichnet ihn,
    o Krishna, aus?

Was ist's, das der Andächt'ge spricht? wie ruhet er? wie wandelt er?

Der Erhabene sprach
Wenn des Herzens Begierden all er gänzlich aufgibt, Prithâ-Sohn,
Am Selbst und durch das Selbst vergnügt, – dann heißet er in Weisheit fest!
In Leiden unerschrocknen Sinns, in Freuden des Verlangens bar,
Frei von Leidenschaft, Furcht und Zorn, andächtig, – der ist ein Asket!
Wer jeglichen Verlangens bar, ob's schön ihm oder unschön geht,
Nicht Freude fühlet noch auch Haß, – bei solchem steht die Weisheit fest.
Wenn von sinnlichen Dingen ab er ganz die Sinne in sich zieht,
Gleichwie die Schildkröt' in sich kriecht, – dann steht bei ihm die Weisheit fest.
Die Sinnendinge weichen fort von dem, der streng enthaltsam ist;
Die Neigung bleibt, doch sie auch weicht, sobald er auf das Höchste schaut.
Auch dem vernünft'gen Manne, der sich redlich müht, o Kuntî-Sohn,
Rauben die Sinne den Verstand, ihn aufregend mit Ungestüm.
Sie alle bänd'gend sitze er in Andacht ganz mir zugewandt!
Wer Herr der eignen Sinne ist, bei dem nur steht die Weisheit fest.
Wer an sinnliche Dinge denkt, wird bald zu ihnen neigen sich,
Aus solchem Hange wird Begier, aus der Begier entsteht der Zorn.
Aus dem Zorn die Betörung kommt, dann tritt Gedächtnisstörung ein,
Dann geht zugrund die Einsicht ihm, und endlich geht er selbst zugrund.
Wer aber lebt in dieser Welt mit Sinnen, die ihm untertan,
Die frei von Haß und Leidenschaft, der kommt zu ruh'ger Heiterkeit.

Und solche Heiterkeit läßt ihn verlieren all und jeden
    Schmerz,
Bei heitrem Geiste wird sich ihm die Einsicht ja befest'gen
    bald.
Wer nicht andächtig ist, dem geht Erkenntnis und Vertiefung
    ab;
Es fehlt der Seelenfriede ihm, – wie kann ein solcher glücklich
    sein?
Sobald der Geist sich richtet nach der losen Sinne Wander-
    schar,
Dann reißt ihm das die Einsicht fort, gleichwie der Wind das
    Schiff im Meer.
Darum, wer seine Sinne ganz, von allem in der Sinnenwelt
Zurückhält, o Großarmiger, bei solchen steht die Einsicht
    fest.
Wo's Nacht für alle Wesen ist, da wachet, wer sich zügeln
    will;
Wo alles wacht, da ist es Nacht dem Weisen, der die Wahrheit
    schaut.
Wer wie das Meer, in das die Wasser strömen,
Das sich anfüllet und doch ruhig dasteht, –
Wer so in sich die Wünsche läßt verschwinden,
Der findet Ruhe – nicht, wer ihnen nachgibt.
Der Mann, der jeden Wunsch aufgab und nichts verlangend
    lebt dahin,
Von Eigennutz und Selbstsucht frei, der geht zum Seelenfrie-
    den ein.
Dies ist der Brahman-Standpunkt, Freund! Wer ihn erreicht,
    wird nicht betört!
Wer auch im Tod dabei verharrt, der wird in Brahman ganz
    verwehn.

*

Der Erhabene sprach
Wer, nicht auf Tatenfrucht bedacht, die pflichtgemäße Tat
    vollbringt,
Ist entsagungs- und andachtsreich,[6] nicht wer feuer- und
    tatenlos.[7]
Was man Entsagung nennt, das ist Andacht – wisse, o Pându-
    Sohn!

Denn wer den Wünschen nicht entsagt, der kann auch nicht
  andächtig sein.
Der Weise, der nach Andacht strebt, dem ist die Tat sein
  Element,
Doch wer die Andacht hat erreicht, des Element ist Seelenruh.
Wer an sinnlichen Dingen nicht noch an den Taten irgend
  hängt
Und allen Wünschen hat entsagt, der hat die Andacht, heißt's,
  erreicht.
Man bring' sein Selbst durchs Selbst empor, nicht bring' her-
  unter man das Selbst!
Das Selbst ist ja sein eigner Freund, das Selbst ist auch sein
  eigner Feind.
Dem ist das Selbst sein eigner Freund, der durch das Selbst das
  Selbst besiegt;
Doch kämpft es mit der Außenwelt, dann wird das Selbst sich
  selbst zum Feind.
Wer sich bezwang und ruhig ward, in dem wohnt still der
  höchste Geist,
In Kält' und Hitze, Lust und Leid, in Ehren und in Schanden
  auch.
In der Erkenntnis voll beglückt, gipfelhoch stehend, sinnbe-
  zähmt,
Andächtig heißt der Yogin dann, wenn Erdkloß, Stein und
  Gold ihm gleich.
Wer gegen Freund und Widerpart, Gleichgült'ge, Feind' und
  Sippen auch,
Gegen Gute wie Böse auch gleichgesinnt ist, der ragt empor.
Der Yogin soll beständig sich abmühen in der Einsamkeit,
Allein, bezähmend Sinn und Selbst, nichts hoffend, des Besit-
  zes bar.
An reinem Ort sich hinstellend einen sicher stehenden Sitz,
Nicht allzu hoch, zu niedrig nicht, darauf ein Kleid, Fell,
  Kuça-Gras;
Den Geist auf *einen* Punkt richtend, zügelnd Denken, Sinne
  und Tun,
Sich setzend auf den Sitz üb' er Andacht, zur Rein'gung seiner
  selbst.
Gleichmäßig Körper, Nacken, Haupt unbewegt haltend,
  bleib' er fest,

Schauend auf seine Nasenspitz' – nicht blick' er hier- und
    dorthin aus.
Ruhigen Selbstes, frei von Furcht, der Keuschheitsregel unter-
    tan,
Den Sinn zügelnd, an mich denkend, andächtig sitz' er, mir
    geweiht.
Sein Selbst beständig rüstend so, andächtig, mit bezähmtem
    Geist.
Geht er zu meinem Frieden ein, des höchstes Ziel Nirvâna[8] ist.
Wer zuviel ißt, kennt Andacht nicht, noch der, der ganz und
    gar nicht ißt;
Nicht wer zu sehr verschlafen ist, noch wer stets wacht,
    o Arjuna.
Wer mäßig ißt und sich erholt, mäßig wirket in Handlungen,
Mäßig im Schlaf und Wachen ist, hat Andacht, die den
    Schmerz zerstört.
Bei wem das Denken ganz bezähmt stille verharret in dem
    Selbst,
Wenn von Begierden er ganz frei, dann wird er andächtig
    genannt.
Wie die Lampe, vor'm Wind geschützt, nimmer flackert, –
    dies Gleichnis gilt
Vom Yogin, der sein Denken zähmt und Andacht übet an dem
    Selbst.
Wo das Denken zur Ruhe kommt, durch Andachtsübung ein-
    gedämmt,
Und wo man, mit dem Selbst das Selbst schauend, sich an dem
    Selbst erfreut;
Wo man das grenzenlose Glück, dem Geist faßbar, den Sinnen
    nicht,
Kennend und fest darin stehend sich von der Wahrheit nicht
    bewegt;
Und hat man *den* Gewinn erlangt, ihn über jeden andern
    schätzt,[9]
In dem verharrend man vom Schmerz, auch schwerem, nicht
    mehr wird bewegt;
Solche Lösung vom Schmerzverein, wisse, die wird *Andacht*
    genannt;
Die Andacht üb' entschlossen man und werde ihrer nimmer
    satt.

Begierden, die der Wunsch erzeugt, aufgebend all ohn' Unter-
schied,
Die Schar der Sinne mit Vernunft im Zaume haltend aller-
wärts;
Werd' langsam, langsam ruhig man, und mit standhaft ge-
wordnem Geist
Versenke man sich in das Selbst und denke an nichts andres
mehr.
Wo immer nur ausbrechen will der schwankende, unstete Sinn,
Da soll man bänd'gen ihn in sich und zum Gehorsam bringen
ihn.
Denn den Andächt'gen, dessen Sinn beruhigt ist, wird höch-
stes Glück
Erfüllen, – leidenschaftgestillt, Brahman-geworden, ist er
rein.
Sein Selbst beständig übend so, wird der Andächt'ge, sünden-
frei,
Erlangen unbegrenztes Glück, wo er mit Brahman sich be-
rührt.
Sich selbst in allen Wesen sieht und alle Wesen auch in sich,
Wer so sein Selbst in Andacht übt und alles schaut gleichmütig
an.
Wer mich allüberall erblickt und alles auch in mir erblickt,
Dem kann niemals entschwinden ich, und er entschwindet
niemals mir.
Wer mich in allen Wesen ehrt, der Einheitslehre huldigend,
Der, wie er immer sich bewegt, bewegt sich andachtsvoll in
mir.
Wer nach Analogie des Selbst allüberall das gleiche sieht,
Ob es nun Lust sei oder Leid, steht in der Andacht obenan.

Arjuna sprach
Die Andacht, welche so von dir samt dem Gleichmut verkündet ist,
Sie hat – ich seh' es – nicht Bestand, denn schwankend ist
einmal der Mensch.
Es schwankt der innre Sinn, Krishna, ist ungestüm, gewaltsam, hart;
Zu zügeln ihn acht' ich so schwer als wie des Windes Zügelung.

Der Erhabene sprach
Gewiß, Großarmiger, der Sinn ist schwer zu zügeln, schwankend auch,
Doch, Kuntî-Sohn, durch Anstrengung und Entsagung zwin-
  get man ihn.
Wer sich nicht zähmt, der kann nur schwer Andacht erreichen
  – denk' ich mir –,
Wer sich bezwang und wer sich müht, kann solcherart erreichen sie.

Arjuna sprach
Wer sich nicht zähmt, doch gläubig ist, – bei der Andacht,
  schwankenden Sinns,
Andachtsvollendung nicht erreicht, o Krishna, welchen Weg
  geht der?
Geht er nicht, scheiternd beiderseits, zerrißnen Wolken gleich
  zugrund,
Ohn' allen Halt, Großarmiger, verirret auf dem Weg zu
  Gott?
Den Zweifel mußt du, Krishna, mir auflösen, daß nichts übrig
  bleibt,
Es findet ja kein andrer sich, der diesen Zweifel löst, als du.

Der Erhabene sprach
O Prithâ-Sohn, nicht hier noch dort muß solch ein Mann
  zugrunde gehn,
Denn niemand, der redlich verfährt, soll in das Elend kom-
  men, Freund!
Wenn in der Welt der Frommen er geweilet viele Jahre lang,
Ersteht in reinem, edlem Haus aufs neu, wer aus der Andacht
  fiel;
Oder er wird geboren gar in andächtiger Weisen Haus, –
Und solcherlei Geburt ist doch schwer zu erlangen in der
  Welt.
Und hier erlangt denselben Geist er wieder wie im alten Leib,
Und ringt von nun eifriger um die Vollendung, Kuru-Sohn.
Sein ehemaliges Bemühn reißt ihn selbst wider Willen fort;
Wer der Andacht Erkenntnis sucht, hat mehr als Schriftge-
  lehrsamkeit.[10]
Wenn er nur eifrig sich bemüht, andachtsvoll und von Sünden
  rein,

Vollendet durch manche Geburt, wandelt er dann die höchste
   Bahn.
Höher steht der andächt'ge Mann als die Büßer und Weisen
   gar,
Höher auch als die Werkfrommen – drum sei andächtig,
   Arjuna!
Und unter den Andächt'gen all, wer mich verehret glaubens-
   voll,
Sein Innres ganz mir wendend zu, gilt mir als der Andächtig-
   ste.

AUGUSTINUS

Der Friede der Gott über alles Liebenden und durch seine Gnade Erwählten

Aurelius Augustinus, einer der bedeutendsten und einfluß-reichsten Kirchenlehrer, wurde 354 n. Chr. in Tagaste (heute Algerien) in der römischen Provinz Africa als Sohn des Beam-ten Patricius und der Christin Monnica geboren. Im Jahr 430 starb er in seiner Heimat als Bischof der Stadt Hippo Regius während deren Belagerung durch die Vandalen. Bevor er sich 386 zum Christentum bekehrt hatte und im Jahr darauf vom Bischof Ambrosius getauft wurde, war er lange Zeit in Kar-thago, Rom und Mailand als Lehrer der Rhetorik tätig gewe-sen. Auf dem Weg zum Christentum hatte er sich zunächst der Philosophie zugewandt, wie sie ihm Ciceros Schriften als Weis-heitslehre vermittelten. Dann war er jahrelang Anhänger der gnostischen Erlösungsreligion des Manichäismus, dessen Welt-bild von einem radikalen Gegensatz zwischen Gut und Böse, Licht und Finsternis geprägt war. Von dieser dualistischen Auf-fassung befreite er sich mit Hilfe der neuplatonischen monisti-schen Philosophie. Zehn Jahre nach seiner Bekehrung zum Christentum entwickelte Augustinus seine charakteristische Gnadenlehre. Sie beeinflußte u. a. Martin Luther (siehe S. 189–201) und Blaise Pascal (S. 220–231). Über seinen Le-bensweg gibt Augustinus Rechenschaft in den »Bekenntnis-sen«, den »Confessiones«. Hierin betrachtet er seinen Weg als exemplarisch für die menschliche Seele, die nach dem Sünden-fall Adams zur Ruhe in Gott heimkehrt: »Zu Dir hin hast Du uns geschaffen, und ruhelos ist unser Herz, bis es ruht in Dir.« Als die Goten unter Führung Alarichs im Jahr 410 Rom einnahmen und zerstörten, war dieses Ereignis für viele Zeit-genossen eine Katastrophe, gleichbedeutend mit dem Ende der christlichen Reichsidee. In seinem Hauptwerk »Vom Gottes-staat«, »De civitate dei«, fragt Augustinus deshalb nach dem Wirken Gottes in der Geschichte. Dabei kommt er zu dem Ergebnis, daß die Vorsehung des Schöpfers die Geschicke der Menschen lenkt und daß diese die höchste Glückseligkeit, den Frieden, aus eigener Kraft – durch sittliche Anstrengung, Tu-

gend und Wissen – nicht erreichen können. Die antiken huma-
nistischen Ideale werden hinfällig, da der Mensch in Erbsünde
lebt und auf Gottes unverdiente Gnade angewiesen ist. Wer
Gott liebt und von ihm erwählt wird, ist Mitglied des »Gottes-
staates«, der sichtbar-unsichtbaren Kirche. Er »pilgert« zu-
sammen mit den Angehörigen des weltlichen Staates, der für
den irdischen Frieden und die Gerechtigkeit zu sorgen hat, bis
ans Ende der Geschichte, deren Ziel im ewigen Heil und über-
irdischen Frieden besteht.

»Vom Gottesstaat« werden hier fünf Kapitel aus dem 19.
Buch wiedergegeben.

Die Friedensordnung und das letzte Ziel

Aller Gebrauch zeitlicher Dinge zielt [...] im irdischen Staate
auf den Genuß irdischen Friedens ab, im himmlischen Staate
aber auf den Genuß des ewigen Friedens. Wären wir demnach
vernunftlose Lebewesen, würden wir nichts begehren als das
geordnete Verhältnis der Körperteile und die Ruhelage der
Triebe, also nichts als Ruhe des Fleisches und Fülle von Genüssen, damit leiblicher Friede dem Frieden der Seele förderlich sei. Denn fehlt der leibliche Friede, wird auch der Friede
im vernunftlosen Seelenleben[1] behindert, weil die Ruhelage
der Triebe nicht erreicht werden kann. Beides zusammen aber
fördert den Frieden zwischen Seele und Leib, nämlich den
Frieden des geordneten Lebens und Wohlbefindens. Denn wie
die Lebewesen zu erkennen geben, daß sie den Frieden des
Leibes lieben, da sie den Schmerz fliehen, sowie den Frieden
der Seele, da sie zur Befriedigung der Bedürfnisse ihrer Triebe
der Lust nachgehen, so zeigen sie durch ihre Flucht vor dem
Tode deutlich an, wie sehr sie auch den Frieden lieben, der
Seele und Leib in Freundschaft verbindet. Doch weil der
Mensch eine vernünftige Seele besitzt, ordnet er all das, was er
mit den Tieren gemeinsam hat, dem Frieden der vernünftigen
Seele unter, urteilt demnach mit dem Geiste und handelt dementsprechend so, daß sich eine geordnete Übereinstimmung
von Erkennen und Handeln ergibt, die wir den Frieden der
vernünftigen Seele nannten. Um seinetwillen muß er wünschen, weder von Schmerz belästigt, noch von Verlangen
beunruhigt, noch vom Tode aufgelöst zu werden. Denn nur

dann kann er Nützliches erkennen und sein Leben und Verhalten nach dieser Erkenntnis einrichten. Doch damit er nicht gerade durch sein Erkenntnisstreben infolge der Schwäche des menschlichen Geistes verderblichen Irrtümern verfällt, bedarf er der göttlichen Unterweisung, der er in Sicherheit gehorcht, und der göttlichen Unterstützung, um in Freiheit zu gehorchen. Und da er, solange er in diesem sterblichen Leibe weilt, fern vom Herrn dahinpilgert, wandelt er im Glauben und nicht im Schauen. So muß denn aller Friede, der Friede des Leibes und der Seele sowie der zwischen Leib und Seele, gerichtet sein auf jenen Frieden, der den sterblichen Menschen mit dem unsterblichen Gott verbindet; dann besitzt er den im Glauben geordneten Gehorsam gegen das göttliche Gesetz. Nun lehrt aber der göttliche Meister zwei Hauptgebote, Gottes- und Nächstenliebe, in denen der Mensch drei Gegenstände der Liebe findet, nämlich Gott, sich selbst und den Nächsten, und wer Gott liebt, geht auch in der Selbstliebe nicht irre. So ergibt sich die Folgerung, daß er auch dem Nächsten, den er lieben soll wie sich selbst, also Weib, Kindern, Hausgenossen und allen übrigen Menschen, soweit das möglich ist, zur Gottesliebe behilflich sein und die gleiche Hilfe, wenn er ihrer bedarf, sich vom Nächsten leisten lassen soll. Dann wird er, soviel an ihm liegt, mit allen Menschen Frieden haben, jenen Frieden unter Menschen, der in geordneter Eintracht besteht. Diese Ordnung aber ist, daß er zunächst einmal keinem schade, sodann aber auch nütze, wem er kann. An erster Stelle also obliegt ihm die Sorge für die Seinen, denn ihnen kann er nach Ordnung der Natur und der menschlichen Gesellschaft am bequemsten und leichtesten behilflich sein. Darum sagt der Apostel: »So jemand die Seinen, zumal seine Hausgenossen, nicht versorgt, der hat den Glauben verleugnet und ist ärger als ein Heide« (1. Tim. 5,8). Daraus entspringt also auch der häusliche Friede, das ist die geordnete Eintracht der Zusammenwohnenden im Befehlen und Gehorchen. Denn hier befehlen die, die Fürsorge üben, der Mann dem Weibe, die Eltern den Kindern, die Herren den Knechten. Es gehorchen aber die, denen die Fürsorge gilt, die Frauen ihren Ehemännern, die Kinder den Eltern, die Knechte den Herren. Doch im Hause des Gerechten, der aus dem Glauben lebt und noch fern der himmlischen Stadt dahinpilgert, dienen auch die, welche befehlen, denen, welchen sie zu befehlen scheinen. Denn nicht die Lust zu herrschen, sondern die Pflicht zu helfen heißt sie befehlen, nicht ehrgeiziger Hochmut, sondern fürsorgliches Erbarmen.

Der irdische und himmlische Staat und ihre Beziehung zum irdischen Frieden

[...] Eine menschliche Hausgemeinschaft, die nicht aus dem Glauben lebt, trachtet nur danach, im Genuß der Gaben und Güter des zeitlichen Lebens irdischen Frieden zu gewinnen. Eine Hausgemeinschaft aber von solchen, die aus dem Glauben leben, erwartet die ewigen Güter, die für die Zukunft verheißen sind, und gebraucht die irdischen und zeitlichen Dinge nur wie ein Gast, läßt sich von ihnen nicht fangen und vom Wege zu Gott abbringen, sondern stärkt sich durch sie, die Last des vergänglichen Leibes, der die Seele beschwert, leichter zu ertragen und so wenig wie möglich zu vermehren. So ist zwar der Gebrauch der für unser sterbliches Leben notwendigen Dinge beiderlei Menschen und Häusern gemeinsam. Aber der Endzweck, zu dem man sie gebraucht, ist bei beiden anders und grundverschieden. Demnach strebt auch der irdische Staat, der nicht im Glauben lebt, nach irdischem Frieden und versteht die Eintracht der Bürger im Befehlen und Gehorchen als gleichmäßige Ausrichtung des menschlichen Wollens auf die zum sterblichen Leben gehörenden Güter. Der himmlische Staat dagegen oder vielmehr der Teil desselben, der noch in dieser vergänglichen Welt auf der Pilgerfahrt sich befindet und im Glauben lebt, bedient sich notwendig auch dieses Friedens, bis das vergängliche Leben selbst, dem solcher Friede not tut, vergeht. Solange er darum im irdischen Staate gleichsam in Gefangenschaft sein Pilgerleben führt, trägt er, bereits getröstet durch die Verheißung der Erlösung und den Empfang des Unterpfandes der Geistesgabe, kein Bedenken, den Gesetzen des irdischen Staates, die all das regeln, was der Erhaltung des sterblichen Lebens dient, zu gehorchen. Da ja das sterbliche Leben beiden Staaten gemeinsam ist, kann zwischen ihnen in allen darauf bezüglichen Angelegenheiten Eintracht bestehen. Nun hatte aber auch der irdische Staat seine Weisen, die jedoch von der göttlichen

Lehre verworfen werden. Sie mutmaßten oder glaubten, von Dämonen betrogen, wirklich, man bedürfe für die menschlichen Angelegenheiten des Beistandes vieler Götter, die sich auf verschiedene Weise betätigen und je nachdem die verschiedenen Dinge überwachen sollten. Der eine, hieß es, habe auf den Leib achtzugeben, der andere auf die Seele, und wenn auf den Leib, dann der eine auf den Kopf, der andere auf den Nacken und so fort, jeder auf seinen Teil, wenn aber auf die Seele, dann der eine auf den Verstand, der andere auf das Lernen, der andere auf den Zorn, der andere auf die Begierde. Was ferner die Dinge des täglichen Lebens betrifft, so sei dem einen das Vieh anvertraut, dem andern das Korn, dem andern der Wein, dem andern das Öl, dem andern die Wälder, dem andern das Geld, dem andern die Schiffahrt, dem andern die Kriege und Siege, dem andern die Ehen, dem andern Geburt und Fruchtbarkeit und so immerfort, jedem etwas anderes. Der himmlische Staat dagegen weiß nur von der Verehrung eines einzigen Gottes und ist in frommem Glauben überzeugt, daß man nur ihm jenen Dienst weihen soll, der auf griechisch *latreia* heißt und allein Gott gebührt. So konnte er unmöglich die Religionsgesetze mit dem irdischen Staate teilen, sondern mußte darin von ihm abweichen und somit den Andersdenkenden lästig fallen und ihre Zornes- und Haßausbrüche und Verfolgungen ertragen, falls nicht gelegentlich die Wut der Gegner durch die Angst vor der großen Zahl der Gläubigen und die ihnen stets gewährte göttliche Hilfe in Schranken gehalten wurde. Während also dieser himmlische Staat auf Erden pilgert, beruft er aus allen Völkern seine Bürger und sammelt aus allen Zungen seine Pilgergemeinde. Er fragt nicht nach Unterschieden in Sitten, Gesetzen und Einrichtungen, wodurch der irdische Friede begründet oder aufrechterhalten wird, lehnt oder schafft nichts davon ab, bewahrt und befolgt es vielmehr, mag es auch in den verschiedenen Völkern verschieden sein, da alles ein und demselben Ziele irdischen Friedens dient. Nur darf es die Religion, die den einen höchsten und wahren Gott zu verehren lehrt, nicht hindern. So benutzt auch der himmlische Staat während seiner Erdenpilgerschaft den irdischen Frieden, sichert und befördert in allen Angelegenheiten, die die sterbliche Natur der Menschen betreffen, die menschliche Willensübereinstimmung, soweit es unbeschadet der Frömmigkeit und Religion möglich ist, und stellt diesen irdischen Frieden in den Dienst des himmlischen Friedens. Denn der allein ist in Wahrheit Friede, und wenigstens für ein vernunftbegabtes Geschöpf gibt es im Grunde nur ihn, und nur ihn darf man so nennen, nämlich die bestgeordnete, einträchtigste Gemeinschaft des Gottesgenusses und wechselseitigen Genusses in Gott. Ist man aber erst dahin gelangt, gibt es kein sterbliches Leben mehr, sondern nur das ganz und gar und immerdar lebendige, und keinen seelischen Leib mehr, der in seiner Gebrechlichkeit die Seele beschwert, sondern nur einen geistlichen, der keine Bedürfnisse kennt und vollständig dem Willen unterworfen ist. Diesen Frieden besitzt der Gottesstaat, solang er hier pilgert, im Glauben, führt in der Kraft dieses Glaubens ein gerechtes Leben und zielt mit allem, was er Gutes tut für Gott und den Nächsten – denn das Leben des Gottesstaates ist ein Leben in Gemeinschaft – auf die Erlangung jenes Friedens hin.

Glückseligkeit während des Erdenlebens nur in Hoffnung

Da also das höchste Gut des Gottesstaates der ewige und vollkommene Friede ist, kein Friede, wie ihn die Sterblichen zwischen Geburt und Tod durchschreiten, sondern wie ihn die Unsterblichen, befreit von aller Plage, dauernd genießen – wer könnte da leugnen, daß dies Leben das glückseligste ist, wer bestreiten, daß, verglichen mit ihm, das Leben, welches wir hier führen, und wäre es überreich an Gütern der Seele, des Leibes und äußerer Habe, nichts als jämmerliches Elend ist? Doch kann man den, welcher von seinem gegenwärtigen Leben rechten Gebrauch macht und es auf das Ziel jenes Lebens einstellt, das er glühend liebt und in festem Glauben erhofft, auch jetzt schon sinnvoll glückselig nennen, freilich mehr in Hoffnung auf das Jenseits als im Besitz des Diesseits. Diesseitiger Besitz aber ohne Hoffnung auf das Jenseits ist falsches Glück und großes Elend, denn da macht man von den wahren Gütern der Seele keinen Gebrauch. Das aber ist keine wahre Weisheit, die ihr Auge bei dem, was sie klug unterscheidet, tapfer ausführt, maßvoll beschränkt und gerecht verteilt, nicht auf jenes Ziel richtet, wo Gott alles in allem sein wird in unwandelbarer Ewigkeit und vollkommenem Frieden.

Der zeitliche Frieden des Weltstaates ist auch für das Gottesvolk von Wert

Wie [...] die Seele das Leben des Fleisches ist, so ist Gott das glückselige Leben des Menschen. Davon sagen die heiligen Schriften der Hebräer: »Glückselig das Volk, dessen Herr Gott ist« (Ps. 144,15). Unselig also ein Volk, das diesem Gott entfremdet ist. Doch liebt auch solch ein Volk seine Art Frieden, den man nicht schelten soll. Es wird ihn freilich am Ende nicht mehr besitzen, weil es vor dem Ende sich seiner nicht recht bedient. Daß es ihn aber einstweilen in diesem Leben besitze, daran haben auch wir Interesse. Denn solange die beiden Staaten miteinander vermischt sind, bedienen auch wir uns des Friedens Babylons.[2] Zwar wird das Gottesvolk durch den Glauben von Babylon befreit, doch muß es einstweilen noch bei ihm als Pilgrim weilen. Deswegen ermahnte auch der Apostel die Kirche, für seine Könige und Würdenträger zu beten, und fügte hinzu: »Auf daß wir ein ruhiges und stilles Leben führen mögen in aller Gottseligkeit und Liebe« (1. Tim. 2,2). Und auch der Prophet Jeremia, der dem alten Gottesvolk die Gefangenschaft vorhersagte und ihm im Namen Gottes befahl, gehorsam nach Babylon zu gehen und durch solche Geduld seinem Gott zu dienen, mahnte es, für dies Babylon zu beten. Denn, so sagte er, »ihr Friede ist auch euer Friede« (Jerem. 29,7), wobei er natürlich nur an den zeitlichen Frieden dachte, der Guten und Bösen gemeinsam ist.

Die Unvollkommenheit des irdischen Friedens

Unser wahrer Friede jedoch ist von eigener Art. Es ist der Friede mit Gott, den wir hier im Glauben besitzen und in der Ewigkeit schauend genießen werden. Doch hienieden ist der Friede, und zwar sowohl der Allerweltsfriede als auch unser Christenfriede, derart, daß man ihn eher Trost im Elend als Freude an der Glückseligkeit nennen kann. Ist doch selbst unsere Gerechtigkeit zwar wahr wegen des wahren Gutes, das sie als Ziel erstrebt, aber in diesem Leben nur so armselig, daß sie mehr in Vergebung der Sünden als in Vollendung der Tugenden besteht. Das bezeugt das Beten des ganzen Gottesstaates, solange er auf Erden pilgert. Denn in allen seinen Gliedern ruft er zu Gott: »Vergib uns unsere Schuld, wie wir vergeben unsern Schuldigern« (Matth. 6,12). Dies Gebet nützt freilich denen nichts, deren Glaube ohne Werke und tot ist, sondern nur denen, deren Glaube durch die Liebe tätig ist. Doch weil ihre Vernunft zwar Gott untertan ist, aber in diesem sterblichen Dasein und bei der Belastung der Seele durch den sterblichen Leib die Leidenschaften nicht völlig beherrscht, bedürfen auch die Gerechten noch dieses Gebets. Denn wahrlich, wenn die Vernunft auch über die Leidenschaften herrscht, so doch nicht ohne Kampf, und an diesem Ort der Schwachheit schleicht sich selbst dann, wenn sie tapfer kämpft und den besiegten und unterworfenen Feinden gebietet, immer wieder etwas ein, was zur Sünde Anlaß gibt, wenn nicht in leichtfertiger Tat, so doch in leichtentschlüpftem Wort und flüchtigem Gedanken. Solange man also noch Leidenschaften beherrschen muß, gibt es keinen vollkommenen Frieden. Denn leisten sie noch Widerstand, müssen sie in gefahrvollem Ringen niedergekämpft werden, und sind sie besiegt, kann man doch nicht in sicherer Ruhe über sie triumphieren, sondern muß sie in wachsamer Beherrschung niederhalten. Wer könnte inmitten all dieser Versuchungen, von denen Gottes Wort kurz und knapp sagt: »Ist nicht Versuchung des Menschen Leben auf Erden?« (Hiob 7,1) sich vermessen, solch ein Leben zu führen, daß er nicht mehr zu Gott rufen müßte: »Vergib uns unsere Schuld«? Doch nur ein hochmütiger Mensch, nicht wahrhaft groß, sondern von Stolz geschwollen und aufgeblasen, ein Mensch, dem in Gerechtigkeit der widersteht, der den Demütigen Gnade schenkt. Darum sagt die Schrift: »Gott widerstehet den Hoffärtigen, aber den Demütigen gibt er Gnade« (1. Petr. 5,5). Hienieden also gibt es für jedermann nur eine Gerechtigkeit, nämlich die, daß Gott dem gehorsamen Menschen gebietet, ferner, daß der Geist dem Leibe, die Vernunft aber den Leidenschaften trotz ihres Sträubens gebietet, sie entweder unterwerfend oder sich ihrer erwehrend, und daß man von Gott Gnade zu Verdiensten und Verzeihung für die Sünden erbittet und Dank sagt für die empfangenen Güter. In jenem endgültigen Frieden aber, auf welchen diese Gerechtigkeit abzielt und um deswillen sie geübt werden muß, wird die in Unsterblichkeit und Unvergänglichkeit genesene Natur keine Leidenschaften mehr kennen und keiner von uns weder mit einem anderen noch mit sich selbst streiten müssen. Da braucht die Vernunft den Leidenschaften nicht zu gebieten, weil es keine mehr gibt, sondern Gott wird über den Menschen gebieten und der Geist über den Leib, und so süß und leicht wird das Gehorchen sein wie das Leben und Herrschen beglückend. Und alle miteinander und jeder einzelne werden dort dies Glück ewiglich besitzen und seiner ewigen Dauer gewiß sein; und darum ist der Friede dieser Glückseligkeit oder die Glückseligkeit dieses Friedens das höchste Gut.

Die Philosophie als trostspendende Frau im Angesicht von Unglück und Tod

Anicius Manlius Severinus Boethius, aus einer alten, begüterten römischen Familie stammend, wurde um 480 n. Chr. geboren und im Jahr 524 hingerichtet. Er hatte eine umfassende philosophische Ausbildung absolviert und erste Publikationen erscheinen lassen, als ihn der damals in Italien herrschende Gotenkönig Theoderich im Jahr 510 zum Konsul und später sogar zum höchsten Beamten seines Reiches ernannte. Danach geriet er in die Auseinandersetzungen zwischen dem Hof in Ravenna, dem Senat und dem Papst in Rom sowie dem Kaiser in Byzanz (Konstantinopel). Wie es scheint, stand Boethius bei Theoderich im Verdacht, Akten des Senats unterschlagen zu haben, die dessen Konspiration mit Ostrom erwiesen hätten. Boethius wurde vom Amt suspendiert, wegen Hochverrats verurteilt und nach einigen Monaten der Haft in Pavia exekutiert. Im Kerker verfaßte er die ergreifende Schrift »Trost der Philosophie«, »De consolatione philosophiae«, mit der er unsterblich geworden ist.

Zuvor hatte Boethius schon ein umfangreiches literarisches Werk geschaffen, zu dem sowohl seine eigenen philosophischen Abhandlungen zur Arithmetik, Musik, Geometrie und Astronomie gehören wie auch seine Übersetzungen und Kommentare insbesondere zur Logik des Aristoteles. Sein Programm war, der römischen Welt sämtliche Schriften von Aristoteles und Platon zu vermitteln und dabei das Übereinstimmende beider Philosophen herauszustellen. Auf das Denken des Mittelalters übte Boethius mit seinen Veröffentlichungen starken Einfluß aus. In der Schrift über die Trinitätslehre, die zu dieser Zeit auch politische Relevanz hatte, und in anderen religionsphilosophischen Traktaten bewegen sich seine Darlegungen im Kontext christlicher Voraussetzungen.

Dagegen stützt sich Boethius im »Trost der Philosophie« ausschließlich auf philosophische Überlegungen; hierbei berücksichtigt er neben Platon, Cicero und den Neuplatonikern vor allem Aristoteles (siehe S. 34–43), Epikur (S. 51–57) und die

Stoiker (S. 58–78). In seiner Darstellung verwendet er verschiedene Formen: In sich geschlossene systematische Argumentationen wechseln ab mit Dialogen und Gedichten. Sie alle sind auf das ärztlich-therapeutische Gespräch bezogen, das die als Frau personifizierte Philosophie mit dem Gefangenen zur Heilung und Beruhigung seiner Seele führt (siehe Umschlagbild).

Nachdem Boethius im 1. Buch des Werkes seine beklagenswerte Lage mit der Unbeständigkeit des Glücks in Verbindung gebracht und dabei sein früheres politisches Handeln verteidigt hat, tröstet ihn die Philosophie in zwei therapeutischen Schritten: Zunächst verabreicht sie ihm ein leichteres, dann stärkere Heilmittel. Sie bringt ihn dementsprechend im 2. Buch zur Einsicht, daß die Unbeständigkeit der nicht vom menschlichen Willen allein abhängigen äußeren Glücksgüter wie Macht, Reichtum und Ruhm gerade das Wesen des Glücks (fortuna) ausmacht. Dann führt sie ihn im 3. Buch zur Betrachtung des wahren, vollkommenen Glücks, das heißt der Glückseligkeit, der beatitudo. Diese ist als das höchste Gut identisch mit der göttlichen Vernunft, an der die menschliche Vernunft teilhat. Das 4. und 5. Buch schließlich erörtern die Fragen, wie sich Gottes Güte mit dem in der Welt vorhandenen Bösen und Gottes Vorherwissen mit der menschlichen Freiheit vereinbaren lassen. Die Antworten sind hauptsächlich: Nur die guten Menschen erreichen das Gute, die Glückseligkeit, während es die schlechten Menschen verfehlen; die freie menschliche Handlung gestaltet zwar die Zukunft, aber in Gottes Ewigkeit ist alles zugleich gegenwärtig.

Die hier aufgenommenen Texte aus dem 2. und 3. Buch handeln von den beiden zentralen Heilmitteln im »Trost der Philosophie«. Wie die Philosophie am Ende des 1. Buches festgestellt hat, weiß der beunruhigte und sorgenvolle Gefangene nicht mehr, wer er selber ist; er erkennt aber immerhin noch, daß die Natur nicht vom blinden Zufall, sondern von der regelhaften göttlichen Vernunft gelenkt wird – ein »Fünkchen« seiner Genesung. Die Philosophie ermahnt ihn, von den trügerischen Leidenschaften abzulassen, damit er die Wahrheit zu erfassen vermag.

Hierauf schwieg sie [die Philosophie] ein wenig, und als sie meine Aufmerksamkeit aus meinem bescheidenen Schweigen erschloß, begann sie so: Wenn ich nun richtig Ursachen und Charakter deiner Krankheit erkannt habe, so siechst du hin aus Liebe und Sehnsucht nach deinem früheren Glücke. Seine Veränderung hat, wie du dir einbildest, so viel von deinem Geiste zugrunde gerichtet. Ich kenne den vielgestaltigen Glanz, mit dem jenes Wunderwesen denen, die es zu täuschen trachtet, schmeichelnde Freundschaft heuchelt, bis es sie unverhofft verläßt und mit unerträglichem Schmerz niederschlägt. Wenn du dich an seine Natur, Sitten und Verdienste erinnerst, dann wirst du erkennen, daß du an ihm nie etwas Schönes weder gehabt noch verloren hast; aber ich glaube, ich brauche mir nicht besondere Mühe zu geben, dir dies ins Gedächtnis zu rufen; denn du pflegtest, auch als es noch da war und schmeichelte, es mit männlichen Worten zu schelten, und verfolgtest es mit Aussprüchen, die aus unserem Heiligtume stammten. Aber jede plötzliche Veränderung vollzieht sich nicht ohne eine gewisse Erregung des Geistes. So ist es gekommen, daß auch du ein Weilchen von deiner Ruhe abfielst. [...]

Du meinst, das Glück habe sich dir gegenüber gewandelt: du irrst! Dies sind immer seine Sitten, dies ist seine Natur. Es hat vielmehr gerade in seiner Veränderlichkeit dir gegenüber seine ihm eigentümliche Beständigkeit bewahrt. So war es, als es schmeichelte, als es vor dir mit den Lockungen falscher Glückseligkeit gaukelte. Du hast das zweideutige Antlitz der blinden Gottheit nun entdeckt; während sie sich andern noch verhüllt, ist sie dir völlig bekannt geworden. Wenn du sie billigst, so halte dich an ihren Charakter und klage nicht. Wenn du ihre Treulosigkeit verabscheust, so verschmähe und verwirf ihr verderbliches Spiel.

Denn eben sie, die dir jetzt Anlaß zu so großer Trauer gibt, hätte dir zur Beruhigung dienen sollen. Sie hat dich verlassen, sie, bei der niemand je sicher sein kann, daß sie ihn nicht verlassen werde. Oder meinst du etwa, daß ein Glück wertvoll ist, das von dir gehen wird? Und ist dir ein augenblickliches Glück teuer, das im Verharren nicht treu ist und im Verschwinden Trauer bringt? Wenn es sich also nicht nach Belieben zurückhalten läßt und fliehend Unglückliche schafft, was ist dann das Flüchtige anderes als eine Art Ankündigung zukünftigen Unglücks? Es darf nicht genügen, nur zu schauen, was vor den Augen liegt; die Klugheit ermißt den Ausgang der Dinge, und gerade die Veränderlichkeit nach beiden Seiten macht weder die Drohungen des Glückes furchtbar, noch sein Schmeicheln begehrenswert. Schließlich mußt du mit Gleichmut ertragen, was innerhalb des Bereiches des Glückes geschieht, wenn du einmal deinen Nacken seinem Joche unterworfen hast. Wenn du ihm das Gesetz des Bleibens und Gehens vorschreiben willst, ihm, das du dir freiwillig als Herrn erlesen hast, bist du dann nicht im Unrecht und verbitterst dir durch Ungeduld ein Los, das du nicht ändern kannst? Wenn du die Segel dem Winde überließest, so würdest du nicht dahin gelangen, wohin dein Wille strebt, sondern wohin sein Hauch dich treibt; wenn du den Fluren Samen anvertrautest, so müßtest du ertragreiche und unfruchtbare Jahre gegeneinander abwägen. Du hast dich dem Regiment der Fortuna anvertraut. Nun mußt du den Sitten der Herrin gehorchen. Du versuchst den Schwung des rollenden Rades aufzuhalten? Aber, Törichster aller Sterblichen, wenn sie anfängt zu beharren, hört sie auf, Zufall zu sein. [...]

Du hast, glaube ich, dich an das Glück angeschlossen, solange es dich streichelte, solange es dich wie seinen Liebling hegte. Du hast als Geschenk davongetragen, was es nie einem Privatmann geliehen hatte. Willst du nun mit dem Glück Abrechnung halten? Jetzt zum ersten Male hat es dich mit scheelen Augen gestreift. Wenn du Zahl und Art froher und trauriger Ereignisse ansiehst, so kannst du nicht leugnen, noch jetzt glücklich zu sein. Wenn du dich indessen nicht beglückt schätzest, weil, was damals erfreulich schien, dahingegangen ist, so ist das kein Grund, dich für unglücklich zu halten, da ja auch das, was du jetzt für traurig hältst, vorübergeht. Oder bist du auf die Bühne des Lebens erst jetzt, plötzlich und als Gast gekommen? Meinst du, daß menschlichen Dingen irgendeine Beständigkeit innewohne, da doch den Menschen selbst oft eine flüchtige Stunde auflöst? Denn wenn auch zufällige Dinge gelegentlich einmal Zuverlässigkeit im Bleiben besitzen, so ist doch der letzte Tag des Lebens eine Art von Tod selbst für ein dauerhaftes Glück. Was kann es also wohl darauf ankommen, ob du jenes sterbend oder jenes fliehend dich verläßt? [...]

Ich kann deine Verzärtelung nicht dulden, die dich so trauervoll und ängstlich beklagen läßt, was dir zu deiner Glückseligkeit fehlt. Denn wer besitzt ein so wohlgeordnetes Glück, daß er nicht nach irgendeiner Richtung mit der Beschaffenheit seines Zustandes haderte? Eine ängstliche Sache ist es um das Los menschlicher Güter; entweder kommen sie nie voll zur Geltung oder sie dauern nicht beständig. Dieser hat überreiches Vermögen, aber er schämt sich seines unedlen Blutes. Jenen macht sein Adel bekannt, aber durch kümmerliches Vermögen beengt, möchte er lieber unbekannt sein. Dieser, der an beidem Überfluß hat, vertrauert in Ehelosigkeit sein Leben. Jener in beglückter, aber kinderloser Ehe pflegt seinen Reichtum für fremde Erben. Ein anderer, der sich einer Nachkommenschaft erfreut, beweint traurig die Vergehen seines Sohnes oder seiner Tochter. Deshalb lebt niemand so leicht mit dem Zustande seines Schicksals in Einklang. Jeder trägt etwas in sich, was der nicht kennt, der es nicht erfahren hat, und vor dem der schaudert, der es erfahren hat. [...] Wie viele, meinst du wohl, würden sich dem Himmel nahe glauben, wenn ihnen nur der geringste Teil von den Überresten deines Glückes zuteil würde? Dieser Ort selbst, den du Verbannung nennst, ist seinen Bewohnern Vaterland. Nichts ist elend, als wenn man es dafür hält, und andererseits ist jedes Los glücklich dem, der es mit Gleichmut trägt. Wer ist so glücklich, daß er seinen Zustand nicht zu ändern wünschte, sobald er der Ungeduld nachgibt? Mit wieviel Bitterkeit ist die Süßigkeit menschlichen Glückes überstreut! Wenn es auch beim Genusse angenehm erscheint, so läßt es sich doch nicht daran hindern, zu verschwinden, sobald es will. Einleuchtend also ist, wie elend die Glückseligkeit aus vergänglichen Dingen ist, da sie auch bei den Gleichmütigen nicht beständig dauert, die Ängstlichen nicht ganz ergötzt.

Was also, ihr Sterblichen, sucht ihr draußen das Glück, das in euch liegt? Irrtum und Unwissenheit verwirren euch. Ich will dir kurz den Angelpunkt der höchsten Glückseligkeit zeigen. Ist dir irgend etwas kostbarer als du selbst? Nichts, wirst du sagen. Wenn du also deiner selbst mächtig wirst, wirst du auch besitzen, was du weder jemals verlieren willst noch das Glück dir rauben kann. Und um zu erkennen, daß in diesen zufälligen Dingen die Seligkeit nicht bestehen könne, schließe so: Wenn die Glückseligkeit das höchste Gut einer vernunftbegabten Natur ist, und nichts ein höchstes Gut ist, das dir irgendwie entrissen werden kann, da ja das, was nie geraubt werden kann, alles übertrifft, so ist es klar, daß die Unbeständigkeit des Glückes nicht den Anspruch erheben kann, Seligkeit zu verschaffen. Ferner: wen diese unbeständige Glückseligkeit trägt, der weiß entweder oder weiß nicht, daß sie veränderlich ist. Weiß er es nicht, welches Los kann selig sein, bei der Blindheit der Unwissenheit? Weiß er es, so muß er mit Notwendigkeit fürchten zu verlieren, was man, wie er nicht bezweifelt, verlieren kann. Deshalb läßt beständige Furcht ihn nicht glücklich sein. Oder aber, wenn er es verloren hat, und glaubt, es fahren lassen zu dürfen, dann ist es wiederum ein überaus dürftiges Gut, dessen Verlust sich mit Gleichmut tragen läßt. Und da du, wie ich weiß, überzeugt bist, da es dir durch sehr viele Beweise eingepflanzt ist, daß die menschliche Seele in keinem Fall sterblich ist,[1] und da es klar ist, daß das zufällige Glück mit dem Tode des Körpers endet, so kann man nicht daran zweifeln, daß, wenn jenes die Seligkeit herbeiführen kann, das ganze Menschengeschlecht am Ende durch den Tod in die Unseligkeit gleite. Wenn wir aber wissen, daß viele die Frucht der Seligkeit nicht nur um den Preis des Todes, sondern auch unter Schmerzen und Qualen gesucht haben, wie kann das durch seine Gegenwart selig machen, was, wenn es vergangen ist, nicht unselig macht?

Wer gern sein Haus beständig
    Bauen möchte mit Umsicht,
Daß nicht das Wehn des Westwinds
    Niederlegen es könnte,
Und wer sich fern will halten
    Drohende Meeresfluten,
Der möge der Berge Gipfel,
    Durstigen Sand vermeiden.
Der kecke Südwind droht dort
    Kraftvoll stürmend die Mauern,
Hier weigert sich der lose
    Baugrund Lasten zu tragen.
Gefährdet Los zu fliehen,
    Schützend lieblichen Wohnsitz,

Mußt du dein Haus bescheiden
    Fest auf Felsen erbauen.
Dann mögen Stürme brausen,
    Trümmer mischen die Fluten,
In Ruhe fest gegründet
    Schützt ein kraftvoller Wall dich,
Du führst ein heiteres Leben,
    Lachst des Zornes der Winde.

[...] Was erstrebt ihr also mit all eurem Lärmen um Glück? Ich glaube, ihr sucht den Mangel durch Fülle zu verjagen; doch das schlägt euch zum Gegenteil aus. Ihr braucht ja immer nur mehr Stützen, um die Mannigfaltigkeit eures kostbaren Haushaltes zu sichern. Es ist ein wahrer Satz, daß diejenigen sehr vieles bedürfen, die sehr viel besitzen, und im Gegenteil die sehr wenig, welche ihren Reichtum nur an den Bedürfnissen der Natur, nicht am Überfluß der Eitelkeit messen. Ist euch aber wirklich kein Gut zu eigen und eingepflanzt, so daß ihr eure Güter in äußeren und fremden Dingen suchen müßt? Hat sich die Lage der Dinge so verkehrt, daß ein dank der Vernunft göttliches Lebewesen vor sich selbst nicht anders als durch den Besitz leblosen Zierats meint glänzen zu können? Die andern Wesen sind zufrieden mit dem ihren; ihr, die ihr an Geist Gott ähnlich seid, sucht bei den niedrigsten Dingen Zierden für eure ausgezeichnete Natur und seht nicht ein, wie sehr ihr damit eurem Schöpfer Unrecht tut. Jener wollte, daß das Menschengeschlecht über alles Irdische rage, ihr stoßt eure Würde unter das Unterste herab. Denn wenn es feststeht, daß jedes Gut eines jeden kostbarer ist als der, dem es zukommt: wenn ihr die wertlosesten Dinge für eure Güter haltet, dann ordnet ihr euch nach eurer eigenen Schätzung eben diesen selbst unter, was euch allerdings nicht unverdient trifft. Das ist ja die Grundbedingung der Menschennatur: so hoch sie über alle Dinge emporragt, wenn sie sich erkennt, so tief sinkt sie noch unter die Tiere, wenn sie aufhört, sich zu erkennen. Denn den andern Lebewesen ist, sich nicht zu kennen, Natur; den Menschen ist es als Verdorbenheit anzurechnen. [...]

Was aber soll ich von Würden und Macht reden, die ihr, der wahren Würde und Macht unkundig, dem Himmel gleichsetzt? [...] Was ist denn diese eure erstrebenswerte und herrliche Gewalt? Erwägt ihr irdischen Geschöpfe denn nicht, über wen ihr zu herrschen vermeint, und wer ihr dabei seid? Wenn du etwa eine unter den Mäusen sich Recht und Herrschaft über die andern anmaßen sähest, welches Lachen würde dich erschüttern! Wie aber kannst du, wenn du deinen Körper ansiehst, etwas Schwächeres als den Menschen finden, den oft ein Mückenstich oder das Eindringen von Kriechtieren in die innern Organe tötet? Und wie kann jemand einen andern anders als an seinem Körper seine Gewalt fühlen lassen und an dem, was noch unter seinem Körper ist, seinen Glücksgütern nämlich? Willst du etwa der freien Seele etwas befehlen? Willst du den Geist, der mit fester Vernunft in sich gefaßt ist, aus dem Zustande seiner eigenen Ruhe verdrängen? [...]

*

Schon hatte sie ihren Gesang beendet,[2] während ich noch immer hörbegierig und in Staunen versunken, das lauschende Ohr ihr zugewandt, vom süßen Zauber des Liedes gefesselt war. Endlich sprach ich: O du höchster Trost ermatteter Gemüter, wie hast du mich mit der Wucht der Gedanken, aber auch der Holdseligkeit des Gesanges erquickt, so sehr, daß ich mich von jetzt an den Schlägen des Schicksals gewachsen fühle. Darum bebe ich jetzt nicht mehr zurück vor jenen Heilmitteln, die du als etwas schärfer bezeichnetest, sondern fordere sie hörbegierig mit Heftigkeit.

Da sagte jene: Ich habe es wohl bemerkt, wie du meine Worte schweigend und mit Aufmerksamkeit verschlangst, und diese Verfassung deines Geistes habe ich nicht nur erwartet, sondern in Wahrheit selber bewirkt. Was übrig bleibt, ist derart, daß es beim Kosten wohl herb, beim Genusse aber süß ist. Und wenn du dich jetzt hörbegierig nennst, von welcher Glut würdest du entflammt sein, wenn du erkenntest, wohin wir dich zu führen unternehmen?

Wohin? fragte ich.

Zur wahren Glückseligkeit, sprach sie, von der auch dein Geist träumt; da aber dein Auge auf Schattenbilder gerichtet ist, vermag er sie selbst nicht anzuschauen.

Darauf ich: Eile, ich beschwöre dich, und zeige mir ohne Zögern, was sie ist. [...]

Da heftete sie eine Weile ihren Blick auf den Boden, und als ob sie sich in den erhabenen Sitz ihrer Seele zurückzöge, begann sie: Alle Sorge der Menschen, wie vielfältig auch die Mühe ihrer Bestrebungen sein mag, schlägt zwar verschiedene Wege ein, trachtet aber doch nur nach einem Ziele, der Glückseligkeit. Ein Gut aber nenne ich, das nichts weiter zu wünschen läßt, wenn man es erlangt hat; es ist das höchste Gut, in dem alle andern Güter enthalten sind; es wäre das höchste nicht, wenn ihm irgend etwas abginge, da ja dann noch etwas außerhalb verbliebe, was man wünschen könnte. Es ist also klar, daß die Glückseligkeit ein Zustand ist, der durch die Vereinigung aller Güter vollkommen ist.

Diesen, wie gesagt, suchen alle Sterblichen zu erreichen, aber auf verschiedenen Pfaden. Denn dem Geiste der Menschen ist von Natur die Begierde nach dem wahren Guten eingepflanzt, doch der mißleitete Irrtum verführt sie zum Falschen. Einige, die es für das höchste Glück halten, an nichts Mangel zu haben, setzen ihre Mühen daran, in Reichtum zu schwimmen; andere erkennen als das Gute dasjenige, was der Verehrung am würdigsten ist; so streben sie danach, Auszeichnungen zu erlangen und bei ihren Mitbürgern in höchster Achtung zu stehen. Manche setzen das höchste Gut in die höchste Macht; sie versuchen, selbst zu herrschen oder sich an die Herrscher zu drängen. Diejenigen wiederum, denen Berühmtheit als das Beste erscheint, eifern danach, mit den Künsten des Krieges oder des Friedens die Herrlichkeit ihres Namens auszubreiten. Weitaus die meisten messen die Frucht des Guten ab nach Freude und Heiterkeit; sie halten es für das Allerglücklichste, in Vergnügungen zu zerfließen. Manche vertauschen auch die einzelnen Zwecke und Ursachen miteinander: sie ersehnen dann Reichtum um der Macht und Lust willen, oder Macht um des Geldes oder der Verbreitung ihres Namens willen. [...]

Daß auch die Güter des Körpers sich auf die oben genannten beziehen, liegt auf der Hand. Denn Stärke und Größe scheinen Macht zu verleihen, Schönheit und Behendigkeit scheinen Ansehen, Gesundheit scheint Vergnügen zu gewähren; es ist klar, daß in allem diesem nur die Glückseligkeit gesucht wird; denn was jemand vor allem andern erstrebt, das hält er für das höchste Gut. Aber wir haben als höchstes Gut die Glückseligkeit bestimmt; also hält jeder den Zustand für glückselig, den er vor allem andern erstrebt.

Hier hast du also die Gestalt der menschlichen Glückseligkeit, fast als ob sie dir vor Augen stände: Geld, Ehren, Macht, Ruhm, Lust. [...]

Erwäge nun, ob die Menschen durch das, wodurch sie Glückseligkeit zu erreichen hoffen, zum festgesetzten Ziele zu gelangen vermögen. Wenn nämlich Geld oder Ehre usw. so beschaffen sind, daß ihnen kein Gut mehr zu fehlen scheint, so wollen auch wir bekennen, daß die Menschen zuweilen auf diesem Wege glücklich werden können. Wenn aber jene Dinge nicht das zu leisten vermögen, was sie versprechen, und der meisten Güter entbehren, ertappt man sie dann nicht offenkundig auf einem falschen Schein von Glückseligkeit?

Ich frage zuerst dich selbst, der du noch eben in Reichtum schwammst: Hat unter jenem Überfluß von Schätzen deinen Geist niemals Angst getrübt, die aus irgendeiner Unzufriedenheit erwuchs?

In der Tat, sagte ich, ich kann mich nicht erinnern, jemals so freien Geistes gewesen zu sein, daß mich nicht irgendeine Sorge geängstigt hätte.

Nicht wahr, weil etwas fehlte, was du ungerne vermißtest, oder weil etwas da war, dessen Abwesenheit dir lieber gewesen wäre?

So ist es, sagte ich.

Also wünschtest du das eine herbei, das andere hinweg?

Ich gestehe es, sagte ich.

Was man sich aber wünscht, sagte sie, das entbehrt man.

Gewiß, sagte ich.

Wer nun etwas entbehrt, genügt nicht vollauf sich selbst.

Sicher nicht, sagte ich.

Dich bedrängte also ein solches Nichtgenügen inmitten deiner Schätze, sprach sie.

Was denn sonst? sprach ich.

Also vermag Reichtum nicht bedürfnislos und selbstgenügsam zu machen, und gerade das schien er zu versprechen. [...]

»Doch Würden machen den, der sie erworben hat, angesehen und ehrfurchtgebietend.« Haben aber Magistraturen die Fähigkeit, dem Geist ihrer Inhaber Tugenden einzuflößen oder Fehler auszumerzen? Nein, sie pflegen vielmehr die

Nichtswürdigkeit sichtbar zu machen, nicht sie zu verjagen. So kommt es, daß wir unwillig sind, wenn sie oft ganz nichtsnutzigen Menschen zuteil werden. [...] Wir können um der Ehrenstellen willen nicht diejenigen für ehrwürdig halten, die wir der Ehrenstellen selber für unwürdig halten. Aber wenn du jemand mit Weisheit begabt sähest, könntest du ihn dann der Ehrfurcht oder der Weisheit, mit der er begabt ist, für unwürdig halten?

Keineswegs.

Die Tugend hat nämlich ihre eigene Würde, welche sie auf diejenigen, denen sie verbunden ist, überträgt. Wenn dies die vom Volke übertragenen Ehren nicht zu leisten vermögen, so geht daraus hervor, daß sie die eigentümliche Schönheit der Würde selbst nicht besitzen. [...]

Oder vermag Königsherrschaft, Königsfreundschaft mächtig zu machen? Warum soll sie es nicht, wenn ihr Glück beständig dauert? Doch die alte Zeit ist ebenso wie die Gegenwart voller Beispiele von Königen, die das Glück mit dem Elend vertauscht haben. O herrliche Macht, die nicht einmal wirksam genug erfunden wird, sich selbst zu erhalten. [...]

Ein Tyrann, der die Gefahren seines Loses erprobt hatte, versinnbildlichte die Angst des Herrschers durch den Schrekken eines Schwertes, das senkrecht über seinem Scheitel hing.[3] Was ist das also für eine Macht, welche die nagende Sorge nicht vertreiben, dem Stachel der Angst nicht entgehen kann? [...]

Der Ruhm wiederum, wie trügerisch, wie schimpflich ist er oft! Deshalb ruft der Tragiker nicht mit Unrecht aus:

»O Ruhm, o Ruhm, wie vielen schlechten Menschen hast du Stolz und leeren Dünkel mächtig aufgebläht.«[4]

Viele nämlich haben oft einen großen Namen durch die falschen Meinungen der Menge davongetragen. Was kann man sich Schimpflicheres ausdenken? Denn die fälschlich gepriesen werden, müssen bei ihrem Lob selbst erröten. Ist es aber durch Verdienste erworben, was kann dies dem Bewußtsein des Weisen hinzufügen, der sein Gut nicht an dem Gerede der Menge, sondern an der Wahrheit des Gewissens mißt? [...]

Was soll ich nun von den Lüsten des Körpers sagen? Sie zu begehren ist voll Angst, die Sättigung voll Reue. Wie viele

Krankheiten, wie unerträgliche Schmerzen pflegen sie gewissermaßen als Frucht ihrer Nichtsnutzigkeit dem Körper derer zu bringen, die sie genießen! Was ihre Erregung Angenehmes haben soll, weiß ich nicht; daß aber der Ausgang der Lust traurig ist, wird jeder einsehen, der sich an seine Leidenschaften erinnern will.

Wenn sie Glück entfalten könnten, so ist kein Grund, nicht auch das Vieh für glückselig zu halten, dessen ganze Absicht dahin geht, seine körperliche Leere auszufüllen. [...]

Diejenigen endlich, die sich mit Vorzügen ihres Körpers spreizen, auf einen wie geringen, wie gebrechlichen Besitz stützen sie sich! Könnt ihr etwa Elefanten an Masse, Stiere an Kraft übertreffen, etwa Tiger an Schnelligkeit? Blickt auf die Ausdehnung, die Festigkeit, die Geschwindigkeit des Himmels und hört dann auf, Gewöhnliches zu bewundern. Selbst der Himmel ist ja nicht deshalb zu bewundern, sondern vielmehr wegen der Vernunft, durch die er gelenkt wird. [...]

Aber schätzet nur die Güter des Körpers so hoch ihr wollt, wenn ihr nur wißt, daß alles dieses, was ihr bewundert, das Feuerchen eines dreitägigen Fiebers auflösen kann.

Aus alledem dürfen wir die Summe ziehen: was weder die Güter, die es verspricht, beschaffen kann, noch durch die Vereinigung aller Güter vollkommen ist, führt weder als Weg zur Glückseligkeit, noch macht es selbst die Menschen glückselig. [...]

Du hast also, sprach sie, hiermit Gestalt und Ursachen der falschen Glückseligkeit. Lenke nun das Schauen deines Geistes nach der entgegengesetzten Seite: dort wirst du, wie wir versprochen haben, sogleich die wahre sehen.

Dies ist doch, sagte ich, selbst einem Blinden durchsichtig, und du hast sie soeben aufgewiesen, als du die Ursachen der falschen darzulegen suchtest. Denn wenn ich mich nicht täusche, ist dies die wahre und vollkommene Glückseligkeit, die bewirkt, daß der Mensch selbstgenügend, mächtig, ehrwürdig, glänzend, heiter werde. Und auf daß du erkennst, daß ich es tief begriffen habe: was Eines von ihnen, denn sie sind ja alle eins und dasselbe, in Wahrheit leisten kann, dies erkenne ich ohne Schwanken als die Fülle der Glückseligkeit.

Ja, glücklich bist du, mein Schüler, in dieser deiner Meinung, wenn du nur noch etwas hinzufügst.

Was denn? fragte ich.

Glaubst du, daß in diesen sterblichen und hinfälligen Dingen etwas liegt, was einen Zustand dieser Art herstellen könnte?

Keineswegs, antwortete ich; dies ist von dir so gezeigt worden, daß nichts weiter zu wünschen übrig bleibt.

Jene also scheinen den Sterblichen entweder Abbilder des wahren Guten oder unvollständige Güter zu geben; das wahre und vollkommene Gute aber können sie nicht verleihen.

Ich stimme zu, sagte ich.

Da du also erkannt hast, was jene wahre Glückseligkeit ist und was eine falsche Glückseligkeit vortäuscht, bleibt nun übrig, daß du erkennst, woher du diese wahre holen kannst. [...]

Hierbei glaube ich, zuerst untersuchen zu sollen, ob ein Gut solcher Art, wie du es vorher bestimmt hast, in der Wirklichkeit bestehen kann, damit uns nicht, der Wahrheit des vorliegenden Gegenstandes zuwider, ein Trugbild des Denkens täusche. Aber daß es existiert und gleichsam die Quelle aller Güter ist, läßt sich nicht leugnen. [...]

Wo es nun wohnt, sprach sie, betrachte so. Daß Gott, der Ursprung aller Dinge, gut ist, beweist die gemeinsame Vorstellung aller Menschen. Da sich nichts Besseres als Gott ausdenken läßt, wer möchte zweifeln, daß das gut sei, über das hinaus es kein Besseres gibt? So zeigt die Vernunft, daß Gott gut ist, indem sie beweist, daß das vollkommene Gute in ihm enthalten ist. Denn wenn dem nicht so wäre, so könnte er nicht der Ursprung aller Dinge sein; es würde dann nämlich etwas, was das vollkommene Gute besitzt, vorzüglicher sein als er, und dies müßte dann als das Frühere und Ältere erscheinen; denn alles Vollendete ist ersichtlich früher als das minder Vollständige. Damit also die Überlegung nicht ins Unendliche fortgehe, muß man anerkennen, daß der höchste Gott vollständig erfüllt sei vom höchsten und vollendeten Guten. Wir haben aber festgestellt, daß das vollendete Gute auch die wahre Glückseligkeit sei; also muß notwendig in dem höchsten Gott auch die wahre Glückseligkeit gelegen sein. [...]

Also, sprach sie, ist notwendig zu erkennen, daß Gott die Glückseligkeit selbst ist. [...]

Überdies, sprach sie, wie die Geometer nach dem Beweis ihrer Lehrsätze etwas beizubringen pflegen, was sie selber Porismata (Beisteuer) nennen, so will auch ich dir gewissermaßen ein Corollarium (Zugabe) reichen. Da die Menschen nämlich durch Erlangen der Glückseligkeit glückselig werden, die Glückseligkeit aber die Gottheit selber ist, so ist klar, daß sie durch Erlangen der Gottheit glückselig werden; so wie aber durch das Erlangen der Gerechtigkeit Gerechte, durch dasjenige der Weisheit Weise werden, so müssen aus ähnlichem Grunde diejenigen, die die Gottheit erlangt haben, Götter werden. Jeder Glückselige also ist Gott. Von Natur gibt es allerdings nur einen einzigen; doch nichts hindert, daß es durch Teilnahme so viele wie möglich gibt.

Vereint mit der Wahrheit und ledig und frei von aller Sorge

Chien-chih Seng-ts'an (Szôszan, Sôsan) ist ein Hauptrepräsentant des Buddhismus (siehe Buddha, S. 21–33) in China. Dieser wurde von dem aus Indien stammenden Bodhidharma begründet; Seng-ts'an war der dritte Patriarch und lebte von ca. 529 bis 606 n. Chr. Der chinesische Buddhismus ist dann im 13. Jahrhundert nach Japan eingeführt worden, wo er als »Zen« (japanisch »Versenkung«, »Meditation«) die Kultur nachhaltig beeinflußt hat. Er prägte vor allem die Literatur, die Tuschmalerei, das No-Theater mit seiner Musik, die Teezeremonien und die Kunst des Blumensteckens, das Ikebana. Der einst von den japanischen Rittern, den Samurai, praktizierte Zen war verwandt mit jener Form des indischen Yoga, die als innere Sammlung des Willens der Tat vorausgeht (siehe »Bhagavadgita«, S. 79–92). Entspannungsmethoden, die in japanischen Zen-Schulen geübt werden, sind in die westliche Psychotherapie aufgenommen worden.

Der Buddhismus des Seng-ts'an steht dem Taoismus nahe (siehe Laotse, S. 17–20, und Dschuang Dsi, S. 44–50). Wie sein hier abgedrucktes, in Versen verfaßtes Bekenntnis – der »Stempel des Glaubens« – zeigt, zielt er auf die Einsicht, daß die Wahrheit für den Menschen ganz nahe liegt und jederzeit unmittelbar erfaßt werden kann. Wer das Denken in gegensätzlichen Begriffen hinter sich läßt, kann die überbegriffliche Wahrheit – die Einheit allen Seins – intuitiv direkt erleben und dadurch zur Ruhe gelangen. Im Hinblick auf das unmittelbare Innewerden der Wahrheit (chinesisch wu, *japanisch* satori) *sagt ein anderer Meister, der japanische Zen-Lehrer Haku-in: »Wehe den Menschen, die in weiter Ferne suchen und was nahe liegt nicht wissen! Sie gleichen denen, die mitten im Wasser stehen und doch nach Wasser schreien.«*

Der Zen-Buddhismus geht davon aus, daß die letztlich unaussprechliche Wahrheit nicht durch schriftliche Überlieferung, sondern durch das persönliche Lehrer-Schüler-Verhältnis vermittelt wird. Er bezieht sich dabei auf Buddha selbst: Dieser hielt eines Tages vor seinen versammelten Schülern schweigend eine Blume hoch, offenbarte in seinem Verstummen die Wahrheit und vertraute sie einem leise lächelnden, verstehenden Schüler an. Der persönlichen Unterweisung, die zur Erleuchtung hinführt, dienen im Zen-Buddhismus die sogenannten »Probleme« (sino-japanisch ko-an), die durch Paradoxien Augen und Geist öffnen sollen; hinzu kommen gelegentlich Stockschläge. Mit seinen Gegenfragen im folgenden Dialog, den Seng-ts'an der Legende nach mit seinem Nachfolger geführt hat, bedient sich offensichtlich auch er schon der Methode des Ko-an: »Sag mir, wie kann ich frei werden?« – »Wer hält dich fest?« – »Niemand.« – »Warum willst du also befreit werden?«

Die höchste Wahrheit ist nicht schwierig
Und läßt keine Wahl zwischen Zweierlei zu.
Wenn man nicht mehr haßt oder liebt,
Dann offenbart sie sich, klar und unendlich.
Doch wer nur haarbreit von ihr getrennt bleibt,
Der ist von ihr geschieden so weit wie der Himmel von der
    Erde.
Wer ihre Offenbarung erleben will,
Der muß ablassen vom Gehorchen und vom Widerstehen.[1]
Der Kampf zwischen Gehorchen und Widerstehen
Heißt Krankheit der Seele.
Wer der Wahrheit tiefsten Sinn noch nicht kennt,
Müht sich ab in vergeblichem Grübeln.
Vollkommen ist sie
Wie das Gewölbe des Himmels,
Ohne Mangel und Überfluß.
Wahrlich, wer noch hängt an einem Annehmen oder Verwer-
    fen,
Der ist nicht frei.[2]

Jage nicht nach dem fortwirkenden Sein,
Und mache nicht Halt beim Nichtsein, dem leeren!
Wenn du das Einzige findest
Und den Frieden der Freiheit,
Dann fällt von dir, ohne dein Zutun,

Alles das ab.[3]
Will man, daß das Bewegte aufhöre,
Um zurückzugehen auf das Ruhende,
So ist, je mehr man auf dieses zurückgeht,
Nur um so mehr das Ruhende bewegt.[4]
Denn wie sollte es angehen,
Daß man erfaßte
Das Einzige,
Solange man noch schwankt
Zwischen Einem und Anderem?
Wer es nicht versteht,
Das schlechthin Eine,
Der verliert auch seinen Gewinn
Aus dem Zweierlei.
Wer dem Sein nachjagt,
Dem entgeht es;
Wer hinter dem Nichts herläuft,
Dem kehrt es den Rücken zu.
Durch tausend Worte und
Tausend Gedanken
Bist du nur um so weiter von ihm geschieden.
Erst über alle Worte
Und alle Gedanken hinaus
Kannst du es allenthalben treffen.
Nur wenn man auf die Wurzel zurückgeht,
Läßt sich das Wesen gewinnen.
Das Denken faßt nichts
Als wesenlose Hüllen.
Wenn auch nur einen Augenblick
Dein Denken dich berät,
So verlierst du dich im Leeren
Des Nicht-Etwas,
Dessen Veränderung und dessen Vergänglichkeit
Gänzlich aus deinem Irrtum entsprungen sind.

Nicht erst zu suchen
Brauchst du die Wahrheit;
Dein Denken laß schweigen –
Darauf kommt es an!
Bleibe nicht stehen

Bei gegensätzlichen Gedanken;
Ihnen nachzujagen und sie zu suchen,
Davor hüte dich!
Wer vom Gegensätzlichen
Nur einen Hauch beibehält,
Dessen Geist bleibt verworren.
Alles Zweierlei hängt ab
Vom Einen;
Doch auch bei diesem allein
Darfst du nicht Halt machen!

Trifft ein Geist auf das Ungeborene,
So hat das All keine Schuld mehr.[5]
Wo keine Schuld ist,
Da ist nichts mehr ein Ding.
Das Ungeborene ist
Das Nichtdenken.
Wenn eine Tätigkeit den Erscheinungen nachjagt,
So verdirbt sie;
Erscheinung versinkt,
Wenn sie der Tätigkeit nachjagt.
Erscheinung hat ihr Sein als Erscheinung
Durch Tätigkeit;
Tätigkeit hat ihr Sein als Tätigkeit
Durch Erscheinung.[6]
Wer beide Seiten durchschauen will,
Für den gibt es nur
Das schlechthin Eine.
Als Nichts
Enthält es jedes Zweierlei und alle Dinge.
Wo weder Bestimmtheit
Noch Unbestimmtheit ist,
Wie sollte sich da noch Parteilichkeit finden?[7]
Das Wesen der höchsten Wahrheit
Ist Vollkommenheit;
Hier gibt es nichts Schweres
Und nichts Leichtes mehr.[8]
Nur kleinliches Denken zaudert;
Und je mehr es sich auch abhetzt,
Um so später erreicht es das Ziel.

Der Gebundene verliert jeden Maßstab,
Ihn fesselt der Irrtum;
Durch ungebundenes Gehenlassen
Wird alles natürlich.
Unwandelbar ist das Wesen,
Und dennoch ist es nichts Starres.
Wer sich anvertraut
Dieser Natur,
Der wird vereint mit der Wahrheit
Und ledig und frei von aller Sorge.
Das Bangen der Sorge entfernt ihn von ihr.
Trübe Versunkenheit macht düster,
Und das Verdüstertsein bedrückt
Die Seele.[9]
Was braucht man Einem freundlich zu sein
Oder Anderem unfreundlich?
Wer auf das All-Eine zugehen will,
Der darf den sechsfachen Staub nicht hassen.[10]
Wo man ihn nicht haßt,
Da gerade ist nichts anderes
Als Buddhas vollkommene Weisheit.

Der Weise ist frei von Geschäftigkeit,
Der Tor ist gebunden durch sich selbst.
Die Wahrheit duldet neben sich keine Wahrheit.[11]
Vergebens klammert man sich
Liebend an Wertloses.
Mit sich selbst quält die Seele sich dann –
Ist das nicht ein großer Irrtum?
Wo er herrscht, ist die Seele
Bis auf den Grund zerwühlt.
Erwacht man aus ihm,
Dann gibt es weder Böses noch Liebes.
Vergebens machst du dich
Zum Richter alles Gegensätzlichen.
Es ist ja nur Traum, nur eines
Augenflimmerns vergängliche Blume.[12]
Warum sollte man sich abmühen,
Sie zu ergreifen?
Mit einem Ruck wirf beiseite

Die Teile und Gegenteile,
Jeden Vorteil und Nachteil!
Dann entfliehen die Träume
Vor wachendem Auge.
Dann ist die Seele nicht mehr
Im Einen und Anderen,
Und All-Eines sind
Sämtliche Dinge.
Das Wesen des Einen
Ist absolut.
Vergißt man mit einem Mal
Die Wirkungszusammenhänge
Und durchschaut als Dasselbe
Alles Sein,
Dann kehrt man zurück zur Natur.
Vernichte jene Irrtumsquelle
Und laß ab vom Vergleichen!
Wer will, daß Bewegtes ruhe,
Der kann nirgends Bewegendes finden.
Wer will, daß Ruhendes bewegt sei,
Der kann nirgends das Ruhende finden.[13]
Beides ist also unmöglich.
Wie sollte es da mit dem Einen so sein?

Das Letzte und Unendliche
Kennt keine Regel.
Wessen Geist mit der Gleichheit
Im Einklang steht,[14]
Für den hört alle fortwirkende Tat auf.
Wenn alles kleinliche Zweifeln
Des Fuchses erloschen ist,[15]
Dann erst ist da,
Glatt und geradewegs,
Der wahre und echte Glaube.
Kein Sein bleibt mehr zurück,
Und keinem kommt ein Gedenken zu.
Es erleuchtet sich selbst grenzenlos und klar.[16]
Mühelos ist alsdann des Geistes Kraft.

Wo dieses Nichtdenken herrscht,
Sind unermeßlich
Die Sinne und das Gefühl.[17]
Weder das eigene Selbst noch ein anderes
Findest du je im Reiche der soseienden Wahrheit.[18]
Wenn du plötzlich und ohne langes Besinnen
Sie passend ausdrücken müßtest,
Würdest du wohl sagen:
Nicht-Zwei ist sie.
Wenn es aber keine Zwei mehr gibt,
So ist alles das Eine und Selbe.
Alles umfaßt es. Es kommen
Die Weisen aus aller Welt
Und huldigen ihm.[19]
Die Eine Wahrheit kann man
Weder erweitern noch einengen.[20]
Ein Augenblick ist
Wie zehntausend Jahre.[21]
Sein und Nichtsein,
Die ganze Welt, eröffnet sich
Grenzenlos dem Auge.

Das Kleinste ist dem Größten gleich,
Die Grenzen sind weggewischt.
Das Größte ist dem Kleinsten gleich
Ohne jede Scheidewand.[22]
Sein ist nichts anderes als Nichts,
Nichts ist nichts anderes als Sein.
Und ist es dir noch nicht so,
Dann darfst du auch an nichts festhalten!
Das Eine ist nichts anderes als das All,
Das All ist nichts anderes als das Eine.
Und wenn dem so ist, was schiert dich dann
Noch Unvollkommenheit?
Glauben ist Nicht-Zwei.
Nicht-Zwei ist Glauben dessen,
Das unaussagbar ist.
Vergangenheit und Zukunft,
Sind sie nicht
Ein ewiges Jetzt?

Mittelalter und Renaissance

AL-GHASÂLI

Von der Zufriedenheit mit dem Ratschluß Gottes

Kaum ein anderer Theologe und Philosoph hat das Denken und Fühlen der Muslime in aller Welt so stark beeinflußt, ihre Frömmigkeit so geprägt wie der große Erneuerer des mittelalterlichen Islam, der von 1058 bis 1111 lebende Perser Abû Hâmid al-Ghasâli. Seine bedeutende, bis heute fortwirkende Leistung ist die Versöhnung des »offiziellen« islamischen Glaubens mit dessen mystischer Dimension, dem Sufismus. Die häufig überschwenglich schwärmerischen, zum Teil in ekstatischer Berauschtheit entstandenen Vorstellungen der Sufis (von sûf, »Wolle«, nach dem Wollgewand der frühen Asketen) hatten in den vorausgegangenen Jahrhunderten bei der Orthodoxie des öfteren Beunruhigung hervorgerufen. Erst al-Ghasâli gelang es, den Weg der Sufis, den über mehrere Stufen und Stationen zur Erfahrung der göttlichen Einheit und zur absoluten Gottesliebe führenden mystischen Pfad, von Auswüchsen zu reinigen und ihn so auszugestalten, daß er sich mit dem gesetzestreuen Islam vereinbaren ließ.

Ghasâlis Hauptwerk trägt den programmatischen Titel »Die Wiederbelebung der Wissenschaften von der Religion«. Es ist das Resultat einer langjährigen – mit eigenen mystischen Erlebnissen verbundenen – unsteten Wanderschaft als Prediger durch den Nahen Osten, auf die sich der bereits berühmte Gelehrte begab, nachdem er seine Professur in Bagdad infolge einer schweren inneren Krise aufgegeben hatte. Das entsprechend der Zahl der Tage, die der Sufi betend und meditierend in der Klausur verbringen muß, in 40 Kapitel eingeteilte umfangreiche Buch wurde nicht nur bald zu einem theologischen Standardwerk, es hat auch die orientalische Dichtkunst, etwa in der Liebeslyrik eines Maulânâ Rumi, zu großartigen Versen inspiriert.

Für die Volksfrömmigkeit bedeutsam wurde indes vor allem Ghasâlis »Elixier der Glückseligkeit«, die in die meisten islamischen Sprachen übersetzte persische Kurzfassung seines Hauptwerkes. Der Autor sagt darin: »Der Zweck des Elixiers ist, daß der Mensch von allem, was nicht taugt – das sind die Eigenschaften der Unvollkommenheit – gereinigt und befreit werde, und daß er mit allem, was not tut – das sind die Eigenschaften der Vollkommenheit – geschmückt und geziert werde. Die Hauptsache aber an diesem Elixier ist dies, daß man sich von der Welt ab- und Gott allein zuwende.«

Diese ausschließliche Zuwendung zu Gott, dem Einzigen, führt den Menschen letztendlich zur Glückseligkeit. Sie besteht für Ghasâli in der Erkenntnis Gottes, im Anschauen seiner Schönheit, die gleichbedeutend mit der Liebe zum Schöpfer ist und sich in der Nächstenliebe bekundet. Dafür erforderlich ist jedoch ein beständiger Heiliger Krieg (dschihad) des Herzens bzw. der Seele – das heißt jenes Teils des Menschen, der ihn mit der geistigen Welt verbindet – gegen die Begierden und Leidenschaften. Nur wenn das Herz über die Sinne und den Leib herrscht, ist es möglich, Gott zu erkennen; und nur dann erreicht der Mensch den Zustand der Glückseligkeit, findet er Ruhe und inneren Frieden. Wie es im Koran heißt: »Wahrlich, durch das Gedenken an Gott werden die Herzen stille« (Sure 13, 28).

Im hier gekürzt abgedruckten Schlußstück des »Elixiers« legt Ghasâli dar, daß das Heil des Menschen in der Zufriedenheit mit dem besteht, was Gott beschließt – auch wenn sein Ratschluß dem eigenen Wünschen und Verlangen zuwiderläuft. Die für die richtige Haltung angeführten Gewährsleute sind, mit wenigen Ausnahmen, angesehene Sufis.

Wisse: Die Zufriedenheit ist eine Frucht der Liebe und ist eine von den höchsten Stufen derer, die Gott nahe sind. Ihr Wesen aber ist den meisten Menschen verborgen, und die Zweifel und Schwierigkeiten, die sich daran knüpfen, lösen sich nur dem, den Gott selbst die rechte Auslegung gelehrt und dem er selbst das Verständnis in den Dingen der Religion eröffnet hat.

Manche Leute haben behauptet, daß Zufriedenheit mit etwas, was dem eigenen Begehren widerspreche, undenkbar sei, und haben weiter gesagt, wenn es Zufriedenheit mit allen Dingen gäbe, deshalb, weil sie von Gott bewirkt seien, so müsse man auch mit allem Unglauben und aller Sünde einverstanden sein. Dadurch haben sich viele Leute beirren lassen und gemeint, es gehöre zur Zufriedenheit mit dem Ratschluß Gottes, daß man alle Verbrechen und Schändlichkeiten gutheiße und sich jeder Mißbilligung und jedes Widerspruchs dagegen enthalte.

Aber diese Geheimnisse erschließen sich dem nicht, der sich allein an den Buchstaben des heiligen Gesetzes klammert. Sonst hätte der Gesandte Gottes nicht jenes Gebet für Ibn Abbâs[1] gesprochen, in dem er sagt: »Gott, eröffne du ihm das Verständnis in den Dingen der Religion und lehre du ihn die rechte Auslegung.« [...]

Von dem Wesen der Zufriedenheit und daß sie möglich ist auch bei dem, was dem eigenen Begehren zuwiderläuft

Wisse: Wenn jemand sagt, der Mensch könne wohl bei den Dingen, die seinem Begehren zuwiderlaufen, im Leiden und in der Trübsal, Geduld und Standhaftigkeit zeigen, aber daß er damit zufrieden sei, das sei nicht denkbar, so bedeutet das nichts anderes, als daß er die Liebe selbst leugnet. Steht es aber fest, daß die Liebe zu Gott und die alleinige Richtung des Sinnes auf ihn denkbar ist, so liegt es am Tage, daß die Liebe als Frucht die Zufriedenheit mit dem, was der Geliebte tut, hervorbringen muß; und zwar kann dies auf zweierlei Weise geschehen.

Zum ersten kann das Gefühl des Schmerzes selbst verschwinden, so daß der Liebende es gar nicht spürt, wenn ihm ein Schmerz angetan, und es gar nicht merkt, wenn er verwundet wird; so wie jemand in der Hitze des Kampfes so von Wut oder Angst beherrscht sein kann, daß er die Wunde, die ihm geschlagen wird, nicht eher gewahr wird, bis er das Blut fließen sieht, oder wie einer, der voll Eifer einer Sache nachläuft, nicht gewahr wird, daß er sich einen Dorn in den Fuß gerannt hat, weil sein Herz so in Anspruch genommen ist, daß er den Schmerz nicht fühlt. – Das kommt daher, daß das Herz, wenn es ganz von einem Dinge in Anspruch genommen und ausgefüllt ist, die Möglichkeit der Empfindung für alles andere verliert. So kann es nun auch geschehen, daß einem Liebenden, dessen Sinn ganz durch den Anblick des Geliebten oder das Gefühl der Liebe zu ihm gefangen ist, etwas geschieht, was ihn sonst schmerzen oder bekümmern würde, er dies aber, weil sein Herz ganz von der Liebe hingerissen ist, gar nicht fühlt. Wenn etwas Derartiges schon möglich ist, wenn der Verursacher des Schmerzes ein anderer ist als der Geliebte, wieviel eher wird das möglich sein, wenn das Leid von dem Geliebten selber kommt! Denn nichts nimmt das Herz so gefangen und nichts zieht es so ab von allem anderen wie die Liebe. Wenn dies nun eine schwache Liebe bei einem leichten Schmerz bewirken kann, so kann es auch große Liebe bei heftigem Schmerz bewirken; denn so wie der Schmerz sich verdoppeln kann, kann auch die Liebe sich verdoppeln, und so wie die Liebe zu schönen äußeren Gestalten, die das äußere Auge wahrnimmt, sehr stark werden kann, so kann auch die Liebe zu schönen inneren Gestalten, die von dem Licht des inneren Gesichts wahrgenommen werden, sehr stark werden. Die Schönheit und Majestät der Gottheit aber ist mit keiner anderen Schönheit und Majestät zu vergleichen, und wem von ihr etwas enthüllt wird, der wird davon so hingerissen, daß er, verwirrt und betäubt, nichts mehr von dem wahrnimmt, was mit ihm geschieht.

Es wird erzählt, daß die Frau des Fatch el-Mausili einst mit dem Fuß ausglitt und sich dabei einen Nagel ausriß. Sie aber lachte dazu, und als man sie fragte: »Fühlst du denn keinen Schmerz?«, antwortete sie: »Die Lust an der Belohnung ließ mich die Bitterkeit des Schmerzes nicht fühlen.« Sahl et-Tusteri litt an einem Leiden, das er selbst bei anderen heilte, nicht aber bei sich selbst. Als einer ihm das vorhielt, sagte er: »Freund, weißt du nicht, daß die Schläge des Geliebten nicht wehe tun?«

Zum zweiten aber kann man den Schmerz wohl fühlen, ihn aber freiwillig auf sich nehmen, ja danach verlangen und ihn wünschen, ich meine, mit der Vernunft, wenn auch die Natur einen Widerwillen dagegen hat. So fühlt einer, der sich vom Chirurgen zur Ader lassen läßt, zwar den Schmerz der Operation, aber er nimmt ihn freiwillig auf sich und verlangt selbst danach und ist dem Chirurgen dankbar dafür; und so empfindet der Kaufmann, der in Geschäften reist, wohl die Beschwerden der Reise, aber der Gedanke an den Gewinn seiner Reise, dem seine Liebe gilt, versüßt ihm die Beschwerden und macht, daß er sie willig auf sich nimmt. So wird auch der, den Gott mit Trübsal schlägt, wenn er den festen Glauben hat, daß der Lohn, der ihm dafür beschieden ist, größer sein wird als das, was er verloren hat, das Leiden willig auf sich nehmen, ja danach verlangen und es gern haben und Gott dafür danken.

Dies alles gilt für den Fall, daß er auf den Lohn und die Wohltat sieht, die ihm für den erlittenen Schmerz zuteil wird. Die Liebe kann aber auch so stark werden, daß der Liebende seinen Vorteil nur noch in dem Willen und dem Wohlgefallen des Geliebten findet, nicht in einem anderen, was dahinter stände, so daß also der Wille und das Wohlgefallen des Geliebten selbst der Gegenstand seines Liebens und Wünschens ist. Daß dies in der Liebe zwischen Menschen vorkommt, lehrt die Erfahrung, und es ist oft genug davon gesungen und gesagt worden. Aber bei alledem kommt es doch immer nur hinaus auf das Anschauen der Schönheit einer äußeren Gestalt mit dem äußeren Auge, und wenn du diese Schönheit recht betrachtest, so ist sie nichts als ein Stück Haut mit Fleisch und Blut, das mit Unrat angefüllt ist und dessen Anfang ein schmutziger Tropfen und dessen Ende ein abscheulicher Kadaver ist. – Betrachtest du aber das Organ, das diese Schönheit wahrnimmt, so ist es jenes armselige Auge, das so oft sich irrt und das Kleine für groß und das Große für klein, das Weite für nahe und das Häßliche für schön ansieht.

Wenn es aber möglich ist, daß schon diese Liebe solche Gewalt hat, wieviel mehr muß es dann möglich sein bei der Liebe zu jener ewigen, unendlich vollkommenen Schönheit, die von dem inneren Auge erschaut wird, das nicht dem Irrtum unterworfen ist und das auch der Tod nicht hinwegnimmt, sondern das nach dem Tode lebendig bleibt bei Gott, um sich der Gnadengabe Gottes zu freuen, und das durch den Tod nur größere Schärfe und Klarheit gewinnt! Dem aufmerksamen Blick zeigt sich dies ganz klar, und daß es solche Liebe gibt, das bezeugen die Geschichten und Aussprüche der Liebenden selbst. Dschuneid[2] erzählt: »Ich fragte Sari es-Sakati: ›Fühlt der Liebende den Schmerz des Leidens?‹ Er sagte: ›Nein.‹ Ich sprach: ›Und wenn man ihn mit dem Schwerte schlüge?‹ Er sagte: ›Nein, und wenn man ihm siebzig Schwertstreiche hintereinander gäbe.‹«

Ein anderer sagt: »Alles, was er wünscht, das wünsche ich auch; und wenn er wünschte, daß ich in die Hölle ginge, so ginge ich hinein.«

Bischr ibn el-Hârith, der Barfüßer, erzählt: »Ich traf in der Oststadt von Bagdad einen Mann, der war mit tausend Peitschenhieben gezüchtigt worden und hatte keinen Laut dabei von sich gegeben. Darauf wurde er ins Gefängnis geschleppt, und ich ging ihm nach und fragte ihn: ›Weshalb bist du so geschlagen worden?‹ Er sagte: ›Weil ich verliebt bin.‹ Ich sprach: ›Und warum hast du geschwiegen, als man dich schlug?‹ Er sagte: ›Mein Geliebter stand mir gegenüber und sah mich an.‹ Da sagte ich: ›Wenn du nun den großen Geliebten sähest?‹ Da schrie der Mann laut auf und fiel tot zur Erde nieder.« –

Derselbe Bischr erzählt: »Als ich noch am Anfang des Sufitums stand, kam ich nach Abbadân[3] und sah dort einen blinden, aussätzigen Epileptiker am Boden hingestreckt, und die Ameisen benagten sein Fleisch. Da nahm ich seinen Kopf in meinen Schoß und sprach Gebete für ihn. Als er aber wieder zu sich kam, sprach er: ›Wer ist der Zudringliche, der sich zwischen mich und meinen Herrn drängen will? Wenn er mich in Stücke zerschnitte, so würde ich ihn doch nur noch mehr lieben.‹« Seitdem, erzählt Bischr, »habe ich nie mehr daran Anstoß genommen, wenn ich sah, daß ein Knecht Gottes von seinem Herrn gestraft wurde.« –

Es steht ja auch im Koran (vgl. Sure 12, 30 f.), daß jene Frauen, die Josephs Schönheit sahen, davon so hingerissen wurden, daß sie sich in die Hände schnitten, ohne es zu merken; und daß, als die Hungersnot in Ägypten ausbrach, die Leute hingingen und sein Antlitz betrachteten und so ihren Hunger vergaßen. – Masrûk erzählt: »Es lebte ein Mann in der Wüste, der hatte einen Hund und einen Esel und einen Hahn. Der Hahn weckte ihn und seine Leute zum Gebet, der Esel trug ihnen das Wasser und ihr Zelt, und der Hund bewachte sie. Da kam der Fuchs und holte den Hahn, und sie waren sehr bekümmert darüber. Der Mann aber war fromm und sprach: ›Vielleicht ist es zum Guten.‹ Darauf kam ein Wolf und riß dem Esel den Leib auf und tötete ihn, und sie waren sehr bekümmert darüber. Der Mann aber sprach: ›Vielleicht ist es zum Guten.‹ Endlich ging es mit dem Hunde ebenso, und wieder sprach der Mann: ›Vielleicht ist es zum Guten.‹ Als sie nun eines Tages aufwachten und um sich schauten, da waren alle Bewohner rings umher als Sklaven weggeschleppt und sie allein übriggeblieben, denn die andern waren durch die Stimmen ihrer Hunde und Esel und Hähne verraten worden. So war der Verlust dieser Tiere für sie zum Guten gewesen, so wie es Gott bestimmt hatte.«

Wer daher die verborgene Güte Gottes erkennt, der ist zufrieden mit dem, was er tut, in allen Lagen. Es wird berichtet, daß Jesus[4] an einem Blinden und Gelähmten vorüberkam, dem das Fleisch vor Aussatz abfiel und der sprach: »Preis sei Gott, der mich geheilt hat von dem Leiden, mit dem er so viele Menschen heimgesucht hat.« Jesus sprach zu ihm: »O Mann, was für ein Leiden gibt es denn noch, von dem du verschont wärest?« Er antwortete: »O Geist Gottes, mir geht es besser als denen, die die Erkenntnis Gottes entbehren müssen, die Gott mir ins Herz gegeben hat.« Da sprach Jesus: »Du hast wahr gesprochen, gib mir deine Hand!« Und als er ihm die Hand gab, da war er auf einmal der schönste Mann von Angesicht und Gestalt, und Gott hatte ihn von seiner Krankheit befreit, und er folgte Jesus nach und diente Gott mit ihm. – Ibn Mas'ûd[5] pflegte zu sagen: »Reichtum und Armut sind zwei Reittiere; es ist mir gleich, auf welchem von beiden ich reite. Der Reichtum gibt mir die Fülle der Gaben, die Armut gibt mir die Geduld.« –

Man fragte einen der Erkennenden: »Hast du die letzte Stufe der Zufriedenheit erreicht?« Er sagte: »Die letzte Stufe nicht, aber eine Station darin habe ich erreicht. Wenn Gott mich als Brücke über die Hölle spannen wollte, damit die Menschen auf mir zum Paradiese schritten, und dann die Hölle mit mir ausfüllen wollte an Stelle seiner Geschöpfe, um seinen Eid einzulösen, so würde ich seinen Ratschluß wünschen und damit zufrieden sein.« Der das sagte, wußte, daß die Liebe seinen Sinn so umfangen hatte, daß er die Pein des Höllenfeuers nicht fühlte und daß, wenn ein Gefühl noch übrig bliebe, die Freude darüber, daß mit seiner Verstoßung in die Hölle der Wille des Geliebten an ihm geschähe, dies Gefühl übertäuben würde.

Solch eine Stufe der Liebe ist an sich nicht unmöglich, wenn freilich sie auch weit über das hinausgeht, was unsere Schwachheit vermag. Aber der Schwache soll nicht befremdlich finden, was der Starke vermag, und niemand soll glauben, daß das, was er zu tun nicht imstande ist, den Heiligen unmöglich sei. – Imrân ibn el-Hussein litt an der Wassersucht und lag auf seinem Rücken auf einer Bettstelle dreißig Jahre lang und konnte nicht stehen und nicht sitzen. Einst besuchte ihn Mutarrif mit seinem Bruder Abu l-Alâ und begann zu weinen, als er ihn in diesem Zustand sah. Da sagte Imrân zu ihm: »Warum weinst du?« Er sprach: »Ich weine, weil ich dich in diesem schrecklichen Zustand sehe.« Er sagte: »Weine nicht! Das, was Gott lieb ist, ist auch mir lieb.« Dann sagte er: »Ich will dir etwas erzählen, das dir, so Gott will, vielleicht helfen wird, verschweig es aber bis zu meinem Tode. Wisse: Die Engel besuchen mich, und ich genieße ihre trauliche Nähe, und sie grüßen mich, und ich höre ihren Gruß; und daher weiß ich, daß dies Leiden keine Strafe ist, weil ich dadurch solcher Gnadengabe teilhaftig geworden bin.« Wer solches in seinem Leiden erlebt, wie sollte er nicht damit zufrieden sein? – Als Sa'd ibn abi Wakkâs[6] nach seiner Erblindung nach Mekka kam, drängten sich die Leute um ihn und baten ihn, für sie zu beten, denn er hatte die Gabe des erhörlichen Gebets, und er betete für jeden einzelnen. Abdallâh ibn es-Sâib[7] erzählt: »Damals ging ich – ich war zu der Zeit noch ein Jüngling – zu ihm hin, machte mich mit ihm bekannt und sprach zu ihm: ›Oheim, du betest für die Leute, aber wenn du doch für dich selbst beten wolltest, so würde Gott dir dein Augenlicht wiedergeben!‹ Da lächelte er und sprach: ›Mein Sohn, der Wille Gottes gilt mir mehr als mein Augenlicht.‹« Einem Sufi ging einst sein Söhnchen verloren, und man wußte drei Tage lang nicht, wo es geblieben war. Das sagte man zu ihm: »Willst du nicht Gott bitten, daß er dir deinen Sohn zurückschickt?« Er sagte: »Mich dem Willen Gottes zu widersetzen, ist mir schrecklicher als der Verlust meines Sohnes.« –

Einige Leute besuchten Schibli im Irrenhaus, in das man ihn eingesperrt hatte. Er fragte sie: »Wer seid ihr?« Sie sagten: »Wir sind Leute, die dich lieben.« Da begann er, mit Steinen nach ihnen zu werfen, die er um sich gesammelt hatte, so daß sie eilends die Flucht ergriffen. Da sprach er: »Was fällt euch ein? Ihr behauptet doch, mich zu lieben; wenn ihr ehrlich wäret, so müßtet ihr es ertragen, wenn ich euch plage.« –

Wenn du diese Erzählungen betrachtest, so wirst du erkennen, daß die Zufriedenheit mit dem, was dem eigenen Begehren zuwider ist, nicht unmöglich ist, sondern daß sie eine wichtige Station von den Stationen der Frommen ist. Was aber bei der Liebe zu Menschen und irdischen Gütern möglich ist, ist auch möglich bei der Liebe zu Gott und zu jenseitigen Gütern, und zwar gibt es zu dieser Möglichkeit zwei Wege. Der eine besteht darin, daß man in den Schmerz willigt um eines Lohnes willen, der dafür erwartet wird, so wie man sich freiwillig zur Ader lassen läßt und bittere Heilmittel trinkt, weil man davon die Heilung eines Leidens erwartet, der andere darin, daß man nicht deswegen den Schmerz willig erträgt, weil man auf einen Vorteil hofft, der dahinter steht, sondern weil es der Wille des Geliebten ist und es ihm so gefällt. Denn die Liebe kann so stark werden, daß der Wille des Liebenden ganz in dem des Geliebten aufgeht und es für ihn keine größere Lust gibt, als daß der Geliebte sich freue und zufrieden sei und daß sein Wille geschehe, auch wenn er für den Liebenden den Tod bedeutet. – Das ist möglich, auch wenn das Gefühl des Schmerzes bestehen bleibt. Zuweilen kann aber die Liebe eine solche Gewalt haben, daß sie die Empfindung des Schmerzes selbst übertäubt; Deduktion, Erfahrung und Augenschein beweisen, daß das vorkommt. Wer aber dies nicht bei sich selbst erlebt hat, der hat doch kein Recht, es zu leugnen, denn er kennt es nur deswegen nicht, weil ihm die Ursache fehlt, der Überschwang der Liebe. Und wer die Liebe nicht geschmeckt hat, der weiß auch nichts von den Wundern, die sie zuwege bringen kann. Gibt es doch Wunder der Liebe, die noch größer sind als das, was wir beschrieben haben.

Amr ibn el-Hârith er-Râfiki erzählt: »Ich war in Rakka in einer Gesellschaft bei einem Freunde; und unter uns war ein Jüngling, der eine musikkundige Sklavin liebte, die auch mit in unserer Gesellschaft war. Die schlug die Laute und sang:

›Der Liebe bittre Not zeigt sich durch Weinen an,
  Wie erst, wenn der, der liebt, sie niemand klagen kann!‹

Da sagte der Jüngling zu ihr: ›Wahrlich, du hast schön gesungen, Herrin. Erlaubst du mir, daß ich sterbe?‹ Sie sagte: ›Stirb immerzu!‹ Da legte er sein Haupt auf das Kissen und schloß den Mund und die Augen; und als wir ihn schüttelten, war er tot.«

Dschuneid erzählt: »Ich sah einen Mann sich demütig flehend an den Ärmel eines Knaben hängen und ihm seine Liebe bezeugen. Der Knabe wandte sich nach ihm um und sprach: ›Wie lange willst du dies heuchlerische Spiel noch treiben?‹ Sprach der Mann: ›Gott weiß, daß ich es ehrlich meine mit dem, was ich sage. Wenn du mir befiehlst zu sterben, so sterbe ich.‹ Sprach der Knabe: ›So stirb denn, wenn du ehrlich bist!‹ Da trat der Mann zur Seite und schloß die Augen und war tot.« –

Wenn man solche Dinge in der Liebe zu Geschöpfen für möglich hält, so muß man sie erst recht in der Liebe zum Schöpfer für möglich halten, denn das innere Auge sieht wahrer als das äußere, und die Schönheit der Gottheit überstrahlt alle andere Schönheit, ja alle Schönheit in der Welt ist nur ein Gnadengeschenk jener Schönheit. Aber wer kein Gesicht hat, der leugnet die Schönheit der sichtbaren Form, und wer kein Gehör hat, der leugnet die Schönheit der Melodien und rhythmischen Weisen, und wer kein Herz hat, der muß notwendig jene höchste Lust leugnen, die allein das Herz empfinden kann.

Manche Leute aber haben gesagt, es gehöre zur Zufriedenheit auch dies, daß man nicht bete und Gott um nichts, was nicht schon da ist, bitte und mit allem, was vorhanden ist, zufrieden sei und daher auch keine Sünde und Übeltat mißbillige, da auch sie auf dem Ratschluß Gottes beruhe, und aus keiner Stadt, in der die Sünde oder die Pest herrsche, fliehe, weil das eine Flucht vor dem Ratschluß Gottes sei. Das alles ist falsch. Was das Gebet anlangt, so hat der Prophet selbst gebetet und das Gebet geboten und dazu angehalten, da er sagt: »Das Gebet ist das Mark des Dienstes Gottes.« Und tatsächlich ist doch auch die Wirkung des Gebetes die, daß der Mensch im Herzen ergriffen und zerknirscht und demütig wird und seine Ohnmacht und Niedrigkeit fühlt und bei Gott seine Zuflucht sucht. Das alles aber sind gute Eigenschaften. Und ebensowenig wie es der Ergebung in den Ratschluß Gottes zuwiderläuft, zu essen, um den Hunger, zu trinken, um den Durst, und sich zu bekleiden, um die Kälte abzuwehren, ebensowenig widerspricht es der Zufriedenheit mit Gottes Ratschluß, daß man betet, um von einem Leiden erlöst zu werden. Ja bei allen Dingen, für die ein Mittel erschaffen ist, das zu benutzen uns geboten ist, heißt das gerade sich dem Ratschluß Gottes widersetzen, wenn man dies Gebot nicht befolgt und das festgesetzte Mittel nicht benutzt.

Daß man aber mit der Sünde einverstanden sein soll, wie könnte das erlaubt sein, da uns das doch ausdrücklich verboten und gesagt worden ist, daß Billigung der Sünde Teilnahme an ihr bedeutet. Es heißt: »Wenn ein Mensch im Osten ermordet wird und im Westen ist einer, der den Mord billigt, so ist er mitschuldig daran.«

Denn die Sünde ist zwar durch den Ratschluß Gottes bedingt, sie hat aber ein doppeltes Gesicht. Beim Menschen ist sie freier Entschluß und ein Zeichen, daß er Gott verhaßt ist, bei Gott aber ist sie Gottes Ratschluß und Bestimmung.

Insofern es nun Gottes Ratschluß ist, daß die Welt nie von Unglauben und Sünde frei sein soll, muß man sich damit zufriedengeben. Insofern die Sünde aber freier Entschluß des Menschen und eine Eigenschaft von ihm und ein Zeichen seiner Gottverhaßtheit ist, darf man sich nicht damit zufrieden geben. Das ist kein Widerspruch, denn wenn z. B. ein Mensch den Tod eines Feindes erfährt, der zugleich der Feind eines anderen Feindes von ihm war, so wird er darüber sowohl traurig als auch froh sein, froh in der einen und traurig in der anderen Hinsicht. Einen Widerspruch gibt es immer nur da, wo das eine dem andern in derselben Hinsicht entgegengesetzt ist.

Ebenso soll man auch aus einem Ort, wo die Sünde überhand genommen hat, fliehen. Heißt es doch im Worte Gottes: »Herr, führe uns aus diesem Dorf, dessen Bewohner Frevler sind« (Sure 4,77). Auch sind die Alten immer aus solchen Städten geflohen, denn die Sünde steckt an, und wenn sie es nicht tut, so breitet sich doch die Heimsuchung und Strafe, die durch sie kommt, auf alle aus. »Fliehet die Versuchung, denn durch sie werden nicht allein die unter euch, die gefrevelt haben, betroffen« (Sure 8,25). Wenn sich jemand an einem Ort aufhält, wo sein Auge auf ein Weib fällt, das ihm verboten ist, und von dort flieht, so widerstreitet das der Ergebung in den Ratschluß Gottes nicht, und wenn in einer Stadt Not und Hunger herrscht, so ist es auch erlaubt, sie zu verlassen, es sei denn, daß die Not in einer Seuche bestände, dann ist das Fortgehen verboten; denn wenn dann die Gesunden fortgehen würden, so würden die Kranken ohne Pflege bleiben. Bei allen anderen Plagen aber gilt das nicht, sondern da soll man sich, wie es geboten ist, der Mittel bedienen, so wie sie einmal festgesetzt sind. Dann aber, wenn dies Gebot erfüllt ist, soll man mit dem zufrieden sein, was Gott beschließt, und wissen, daß darin das Heil besteht.

Margareta Porete

Die friedvolle Rast der willenlosen Seele

Das Mittelalter hat nicht nur in der islamischen Welt (siehe Al-Ghasâli, S. 124–135), sondern auch im christlichen Abendland seit der Wende vom 11. zum 12. Jahrhundert eine Wiederbelebung und Erneuerung religiöser mystischer Traditionen mit sich gebracht. Im 13. und 14. Jahrhundert erreichte diese Entwicklung mit dem Auftreten zahlreicher frommer Männer und Frauen, die ihren eigenen, individuellen Weg zu Gott suchten, einen Höhepunkt. Zu den wesentlichen Ursachen dafür gehörte die zunehmende Erstarrung und »Veräußerlichung« der Amtskirche, deren in mancher Hinsicht als korrumpiert empfundener Lehre die Mystiker ihre innerlich geschaute, oft im Zustand der Verzückung erlebte Wahrheit entgegensetzten. Gemeinsam war den meisten von ihnen das Streben nach unmittelbarer, auf persönlicher Erfahrung gegründeter Gotteserkenntnis (cognitio dei experimentalis) *schon im Erdenleben, ein Streben, das in der Vereinigung der Seele mit Gott, der* unio mystica, *seine Erfüllung fand. Vor allem dieses Bemühen um individuelle Gotteserfahrung im Diesseits aber, zu der es der Vermittlung durch die Kirche nicht bedurfte, brachte den »Brüdern und Schwestern vom freien Geist«, wie sich manche Angehörige der mystischen Bewegung nannten, immer wieder Mißtrauen und Anschuldigungen bis hin zum Vorwurf der Ketzerei ein.*

Eines der Opfer solcher Kritik wurde die vermutlich um 1250/60 in der Grafschaft Hennegau im Nordosten Frankreichs geborene Begine Margareta Porete – wie überhaupt die Beginen, jene Frauen also, die ohne bindendes Gelübde in klosterähnlichen Gemeinschaften lebten, häufig des Irrglaubens verdächtigt wurden. Den Stein des Anstoßes lieferte Margareta Porete mit ihrem Buch »Der Spiegel der einfachen Seelen« (»Le mirouer des simples ames«), das schon früh beträchtliches Aufsehen erregte, obwohl ihm von Theologen der berühmten Pariser Universität Unbedenklichkeit bescheinigt worden war. Um 1300 jedoch verurteilte der Bischof von Cambrai das Werk als häretisch und ließ es öffentlich verbrennen. Im Jahr 1310 schließlich wurde die hochgebildete Begine, die sich standhaft weigerte, sich zu rechtfertigen und die inkriminierten Sätze ihres Buches zu widerrufen, vom Pariser Inquisitionsgericht als rückfällige Ketzerin verurteilt. Ihre Hinrichtung auf dem Scheiterhaufen fand, wie ein Chronist berichtet, unter großer Anteilnahme der Bevölkerung statt.

»Der Spiegel der einfachen Seelen« – als lehrhaftes Streitgespräch verfaßt, bei dem die Liebe und die Seele auf der einen, die Vernunft auf der anderen Seite die Hauptdisputanten personifizieren – ist an »alle Kinder der Heiligen Kirche« gerichtet, damit diese »das vollkommene Leben und den Zustand des Friedens besser schätzen« lernen. Er wurde, anonym überliefert, trotz seiner Ächtung zu einem der erfolgreichsten Werke der älteren Frauenmystik und hat in verschiedenen Übersetzungen Leser im gesamten damaligen Europa gefunden.

Für uns Heutige aber ist die Lektüre von Margareta Poretes Buch nicht immer einfach, was freilich auch für viele andere mystische Texte gilt. Denn sie versuchen meist etwas zu artikulieren, das sich im Grunde nicht artikulieren läßt. Die persönliche Gotteserfahrung, auf die sich die Mystiker berufen, ist – wie erwähnt – inneres Schauen und Erleben, gleichsam seelische Erfahrung der Transzendenz, und hat es als solche mit dem letztlich Unsagbaren und Unaussprechlichen zu tun. So erscheinen uns die mystischen Schriften oft als »dunkel«, wenn nicht gar »verworren«. Die Grundintentionen ihrer Verfasser jedoch sind deutlich. Margareta Poretes »Spiegel der einfachen Seelen« ist dafür ein gutes Beispiel. Nachfolgend die für unser Thema wichtigsten Kapitel.

Prolog

Hier spricht die Liebe: Ihr alle zusammen, ihr Tätigen und ihr Beschaulichen[1] – und vielleicht sogar Vernichtigten durch die wahre Liebe[2] –, höret nun von allerhand Wunderwirkungen der reinen Liebe, der edlen Liebe, der hohen Liebe einer frei gewordenen Seele, und wie der Heilige Geist auf sie sein Segel aufgesetzt hat, ganz so wie auf sein Schiff! Ich bitte euch um der Liebe willen, spricht die Liebe, merket auf mit großer Begierde der scharfen Verstandeskraft und mit großer Sorgfalt von innen heraus! Denn sonst werden alle, die nun zuhören – wenn sie dies nicht schon verwirklichen –, es fehldeuten. [...]

Über das Leben, das sich Friede der (Nächsten)Liebe in vernichtigtem Leben nennt

Die Liebe: Nun gibt es eine [...] Lebensweise, die wir Friede der (Nächsten)Liebe in vernichtigtem Leben[3] nennen. Darüber, spricht die Liebe, wollen wir jetzt sprechen, indem wir fragen, ob Folgendes aufzufinden sei:

   I eine Seele,
  II die sich rettet durch Glauben ohne Werke,
 III die einzig in der Liebe besteht,
  IV die nichts tut um Gottes willen,
   V die nichts zu tun unterläßt um Gottes willen,
  VI die man nichts lehren kann,
 VII der man weder etwas nehmen
VIII noch etwas geben kann
  IX und die keinerlei Willen hat.

Die Liebe: Ach weh!, spricht die Liebe. Und wer wird dieser Seele geben, was sie benötigt? Denn dies wurde ihr nicht gegeben, auch wird sie es niemals bekommen!

Diese Seele, spricht die Liebe, hat sechs Flügel, gerade wie die Seraphim. Sie will nichts mehr, das ihr durch Vermittlung zukäme. Die den Seraphim eigene Seinsweise besteht darin: zwischen ihrer Liebe und Gottes Liebe gibt es kein Vermittelndes. Sie erhalten ständig Kunde ohne Vermittler. Und so hat auch diese Seele Kunde; denn sie sucht die Gotteswissenschaft nicht unter den Lehrmeistern dieser Welt, sondern in wirklicher Verachtung der Welt und ihrer selbst. Ach, bei Gott! Welch großer Unterschied besteht doch zwischen dem Geschenk eines Freundes an seine Freundin durch Vermittlung und einem Geschenk unmittelbar vom Freund zur Freundin!

Dieses Buch enthält tatsächlich die Wahrheit über die Seele, wenn es aussagt, sie habe sechs Flügel gerade wie die Seraphim. Mit zwei Flügeln bedeckt sie das Antlitz von Jesus Christus, unserem Herrn. Das heißt, daß diese Seele um so mehr Erkenntnis der göttlichen Güte hat, je vollkommener sie erkennt, daß sie davon nichts erkennt – im Vergleich zu seiner Güte kaum nur ein Fünklein –, denn er kann nicht begriffen werden, außer durch sich selbst.

Mit zwei anderen Flügeln bedeckt sie die Füße. Das heißt, je mehr Erkenntnis sie hat von dem, was Jesus Christus für uns litt, um so vollkommener erkennt sie, daß sie davon nichts erkennt, im Vergleich zu dem, was er für uns erlitten, denn nur er selbst weiß es.

Mit den zwei weiteren Flügeln fliegt die Seele und bleibt aufrecht stehen und zugleich sitzen. Das heißt, daß alles, was sie erkennt und liebt und lobt an Gottes Güte, die Flügel sind, mit denen sie fliegt. Und sie bleibt aufrecht stehen, weil sie immer im Anblick Gottes verweilt, und zugleich sitzen, weil sie immer im Willen Gottes verharrt.

Wohlan, wovor denn oder wieso vermöchte sich eine solche Seele zu fürchten? Tatsächlich, sie könnte und müßte sich weder fürchten noch scheuen, gesetzt auch sie befände sich in der Welt, und es wäre so möglich, daß Welt, Fleisch und Teufel, dazu die vier Elemente und auch die Vögel der Luft samt dem stummen Vieh sie bedrängten, zerrissen oder verschlängen: auch dann kann sie nichts verlieren, wenn Gott ihr bleibt. Denn er ist allüberall, allmächtig, ganz Weisheit und ganz Güte.

Die Seele: Er ist unser Vater, unser Bruder und unser treuer Freund. Er ist ohne Anfang. Er ist unfaßlich, außer durch sich selbst. Er ist ohne Ende, drei Personen, doch ein einziger Gott. So ist er, spricht die Seele, unser Seelenfreund.

Welche Lebensweise die nach Liebe sich sehnende Seele hat, und an welchem Punkt die Seele sich befindet, die den Liebestod gestorben ist

Die Vernunft: Also denn, Frau Liebe, spricht die Vernunft, welche Lebensweise hat die Seele, die vor Liebe schmachtet?

Die Liebe: Sie kämpft gegen die Laster, spricht die Liebe, indem sie sich Tugendkraft erwirbt.

Die Seele: Hei, überaus liebwerte Liebe!, spricht diese Seele. Wie ist dieser Kampf hart und gefahrenvoll! Tatsächlich, spricht diese Seele, man kann ein Leben in solcher Bemühung sowohl ein Schmachten wie einen Kriegszustand nennen.

Die Liebe: So sehr hat sie sich um Liebe abgekämpft, spricht die Liebe, daß sie aus Liebe starb.

Die Vernunft: Ach was, Liebe!, spricht die Vernunft. Sagt uns um Gottes willen, an welchem Punkt die Seele sich befindet, die aus Liebe gestorben ist.

Die Liebe: Sie hat Schluß gemacht mit der Welt, dies sagt die Liebe, und die Welt hat von ihr Urlaub und Abschied genommen. Und darum lebt sie in Gott, und da erreichen sie weder Sünde noch Laster. Sie ist so verborgen und versteckt in Gott, daß weder die Welt, noch das Fleisch, noch die Feinde sie belästigen können. Sie vermögen sie nämlich in ihren Werken nicht aufzuspüren. Und so lebt denn eine solche Seele in der Ruhe des Friedens. Sie für sich zählt auf kein geschaffenes Ding mehr. Und darum hat eine solche Seele einen Frieden von solcher Art: sie lebt in der Welt ohne irgendwelche Beunruhigung.

Die Vernunft: Eine solche Seele also, spricht die Vernunft, hat keinerlei Willen. Eine solche Seinsweise müßte auch unsere Seinsweise sein, da wir Gott gegenüber nie mehr Verdienst haben, als wenn wir um seinen Willen unseren Willen lassen. Und daher übergeben wir unseren Willen vollständig, ohne noch irgend etwas zu wollen, es sei denn nach dem Maße seines Wirkens, der Anordnung seiner Güte entsprechend.

Die Seele: Daran halte ich mich, spricht diese Seele, und darum geht mir nichts ab, weil ich nichts begehre. Keine Seele hat je vollkommenen Frieden, außer jene, die keinerlei Willen mehr hat.

Die Liebe: Was wißt ihr schon, Frau Seele!, spricht die Liebe.

Die Seele: Unfehlbar weiß ich es, Frau Liebe, spricht diese Seele, denn ich habe es erfahren in untrüglichen Erprobungen, und wenig hätte gefehlt, so wäre ich daran gestorben. Und dies wäre geschehen, hätte mich nicht das Nichtwollen in der Schule der Güte Gottes daraus herausgezogen. Jener hat keinerlei Willen, der keinerlei Sache begehrt. Und jene[4] hat ohne weiteres ihren Willen hergegeben, und darum hat sie nichts zu wollen, außer daß sie den Willen dessen tun will, dem sie ihren Willen übergeben hat.

Wie die Seele zur Erkenntnis ihres Nichts gelangte

Die Liebe: [...] Nun will ich euch sagen, spricht die Liebe, wie sie [die Seele] zur Erkenntnis ihres Nichts kam. Dies geschah, indem sie einsah, daß weder sie selbst noch andere etwas davon bemerkten, wie schrecklich ihre Sünden und Fehler sich ausnahmen, verglich man sie mit dem, was davon im Wissen Gottes war. Eine solche Seele, spricht die Liebe, hat keinerlei Willen für sich behalten. Vielmehr ist sie zum Nichtwollen gelangt und in es hineingestürzt, ebenso zum sicheren Wissen, nichts zu wissen. Und dieses Nichtwissen und Nichtwollen haben sie gerechtfertigt und frei gemacht. Eine solche Seele, spricht die Liebe, hält sich an den Rat des Evangeliums, der lautet: Habe ein einfaches Auge, so wirst du niemals sündigen (Matth. 6,22; Luk. 11,34).

So ist diese Seele ruhig in bezug auf alles, was Gott durch sie zuläßt, denn sie hat ein wahres Einverständnis mit allen seinen Absichten und friedvolle Rast bezüglich der Taten ihrer Nächsten. Denn über alles, das nicht in ihrer Absicht liegt, bildet sie sich kein Urteil, oder dann höchstens ein gutes. Diese Seele hat an allen Orten ihren Frieden, denn sie trägt den Frieden immer mit sich, so daß ihr um dieses Friedens willen alle Orte recht sind und auch alle Dinge. Eine solche Seele ruht sich auf dem Sitz des Friedens oder im Buche des Lebens aus ohne sich wegzubewegen, gemäß dem Zeugnis ihres guten Gewissens und der Freiheit ihrer vollkommenen Liebe.

Inwiefern die Seele nie frei ist, die begehrt, daß der Wille Gottes in ihr sich erfülle zu seinen Ehren

Die Liebe: So will denn also die Seele nichts, spricht die Liebe, weil sie frei geworden ist. Doch der ist niemals frei, der mit seinem inneren Willen irgend etwas begehrt, was immer dies sein mag. Denn dadurch ist er der Sklave seiner selbst, wenngleich er den Willen hat, daß Gott seinen Willen erfülle zu seinen eigenen Ehren. Der dies begehrt, will zwar nur, daß sich einzig der Wille Gottes in ihm erfülle und in den anderen! Solchen Leuten, spricht die Liebe, hat Gott sein Reich verwehrt.

Die Vernunft: Aber sicher, spricht die Vernunft, so möchten sie (solche Leute) es halten, und so halten sie es daher auch.

Die Seele: Wirklich und wahrhaftig, spricht diese Seele, so müssen sie es halten, sonst verlören sie einen kleinen Gewinn,[5] den sie davon haben!

Die Vernunft: Dies ist die Wahrheit, Frau Seele!, spricht die Vernunft. Ich gestehe es euch zu.

Die Liebe: Solche Leute, spricht die Liebe, sind nicht in gutem Frieden, wie sehr sie es auch zu sein vermeinen. Doch weil sie es meinen, sind sie zufrieden mit ihrem Zustand.

Die Seele: Sie sind nicht so viel wert, spricht diese Seele, daß ihnen einfiele, ein anderer könnte größer sein als sie. Und dies betrügt sie darum, zu Besserem zu gelangen, und daher verharren sie bei ihren guten Vorsätzen.[6]

Die Liebe: Sie waren noch niemals trunken, diese Leute!, spricht die Liebe.

Die Seele: Gewiß nicht, spricht diese Seele, denn der Wille bleibt ihnen, sie sind ihrem Willen hörig. In solche Knechtschaft, spricht diese Seele, gerät eine Seele, die ganz und gar auf diese beiden Tugendkräfte vertraut, nämlich auf die Vernunft und auf die Furcht, sowie auf diesen Donnerskerl, den Willen. Einzig der ist frei, spricht diese freie Seele, den Glaube und Liebe leiten, denn sie bringen ihn aus jederlei Knechtschaft, ohne Furcht zu empfinden vor gefahrvollen Dingen und ohne eines der höchst lustvollen Dinge zu ersehnen.

Inwiefern diese Seele sich aus nichts etwas macht, weder aus ihrem Nächsten noch selbst aus Gott

Die Liebe: Nun hat diese Seele ihren richtigen Namen, spricht die Liebe, vom Nichts, in dem sie verbleibt. Und da sie nichts ist, macht sie sich aus nichts etwas, weder aus ihren Nächsten noch aus Gott selbst. Denn sie ist so winzig, daß sie sich selbst nicht aufzufinden vermag. Und alle geschaffenen Dinge sind ihr so weit entfernt, daß sie sie nicht mehr empfindet. Und Gott ist so groß, daß sie von ihm nichts zu erfassen vermag. Und wegen dieses sogearteten Nichts ist sie in die Gewißheit des Nicht-Wissens und in die Gewißheit des Nicht-Wollens gestürzt. Und dieses Nichts, von dem wir reden, spricht die

Liebe, schenkt ihr alles, und anders könnte sie es (das Alles) nicht bekommen.

Diese Seele, spricht die Liebe, ist gefangengehalten und festgehalten im Lande des vollständigen Friedens. Denn sie befindet sich stets in voller Befriedigung, in der sie in göttlichem Frieden schwimmt und schaukelt und schwebt und taucht, ohne sich in ihrem Inneren zu bewegen und ohne eine Einwirkung von außen. Denn diese beiden Dinge müßten ihr den Frieden stören, vermöchten sie sich dazwischen zu drängen. Sie vermögen es jedoch nicht, da sie (die Seele) sich in oberhoheitlicher Sicherheit befindet, weswegen sie niemand belästigen oder stören darf. Wirkt sie jedoch nach außen, geschieht dies stets ohne sie. Wirkt Gott sein Werk in ihr, tut er es zwar in ihr und für sie, aber ohne sie. Damit ist eine Seele nicht mehr belastet, als der Engel damit, sie zu behüten. Der Engel aber ist damit, daß er uns behütet, nicht mehr belastet, als wenn er uns nicht behütete. Ebenso ist eine solche Seele nicht belastet durch das, was sie ohne sich tut, gerade als ob sie es nicht täte, denn sie hat von sich nichts mit dabei. Freimütig hat sie alles hingegeben ohne irgendein Warum, denn sie ist die Geliebte des Bräutigams ihrer Jugend.[7] Er ist die Sonne, die strahlt und erwärmt, und welche die aus seinem Sein gespeisten Lebewesen ernährt. Diese Seele kennt keine Zurückhaltung, keine Ungewißheit oder Mißbehagen.

Die Vernunft: Und wie das?, spricht die Vernunft.

Die Liebe: Durch sicheres Bündnis und wahre Übereinkunft, in der sie einzig nur die göttliche Anordnung will.

Wie diese Seele frei ist in allen vier Richtungen

Die Liebe: Die Seele, die solcherart vollkommen ist, ist frei in vier Richtungen. Denn vier Bereiche müssen im edlen Menschen sein, damit man ihn Edelmann nennen kann. Und so verhält es sich auch im geistlichen Verständnis.

Der erste Bereich, in dem diese Seele frei ist, besteht darin, daß sie sich innerlich keine Vorhaltungen macht, selbst wenn sie Werke der Tugend nicht ausführt oder wirkt.[8] Ha, bei Gott! Ihr, die ihr mir zuhört, versteht es denn, wenn ihr könnt! Wie wäre es denn bloß möglich, daß die Liebe sich durch die Werke der Tugenden betätigte, wenn es zutreffen sollte, daß das Werk aufhört, wenn die Liebe zu wirken beginnt?

Der zweite Bereich besteht darin, daß sie keinerlei Willen mehr habe – nicht mehr als ihn die Toten in ihren Gräbern haben – außer einzig nur den göttlichen Willen. Eine solche Seele kümmert sich weder um Gerechtigkeit noch um Barmherzigkeit. Sie gründet und setzt alles in den alleinigen Willen dessen, den sie liebt. Und dies ist die zweite Richtung, in der diese Seele frei ist.

Die dritte Richtung ist die, daß sie glaubt und daran festhält, daß niemand je gewesen, noch einer sei und je sein werde, der schlechter wäre als sie, daß aber niemals einer mehr geliebt worden sei von jenem, den sie liebt, als sie selbst geliebt ist. Merkt euch dies, doch versteht es nicht falsch!

Der vierte Bereich besteht darin, daß sie glaubt und daran festhält, daß es nicht möglich sei, daß Gott etwas anderes denn Gutes wollen könne. [. . .]

Nun vernehmt die Erklärung, ihr Hörer dieses Buches![9] Denn darin liegt das Korn, das die Braut ernährt. Dies gilt, insoweit sie in dem Zustand ist, in welchem Gott ihr Sein zukommen läßt, da wo sie ihren Willen hingegeben hat, und darum nichts zu wollen vermag außer nur den Willen dessen, der sie von sich aus, für sie umgewandelt hat.

Und wenn sie nun so in allen Richtungen frei ist, dann verliert sie ihren Namen; denn sie steigt in die Herrschaftlichkeit auf. Und darum verliert sie ihren Namen in demjenigen, in welchen sie durch ihn und in ihn verschmolzen und durch ihn und in ihn, für sie, zurückgekehrt[10] ist. Genau so, wie es bei einem Wasser geschieht, das aus dem Meere fließt, das keinen Namen hat, man könnte sagen wie bei der Oise oder Seine oder wie bei einem anderen Fluß. Doch kehrt dieses Wasser oder der Fluß wiederum ins Meer zurück, verliert es seinen Lauf und seinen Namen, unter dem es manches Land durchflossen hat, indem es sein Wesen trieb. Nun ist es im Meer, und da ruht es sich aus und hat damit seine Mühe aufgegeben. Ebenso verhält es sich mit dieser Seele. Dieses Beispiel eignet sich, den Sinn zu deuten! Wie diese Seele aus dem Meere kam und einen Namen hatte, und wie sie zurückkehrte ins Meer und damit ihren Namen verliert und nun keinen mehr hat, außer einzig den Namen dessen, in den sie vollständig umgewandelt wurde: nämlich in den Bräutigam ihrer Jugend, der seine Braut ganz in sich umgewandelt hat. Er *ist*, also ist auch diese. Und das genügt ihm wunderbarerweise, worüber sie verwundert ist. Und dies ist die lustvolle Liebe, durch die auch sie Liebe ist. Und eben dies macht sie vergnügt.

Hier spricht sie (die Seele) über den Frieden aus göttlichem Leben

Die Seele: Der Friede des Lebens aus dem göttlichen Leben läßt sich nicht ausdenken, noch aussagen, noch beschreiben.[11] Die Seele lebt in einer solchen Liebe so ganz ohne ein Wirken des Körpers, ohne Mitwirken des Herzens, ohne Werke des Geistes: das Gesetz ist durch das göttliche Wirken erfüllt. Wohl preist die Vernunft die Magdalena,[12] weil sie sich Jesus Christus still hält, die Liebe jedoch schweigt darüber. Merkt euch dies, und vergeßt es nicht! Denn sie (Magdalena) verfehlte das göttliche Leben, solange sie das suchte, was die Wahrheit verklärtes Leben nennt. Doch als sie in der Wüste war, überwältigte die Liebe sie. Sie machte sie zunichte. Und darum wirkte von nun an die Liebe in ihr, für sie, ohne sie, und sie lebte von nun an im göttlichen Leben. Dieses ließ sie das verklärte Leben haben. Jetzt fand sie Gott in sich, ohne ihn zu suchen. Dazu hatte sie auch die Möglichkeit nicht mehr, denn sie war von der Liebe gefangen! Damals aber, als die Liebe sie überwältigt hatte, suchte sie ihn noch durch das Verlangen des Willens in der Empfindung des Geistes. Und darum war sie menschlich und klein, sie war noch verirrt und noch keineswegs Maria. Damals, als sie ihn suchte, wußte sie nicht, daß Gott überall ist, sonst hätte sie ihn nicht gesucht. Ich fand noch keinen, der dies immer gewußt hätte, außer die Jungfrau Maria. Sie hatte nie ein Begehren aus Sinnlichkeit, noch tat sie ein Werk des Geistes; durch göttliches Wirken hatte sie nur den Willen der Gottheit. Einzig den Willen Gottes zu wollen, das war und ist und wird ihre göttliche Rücksicht sein, ihre göttliche Speise, ihre göttliche Liebe, ihr göttlicher Friede, ihr göttliches Lob, ihr ganzes Bemühen und ihre Erholung. Und darum hatte sie, ohne daß etwas Vermittelndes in ihrer Seele gewesen wäre, schon in ihrem sterblichen Leib das verklärte Leben der Dreieinigkeit.

MEISTER ECKHART

Die Gelassenheit des abgeschiedenen Gemüts

Daß es in Europa seit dem Hochmittelalter zu einem Wieder-aufleben religiöser mystischer Vorstellungen kam, wurde be-reits in der Einführung zum vorhergehenden Text dargestellt (Margareta Porete, S. 136–145). Dort sind auch die Wesens-merkmale des mystischen Denkens beschrieben.

Wie fast überall im christlichen Abendland erfaßte auch im damaligen Deutschen Reich das Bedürfnis nach unmittelbarer Gotteserfahrung bereits im Diesseits, das Streben nach der unio mystica, weite Teile der Bevölkerung. Ihre höchste Blüte er-reichte die deutsche Mystik im 14. Jahrhundert, einer Zeit der Glaubenskrise, des gesellschaftlichen Umbruchs und heftiger politischer Kämpfe, in der sich die Menschen zutiefst verun-sichert und zusätzlich durch Hungersnöte, Naturkatastrophen und den Schwarzen Tod existentiell bedroht fühlten. Kein Wun-der, daß angesichts solcher äußeren Wirren und dauernden Beunruhigungen der von der Mystik empfohlene persönliche Weg zu Gott, zum Seelenfrieden durch – geistiges – »Vernichten seiner selbst« und Einswerden des eigenen Willens mit dem des Schöpfers, große Attraktivität besaß.

Als der bei weitem bedeutendste Vertreter der deutschen Mystik, als ihr schöpferischster und tiefster Denker gilt der um 1260 im thüringischen Hochheim bei Gotha oder Erfurt gebo-rene Meister Eckhart (Eckehart). Schon in jungen Jahren in das Erfurter Dominikanerkloster eingetreten, machte der glänzende Theologe eine steile Karriere als Prediger, Seelsor-ger und akademischer Lehrer, übernahm aber auch in der Ordensorganisation und -verwaltung an verschiedenen Orten hohe Ämter. In den Jahren 1302/03 und 1311 bis 1313 war Eckhart Professor an der Universität von Paris, wo er auch seinen Magistertitel erworben hatte. In der französischen Me-tropole muß er von der Verurteilung Margareta Poretes als Häretikerin gehört haben, sehr wahrscheinlich hat er sogar ihren » Spiegel der einfachen Seelen« gekannt. Und wie gegen die Französin wurde schließlich auch gegen den Deutschen, der in seinen Predigten und Schriften des öfteren Themen der Beginenmystik aufgegriffen hat, der Vorwurf der Ketzerei erhoben. Im Verlauf des 1326 vom Kölner Erzbischof angestrengten Inquisitionsverfahrens reiste Eckhart nach Avignon, wo der päpstliche Hof seit etwa zwei Jahrzehnten residierte, um sich dort vor einer Untersuchungskommission – allerdings vergeblich – zu rechtfertigen. Seine Verurteilung indes hat er nicht mehr erlebt. Vermutlich noch in Avignon ist der Meister, wie aus einem Brief Johannes' XXII. hervorgeht, vor dem 30. April 1328 gestorben. Auch die päpstliche Bulle, in der 28 Sätze aus Eckharts Veröffentlichungen als häretisch oder häresieverdächtig eingestuft werden, spricht von ihm als einem Toten.

Das überlieferte Werk des sprachgewaltigen Philosophen-Theologen besteht aus einem – weitgehend unvollendet gebliebenen – lateinischen und einem deutschen Teil. Der letztere umfaßt neben einer Vielzahl von Predigten auch mehrere Traktate. Die hier abgedruckten Texte gehören zu den »Reden der Unterweisung«, Tischgesprächen, die Eckhart im Kreise von Schülern geführt hat. Ihre klare, eindringliche Diktion, weniger »mystisch-spekulativ« als in anderen Werken des schon zu seinen Lebzeiten berühmten Gelehrten, beeindruckt den Leser noch heute.

Von ungelassenen Leuten, die voll Eigenwillens sind

Die Leute sagen: »Ach, ja, Herr, ich möchte gern, daß ich (auch) so gut mit Gott stünde und daß ich ebensoviel Andacht hätte und Frieden mit Gott, wie andere Leute haben, und ich möchte, mir ginge es ebenso oder ich wäre ebenso arm.« Oder: »Mit mir wird's niemals recht, wenn ich nicht da oder dort bin und dies oder jenes tue, ich muß in der Fremde leben oder in einer Klause oder in einem Kloster.«

Wahrlich, darin steckt überall dein Ich und sonst ganz und gar nichts; es ist einzig der Eigenwille. Weißt du's auch nicht oder dünkt es dich auch nicht so: niemals steht ein Unfriede in dir auf, der nicht aus dem Eigenwillen kommt, ob man's nun merke oder nicht. Was wir da meinen, der Mensch solle dieses fliehen und jenes suchen, etwa diese Stätten und diese Leute und diese Weisen oder diesen Vorsatz oder diese Betätigung – nicht das ist schuld, daß dich die Weise oder die Dinge hindern: du bist es (vielmehr) selbst in den Dingen, was dich hindert, denn du verhältst dich verkehrt zu den Dingen.

Darum fang zuerst bei dir selbst an, und *laß dich!* Wahrhaftig, fliehst du nicht zuerst dich selbst, wohin du sonst fliehen magst, da wirst du Hindernis und Unfrieden finden, wo immer es auch sei. Die Leute, die da Frieden suchen in äußeren Dingen, sei's an Stätten oder in Weisen, bei Leuten oder in Werken, in der Fremde oder in Armut oder in Erniedrigung – wie eindrucksvoll oder was es auch sei, das ist dennoch alles nichts und gibt keinen Frieden. Sie suchen völlig verkehrt, die so suchen. Je weiter weg sie in die Ferne schweifen, um so weniger finden sie, was sie suchen. Sie gehen wie einer, der den Weg verfehlt: je weiter der geht, um so mehr geht er in die Irre. Aber, was soll er denn tun? Er soll zuerst sich selbst lassen, dann hat er alles gelassen. Fürwahr, ließe ein Mensch ein Königreich oder die ganze Welt, behielte aber sich selbst, so hätte er nichts gelassen. Läßt der Mensch aber von sich selbst ab, was er auch dann behält, sei's Reichtum oder Ehre oder was immer, so hat er alles gelassen.

Zu dem Worte, das Sankt Peter sprach: »Sieh, Herr, wir haben alle Dinge gelassen« (Matth. 19,27) – und er hatte doch nichts weiter gelassen als ein bloßes Netz und sein Schifflein –, dazu sagt Sankt Hieronymus: Wer das Kleine willig läßt, der läßt nicht nur dies, sondern er läßt alles, was weltliche Leute gewinnen, ja selbst, was sie nur begehren können. Denn wer seinen Willen und sich selbst läßt, der hat alle Dinge so wirklich gelassen, als wenn sie sein freies Eigentum gewesen wären und er sie besessen hätte mit voller Verfügungsgewalt. Denn was du nicht begehren *willst*, das hast du alles hingegeben und gelassen um Gottes willen. Darum sprach unser Herr: »Selig sind die Armen im Geist« (Matth. 5,3), das heißt: an Willen. Und hieran soll niemand zweifeln: Gäb's irgendeine bessere Weise, unser Herr hätte sie genannt, wie er ja auch sagte: »Wer mir nachfolgen will, der verleugne zuerst sich selbst« (Matth. 16,24). Daran ist alles gelegen. Achte auf dich selbst, und wo du *dich* findest, da laß von dir ab; das ist das Allerbeste.

Von der Abgeschiedenheit und vom Besitzen Gottes

Ich ward gefragt: manche Leute zögen sich streng von den Menschen zurück und wären immerzu gern allein, und daran läge ihr Friede und (daran), daß sie in der Kirche wären, – ob dies das Beste wäre? Da sagte ich: nein! Und gib acht, warum.

Mit wem es recht steht, wahrlich, dem ist's an allen Stätten und unter den Leuten recht. Mit wem es aber unrecht steht, für den ist's an allen Stätten und unter (den) Leuten unrecht. Wer aber recht daran ist, der hat Gott in Wahrheit bei sich; wer aber Gott recht in Wahrheit hat, der hat ihn an allen Stätten und auf der Straße und bei allen Leuten ebenso gut wie in der Kirche oder in der Einöde oder in der Zelle. Wenn anders er ihn recht und nur ihn hat, so kann einen solchen Menschen niemand behindern.

Warum?

Weil er einzig Gott hat und es nur auf Gott absieht, und alle Dinge werden ihm lauter Gott. Ein solcher Mensch trägt Gott in allen seinen Werken und an allen Stätten, und alle Werke dieses Menschen wirkt allein Gott; denn wer das Werk verursacht, dem gehört das Werk eigentlicher und wahrhaftiger zu als dem, der da das Werk verrichtet. Haben wir also lauterlich und allein Gott im Auge, wahrlich, so muß er unser Werk wirken, und an allen seinen Werken vermag ihn niemand zu hindern, keine Menge und keine Stätte. So kann also diesen Menschen niemand behindern, denn er erstrebt und sucht nichts, und es schmeckt ihm nichts als Gott; denn der wird mit dem Menschen in allem seinem Streben vereint. Und so wie Gott keine Mannigfaltigkeit zu zerstreuen vermag, so auch kann diesen Menschen nichts zerstreuen noch vermannigfaltigen; denn er ist Eins in jenem Einen, in dem alle Mannigfaltigkeit Eins und eine Nicht-Mannigfaltigkeit ist.

Der Mensch soll Gott in *allen* Dingen ergreifen und soll sein Gemüt daran gewöhnen, Gott allzeit gegenwärtig zu haben im Gemüt und im Streben und in der Liebe. Achte darauf, wie du's mit deinem Gott meinst! Wenn du in der Kirche bist oder in der Zelle: dieses selbe Gemüt behalte und trage es unter die Menge und in die Unruhe und in das Ungleichartige. Und – wie ich schon öfter gesagt habe – wenn man von Gleichheit spricht, so meint man damit nicht, daß man alle

149

Werke als gleich erachten solle oder alle Stätten oder alle Leute. Das wäre gar unrichtig; denn Beten ist ein besseres Werk als Spinnen und die Kirche eine würdigere Stätte als die Straße. Du sollst jedoch in den Werken ein gleichbleibendes Gemüt haben und ein gleichmäßiges Vertrauen und zu deinem Gott einen gleichbleibenden Ernst hegen. Traun, wärest du so gleichmütig, so würde dich niemand hindern, deinen Gott gegenwärtig zu haben.

Wem aber Gott nicht so wahrhaft innewohnt, sondern wer Gott beständig von draußen her nehmen muß in diesem und jenem, und wer Gott in ungleicher Weise sucht, sei's in Werken oder unter den Leuten oder an Stätten, der *hat* Gott nicht. Und es mag leicht sein, daß einen solchen Menschen etwas behindert, denn er *hat* Gott nicht, und er sucht noch liebt noch erstrebt nicht ihn allein. Und darum hindert ihn nicht nur böse Gesellschaft, sondern ihn hindert auch die gute, und nicht allein die Straße, sondern auch die Kirche, und nicht allein böse Worte und Werke, sondern auch gute Worte und Werke. Denn das Hindernis liegt in *ihm*, weil Gott in ihm (noch) nicht alle Dinge geworden ist. Denn wäre er (Gott) ihm das, so wäre ihm an *allen* Stätten und bei *allen* Leuten gar recht und wohl; denn er *hätte* Gott, und den könnte ihm niemand nehmen, noch könnte ihn jemand an seinem Werk hindern.

Woran liegt nun dieses wahre Innehaben Gottes, daß man ihn wahrhaft besitze?

Dieses wahrhafte Innehaben Gottes liegt am Gemüt und an einer innigen, geistigen Hinwendung und Strebung zu Gott, nicht (dagegen) an einem beständigen, gleichmäßigen Darandenken; denn das wäre der Natur unmöglich zu erstreben und sehr schwer und zudem nicht das Allerbeste. Der Mensch soll sich nicht genügen lassen an einem gedachten Gott; denn wenn der Gedanke vergeht, so vergeht auch der Gott. Man soll vielmehr einen wesenhaften Gott haben, der weit erhaben ist über die Gedanken des Menschen und alle Kreatur. *Der* Gott vergeht nicht, der Mensch wende sich denn mit Willen (von ihm) ab.

Wer Gott so, im Sein, hat, der nimmt Gott göttlich, und dem leuchtet er in allen Dingen; denn alle Dinge schmecken ihm nach Gott, und Gottes Bild wird ihm aus allen Dingen sichtbar. In ihm glänzt Gott allzeit, in ihm vollzieht sich eine loslösende Abkehr und eine Einprägung seines geliebten, gegenwärtigen Gottes. Vergleichsweise so, wie wenn es einen in rechtem Durst heiß dürstet: so mag einer wohl anderes tun als trinken, und er mag auch wohl an andere Dinge denken; aber was er auch tut und bei wem er sein mag, in welchem Bestreben oder welchen Gedanken oder welchem Tun, so vergeht ihm doch die Vorstellung des Trankes nicht, solange der Durst währt; und je größer der Durst ist, um so stärker und eindringlicher und gegenwärtiger und beharrlicher ist die Vorstellung des Trankes. Oder wer da etwas heiß mit ganzer Inbrunst so liebt, daß ihm nichts anderes gefällt und zu Herzen geht als eben dies und er nur nach diesem verlangt und nach sonst gar nichts: ganz gewiß, wo immer ein solcher Mensch sein mag oder bei wem, oder was er auch beginnt oder was er tut, nimmer erlischt doch in ihm das, was er so sehr liebt, und in allen Dingen findet er eben dieses Dinges Bild, und dies ist ihm um so stärker gegenwärtig, je mehr die Liebe stärker und stärker wird. Ein solcher Mensch sucht nicht die Ruhe, denn ihn behindert keine Unruhe.

Dieser Mensch findet großes Lob vor Gott, weil er alle Dinge als göttlich und höher erfaßt, denn sie in sich selbst sind. Traun, dazu gehört Eifer und Hingabe und ein genaues Achten auf des Menschen Inneres und ein waches, wahres, besonnenes, wirkliches Wissen darum, worauf das Gemüt gestellt ist (mitten) in den Dingen und unter den Leuten. Dies kann der Mensch nicht durch Fliehen lernen, indem er vor den Dingen flüchtet und sich von der Außenwelt weg in die Einsamkeit kehrt; er muß vielmehr eine innere Einsamkeit lernen, wo und bei wem er auch sei. [...]

Von den inneren und äußeren Werken

Wollte sich ein Mensch in sich selbst zurückziehen mit allen seinen Kräften, den inneren und den äußeren, dann steht es dabei so mit ihm, daß es in ihm keine Vorstellung noch Einengung (mehr) gibt, und er steht so da ohne jedes Wirken, inneres und äußeres.

Da soll man gut darauf achten, ob es dabei nicht von selber zum Wirken hindrängt. Ist es aber so, daß es den Menschen zu keinem Werk zieht und er nichts unternehmen mag, so soll man sich gewaltsam zwingen zu einem Werk, sei's ein inneres oder ein äußeres. Denn an nichts soll sich der Mensch genügen lassen, wie gut es auch scheint oder sein mag, worin er sich unter hartem Druck oder Einengung seiner selbst befindet, so daß man eher den Eindruck haben kann, daß der Mensch dabei gewirkt *werde*, als daß er wirke. Der Mensch soll (vielmehr) da lernen, mit seinem Gott mitzuwirken.

Nicht, als ob man seinem Innern entweichen oder entfallen oder absagen solle, sondern (gerade) in ihm und mit ihm und aus ihm soll man so wirken lernen, daß man die Innerlichkeit ausbrechen lasse in die Wirksamkeit und die Wirksamkeit hineinleite in die Innerlichkeit und daß man sich so gewöhne, ungezwungen zu wirken. Denn man soll das Auge auf dieses *innere* Wirken richten und aus ihm heraus wirken, sei's Lesen, Beten oder – wenn es anfällt – äußeres Werk. Will aber das äußere Werk das innere zerstreuen, so folge man dem inneren. Könnten aber beide in einem bestehen, das wäre das beste, auf daß man ein Mitwirken mit Gott hätte.

Nun erhebt sich die Frage: Wie soll man da noch ein Mitwirken haben, wo der Mensch (doch) sich selbst und allen Werken entfallen ist – wie ja Sankt Dionysius[1] sagt: Der spricht am allerschönsten von Gott, der vor Fülle des inneren Reichtums am tiefsten von ihm schweigen kann –, da entsinken (doch) alle Bilder und Werke, Lob und Dank oder was einer (sonst) wirken könnte?

Antwort: *Ein* Werk bleibt einem billig und recht eigentlich doch; das (aber) ist: ein Vernichten seiner selbst. Indessen mag dieses Vernichten und Verkleinern seiner selbst auch noch so groß sein, es bleibt mangelhaft, wenn Gott es nicht in einem selbst vollendet. Dann erst ist die Demut vollkommen genug, wenn Gott den Menschen durch den Menschen selbst demütigt; und damit allein wird dem Menschen und auch der Tugend Genüge getan, und nicht eher.

Eine Frage: Wie soll denn (aber) Gott den Menschen durch sich selber vernichten? Es scheint (doch), als wäre dieses Vernichten des Menschen ein Erhöhen durch Gott, denn das Evangelium sagt: »Wer sich erniedrigt, der wird erhöht werden«? (Matth. 23,12; Luk. 14,11).

Antwort: Ja und nein. Er soll sich selbst »erniedrigen«, und das eben kann nicht genugsam geschehen, Gott tue es denn; und er soll »erhöht werden«. Nicht (aber), als ob dies Erniedrigen eines sei und das Erhöhen ein anderes. Vielmehr liegt die höchste Höhe der Erhöhung (gerade) im tiefen Grunde der Verdemütigung. Denn je tiefer der Grund ist und je niederer, um so höher und unermeßlicher ist auch die Erhebung und die Höhe, und je tiefer der Brunnen ist, um so höher ist er zugleich: die Höhe und die Tiefe ist eins. Darum, je mehr sich einer erniedrigen kann, um so höher ist er. Und darum sagte unser Herr: »Wer der Größte sein will, der werde der Geringste unter euch« (Mark. 9,35). Wer jenes sein will, der muß dieses werden. Jenes *Sein* ist nur zu finden in diesem *Werden*. Wer der Geringste *wird*, der *ist* fürwahr der Größte; wer aber der Geringste *geworden ist*, der ist schon jetzt der Allergrößte. Und so denn bewahrheitet und erfüllt sich das Wort des Evangelisten: »Wer sich erniedrigt, der wird erhöht« (Matth. 23,12; Luk. 14,11). Denn unser ganzes (wesenhaftes) Sein liegt in nichts anderm (begründet) als in einem Zunichtewerden.

»Sie sind reich geworden an allen Tugenden« (Kor. 1,5), also steht geschrieben. Das aber kann nimmer geschehen, man werde denn zuvor arm an allen Dingen. Wer alle Dinge empfangen will, der muß auch alle Dinge hergeben. Das ist ein gerechter Handel und ein gleichwertiger Austausch, wie ich lange vorauf einmal sagte. Darum, weil Gott sich selbst und alle Dinge uns zu freiem Eigen geben will, darum will er uns alles Eigentum ganz und gar benehmen. Ja, fürwahr, Gott will durchaus nicht, daß wir auch nur so viel Eigenes besitzen, wie mir in meinen Augen liegen könnte. Denn alle die Gaben, die er uns je gegeben hat, sowohl Gaben der Natur wie Gaben der Gnade, gab er nie in anderem Willen als in dem, daß wir nichts zu eigen besitzen sollten; und anders (d. h. zu eigen) hat er weder seiner Mutter noch irgendeinem Menschen oder (sonst) einer Kreatur etwas gegeben in keiner Weise. Und um uns zu belehren und uns damit zu behüten, darum nimmt er uns oft beides, leibliches und geistiges Gut. Denn der Besitz der Ehre soll nicht unser sein, sondern nur ihm. Wir vielmehr sollen alle Dinge (nur) so haben, als ob sie uns geliehen seien und nicht gegeben, ohne jeden Eigenbesitz, es sei Leib oder Seele, Sinne, Kräfte, äußeres Gut oder Ehre, Freunde, Verwandte, Haus, Hof und alle Dinge.

Was beabsichtigt aber Gott damit, daß er darauf so sehr erpicht ist?

Nun, er will selbst allein und gänzlich unser Eigen sein. Dies will und erstrebt er, und darauf allein hat er es abgesehen, daß er's sein könne und dürfe. Hierin liegt seine größte Wonne und Lust. Und, je mehr und umfassender er das sein kann, um so größer ist seine Wonne und seine Freude. Und je mehr Eigenes wir haben, um so weniger haben wir *ihn* zu eigen; je weniger Eigenes wir aber haben, um so mehr haben wir ihn mit allem, was er zu bieten vermag. Darum, als unser Herr von allen Seligkeiten reden wollte, da setzte er die Armut des Geistes zum Haupt ihrer aller, und sie war die erste zum Zeichen dafür, daß alle Seligkeit und Vollkommenheit samt und sonders ihren Anfang haben in der Armut des Geistes. Und wahrlich, wo es einen Grund gäbe, auf dem alles Gute aufgebaut werden könnte, da wäre er ohne dies nichtig.

Daß wir uns frei halten von den Dingen, die außer uns sind, dafür will (uns) Gott zu eigen geben alles, was im Himmel ist, und den Himmel mit all seiner Kraft, ja alles, was je aus ihm ausfloß. Und was alle Engel und Heiligen haben, das soll uns so zu eigen sein wie ihnen, ja in höherem Maße als mir irgendein Ding zu eigen ist. Dafür, daß ich um seinetwillen mich meiner selbst entäußere, dafür wird Gott mit allem, was er ist und zu bieten vermag, ganz und gar mein Eigen sein, ganz so mein wie sein, nicht weniger noch mehr. Tausendmal mehr wird er mein Eigen sein, als je ein Mensch ein Ding erwarb, das er in seinem Kasten hat, oder er je sich selbst zu eigen wurde. Nie ward etwas einem so zu eigen, wie Gott mein sein wird mit allem, was er vermag und ist.

Dieses Eigen sollen wir damit verdienen, daß wir hienieden ohne Eigenbesitz unserer selbst und alles dessen sind, was nicht Er ist. Und je vollkommener und entblößter diese Armut ist, um so mehr zu eigen ist dieses Eigentum. Auf dieses Entgelt aber darf man es nicht absehen noch je danach ausschauen, und das Auge soll sich nie auch nur einmal darauf richten, ob man je etwas gewinnen oder empfangen werde als einzig durch die Liebe zur Tugend. Denn: je entblößter, um so mehr (hat man) zu eigen! Wie Sankt Paulus sagt: »Wir sollen haben, als ob wir *nicht* hätten, und doch alle Dinge besitzen« (2. Kor. 6,10). Der hat keinen Eigenbesitz, wer nichts begehrt noch haben will, weder an sich selbst noch an alledem, was außer ihm ist, ja, (und da) selbst weder an Gott noch an allen Dingen.

Willst du wissen, was ein wahrhaft armer Mensch ist? Der Mensch ist wahrhaft arm im Geiste, der alles das wohl entbehren kann, was nicht nötig ist. Darum sprach der, der nackt in der Tonne saß,[2] zum großen Alexander, der die ganze Welt unter sich hatte: »Ich bin«, sagte er, »ein viel größerer Herr als du bist; denn ich habe mehr verschmäht, als du in Besitz genommen hast. Was du zu besitzen für groß achtest, das ist mir zu klein, es auch nur zu verschmähen.« Der ist viel glücklicher, der alle Dinge entbehren kann und ihrer nicht bedarf, als wer alle Dinge mit Bedürfnis nach ihnen im Besitz hält. *Der* Mensch ist der beste, der das entbehren kann, was ihm nicht not tut. Darum: wer am allermeisten entbehren und verschmähen kann, der hat am allermeisten gelassen. Es erscheint als ein groß' Ding, wenn ein Mensch tausend Mark Goldes um Gottes willen hingäbe und mit seinem Gelde viele Klöster und Klausen erbaute und alle Armen speiste; das wäre eine große Sache. Aber der wäre viel glücklicher, der ebensoviel um Gottes willen verschmähte. Der Mensch hätte ein rechtes Himmelreich, der um Gottes willen auf alle Dinge verzichten könnte, was immer Gott gäbe oder nicht gäbe.

Nun sagst du: »Ja, Herr, wäre ich denn nicht ein Hindernis dafür mit meinen Gebresten?«

Hast du Gebresten, so bitte Gott immer wieder, ob es (nicht) seine Ehre sei und es ihm gefalle, daß er sie dir abnehme, denn ohne ihn vermagst du nichts. Nimmt er sie (dir) ab, so danke ihm; tut er's aber nicht, nun so erträgst du's um seinetwillen, jedoch (nun) nicht mehr als das Gebresten einer Sünde, sondern als eine große Übung, mit der du Lohn verdienen und Geduld üben sollst. Du sollst zufrieden sein, ob er dir seine Gabe gibt oder nicht.

Er gibt einem jeden nach dem, was sein Bestes ist und für ihn paßt. Soll man jemandem einen Rock zuschneiden, so muß man ihn nach seinem Maß machen; und der dem einen passen würde, der paßte dem andern gar nicht. Man nimmt einem jeglichen so Maß, wie's ihm paßt. So auch gibt Gott einem jeglichen das Allerbeste aufgrund dessen, daß er sein Dringlichstes am besten kennt. Fürwahr, wer ihm darin ganz vertraut, der empfängt und besitzt im Geringsten ebensoviel wie im Allergrößten. Wollte Gott mir geben, was er Sankt Paulus gab, ich nähme es, wenn er's wünschte, gern. Da er es mir nun aber nicht geben will – denn nur bei ganz wenigen Leuten will er, daß sie in diesem Leben (schon) zu solchem Wissen (wie Paulus) gelangen –, wenn mir's also Gott nicht gibt, so ist er mir darum (doch) ebenso lieb, und ich sage ihm ebenso großen Dank und bin ebenso völlig zufrieden darum, daß er mir's vorenthält, wie darum, daß er mir's gibt; und mir ist daran ebenso genug, und es ist mir ebenso lieb, als wenn er's mir verliehe, wenn anders es recht um mich steht. Wahrlich, so sollte es mir am Willen Gottes genügen: In allem, wo Gott wirken oder geben wollte, sollte mir sein Wille so lieb und wert sein, daß mir das nicht weniger bedeutete, als wenn er *mir* diese Gabe gäbe oder dies *in mir* wirkte. So wären alle Gaben und alle Werke Gottes mein. Und mögen dann alle Kreaturen ihr Bestes oder ihr Ärgstes dazu tun, sie können's mir nicht rauben. Wie kann ich dann klagen, da aller Menschen Gaben mein eigen sind? Wahrlich, so wohl genügt's mir an dem, was Gott mir täte oder gäbe oder nicht gäbe, daß ich auch nicht einen einzigen Heller dafür zahlen wollte, das beste Leben führen zu können, das *ich* mir vorzustellen vermöchte.

Nun sagst du: »Ich fürchte, ich setze nicht genug Fleiß daran und sehe mich nicht so vor, wie ich könnte.«

Das laß dir leid sein, und ertrage es mit Geduld, und nimm es als eine Übung und sei zufrieden. Gott leidet gern Schmach und Ungemach und will gern Dienst und Lob entbehren, auf daß die Frieden in sich haben, die ihn lieben und ihm angehören. Weshalb sollten denn *wir* nicht Frieden haben, was er uns auch gebe oder was wir auch entbehren? Es steht geschrieben, und es spricht unser liebster Herr, daß die selig sind, die da leiden um der Gerechtigkeit willen (Matth. 5,10). Wahrhaftig: könnte ein Dieb, den man zu hängen im Begriff stünde und der's mit Stehlen wohl verdient hätte, oder einer, der gemordet hätte und den man mit Recht zu rädern sich anschickte, könnten die in sich zur Einsicht finden: »Sieh, du willst dies leiden um der Gerechtigkeit willen, denn dir geschieht nur recht«, sie würden ohne weiteres selig. Fürwahr, wie ungerecht wir sein mögen, nähmen wir von Gott, was er uns täte oder nicht täte, als von ihm aus gerecht hin und litten um der

Gerechtigkeit willen, so wären wir selig. Dann aber klage nicht, klage vielmehr nur darüber, *daß* du noch klagst und kein Genügen findest; darüber allein magst du klagen, daß du (noch) zuviel hast. Denn wer rechten Sinnes wäre, der empfinde im Darben ebenso wie im Haben.

Nun sagst du: »Ei, was, Gott wirkt (doch) so große Dinge in so vielen Menschen, und sie werden so mit göttlichem Sein überformt, und Gott ist es, der in ihnen wirkt, nicht aber sie.«

Dafür danke Gott um ihretwillen, und gibt er's *dir*, in Gottes Namen, so nimm's! Gibt er's dir nicht, so sollst du's willig entbehren; habe nur ihn im Sinn, und sei unbesorgt darum, ob Gott deine Werke wirke oder ob du sie wirkst. Denn Gott *muß* sie wirken, wenn du nur ihn im Sinne hast, ob er nun wolle oder nicht.

Bekümmere dich auch darum nicht, welches Wesen oder welche Weise Gott jemandem gebe. Wäre ich so gut und heilig, daß man mich unter die Heiligen erheben müßte, so redeten die Leute und forschten wiederum, ob es sich um Gnade oder Natur handele, was darin stecke, und würden darüber beunruhigt. Darin tun sie unrecht. Laß Gott in dir wirken, ihm erkenne das Werk zu, und kümmere dich nicht darum, ob er mit der Natur oder übernatürlich wirke; beides ist sein: Natur wie Gnade. Was geht's dich an, womit zu wirken ihm füglich ist oder was er wirke in dir oder in einem andern? Er soll wirken, wie oder wo oder in welcher Weise es ihm paßt.

Ein Mann hätte gern einen Quell in seinen Garten geleitet und sprach: »Dafern mir nur das Wasser zuteil würde, so achtete ich gar nicht darauf, welcher Art die Rinne wäre, durch die es mir zuflösse, ob eisern, hölzern, knöchern oder rostig, wenn mir nur das Wasser zuteil würde.« So machen's die ganz verkehrt, die sich darum sorgen, wodurch Gott seine Werke in dir wirke, ob es Natur sei oder Gnade. Laß ihn dabei (nur) allein wirken, und habe du nur Frieden.

Denn so viel bist du in Gott, so viel du in Frieden bist, und so viel außer Gott, wie du außer Frieden bist. Ist etwas nur in *Gott*, so hat es Frieden. So viel in Gott, so viel in Frieden. Wieviel du in Gott bist, wie auch, ob dem nicht so sei, das erkenne daran: ob du Frieden oder Unfrieden hast. Denn wo du Unfrieden hast, darin *mußt* du notwendig Unfrieden haben, denn Unfriede kommt von der Kreatur und nicht von

Gott. Auch ist nichts in Gott, das zu fürchten wäre; alles, was in Gott ist, das ist nur zu lieben. Ebenso ist nichts in ihm, über das zu trauern wäre.

Wer seinen vollen Willen hat und seinen Wunsch, der hat Freude. Das aber hat niemand, als wessen Wille mit Gottes Willen völlig eins ist. Diese Einung gebe uns Gott! Amen.

Heinrich Seuse

Über die stille Einfalt des edlen Menschen

*Mit Heinrich Seuse tritt uns – nach Meister Eckhart
(S. 146–158) – ein weiterer herausragender Mystiker des mittelalterlichen Deutschland vor Augen. Suso, wie er sich auf
lateinisch nannte, ist um 1295 am Bodensee geboren und
wurde schon als Dreizehnjähriger in das Konstanzer Dominikanerkloster aufgenommen. Sein Studium der Theologie absol-
vierte er u. a. an der Ordenshochschule in Köln (ab 1324), wo er
Eckhart, der damals dort lehrte, persönlich kennenlernte – eine
Begegnung mit nachhaltigen Folgen für Seuses Denken. Nach
der Rückkehr ins heimatliche Konstanz war er zunächst als
Klosterlehrer tätig, widmete sich dann aber immer mehr dem
Dienst als Prediger sowie als seelsorgerischer Betreuer mehrerer
Frauenklöster am Oberrhein und in der Schweiz. 1347 wurde
der drei Jahre zuvor noch zum Prior seines eigenen Konvents
gewählte und besonders von den Ordensschwestern verehrte
Dominikaner aufgrund einer schweren Verleumdung nach Ulm
versetzt. Dort ist er am 25. Januar 1366 gestorben.*

*In seinen Werken, die bald weite Verbreitung fanden – dar-
unter die älteste in Deutsch verfaßte geistliche Autobiogra-
phie –, erweist sich Seuse deutlich als Schüler Eckharts. Vor
allem dessen Vorstellung von der »innerlichen Gelassenheit«
als Resultat völliger Selbstentäußerung hat ihn tief beeindruckt. Dennoch ist er kein bloßer Epigone des genialen Meisters. Seuses starke Wirkung auf zahlreiche Zeitgenossen und
Spätere beruht nicht nur auf tiefgründigen theologischen Spe-
kulationen, sondern auch auf seiner Fähigkeit, die mystische
Vereinigung der Seele mit Gott, die er in strenger Askese und
heftiger Ekstase schon früh selbst erlebt hatte, in einer ergrei-
fend innigen Sprache phantasievoll und bildreich zu beschreiben.*

*Der »liebenswerteste deutsche Mystiker«, wie Seuse einmal
genannt wurde, hat seinen verurteilten Lehrer gegen Mißdeu-
tungen mutig in Schutz genommen, andererseits aber versucht,
dessen Ideen mit den Dogmen der Amtskirche zu versöhnen.
Trotzdem wurde auch er der Häresie verdächtigt. Im Gegen-*

satz zu Eckhart gelang es ihm jedoch, sich auf einer Ordens-
versammlung in Antwerpen erfolgreich zu verteidigen. Die
Verdammung wegen Ketzerei ist ihm, anders als seinem Or-
densbruder und der Begine Margareta Porete (S. 136–145),
somit erspart geblieben. Im folgenden in einer Kurzfassung
jenes Werk – das »Büchlein der Wahrheit« –, das Seuse in große
Gefahr gebracht hat.

Von innerlicher Gelassenheit und von guter Unterscheidung, die in der Vernunft begründet ist

Ecce enim veritatem dilexisti, incerta et occulta sapientiae tuae manifestasti mihi * (Ps. 51,8).

Es war ein Mensch in Christo, der hatte sich in seinen jungen Tagen nach dem äußeren Menschen in all den Stücken geübt, in denen sich anfangende Menschen zu üben pflegen; es blieb aber der innere Mensch in seiner eigenen höchsten Gelassenheit ungeübt, und er empfand wohl, daß es ihm noch an etwas gebrach, er wußte aber nicht, woran. Und da er das lange Zeit und viele Jahre getrieben, da ward ihm einstmals eine Einkehr zuteil, in der er zu sich selbst getrieben ward, und es wurde folgendermaßen in ihm gesprochen: »Du sollst wissen, daß innerliche Gelassenheit den Menschen zu der höchsten Wahrheit bringt.«

Nun war ihm dies edle Wort damals noch fremd und unbekannt, und doch hatte er eine große Liebe dazu, und so ward er darauf und auf Gleiches gar heftig hingetrieben, ob er nicht vor seinem Tode noch dazu kommen könnte, es rein zu erkennen und bis auf den Grund zu erreichen. Dabei kam es auch dazu, daß er gewarnt ward und ihm vorgehalten wurde, unter dem Schein dieses Bildes läge ein falscher Grund ungeordneter Freiheit verborgen und großer Schade für die heilige Christenheit läge bedeckt darunter. Und hierüber erschrak er und gewann für etliche Zeit eine Abneigung gegen den inneren Ruf in sich selbst.

Und einstmals ward ihm eine kräftige Entrückung seiner

---

* Denn siehe, du hast die Wahrheit geliebt, und das Verborgene und Geheime deiner Weisheit hast du mir offenbart.

selbst zuteil, und es leuchtete ihm von der göttlichen Wahrheit her ein, er solle sich hiervon nicht abdrängen lassen; denn das sei immer so gewesen und müsse immer so sein, daß sich das Böse hinter das Gute berge, und darum dürfe man das Gute nicht des Bösen wegen verwerfen. Und die Eingebung meinte, im alten Bunde, da Gott durch Moses seine wahren Zeichen tat, da warfen die Zauberer ihre falschen darunter; und als Christus, der wahre Messias, kam, da kamen etliche andere und zeigten sich fälschlicherweise, als wären sie es. Und also ist es überall in allen Dingen, und darum ist das Gute nicht mit dem Bösen zu verwerfen, sondern mit guter Unterscheidung auszuwählen, wie der göttliche Mund tut. Und also meinte die Eingebung, daß gute vernünftige Bilder, die ihre klare Vernünftigkeit dem Urteil der heiligen Christenheit unterwürfen, nicht zu verwerfen seien, noch daß vernünftige Gedanken, die gute Wahrheit eines vollkommenen Lebens in sich trügen, zu scheuen seien; denn sie befreiten den Menschen von seiner groben Sinnlichkeit und zeigten ihm seinen Adel und des göttlichen Wesens Vortrefflichkeit und aller anderen Dinge Nichtigkeit, was den Menschen besonders vor allen Dingen zu rechter Gelassenheit reizt. Und also kam er wieder auf das vorige Treiben, dazu er ermahnt war, zurück: eine wahre Gelassenheit.

Nun begehrte er von der Ewigen Wahrheit, sie möge ihm, sofern es möglich sei, guten Unterschied geben zwischen den Menschen, die da auf ordentliche Einfaltigkeit zielen, und etlichen, die da, wie man sagt, auf ungeordnete Freiheit zielen, und möge ihn darin unterweisen, welches eine rechte Gelassenheit sei, mit der er dahin käme, wohin er solle. Darauf ward ihm in lichtreicher Weise geantwortet, daß dies alles nach der Weise eines ausgeführten Gleichnisses geschehen solle, als ob der Jünger frage und die Wahrheit antworte. Und zum ersten ward er hingewiesen zu dem Kern der Heiligen Schrift, aus der die Ewige Wahrheit redet, er solle da suchen und schauen, was die Allergelehrtesten und im inneren Leben Erfahrensten, denen Gott seine verborgene Weisheit aufgetan hat (wie eingangs in dem lateinischen Spruche steht), davon gesprochen hätten, oder was die heilige Christenheit davon hielte, damit er auf sicherer Wahrheit bliebe. Und hieraus leuchtete ihm also ein:

Wie ein gelassener Mensch beginnt und endigt in Einheit

Allen Menschen, die wieder (in den Ursprung) eingeführt werden sollen, ist ihrer und aller Dinge erster Beginn förderlich zu wissen, denn in demselben ist auch ihr letztes Landen. Und darum soll man wissen, daß alle die, die je von der Wahrheit sprachen, darin übereinkommen, es gäbe etwas, das ganz und gar das Erste ist und das Einfaltigste und vor dem nichts ist. Nun hat Dionysius[1] dieses unergründliche Wesen in seiner Bloßheit angesehen und er und auch andere Lehrer sagen, daß das Einfaltige, von dem gesprochen ist, mit allen Namen allzumal ungenannt bleibt; denn wie in der Wissenschaft der Logik steht, soll der Name die Natur und den Begriff des genannten Dinges aussprechen. Nun ist aber offenbar, daß des vorgenannten einfaltigen Wesens Natur endlos und unermeßlich und für alle kreatürliche Vernunft unbegreiflich ist. Darum ist allen wohlgelehrten Gottesgelehrten bekannt, daß das weiselose Wesen auch namenlos ist. Und darum sagt Dionysius in dem Buch von den göttlichen Namen, Gott sei Nicht-Sein oder ein Nicht, und das ist zu verstehen nach all dem Wesen und Sein, das wir ihm nach kreatürlicher Weise zulegen mögen; denn was man ihm davon in solcher Weise zulegt, das ist alles in irgendeiner Weise falsch, und seine Leugnung ist wahr. Und darnach könnte man ihn ein ewiges Nicht nennen; dennoch aber, wenn man von einem Dinge reden soll, wie übertrefflich oder überwichtig es ist, so muß man ihm irgendwie einen Namen schaffen.

Dieser stillen Einfaltigkeit Wesen ist ihr Leben und ihr Leben ist ihr Wesen. Es ist eine lebendige, wesenhafte, seiende Vernünftigkeit, die sich selber versteht und selber in sich selber ist und lebt und dasselbe ist.

Nun kann ich es nicht weiter herausbringen, und dies nenne ich die ewige ungeschaffene Wahrheit, denn alle Dinge sind da wie in ihrer Neuheit und ihrem Ursprung und in ihrem ewigen Beginn. Und hier beginnt und endet ein gelassener Mensch in ordentlicher Versenkung.

Von den hohen und nützlichen Fragen, die ihm die
Wahrheit von dem Vorbild eines gelassenen
Menschen zuteil werden ließ

Darnach überkam den Jünger eine Begierde, wenn in irgend-
welchen Landen ein solcher edler gelassener Mensch wäre, der
durch Christus wahrhaftig eingenommen sei, daß ihm der von
Gott bekannt werden möchte und er zu traulicher Unterre-
dung mit ihm käme. Und da er in dieser ernstlichen Begierde
war, da versank er in sich selbst und in der Entrücktheit seiner
Sinne deuchte ihm, er werde in ein übersinnliches Land geführt. Und da sah er zwischen Himmel und Erde ein Bild
schweben, als ob es eines Menschen Bild wäre, bei einem
Kreuze in gütiger Gestalt, und zweierlei Menschen gingen
darum und kamen nicht hinzu; und die einen sahen das Bild
nur von innen und nicht von außen, die anderen von außen
und nicht von innen an, und beide standen dem Bilde mit
Sträuben und Härtigkeit gegenüber. Und so deuchte ihm, daß
sich das Bild herabließe als ein wirklicher Mensch, und saß zu
ihm hin und meinte, er solle fragen, was er zu fragen hätte, es
würde ihm beantwortet.
Er hub an und sprach mit innerlichem Seufzen seines Herzens: »Ach, Ewige Wahrheit, was ist dies oder was bedeutet
dieses wunderliche Gesicht?« Da ward ihm geantwortet und
sprach das Wort in ihm also:
Dieses Bild, das du gesehen hast, bedeutet den eingeborenen Sohn Gottes nach der Weise, wie er menschliche Natur an
sich genommen hat. Und daß du nur ein Bild sahest und
dasselbe doch unzählig mannigfaltig war, das bedeutet all die
Menschen, die seine Glieder sind, die auch Söhne oder Sohn
geworden sind durch ihn und in ihm, wie die Zahl vieler
leiblicher Glieder an einem Leibe. Daß aber das Haupt alles
übertreffend erschien, das bedeutete, daß er der erste und
eingeborene Sohn ist nach der alles übertreffenden Aufnahme
in die Selbstheit der göttlichen Person, während die andern
nur in die Einnahme überformhafter Einigkeit desselben Bildes gelangen. Das Kreuz bedeutet, daß ein wahrer gelassener
Mensch nach dem äußeren und inneren Menschen alle Zeit so
stehen soll, daß er sich selbst aufgibt und ergibt in alles das,
was Gott von ihm gelitten haben will, woher es auch komme,

und daß er auch geneigt sei, das alles in absterbender Weise zu empfangen, dem himmlischen Vater zum Lobe. Und solche Menschen stehen adlig von innen und sorgsam von außen. Daß die Gestalt bei dem Kreuze so gütig war, das bezeichnet: wieviel Leiden sie auch haben – sie verachten es infolge der Gelassenheit ihrer selbst. Wohin sich das Haupt kehrte, dahin kehrte sich auch der Leib, das bedeutet die Einmütigkeit der getreuen Nachfolge seines reinen spiegelklaren Lebens und seiner guten Lehre, zu der sie sich kraftvoll kehren und sich dem gleich halten.

Die einen Menschen, die ihn von innen ansahen und nicht von außen, bezeichnen die Menschen, die Christi Leben nur in der Vernunft in beschaulicher Weise ansehen und nicht in nachwirkender Weise, darin sie ihre eigene Natur in nachfolgender Übung desselben Bildes durchbrechen sollten. Sie ziehen es alles nach diesem Anblick zu der Natur Wollust und lediger Freiheit, sich selbst zur Hilfe, und jeder dünkt sie grob und unverständig, der ihnen darin nicht zustimmt.

Etliche sahen es auch allein nach der äußeren Weise an und nicht nach dem Innern, und die erschienen hart und streng; und infolgedessen üben sie sich streng und leben behutsam und tragen den Leuten einen ehrbaren heiligen Wandel vor – sie übersehen aber Christus von innen. Denn sein Leben war sanft und milde, aber diese Menschen pflegen viel zu streiten und andere Leute zu verurteilen, und alles das dünkt sie unrecht, das nicht ihre Weise führt. Diese Menschen verhalten sich dem ungleich, den sie doch im Sinne haben, und das merkt man daran: wer sie aufsucht, wird finden, daß sie nicht in einem Lassen ihrer selbst stehen noch in einem Entsinken ihrer Natur noch in einem Verlust der Dinge, die da den Willen beschirmen, wie z. B. gern und ungern. Hiermit nämlich wird der Wille bewahrt und beschirmt, so daß der Mensch nicht zu göttlichen Tugenden kommt als: Gehorsam, Nachgiebigkeit, Verträglichkeit und dergleichen; denn solche Tugenden tragen den Menschen in das Bild Christi.

Der Jünger fing an noch mehr zu fragen und sprach also: Sag mir, wie nennt man die Weise, in der ein Mensch zu seiner Seligkeit kommt?

Antwort: Man kann es eine gebärende Weise nennen, wie da geschrieben steht in St. Johanns Evangelium, daß er allen

164

denen Macht und Vermögen gegeben hat, Gottes Sohn zu werden, die von nichts anderem denn von Gott geboren sind (Joh. 1,12). Und das geschieht in gleicher Weise wie das, wie man nach gewöhnlicher erklärender Weise Gebärung nennt. Was nun das andere in solcher Weise gebiert, das bildet es nach sich und in sich und gibt ihm Gleichheit seines Wesens und seines Wirkens. Und darum, einem gelassenen Menschen, in dem Gott allein Vater ist und in dem sich nichts Zeitliches nach irdischer Anhänglichkeit gebiert, dem werden die Augen aufgetan, so daß er sich darin versteht und daher sein seliges Wesen und Leben nimmt und eins ist mit ihm, denn alle Dinge sind hier Eins in Einem.

Der Jünger sprach: Ich sehe doch, daß Berg und Tal ist und Wasser und Luft und mancherlei Kreaturen – wie sagst du denn, daß nur Eins ist?

Das lautere Wort antwortete und sprach also: Ich sage dir noch mehr: Es sei denn, daß der Mensch zwei Contraria, das ist zwei sich widersprechende Dinge, in Einem miteinander versteht – fürwahr, ohne allen Zweifel, so ist nicht gut mit ihm von solchen Dingen zu reden; denn wenn er dies versteht, so ist er erst halb auf den Weg des Lebens getreten, das ich meine.

Eine Frage: Welches sind die Contraria?

Antwort: Ein ewiges Nicht und seine, des Menschen, zeitliche Gewordenheit.

Ein Einwurf: Zwei Contraria in Einem widersprechen in jeder Weise allen Wissenschaften.

Antwort: Ich und du treffen einander nicht auf einem Zweige oder auf einem Platze; du gehst einen Weg und ich einen andern. Deine Fragen kommen aus menschlichen Sinnen, und ich antworte aus den Sinnen, die über aller Menschen Ziel gehen. Du mußt sinnelos werden, willst du hinzukommen, denn mit Nichterkennen wird die Wahrheit erkannt.

Wie edel sich ein recht gelassener Mensch in allen Dingen verhält

Darnach wandte sich der Jünger mit Ernst wieder zu der Ewigen Wahrheit und begehrte einigen Unterschied in den Merkmalen des äußeren Bildes eines Menschen, der sich wahrhaft gelassen hätte, und fragte also: Ewige Wahrheit, wie verhält sich ein solcher Mensch in den Umständen eines jeglichen Dinges?

Antwort: Er entsinkt sich selbst und mit ihm (entsinken ihm) alle Dinge.

Eine Frage: Wie verhält er sich in der Zeit?

Antwort: Er steht in einem gegenwärtigen Nu ohne einen ihn (ans Irdische) fesselnden Vorsatz, und nimmt sein Bestes wahr im geringsten wie im größten.

Eine Frage: Paulus sagt, daß dem Gerechten kein Gesetz gegeben ist (1. Tim. 1,9).

Antwort: Ein gerechter Mensch verhält sich nach seiner Gewordenheit unterwürfiger als andere Menschen, denn er versteht von Grund aus von innen, was von außen einem jeden geziemt, und faßt alle Dinge so; aber daß er nichts Gezwungenes dabei hat, das kommt daher, weil er dasselbe aus Gelassenheit wirkt, was die Menge aus Gezwungenheit wirkt.

Eine Frage: Wer in diese innige Gelassenheit übersetzt ist, ist der nicht aller äußeren Übungen entledigt?

Antwort: Man sieht wenige Menschen mit unverzehrten Kräften zu dem gelangen, davon du sprichst, denn die Trennung vom Irdischen sucht das innerste Mark derer heim, denen sie in Wahrheit zuteil wird. Und darum, wenn sie dann erkennen, was zu tun und zu lassen ist, so bleiben sie bei den gewohnten Übungen, mehr oder minder, je nach ihrem Vermögen oder nach andern Umständen.

Eine Frage: Woher kommt etlicher gutscheinender Menschen große Bedrängnis und übermäßige Enge des Gewissens, und hinwiederum etlicher anderer Menschen ungeordnete Weite?

Antwort: Sie zielen beide noch auf ihr eigenes Ich, aber verschiedenartig, die ersten geistig, die andern leiblich.

Eine Frage: Geht ein solcher (gelassener) Mensch allezeit müßig oder was ist sein Tun?

Antwort: Eines wohlgelassenen Menschen Tun ist sein Lassen, und sein Werk ist sein Müßig-Bleiben, denn seines Tuns bleibt er ruhig und seines Werkes bleibt er müßig.

Eine Frage: Wie verhält er sich gegen seinen Nächsten?

Antwort: Er hat in rechter Freiheit Gemeinschaft mit den Leuten ohne besondere Bevorzugung und Liebe ohne Vorliebe und Mitleid ohne Sorge.

Eine Frage: Ist ein solcher Mensch verpflichtet zu beichten?

Antwort: Die Beichte, die aus Liebe geschieht, die ist edler, als die aus Verpflichtung kommt.

Eine Frage: Wie ist eines solchen Menschen Beten gestaltet, hat er auch zu beten?

Antwort: Sein Gebet ist fruchtbar, denn er nimmt eine Einziehung der Sinne vor; denn Gott ist ein Geist, und er sieht zu, ob irgend etwas Ablenkendes ihm anhafte, oder ob er sich irgendwie selbst leite in einem Vorgreifen des eigenen Ichs. Und dann wird ein Licht in der obersten Kraft erzeigt, das ihm beweist, daß Gott das Sein und Leben und Wirken in ihm ist und daß er nur ein Werkzeug dessen ist.

Eine Frage: Wie ist eines solchen edlen Menschen Essen und Trinken und Schlafen gestaltet?

Antwort: Dem äußeren und sinnlichen Teile nach ißt der äußere Mensch, aber im Hinblick auf das Rückschauen des inneren Menschen auf Gott ißt er nicht, sonst würde er Speise und Ruhe wie das Vieh brauchen. Und also verhält er sich auch in andern Dingen, die zum Menschen gehören.

Eine Frage: Wie ist sein äußerer Wandel beschaffen?

Antwort: Er hat nicht viel Weisen und Worte, und diese sind schlicht und einfaltig; und er hat einen sittigen Wandel, derart daß die Dinge ohne ihn durch ihn hinfließen, und er ist ruhig in seinen Sinnen.

Eine Frage: Sind sie alle so?

Antwort: Mehr oder minder, je nach der Verschiedenheit dessen, was ihnen zufällt; aber der wesentliche Punkt bleibt gleich.

Eine Frage: Ist ein solcher Mensch zu einem ganzen Wissen der Wahrheit gekommen, oder bleibt ihm noch Dünken und Wähnen?

Antwort: Soweit der Mensch sich selber bleibt, bleibt ihm auch das Dünken und Wähnen; aber soweit er sich selber entgangen ist in das, das da ist, hat er ein Wissen aller Wahrheit, denn es ist die Wahrheit selbst, und der Mensch steht darin, sich selbst entnommen.

Und hiermit sei dir genug gesagt; man kommt dahin nicht mit Fragen, sondern mit rechter Gelassenheit kommt man zu dieser verborgenen Wahrheit. Amen.

Johannes Tauler

Von innerer Freude und Frieden im heiligen Geist

Der Dominikaner Johannes Tauler wird mit seinen Ordens-
brüdern Meister Eckhart (S. 146–158) und Heinrich Seuse
(S. 159–167) oft zum »mystischen Dreigestirn« des mittelalter-
lichen Deutschen Reiches zusammengefaßt, wobei der Vorrang
des Meisters aus Thüringen allerdings unbezweifelt bleibt.
Und in der Tat haben die drei einflußreichen Theologen, was
ihren geistigen Hintergrund und ihre volkssprachliche Lehre
anbelangt, vieles gemeinsam. Doch was bereits für Seuse ange-
deutet wurde, gilt auch für Tauler: Seine Eigenständigkeit
sollte nicht unterschätzt werden.

Über Taulers Leben weiß man nur wenig, und auch dieses
Wenige ist keineswegs unumstritten. Um 1300 in Straßburg
geboren, trat er dort schon als Jugendlicher ins Kloster ein. Sein
Studium, in der Heimatstadt begonnen, führte ihn anschlie-
ßend nach Köln, wo er – ungefähr zur selben Zeit wie Seuse –
Hörer Eckharts war. Nach der Priesterweihe und einem mehr-
jährigen Aufenthalt in Basel, wohin sein Konvent im Verlauf
des Konflikts zwischen Kaiser Ludwig von Bayern und dem
Papst flüchten mußte, erwarb sich Tauler als Prediger an seiner
Wirkungsstätte Straßburg und Umgebung bald hohes Anse-
hen. In seiner Geburtsstadt, in der er sich hauptsächlich mit
Frauenseelsorge befaßte, ist er am 16. Juni 1361 dann auch
verstorben.

Von den drei großen deutschen Dominikaner-Mystikern ist
der Elsässer der am wenigsten spekulative Denker. Stärker an
praktischer Seelenführung denn an theoretischer Erkenntnis
interessiert, setzt er dem rein schulisch erworbenen Gotteswis-
sen der »Lesmeister« die durch eine »Kehr« nach innen be-
wirkte und auf persönlicher Erfahrung gründende Gottesweis-
heit der »Lebmeister« entgegen. Seine »Lebenslehre«, wie
Taulers – in 80 Predigten überlieferte – Mystik deshalb ge-
nannt wird, greift in erheblichem Umfang Eckhartsche The-
men auf, reflektiert aber stets ihre Brauchbarkeit für den kon-
kreten Alltag der Menschen. Daß der Straßburger zudem

unter dem Eindruck der Verurteilung Eckharts in seinen eigenen Aussagen eine deutliche Vorsicht zeigt, ist verständlich.

Taulers Predigten zeichnen sich, neben ihrer Praxisbezogenheit, durch eine ähnliche Empfindsamkeit und Bildkraft der Sprache aus wie die Texte seines Mitbruders Seuse – ein Umstand, dem sie ihre rasche Verbreitung und nachhaltige Wirkung mit verdanken. Auch Martin Luther (S. 189–201) hat sie sehr geschätzt. In der hier wiedergegebenen Predigt »Von Abgeschiedenheit« werden die Voraussetzungen für den »Frieden in allen Dingen« erörtert.

Estote prudentes et vigilate in orationibus*
(1. Petr. 4,8)
Am Sonntag nach dem Himmelfahrtstag
Die heilige Kirche feiert in dieser Zeit die Sendung des heiligen Geistes, der von den Jüngern in einer besonderen, innerlichen Weise empfangen ward. Und das war nötig, da sie im Anfang standen, und ein neues Wesen in ihnen begonnen wurde, auch war die Weise des Empfangens nötig um derer willen, die auch noch hineinkommen sollten.

Solange sie in der Zeit lebten, nahmen sie zu allen Stunden im Empfangen des heiligen Geistes zu. Daher soll jeder Gottesfreund dies liebliche Fest alle Tage und alle Stunde begehen, damit er den heiligen Geist zu jeglicher Stunde empfange. Je nachdem, wie seine Bereitung und Empfänglichkeit ist und je mehr er sich dazu kehrt, desto höher wird das Fest an ihm vollbracht. Die Sendung, die den heiligen Jüngern am heiligen Pfingsttage geschah, die findet alle Tage geistig bei allen denen statt, die sich gründlich dazu bereiten. So kommt der heilige Geist besonders und mit immer neuen, besonderen Gnaden und Gaben, solange der Mensch lebt und sich innerlich zu ihm kehrt und bereit ist für ihn.

Nun kommt St. Peter und zeigt uns klar und eigentlich, welches die Bereitungen hierfür sind, und spricht: »*Estote prudentes*«. Das bedeutet in unserem Deutsch nicht eigentlich »Weisheit«, sondern es ist soviel wie »Vertrautheit«, das ist:

---

* Wörtlich: Seid weise und wacht bei den Gebeten.

wenn ein Mensch ein Ding wohl und oft versucht hat, so ist es ihm wohl »vertraut«, und er hat es wohl durchschaut und ist wohl bewandert in der Sache. Also bedeutet dieses Wort, das St. Peter uns hier sagt, wir sollten »Vertrautheit« haben: daß wir bei all unserem Tun und Lassen jedes Ding mit dem Lichte unsrer Urteilskraft durchschauten, damit wir wohl wüßten und uns wohl vertraut sei, womit wir umgehen. Die höchste und wahrste Bereitung nun, den lieblichen, heiligen Geist so zu empfangen und ihn recht unmittelbar in hoher Weise in sich aufzunehmen, das ist wahre Abgeschiedenheit und Untätigkeit und Innigkeit und Einigkeit. Dies ist die allerhöchste und wahrste Bereitung, und wer diese Dinge hat und an ihnen zunimmt, der ist am allermeisten empfänglich für das Empfangen des heiligen Geistes.

Was ist nun das Erste von diesen Vieren, wahre Abgeschiedenheit? Das ist, daß sich der Mensch abkehre und abscheide von alledem, das nicht lauter und bloß Gott ist, und mit dem Lichte seiner Urteilskraft all seine Werke, Worte und Gedanken mit einem verständnisvollen Gemüte durchschaue, ob da im Grunde nicht etwas sei, das nicht lauter Gott ist oder nicht Gott in allen Dingen, in Tun und Lassen, nackt im Sinne habe, und findet er da, daß etwas anderes als Gott beabsichtigt wird, daß man das abscheide und ausschließe. Und dies kommt nicht nur einem edlen, innerlichen Menschen zu, sondern überhaupt jedem guten Menschen. Denn man findet viele gute Menschen, die voll großer guter Übungen sind und doch von Innerlichkeit ganz und gar nichts wissen, dennoch sind sie alle verpflichtet darauf zu achten, was sie von Gott irreleiten kann, damit sie das lassen und sich davon scheiden. Diese Abgeschiedenheit muß man notwendig haben, wenn man den heiligen Geist und seine Gaben empfangen soll, man muß Gott bloß im Sinne haben und sich abscheiden von allem, was nicht Gott ist.

Die Abgeschiedenheit nun und die Erwartung des heiligen Geistes ist ungleich in den Leuten. Die einen empfangen den heiligen Geist in sinnlicher, bildlicher Weise mit den Sinnen. Die andern aber nehmen ihn viel edler in die obersten Kräfte und in die Kräfte der Vernunft auf, in vernünftiger, hoch übersinnlicher Weise. Die dritten empfangen ihn nicht allein in dieser Weise, sondern sie nehmen ihn auf in den verborgenen Abgrund, in das heimliche Reich, in den wonnigen Grund, in dem das edle Bild der heiligen Dreifaltigkeit verborgen liegt, das das Alleredelste der Seele ist. O wie wonnig findet der heilige Geist da seine Stätte! Und da werden seine Gaben edel empfangen nach göttlicher Weise.

Und sooft der Mensch hier hineinschaut mit dem Lichte der Unterscheidungskraft und sich hier zu Gott kehrt, so oft findet da eine Erneuerung statt und eine neue Eingeistung des heiligen Geistes in jedem Augenblick, und er empfängt neue Gaben und Gnaden, sooft er sich mit solcher Vertrautheit und wahren Abgeschiedenheit hierhin kehrt und mit wahrem Ernst all sein Tun und all seine Wege, Worte, Werke und Weisen übersieht und durchsieht, ob da nicht etwas sei, das nicht Gott ist, und ob auch der Sinn auf ihn allein geht; und wo man etwas findet, das nicht Gott ist, das muß die Unterscheidungskraft richten und regieren.

Ihr Licht soll mit seiner Leuchtkraft die natürlichen Tugenden, wie Demut, Sanftmut, Milde, Barmherzigkeit, Stille und was dergleichen natürliche Tugenden sind, zurichten, ob sie aus Gott geboren sind. Auch soll dies Licht hineinleuchten in die sittlichen Tugenden, als da sind Weisheit, Gerechtigkeit, Stärke und Mäßigkeit, die heißen Kardinaltugenden. Sie alle soll das Licht der Unterscheidungskraft in wahrer, lauterer Gesinnung durchsehen, zurichten und ordnen und in eine rechte fest Lage und göttliche Ordnung setzen, derart, daß alles in Gott und durch Gott getan werde. Wenn dann der heilige Geist findet, daß der Mensch das Seine tut, so kommt er mit seinem Lichte und überleuchtet das natürliche Licht und gießt hinein übernatürliche Tugenden wie Glaube, Hoffnung, göttliche Liebe und seine Gnade.

Und so wird der Mensch in dieser Abgeschiedenheit ein erfahrener und wohledler Mensch. Aber es muß mit dem Lichte wohl durchschaut sein, denn manches Ding sieht oft so aus, daß man wähnt, es sei Gott gemeint, und wenn man auf den Grund kommt, so findet man es nicht so.

Doch soll man sich auch hiervor warnen lassen: in den Menschen, der Gott lauter im Sinne hat, kommt auch zuweilen Bangigkeit und eine Traurigkeit, er habe Gott nicht im Sinne gehabt und es sei alles verloren, und er entsetzt sich darüber. Dies kommt zuweilen von natürlicher Schwermut oder vom Himmel oder vom Wetter oder auch vom Feinde. Diesem Zustand soll man mit Sanftmut begegnen. Etliche aber solcher Leute wollen dies mit Gewalt in einem Ansturm durchbrechen und machen damit kranke Köpfe, andere laufen zu den Lehrern und Gottesfreunden, doch läßt sich kaum jemand dadurch zurechtbringen, und sie werden manchmal noch viel mehr verwirrt. Wenn dies große Gewitter in einem aufsteht, sollte der Mensch es gerade so machen wie die Leute, wenn ein Wetter kommt, Regen oder Hagel, dann fliehen sie unter ein Dach und warten, bis das Wetter vergeht. Gerade so soll der Mensch es machen, der einfaltig in sich findet, daß er nichts anderes will und begehrt als Gott. Wenn die Anfechtung kommt, so soll er in Wahrheit so entweichen, bis ihm ganz wohl zumute wird, und soll sich in Gelassenheit fügen und in freier Gelassenheit auf Gott warten in der Bedrängnis. Wer weiß, wo und in welcher Weise Gott kommen und ihm seine Gaben geben will? Der Mensch stehe in Sanftmut und unter dem Dach des göttlichen Willens, das ist ihm hundertmal besser als große Gefühle im Hinauftragen der Tugenden in blühender, grünender, erleuchteter Weise, wovon der Mensch viel haben möchte. Denn in solcher Bedrängnis kann der Mensch nicht einmal das Seine recht behalten, wie in Trost und süßen Empfindungen. Da schleicht sofort die Natur herzu und maßt sich die Gaben mit Lust an, und da entsteht sofort von der Lust ein Flecken in der Seele, denn Gottes Gaben sind nicht Gott. Lust soll allein in Gott sein und nicht in seinen Gaben.

Nun ist aber leider die Natur so griffig und so sehr auf sich selbst gerichtet, daß sie überall gleich herzuschleicht und sich anmaßt, was ihr nicht gehört, und die Gaben Gottes verdirbt und befleckt und Gott an seinem edlen Werk hindert. Denn infolge der Vergiftung, die durch die Erbsünde in die Natur gefallen ist, ist die Natur ganz nieder auf sich selbst gekehrt in allen Dingen, und Meister Thomas[1] sagt: eben infolge dieser Vergiftung liebe der Mensch mehr sich selbst als Gott oder seine Engel oder alles, was Gott je erschuf. Es kommt also nicht daher, daß Gott die Natur gemacht hat, sondern sie ist so verdorben in der »Entmachung«, durch die Abkehr von Gott.

Nun ist diese Vergiftung so tief in den Grund eingewurzelt,

daß alle hochgelehrten Meister ihr mit ihren Sinnen nicht nachgehen können, und mit allem Fleiß können sie ihr kaum etwas anhaben oder sie ausrotten. Dieser falsche Grund in Geist und Natur findet sich oft da, wo man meint, daß es durchaus Gott sei. Da ist dann oft diese vergiftete Rückwärtsbiegung, und der Mensch hat in all seinem Tun sich selbst im Sinne. Davon war der liebwerte Paulus ein wahrer Prophet, als er sagte: »In den letzten Tagen werden die Leute sich selbst sehr lieb haben« (2. Tim. 3,1–2). Das ist jetzt ja offenbar, daß man mit Jammer in aller Welt sieht, wie unbegreiflich bedenklich jedermann dem andern das Seine abbricht auf unrechte Weise, mit Listen und Anschlägen, wie sie Beichtväter nach ihrem Sinne suchen und fremde Glossen von den Heiden zu der heiligen Schrift nehmen. Dies sage ich aber nur als ein Beispiel, das sich auf Äußerliches bezieht, hundertmal mehr ist es im Geiste der Fall, denn da ist wahres, lauteres Gut. Und es ist ein Kleines, Burgen und Land, Gold und Silber zu lassen gegenüber dem inneren Anmaßen des Eigenwillens, es sei ihm Geist oder in der Natur oder bei der Übung der Tugenden oder bei Gott selbst. Überall schleicht sich die Natur mit ein, ehe jemand weiß, daß alles die ungeordnete Liebe zur Natur besitzt.

Deshalb hat uns unser lieber Herr zu der Lehre, die uns St. Peter gibt, daß wir weise sein sollen, eine ganz wohlgeordnete Weise des Lebens gegeben und lehrt uns, wie diese Weise beschaffen sein soll. Er sagt: Ihr sollt weise sein wie die Schlange (Matth. 10,16). Nun beachte, wie der ewige Gottes Sohn, die Weisheit des Vaters, die unaussprechliche Klarheit seiner Weisheit allezeit unter einfaltige grobe Gleichnisse verbarg. Weil er so ganz demütig war, darum war auch allezeit seine Lehre demütig und einfaltig. Wisse nun, die Weisheit der Schlange ist dergestalt: Wenn sie merkt, daß sie zu altern und einzuschrumpfen und zu stinken anfängt, so sucht sie eine Stelle, wo zwei Steine beieinander liegen, und da schleift sie sich ganz eng hindurch, so daß ihr die alte Haut ganz abgeht, und darunter ist ihr eine neue Haut gewachsen. Ebenso soll es der Mensch machen mit der alten Haut, das ist mit allem, was er von Natur hat, wie groß oder wie gut es auch sei, denn es ist sicher veraltet und hat gewiß Fehler, darum werde es durch die beiden Steine, die ganz nahe beieinander liegen, geschleift.

Welches sind die beiden Steine? Der eine Stein ist die ewige Gottheit, die die Wahrheit ist, der andere Stein ist die liebreiche Menschheit Christi, die der wesentliche Weg ist. Durch diese beiden Steine soll der Mensch all sein Leben, Wesen und Wirken schleifen und ziehen, ob irgend etwas im Veralten ist, es seien natürliche oder sittliche Tugenden. Hiervon wird nun die heilige Kirche in einer Sequenz singen:

»Sine tuo numine
nihil est in lumine,
nihil est innoxium.«

»Ohne deine Gottheit ist nichts im Lichte, nichts unschädlich.« In Wahrheit, nimm die Tugenden, wie subtil oder wie edel sie sein mögen, sind sie natürlich, so bewirken sie geistliche Blattern, und zwar je geschickter sie sind, desto geschickter bewirken sie die Blattern. Sind es aber sittliche oder emportragende Tugenden, so bewirken sie geistliche Flecken und Veraltung. Es sei denn, daß sie durch diesen Stein, der Christus ist, geschleift und da mit innigem Begehren und in herzlichem Gebet vermengt und hineingetragen und wiedergeboren und erneuert werden, so helfen sie alle nichts und sind nicht genehm. Dies ist der liebe Stein, von dem St. Paulus sagt, er sei der Stein, auf dem das ganze Gebäude aufgebaut ist, und er ist auch der Eckstein, von dem er selber spricht (Eph. 2, 20–21). Und schleifst du dich in Wahrheit nicht ganz gründlich durch diesen Stein, und wärst du so weise wie Salomo und so stark wie Simson, es hülfe dir nichts. Senke dich in seine Armut, in seine Keuschheit, in seinen Gehorsam und in seine Liebe. Hierdurch ziehe deine Fehler in Demut und Abgeschiedenheit und lebe von allen seinen Tugenden, Lehre und Leben. Hier, in ihm, werden dem Menschen die sieben Gaben[2] des heiligen Geistes gegeben und die drei göttlichen Tugenden, nämlich Glaube, Zuversicht und Liebe, und alle Vollkommenheit und Wahrheit und innere Freude und Friede im heiligen Geiste, in ihm wird einem Gelassenheit zuteil und sanftmütige Duldsamkeit, so daß man alle Dinge mit gleichem Gemüte von Gott hinnehmen kann.

Was Gott über den Menschen verhängt und zuläßt, Glück oder Unglück, Lust oder Leid, das dient alles dem Menschen zur Seligkeit. Denn jedes Ding, das über den Menschen kommt, ist ewiglich von Gott so vorgesehen und vorher in ihm gewesen, daß es in der Weise geschehen soll und in keiner andern, dadurch bleibt man aller Dinge in Frieden. Diesen Frieden in allen Dingen, den lernt man allein in wahrer Abgeschiedenheit und Innigkeit. Wer ihn haben will, der soll und muß es da lernen, er muß es mit eingekehrtem Gemüt suchen und nirgends anders, hier wird es befestigt und gewurzelt.

Und all die Dinge, die in dieser Predigt besprochen sind, kommen einem edlen Menschen zu, derart, daß er sie allesamt in jedem Augenblick in Worten, Werken und Weisen gegenwärtig habe. Und das ist wohl möglich. Es kommt daher, daß man in Einfügung des Gemütes in Gott, in einem lauteren Gott-im-Sinne-haben und dadurch in Vertrautheit und Einleuchtung aller Tugenden eingewurzelt und gefestigt ist und dies alles durch Christus durchschleift, und ebenso machen es alle, die hier in der Innerlichkeit und in wahrer Abgeschiedenheit geboren und gefestigt werden. Das heißt: Je mehr dies wächst und zunimmt, desto edler wird der heilige Geist gegeben und desto höher empfangen.

Von den anderen Stücken, die noch übrigbleiben, soll weiter in der nächsten Predigt gesprochen werden.

Daß uns allen dies zuteil werde, daß wir in wahrer Abgeschiedenheit lauter und innerlich Gott im Sinne haben, dazu helfe uns der liebreiche Gott durch sich selbst. Amen.

Nikolaus von Kues

Die Ruhe im Sehen Gottes als Zusammenfall aller endlichen Gegensätze

Der Theologe und Philosoph Nikolaus von Kues, benannt nach seinem Geburtsort Kues an der Mosel (eigentlich Nikolaus Chryfftz oder Krebs) lebte von 1401 bis 1464. Nach einer Tätigkeit im Dienst der Erzbischöfe von Trier erhielt er im Jahr 1450 das Bistum Brixen in Tirol. Als päpstlicher Legat und Kardinal vermittelte er zwischen der römischen und der oströmischen Kirche. 1433 verfaßte Cusanus – so sein lateinischer Name – eine Reformschrift für Kirche und Reich. Als Konstantinopel 1453 von den Türken erobert wurde, schrieb er die Abhandlung »Vom Frieden im Glauben« (»De pace fidei«). In ihr plädiert er für Toleranz zwischen den Religionen. Er begründet sie mit dem Gedanken, daß die Glaubensgemeinschaften sich nur in den Riten unterscheiden, in ihrem Kern aber einheitlich sind.

Daß alle Gegensätze, die sich im Endlichen ausschließen, im Unendlichen zusammenfallen (coincidentia oppositorum), ist Nikolaus' zentrale Lehre. Er entwickelt sie zuerst im Jahr 1440 in seinem Werk »Über das belehrte Nichtwissen« (»De docta ignorantia«). Mit dieser Lehre setzt er die Traditionen der mystischen Theologie fort. Er beeinflußt mit ihr u. a. Giordano Bruno und das dialektische Denken von Schelling und Hegel. Gott bleibt für Nikolaus für sich, das heißt jenseits des Zusammenfalls der Gegensätze. Der Theologe beschränkt sich also nicht auf die Wechselwirkung zwischen dem Endlichen und dem Unendlichen im Sinne des Pantheismus. Nach seiner Kosmologie ist die Welt die sichtbare Entfaltung Gottes (explicatio dei) und Gott die Zusammenfaltung (complicatio) der Welt, die nichts anderem entgegengesetzt ist. Dabei nimmt Nikolaus in spekulativer Weise das heliozentrische Weltbild des Kopernikus vorweg. Jeder Punkt des Kosmos ist für ihn der Mittelpunkt einer unendlich großen Sphäre, der gleich weit von Gott entfernt ist. Vom mittelalterlichen Weltbild löst er sich außerdem dadurch, daß er dem mathematischen und experimentellen Erkennen große Bedeutung beimißt. Das »Wägen«, also

das Zählen und Messen, hält er ebenso wie die Erforschung der
Natur für unerläßlich. Dabei unterscheidet er zwischen der
Erkenntnis des Endlichen mittels des Verstandes (ratio) und
der Erkenntnis des Unendlichen mittels der Vernunft (intellec-
tus). Die Vernunft, die sich selbst erkennt, fällt nach Nikolaus
zusammen mit dem Erfassen der unendlichen Einheit. Sie läßt
die vom Verstand festgehaltenen Gegensätze hinter sich.

Diesen zentralen Gedanken behandelt Nikolaus auch in der
Schrift »Über das Sehen Gottes« (»De visione dei«). Er hat
dieses Werk, von dem hier die wichtigsten Kapitel abgedruckt
werden, wie die Friedensschrift im Jahr 1453 verfaßt. Hier-
nach ist das vernünftige Denken des Menschen das Sehen Got-
tes in doppelter Bedeutung: Gott ist sowohl Subjekt als auch
Objekt. Indem Gott den Menschen ansieht, sieht der Mensch
Gott an und mit Gott sich selbst. Diese Vernunfteinsicht wird
sinnlich veranschaulicht durch ein Gemälde, auf dem das dar-
gestellte Antlitz Gottes den Betrachter an jedem Ort und zu
jeder Zeit ansieht und von diesem angesehen werden kann.
Diese Verschränkung der Perspektiven ist die Bewegung, in
der die Seele des Menschen aus sich herausgeht und zu sich
zurückkehrt, womit sie schließlich in der Stille der Betrachtung
zur Ruhe kommt.

An den Abt und die Brüder in Tegernsee

Ich gebe hier etwas, was ich euch, geliebte Brüder! längst
versprochen habe, zur leichten Erfassung der mystischen
Theologie. Euch, die, wie ich weiß, der Eifer für Gott beseelt,
halte ich für würdig, diesen kostbaren und überaus ergiebigen
Schatz zu eröffnen. Ich bitte den Allmächtigen, daß er mir das
Wort von oben verleihe, welches allein sich selbst darlegen
kann, um nach eurer Fassungskraft wunderbare Dinge euch
zu erzählen, die weit über alle Sinn-, Verstandes- und Ver-
nunfterkenntnis hinaus nur geoffenbart werden. Ich werde
auf die einfachste und gemeinverständlichste Weise mittelst
einer sinnlichen Anleitung euch in das geheiligte Dunkel führen; dort angelangt, werdet ihr das unzugängliche Licht wahrnehmen, und jeder mag dann, wie es ihm von Gott gegeben
ist, demselben sich immer mehr nähern und in einem süßen
Verkosten einen Vorgeschmack des Mahles ewiger Glückselig-

keit empfinden, zu dem wir im Worte des Lebens durch das
Evangelium Christi berufen sind, der gepriesen sei in Ewigkeit!

Vorwort

Soll ich euch auf menschlich verständige Weise zum Göttlichen hinführen, so bedarf es hiezu eines Bildes. Unter Werken
von Menschenhand fand ich kein Bild, das sich für meinen
Zweck mehr eignet, als ein Bild des Allsehenden, das von
geschickter Künstlerhand so gemalt ist, daß es nach allen Seiten zu sehen scheint. [...] Damit jedoch eure Betrachtung,
welche durchaus ein solches sinnliches Bild erfordert, nicht
mangelhaft sei, schicke ich eurer Liebden ein kleines Gemälde, wie ich es eben bekommen konnte, welches das Bild
des Allsehenden darstellt. Ich nenne es das Bild Gottes *(ico-
nem dei)*. Dieses befestiget an irgendeiner Stelle, etwa an der
nördlichen Wand; stellet euch, Brüder! in mäßiger Entfernung
um dasselbe und schauet es an. Jeder wird meinen, von welchem Standpunkte er es auch anschaut, das Bild sehe nur ihn
allein an. Wer östlich steht, wird glauben, das Bild sehe östlich, wer südlich oder westlich steht, wird es nach Süden oder
Westen sich richten sehen. Anfangs werdet ihr staunen, wie es
möglich sei, daß es auf alle und jeden zugleich hinschaut. Der
östlich Stehende kann es nicht fassen, daß der Blick des Bildes
nach einer andern Richtung, etwa West oder Süd, gerichtet
sei. Sodann stelle sich der Bruder, der östlich stand, westlich,
und er wird finden, daß der Blick nun auf ihn ebenso nach
Westen gerichtet ist, wie er vorher nach Osten gerichtet war.
Da er weiß, daß das Bild unbeweglich an der Wand befestigt
ist, so wird er die Beweglichkeit des unbeweglichen Blickes
desto mehr bewundern. Heftet er den Blick fest auf das Bild
und geht dabei von West nach Ost, so wird er den Blick des
Bildes beständig ihm folgen sehen. Kehrt er von Ost nach
West zurück, so wird der Blick auch hier ihn nicht verlassen
und er wird sich wundern, wie derselbe unbeweglich sich
bewegte; seine Vorstellung wird es nicht fassen, daß der Blick
sich zugleich mit einem andern, der ihm in entgegengesetzter
Richtung entgegenkommt, bewegt. Wenn er hievon einen
Versuch machen will und heißt zu dem Ende einen Bruder das

Bild anschauen, und dabei von Ost nach West gehen, während er selbst von West nach Ost geht, und fragt dann den ihm entgegenkommenden Bruder, ob der Blick des Bildes sich beständig mit ihm fortbewege, und er hört nun, daß der Blick sich ebenso in entgegengesetzter Richtung bewege, so wird er dem Bruder glauben; glaubte er nicht, so würde er die Sache nicht für möglich halten. So kommt er durch die Offenbarung des Berichterstattenden dahin, daß er weiß, jener Blick wende sich von keinem, wenn er auch in entgegengesetzter Richtung geht, hinweg. Er wird also erfahren, daß das unbewegliche Antlitz sich so nach Osten kehrt, daß es zugleich auch nach Westen, so nach Norden, daß es zugleich auch nach Süden gerichtet ist, nach einem Orte und nach allen zugleich, daß die Bewegung des Blicks auf einen und auf alle zugleich geht. Wenn jeder beachtet, daß jener Blick keinen verläßt, so überzeugt er sich, daß er für jeden so große Sorge trägt, als gehe der sorgende Blick nur auf den allein, der sich beobachtet sieht, und auf keinen andern, dergestalt, daß der von dem Blicke Beobachtete es nicht fassen kann, daß das Antlitz auch für einen andern Sorge trägt. Er überzeugt sich auch, daß der Blick für das kleinste Geschöpf die größte Sorge wie für das größte und für das ganze Universum trägt. [...]

Das Sehen Gottes ist Vorsehung, Gnade und ewiges Leben

Tritt nun, mein betrachtender Bruder! zum Bilde Gottes heran und stelle dich zuerst östlich, dann südlich, zuletzt westlich. Da der Blick des Bildes auf dich überall gleichmäßig hinschaut und dich nicht verläßt, wohin du auch gehen magst, so wirst du zum Nachdenken angeregt werden und sprechen:

Herr, jetzt schaue ich in diesem deinem Bilde deine *Vorsehung* in einer sinnlichen Erfahrung; denn wenn du mich nicht verlässest, der ich der Geringste von allen bin, so verlässest du keinen Menschen. Bei allen und jedem bist du so, wie bei allen und jedem das Sein ist, ohne das sie nicht sein können. Du, das absolute Sein von allem, bist so bei allen, als hättest du keine Sorge für etwas anderes. Dies kommt daher, weil jedes Wesen sein Sein allen andern und seine Art des Seins allen andern Arten vorzieht, und sein Sein dergestalt beschützt, daß

179

es das Sein aller andern lieber als das seinige zugrunde gehen ließe. Denn du, o Herr! schauest jedes Wesen so an, daß man denken sollte, du habest keine andere Sorge, als daß nur dieses Wesen auf die bestmögliche Weise existiere und daß alle andern Wesen nur dazu da seien, um zu dienen, damit das Wesen, das du anschauest, auf das beste existiere. Du läßt es, o Herr! mich durch keine Vorstellung denken, daß du ein anderes Wesen mehr liebst als mich, da nur mich dein Blick nicht verläßt. Und weil da das Auge ist, wo die Liebe, so erkenne ich, daß du mich liebst, weil auf mich, deinen Knecht, deine Augen mit der größten Aufmerksamkeit gerichtet sind. Herr! *Dein Sehen ist Lieben.* Und wie dein Blick sich so aufmerksam mir zuwendet, daß er sich niemals von mir kehrt, so auch deine Liebe. Und weil deine Liebe immer bei mir ist, und deine Liebe, o Herr! nichts anderes ist als du selbst, der du mich liebst, so bist du immer bei mir, o Herr! Du verlässest mich nicht, beschützest mich von allen Seiten, weil du die größte Sorgfalt für mich trägst. Dein Sein, so Herr! verläßt mein Sein niemals. Denn nur soweit bin ich, als du bei mir bist, und da dein Sehen dein Sein ist, so bin ich, weil du auf mich siehst, und wendest du deinen Blick von mir ab, so bin ich nicht mehr. Doch ich weiß, daß dein Blick jene größte Güte ist, welche sich jedem Empfänglichen mitteilen muß. Du kannst mich also niemals verlassen, solange ich für dich empfänglich bin. Meine Sache ist es daher, immer mehr für dich empfänglich zu werden. Ich weiß aber, daß die Empfänglichkeit, die zur Einigung führt, ein Ähnlichsein ist. Die Unempfänglichkeit kommt aus der Unähnlichkeit. Mache ich mich also auf jede mögliche Weise deiner Güte ähnlich, nach den Stufen der Ähnlichkeit[1], so werde ich für die Wahrheit empfänglich sein. Du hast mir, o Herr! das Sein gegeben, und ein solches Sein, das sich deiner Gnade und Güte immer empfänglicher machen kann. Die Kraft, die ich von dir habe, in welcher ich das lebendige Bild deiner Allmacht besitze, ist der freie Wille, durch welchen ich die Empfänglichkeit für deine Gnade erweitern oder einschränken kann: erweitern durch Gleichförmigkeit, wenn ich gut zu sein trachte, weil du gut bist, gerecht, weil du gerecht, barmherzig, weil du barmherzig; wenn all mein Streben nur auf dich gerichtet ist, weil all dein Streben auf mich gerichtet ist; wenn ich ganz aufmerksam nur auf dich hinsehe und nie den Blick meines Geistes wegwende, weil du mich beständig mit deinem Blicke umgibst; wenn ich meine Liebe nur dir zuwende, weil du, der du die Liebe bist, nur mir zugewendet bist. Was ist, o Herr! mein Leben, als die Umarmung, mit welcher deine süße Liebe mich so liebend umfaßt? Ich liebe mein Leben, weil du die Süßigkeit meines Lebens bist. Ich erblicke jetzt in dem Bilde, wie in einem Spiegel, *das ewige Leben*, weil dieses nur das selige Anschauen ist, mit welchem du in höchster Zärtlichkeit bis ins Innerste meines Herzens mich zu sehen nicht aufhörst. Dein Sehen ist ein Beleben, ein beständiges Einflößen der süßesten Liebe zu dir, durch dieses Einflößen ein Entflammen meiner Liebe zu dir, durch das Entflammen ein Nähren, durch das Nähren ein Anfeuern der Sehnsucht, durch das Anfeuern ein Tränken mit dem Taue der Wonne, durch das Tränken ein Einsenken der Quelle des Lebens, durch das Einsenken ein Vermehren und Andauern und ein Mitteilen deiner Unsterblichkeit, ein Verleihen der unverwelklichen Glorie des himmlischen, höchsten und größten Reiches, ein Mitteilen jener Erbschaft, welche nur dem Sohne gehört, ein Inbesitznehmen der Seligkeit, wo der Urquell aller Wonnen ist, die je erstrebt werden können, über welchen hinaus etwas Besseres nicht nur keinem Menschen oder Engel denkbar ist, sondern auch in keiner Weise des Seins existiert, denn es ist die absolute Größe selbst von jedem vernünftigen Verlangen, die nicht mehr größer sein kann.

Von der Frucht dieser Anschauung des Antlitzes und wie sie gewonnen wird

Groß ist die Wonne, mit der du, o Herr! auf diesem Wege meine Seele nährst. Eine Unterstützung geben mir hiebei teils die Erfahrungen dieses Lebens, teils die willkommenen Vergleichungen, die du eingibst. Denn da du, o Herr! jene Kraft, jenes Prinzip bist, aus dem alles ist, dein Antlitz jenes Prinzip ist, aus welchem alles das ist, was es ist, so betrachte ich jetzt diesen großen und herrlichen Nußbaum, dessen Prinzip ich zu sehen wünsche. Mit dem sinnlichen Auge sehe ich ihn groß und breit, farbig, voll Zweigen, Blättern und Nüssen. Mit dem geistigen Auge sehe ich, daß er in dem Samen war, nicht so wie ich ihn hier sehe, sondern der Kraft nach *(virtualiter)*. Ich beachte die wunderbare Kraft dieses Samens, in welchem der ganze Baum mit allen seinen Nüssen und mit allem neuen Samen der Nüsse enthalten war, und ich sehe, daß diese Kraft in keiner Zeit je ganz zu erschöpfen ist. Indessen ist die Kraft dieses Samens doch beschränkt, weil sie nur in dieser Gattung von Nüssen Geltung hat. So sehe ich denn die Samenkraft aller Bäume aller Gattungen beschränkt auf jede Gattung. Will ich daher die absolute Kraft aller Gesäme und ihr Prinzip erkennen, so muß ich über alle Samenkraft, die gedacht werden kann, hinausgehen und in das Gebiet jener Unwissenheit eingehen, in welcher nichts von der Kraft des Samens zu finden ist. Dann finde ich in jener Finsternis die staunenswerte Kraft, keiner denkbaren Kraft erreichbar, welche das Prinzip ist, das jeder Kraft dessen, was Same oder nicht Same ist, das Sein verleiht. Da diese absolute und über alles erhabene Kraft jeder Samenkraft es verleiht, daß sie virtuell den Baum mit allem, was zum Baume gehört und aus ihm hervorgeht, in sich faßt, so faßt jenes Prinzip im Keime und in absoluter Weise als Ursache alles in sich, was als Wirkung von ihr hervortritt. Ich erkenne daher den Baum als eine Entfaltung der Samenkraft und den Samen als eine Entfaltung der allmächtigen Kraft. Ich sehe ein, daß, wie der Baum im Samen nicht Baum, sondern die Kraft des Samens ist, so die Kraft des Samens in ihrer Ursache, welche die Kraft aller Kräfte ist, nicht Samenkraft, sondern absolute Kraft ist. So ist der Baum in dir, meinem Gotte, du selbst, o mein Gott, in dir ist er die Wahrheit und das Urbild seiner selbst. Ebenso ist der Same des Baumes in dir die Wahrheit und das Urbild seiner selbst: für Baum und Samen bist du, o Gott! Wahrheit und Vorbild. Du bist die Natur aller Naturen. O Gott! wohin hast du mich geführt, daß ich nun sehe, dein absolutes Antlitz sei das natürliche Antlitz jeder Natur, die absolute Wesenheit alles Seins, die Kunst und Wissenschaft alles Wissens. Wer also dein Antlitz zu sehen verdient, sieht alles enthüllt und nichts bleibt ihm verborgen. Alles weiß und alles hat, o Herr! wer dich hat, alles hat, wer dich sieht, denn niemand sieht dich, der dich nicht hat, niemand kann sich dir nahen, weil du unnahbar bist. Niemand faßt dich, es sei denn, du schenkest dich ihm. Wie habe ich dich, o Herr! da ich nicht würdig bin, vor deinem Antlitze zu erscheinen? Wie soll mein Gebet zu dir gelangen, da du auf jede Weise unzugänglich bist? Wie soll ich dich verlangen? Denn was ist ungereimter, als zu verlangen, daß du dich mir schenkest, der du alles in allem bist? Und wie wirst du dich mir geben, wenn du mir nicht zugleich Himmel und Erde und alles, was in ihnen ist, gibst? Ja, wie wirst du dich mir geben, wenn du nicht mich selbst mir gibst? Indem ich so in der Stille der Betrachtung ruhe, sprichst du, o Herr! in mein Herz hinein zu mir: *Sei du dein eigen und ich werde dein eigen sein!* O Herr! du Wonne aller Süßigkeit, du hast es ganz in meine Freiheit gelegt, daß ich, wenn ich will, mir angehöre. Gehöre ich daher nicht mir an: so gehörst auch du nicht mir; denn du nötigst die Freiheit, da du nicht mir gehören kannst, wenn ich nicht mir gehöre. Weil du jedoch dies ganz in meine freie Wahl gelegt hast, so nötigst du mich nicht, sondern erwartest, daß ich es erwähle, mir selbst anzugehören. Von mir hängt es also ab, nicht von dir, o Herr! weil du deine große Güte nicht einschränkest, sondern auf das Reichlichste über alle Empfängliche ausgießest. Und deine Güte, das bist du, o Herr! Wie gehöre ich aber mir an, wenn du, o Herr! mich nicht belehrst? Das ist deine Lehre, daß der Sinn der Vernunft gehorche und die Vernunft herrsche. Dient der Sinn der Vernunft, dann gehöre ich mir selbst an. Allein, die Vernunft wird durch nichts anderes gebildet als durch dich, o Herr! der du das Wort und die Vernunft aller Vernunft bist. Ich erkenne nun: Wenn ich dein Wort höre, das in mir unaufhörlich redet und beständig in meiner Vernunft leuchtet, so bin ich mein eigen, frei, kein Sklave der Sünde, und du gehörst mir, gibst mir zu sehen dein Antlitz und ich bin glückselig – Gepriesen seiest du daher, o Gott! in deinen Gaben, der du allein imstande bist, meine Seele zu trösten und zu der Hoffnung aufzurichten, dich zu erreichen und zu genießen, als ihre eigentümliche Gabe und als den unendlichen Schatz alles Wünschenswerten.

Das Sehen Gottes ist Lieben, Verursachen, Lesen und alles in sich fassen

Mein Herz ruht nicht, o Herr! weil deine Liebe es mit solcher Sehnsucht entflammt hat, daß es nur in dir ruhen kann. Ich habe angefangen, das Gebet des Herrn zu beten, und du hast es mir eingegeben zu beachten, daß du unser Vater bist. Dein Lieben ist dein Sehen, deine Vatergüte ist dein Schauen, das uns alle väterlich umfaßt; denn wir sagen: Vater unser. Du bist der Vater aller und jedes einzelnen. Wer da sagt: Du bist unser Vater, die väterliche Liebe, der begreift darunter alle und jedes deiner Kinder, denn der Vater liebt in der Art alle Kinder, daß er jedes einzelne liebt, weil er insofern der Vater aller ist, als er der Vater jedes einzelnen ist. So liebt er ein jedes seiner Kinder, daß jedes sich allen andern vorgezogen glaubt. Bist du also der Vater und unser Vater, so sind wir deine Kinder. Die Liebe des Vaters kommt aber der der Kinder zuvor. Solange wir deine Kinder sind und dich als Kinder anschauen, hörst auch du nicht auf, uns mit väterlichem Blicke anzuschauen. Du bist daher unser väterlicher Versorger und hast für uns eine väterliche Sorgfalt. Dein Sehen ist Vorsehung. Geben wir, deine Kinder, dich, den Vater, auf, so sind wir nicht mehr deine Kinder und nicht mehr freie Kinder, in unserer Gewalt, sondern wir ziehen in ein fernes Land, indem wir uns von dir trennen, und geraten in eine harte Knechtschaft, unter einen Fürsten, der dein Feind ist. Doch du, o Vater! der du wegen der uns verliehenen Freiheit, weil wir deine Kinder sind, der du die Freiheit selbst bist, uns zwar abirren und die Freiheit und das große Vermögen in den schlechten, sinnlichen Lüsten verzehren lässest, verlässest uns doch nicht ganz, sondern bist in beständiger Anregung uns nahe, redest in uns und rufst uns zu dir zurück, bereit, immer uns mit dem ewigen Vaterauge wieder anzuschauen, wenn wir zurückkehren und zu dir uns wenden. O guter Gott! blicke auf mich, der ich in Zerknirschung aus der elenden Sklaverei, der schmutzigen Lust der Schweine, in der ich, vor Hunger verschmachtet, jetzt zurückkehre, um in deinem Hause mich wieder zu sättigen. Nähre mich, o Herr! mit deinem Anblicke und lehre mich, daß dein Blick jeden Blick des Sehenden und alles Sichtbare, jeden Akt des Sehens, jede Sehkraft, jede sichtbare Kraft und alles, was aus allem dem entsteht, sehe. Denn dein Sehen ist *Verursachen*, du siehst alles, der du alles verursachst. [...] Herr! du siehst und hast Augen. Du bist daher das Auge, weil dein Haben dein Sein ist; du schauest daher in dir selbst alles. Wäre in mir das Sehen Auge wie in dir, mein Gott! so würde ich in mir alles sehen, weil das Auge ein Spiegel ist und ein noch so kleiner Spiegel in sich im Bilde einen großen Berg samt dessen ganzer Oberfläche sieht. Die Gestalten von allem sind in dem Spiegel des Auges. Weil aber unser Blick mittelst des Auges als Spiegel nur den einzelnen Gegenstand sieht, dem er sich zuwendet, da seine Sehkraft durch das Objekt determiniert ist, so sieht er nicht alles, was der Spiegel des Auges zu erfassen vermag. Dein Blick aber, der ein lebendiger Spiegel ist, sieht in sich alles, ja, weil er die Ursache alles Sichtbaren ist, so erfaßt und erschaut er alles in der Ursache und dem Grunde von allem, d. i. in sich selbst. Dein Auge, o Herr! reicht ohne Hemmung zu allem. Denn daß unser Auge durch die Objekte seine Richtung erhält, rührt daher, weil unser Blick nur durch einen quantitativen Winkel sieht, dein Augenwinkel aber, o Gott! ist nicht ein quantitativer, sondern ein unendlicher, er ist ein Kreis, ja die unendliche Sphäre; dein Blick ist das Auge des unendlich Sphärischen und Vollkommenen. Er sieht daher im Umkreise, nach oben und unten, alles zugleich. O wie bewunderungswürdig ist dein Blick, welcher *theos** ist für alle, die ihn erforschen! wie schön und liebenswürdig für alle, die dich lieben! wie erschrecklich für alle, die dich, mein Gott und Herr! verlassen! Durch deinen Blick, o Herr! belebst du jeden Geist, erfreuest jeden Glücklichen, verscheuchest jede Traurigkeit. So blicke denn mit Barmherzigkeit auf mich herab, und meiner Seele ist Heil widerfahren!

Gott wird jenseits der Koinzidenz der Gegensätze erkannt. Sein Sehen ist Sein

Ich stehe vor dem Bildnisse deines Antlitzes, mein Gott! das ich mit sinnlichen Augen anschaue. Ich bestrebe mich, mit innern Augen die Wahrheit anzuschauen, die in dem Gemälde angedeutet ist. Da drängt es sich mir auf, wie klar dein Blick rede. Denn dein Reden ist nichts anderes als dein Sehen, da sie in dir, der absoluten Einfachheit, nicht real differieren. Ich erkenne es klar, daß du zugleich alles und jedes siehst, weil

---

* Gott (griech.)

ich, wenn ich predige, zugleich und auf einmal zu der versammelten Gemeinde rede, indem ich zu allen in der Kirche ein und dasselbe Wort und in diesem einen Wort zu jedem rede. Was für mich die Kirche ist, das ist für dich, o Herr! die ganze Welt und jede Kreatur, die ist oder sein kann. So sprichst du zu jedem, und die, zu denen du sprichst, siehst du. O Herr! höchster Trost aller auf dich Hoffenden, du gibst mir ein, daß ich dich durch mich liebe! Denn du hast mir ein Antlitz nach deinem Belieben gegeben. Alle, denen ich predige, sehen es einzeln und zugleich, so wie jeder mein Wort hört. Ich aber kann nicht alle Redenden zugleich unterscheiden, hören oder sehen, sondern nur einen nach dem andern. Hätte ich aber eine solche innere Kraft, daß Gehörtwerden und Hören, Gesehenwerden und Sehen, Reden und Hören koinzidierten, wie sie bei dir, der höchsten Kraft, koinzidieren, so würde ich alle und jeden zugleich hören und sehen. Wie ich mit jedem zugleich reden könnte, würde ich auch aller und eines jeden Antworten in demselben Momente hören und sehen. Ich beginne daher an der Türe der Koinzidenz der Gegensätze *(coincidentia oppositorum)*, die der Engel bewacht, der am Eingange des Paradieses aufgestellt ist, dich, o Herr! zu sehen. Dort bist du, wo Reden, Sehen, Hören, Verkosten, Berühren, Denken, Wissen und Einsehen ein und dasselbe sind, wo Sehen koinzidiert mit Gesehenwerden, Hören mit Gehörtwerden, Verkosten mit Verkostetwerden, Berühren mit Berührtwerden, Reden mit Hören, Schaffen mit Reden. Würde ich also sehen, wie ich sichtbar bin, so wäre ich keine Kreatur. Und wenn du, o Gott! nicht sehen würdest, wie du sichtbar bist, so wärest du nicht der allmächtige Gott. Von allen Kreaturen kannst du gesehen werden und alle siehst du: dadurch, daß du alle siehst, wirst du von allen gesehen. Anders können die Kreaturen nicht sein: durch dein Sehen sind sie. Würden sie nicht dich, den Sehenden, sehen, so hätten sie von dir kein Sein: das Sein der Kreatur ist dein Sehen und Gesehenwerden zugleich. Du redest durch dein Wort zu allem, was ist, und rufst ins Dasein, was nicht ist. Du redest zur Erde und berufst sie zur menschlichen Natur. Und es hört dich die Erde und dieses ihr Hören ist das Werden des Menschen. Du redest zum Nichts, als sei es etwas und rufst es zum Etwas, und das Nichts hört dich, weil etwas wird, was nichts war. O unendliche Kraft! dein Denken ist Reden; du denkst den Himmel und er ist, wie du ihn denkst, die Erde und sie ist, wie du sie denkst. – Doch zum Verwundern bist du, mein Gott! Du redest und denkst einmal; wie kommt es denn, daß nicht alles zumal, sondern vieles sukzessiv da ist? Wie kommt so Verschiedenes aus einem Gedanken? An die Schwelle der Türe hingestellt erleuchtest du mich mit der Einsicht: dein Gedanke ist die einfachste Ewigkeit selbst. Nun kann aber nichts werden nach der einfachsten Ewigkeit. Daher umgibt die unendliche Dauer = Ewigkeit alles Nacheinander. Was uns daher als Nacheinander erscheint, ist keineswegs nach (post) deinem Gedanken, der die Ewigkeit selbst ist. Dein einiger Gedanke, welcher dein Wort ist, umfaßt alles und jedes in sich, dein einiges Wort kann nicht vielfach, entgegengesetzt, veränderlich sein. So sehe ich denn, o Gott! daß nichts nach deinem Gedanken ist; alles ist, weil du es denkst, du denkst es aber in der Ewigkeit, das Nacheinander in der Ewigkeit in die Ewigkeit ohne Nacheinander, dein Wort selbst, o Herr und Gott! Ein Ding, das uns zeitlich erscheint, hast du nicht eher gedacht, als es ist. Denn in der Ewigkeit, in der du denkst, koinzidiert alles Nacheinander der Zeit mit dem Jetzt der Ewigkeit. Es gibt daher keine Vergangenheit oder Zukunft, wo Zukunft und Vergangenheit mit der Gegenwart koinzidieren; daß aber Dinge in dieser Welt früher oder später existieren, rührt daher, weil du diese Dinge früher nicht als Seiende gedacht hast. In wessen Gedanken ein Vorher und Nachher vorkommt, so daß er zuerst das eine denkt und nachher ein anderes, der ist nicht allmächtig. Weil nun du der allmächtige Gott bist, so bist du innerhalb der Mauer im Paradiese. Die Mauer ist die Koinzidenz des Spätern mit dem Frühern, wo das Ende koinzidiert mit dem Anfange, wo α und ω dasselbe sind.[2] Immer sind daher die Dinge, weil du sagst, daß sie seien, und sie sind nicht eher, weil du es nicht eher sagst. Wenn ich lese, Adam habe vor so vielen Jahren gelebt und heute sei ein solcher (Adam d. i. Mensch wieder) geboren worden, so scheint es unmöglich, daß Adam *damals* lebte, weil du es damals gewollt hast und daß ein solcher uns in gleicher Weise heute geboren wurde, weil du es *jetzt* gewollt hast, und daß du gleichwohl nicht früher gewollt hast, daß ein Adam sei, als bis der jetzige geboren wurde. Allein, was unmöglich scheint, ist die Notwendigkeit selbst; denn Jetzt und Damals sind erst nach deinem Worte. Daher begegnen sie dem, der sich dir naht, in der Mauer, die den Ort umgibt, wo du in der Koinzidenz (der Gegensätze) wohnst; denn Jetzt und Damals koinzidieren im Umkreise der Mauer des Paradieses. Du aber, o mein Gott! lebst und redest über dem Jetzt und Damals hinaus, denn du bist die absolute Ewigkeit.

Martin Luther

Daß allein der Glaube ohne alle Werke fromm, frei und selig macht

Martin Luther, der wie kaum ein anderer Mensch das religiöse, geistige und politische Leben der letzten Jahrhunderte beeinflußte, hat sein reformatorisches Wirken mit einer neuen Auffassung vom Menschen, von dessen innerer Freiheit und seelischem Frieden verbunden. – Zwischen Luthers Geburt im Jahr 1483 im nordthüringischen Eisleben und seinem Tod 1546 am gleichen Ort sind dies die wichtigsten Stationen seines Lebens: Nach dem Abschluß von Schule und Grundstudium studierte der Sohn eines Bergmanns nicht Jura, wie es der Vater wollte, sondern trat – aufgrund eines Gelübdes im Gewitter – 1505 in das Augustinerkloster in Erfurt ein. Auf die Priesterweihe und das Studium der Theologie folgte die Professur für biblische Wissenschaften, die er lebenslang in Wittenberg innehatte. Am 31. Oktober 1517 veröffentlichte Luther seine 95 Thesen, die gegen den kirchlichen Ablaßhandel gerichtet waren. Seine Absicht war zunächst nur, mit diesen Thesen eine akademische Disputation in Gang zu bringen; aber er entfachte mit ihnen eine Bewegung, die schnell im ganzen Volk anwuchs. (In einem späteren Selbstzeugnis sagt er: »Ich bin nur durch die Verkettung der Umstände, nicht aus freien Stükken und mit Vorbedacht in diesen Sturm hineingeraten.«)

In den folgenden Auseinandersetzungen bestand Luther darauf, daß sowohl die Konzilien wie auch der Papst irren könnten und dieser »nicht nach göttlichem Recht Oberhaupt der Kirche« sei, später sogar darauf, daß der Papst der »Antichrist« sei, weil er sich über das Wort Gottes erhebe. Nachdem der Reformator den geforderten Widerruf verweigert und die Bann-Androhungsbulle verbrannt hatte, wurde er Anfang Januar 1521 als Ketzer gebannt und exkommuniziert. Am 17. und 18. April desselben Jahres verteidigte er sich vor dem Reichstag in Worms, den Kaiser Karl V. einberufen hatte. Hier wurde über Luther die Reichsacht verhängt, nachdem er den verlangten Widerruf erneut verweigert hatte (»weil es gefährlich und unmöglich ist, etwas gegen das Gewissen zu tun«).

Die Vollstreckung der Acht verhinderte sein Landesherr, Kurfürst Friedrich der Weise, der ihn heimlich auf die Wartburg bringen ließ. In seinem Asyl übersetzte Luther das Neue Testament. Damit schuf er zugleich das frühe Neuhochdeutsch. Nach einem knappen Jahr kehrte Luther trotz päpstlichem Bann und Reichsacht nach Wittenberg zurück, um dort den sozialrevolutionären prophetischen »Schwärmern« mit dem Wort entgegenzutreten. Im Jahr 1525 verurteilte er die aufständischen Bauern und forderte dazu auf, sie mit allen gewaltsamen Mitteln zu bekämpfen. In der Schrift »Wider die räuberischen und mörderischen Rotten der Bauern« schrieb er: »Man soll sie zerschmeißen, würgen und stechen, heimlich und öffentlich, wer da kann, gleich als wenn man einen tollen Hund totschlagen muß.« Zugleich bekämpfte er Thomas Münzer, der sich mit theologischen Begründungen auf die Seite der Bauern stellte, die urchristliche Gleichheit predigte und Luther als das »geistlose sanft lebende Fleisch zu Wittenberg« angriff. Nach der Niederlage der Bauern fand die Reformation ihre gesellschaftliche Stütze zum Teil im Adel und bei den Fürsten, vor allem aber im Bürgertum.

In die folgende Zeit fallen Luthers Maßnahmen zur Neuordnung des Kirchen- und Schulwesens; außerdem der Streit mit dem Züricher Reformator Huldrych Zwingli über das Abendmahl, das heißt über die wirkliche oder zeichenhafte Gegenwart des Leibes und Blutes Christi; weiter die Übersetzung des Alten Testaments (1534 vollendet) und die Abfassung des Kleinen und Großen Katechismus. Einige Monate nach Luthers Tod führte die Spaltung der Kirche zum ersten Krieg zwischen den evangelischen und den vom Kaiser angeführten katholischen Reichsständen.

Luthers entscheidende Wende hatte sich zur Zeit der Veröffentlichung seiner Thesen vollzogen. Er gelangte damals zur Klärung der ihn am tiefsten beunruhigenden Frage: Wie kann der sündige Mensch vor Gott gerechtfertigt und selig werden? Seine charakteristische Antwort ist: Nicht durch die eigene Leistung – die »Werkgerechtigkeit« –, sondern allein durch den Glauben, der ein Gnadengeschenk Gottes ist (siehe Augustinus, S. 93–101). Der Glaube bezieht sich auf Christus, auf sein Leben und Sterben, wie sie durch das Neue Testament bezeugt sind. Die Heilige Schrift wird somit für Luther zur unbedingten Autorität; ihre Auslegung und ihr »Dolmetschen« werden maßgebend: Nach »tage- und nächtelangem Nachsinnen« über Paulus' Worte im Römerbrief 1,17 »fing ich an, die Gerechtigkeit Gottes zu begreifen, kraft deren der Gerechte aus Gottes Gnade selig wird, nämlich durch den Glauben: daß die Gerechtigkeit Gottes, die durch das Evangelium offenbart werde, in dem passiven Sinne zu verstehen ist, daß Gott in seiner Barmherzigkeit uns durch den Glauben rechtfertigt.« So sieht Luther selbst seine Entwicklung zum Reformator rückblickend in der Vorrede zum 1. Band der lateinischen Schriften. Schon 1515/16 lautet das Resultat der Römerbrief-Auslegung: »Gott will uns nicht durch unsere eigene, sondern durch fremde Gerechtigkeit und Weisheit selig machen.«

Gottes Wort in der Bibel setzt Luther als maßgebende Instanz gegen die Autorität nicht nur der päpstlichen Kirche, sondern auch der menschlichen Vernunft. Das zeigt vor allem die Schrift »Vom unfreien Willen«, die gegen den Humanisten Erasmus von Rotterdam gerichtet ist. In ihr weist Luther die Argumente zurück, die Erasmus mit Hilfe der Vernunft für die menschliche Selbstbestimmung und gegen die göttliche Vorherbestimmung sowie gegen die Erbsünden- und Gnadenlehre vorbringt. Auch die Unterscheidung des Humanisten zwischen der Wahrheit und der Auslegung der Bibel läßt er nicht gelten.

Ohne Skepsis hinsichtlich der Auslegung setzt Luther das biblische Wort grundsätzlich auch über die weltliche Herrschaft, die Obrigkeit. Wenn er diese legitimiert, dann auf dem (Um-)Weg seiner Interpretation der Bibel. Auf sie beruft er sich nicht nur, wenn er die Aufstände der Bauern und der »himmlischen Propheten« gegen die Obrigkeit als vom Teufel angestiftet verdammt, sondern auch, wenn er zur physischen Gewalt gegen die Juden auffordert und dazu aufruft, daß man deren Synagogen »mit Feuer anstecke«, »ihre Häuser desgleiche zerbreche und zerstöre« und ihnen alle heiligen Bücher wegnehme, »darin falsche Abgötterei, Lügen, Fluch und Lästerung gelehrt wird«.

Aus der Bibel begründet Luther auch seine Zwei-Reiche-Lehre vom weltlichen und geistlichen Reich. In der Schrift »Von weltlicher Obrigkeit, wie weit man ihr Gehorsam schuldig sei« (1523) führt er aus, daß Gottes »Regiment« einerseits im weltlichen Reich mittels Gewalt und Strafe die soziale Ge-

rechtigkeit sichert, wozu für ihn die Beibehaltung der sozialen Ungleichheit der Menschen gehört, und andererseits im geistlichen Reich für Gnade und Vergebung im Sinne der Bergpredigt sorgt (siehe dagegen Tolstoi, S. 285–296). Bei der Durchsetzung des weltlichen Rechts ist es »christlich und ein Werk der Liebe, die Feinde getrost zu würgen, rauben und brennen«. Wenn die Obrigkeit Unrecht tut, soll »man nicht widerstehen mit Gewalt, sondern nur mit Bekenntnis der Wahrheit«, das heißt mit dem Wort.

Die Anerkennung der Obrigkeit ist für Luther der vorausgesetzte Rahmen, in dem der Christenmensch dem Nächsten untertänig und ihm dienstbar sein soll; die Nächstenliebe entspringt ihrerseits wiederum aus dem Glauben an Christus, der den Menschen von den weltlichen Bedrängnissen und Zumutungen befreit. Die Freiheit, um die es Luther geht, ist also kein menschliches Vermögen und kein gesellschaftlicher Prozeß des Erringens der Selbstbestimmung, sondern die Bindung des religiösen Gewissens an Gottes Wort in der Bibel. Im Vertrauen auf Gottes Verheißung und Heilszusage – die kein sicheres Wissen des Heils ist – findet die menschliche Seele Frieden und Seligkeit. Das legt Luther in seiner zentralen Schrift »Von der Freiheit eines Christenmenschen« dar, die er auf dem Höhepunkt des reformatorischen Aufbruchs im Jahr 1520 verfaßt hat. Aus diesem Werk folgen hier die wichtigsten Abschnitte.

Damit wir gründlich erkennen können, was ein Christenmensch ist und wie es um die Freiheit bestellt ist, die ihm Christus erworben und gegeben hat, von der St. Paulus viel schreibt, will ich diese zwei Thesen aufstellen:

Ein Christenmensch ist ein freier Herr über alle Dinge und niemandem untertan.

Ein Christenmensch ist ein dienstbarer Knecht aller Dinge und jedermann untertan.

Diese beiden Thesen stehen klar bei St. Paulus, 1. Kor. 9,19: »Ich bin frei in allen Dingen und habe mich zu eines jedermanns Knecht gemacht.« Ebenso Röm. 13,8: »Ihr sollt niemandem in etwas verpflichtet sein, als daß ihr euch untereinander liebt.« Liebe aber, die ist dienstbar und untertan dem, das sie lieb hat. So heißt es auch von Christus, Gal. 4,4: »Gott hat seinen Sohn ausgesandt, von einem Weib geboren und dem Gesetz untertan gemacht.«

Um diese beiden widerständigen Reden von der Freiheit und der Dienstbarkeit zu verstehen, sollen wir eingedenk sein, daß jeder Christenmensch von zweierlei Natur ist, geistlicher und leiblicher. Nach der Seele wird er ein geistlicher, neuer, innerlicher Mensch genannt, nach dem Fleisch und Blut wird er ein leiblicher, alter und äußerlicher Mensch genannt. Und um dieses Unterschiedes willen werden von ihm in der Schrift Sätze gesagt, die stracks widereinander sind, wie ich jetzt gesagt habe von der Freiheit und Dienstbarkeit.

So nehmen wir uns den inwendigen, geistlichen Menschen vor, um zu sehen, was dazu gehört, damit er ein frommer, freier Christenmensch ist und heißt. Es ist ja offenbar, daß kein äußerliches Ding ihn frei oder fromm machen kann, wie es auch immer genannt werden mag; denn seine Frommheit und Freiheit, wiederum seine Bosheit und sein Gefängnis sind weder leiblich noch äußerlich. Was hilft es der Seele, daß der Leib ungefangen, frisch und gesund ist, ißt, trinkt, lebt, wie er will? Wiederum, was schadet es der Seele, daß der Leib gefangen, krank und matt ist, hungert, dürstet und leidet alles, wie er es nicht gern will? Von diesen Dingen reicht keines bis an die Seele, um sie zu befreien oder zu fangen, sie fromm oder böse zu machen.

So hilft es der Seele nichts, wenn der Leib heilige Kleider anlegt, wie es die Priester und Geistlichen tun; auch nicht, wenn er in den Kirchen und an den heiligen Stätten ist; auch nicht, wenn er leiblich betet, fastet, wallfahrtet und alle guten Werke tut, die nur immer durch den Leib und in dem Leibe geschehen können. Es muß noch alles etwas ganz anderes sein, was der Seele Frommheit und Freiheit bringt und gibt. Denn alle diese oben genannten Stücke, Werke und Weisen kann auch ein böser Mensch, ein Gleisner und Heuchler an sich haben und ausüben. Durch solch ein Treiben wird auch kein anderes Volk als eitel Gleisner werden. Wiederum schadet es der Seele nichts, wenn der Leib unheilige Kleider trägt, an unheiligen Orten ist, ißt, trinkt, wallfahrtet, nicht betet und alle die Werke anstehen läßt, die die oben genannten Gleisner tun.

Die Seele hat kein anderes Ding, weder im Himmel noch auf der Erde, worin sie lebt, fromm, frei und Christ ist, als das heilige Evangelium, das Wort Gottes, von Christus gepredigt. Wie er selbst sagt Joh. 11,25: »Ich bin das Leben und die Auferstehung; wer da an mich glaubt, der lebt ewig.« Ebenso Joh. 14,6: »Ich bin der Weg, die Wahrheit und das Leben.« Ebenso Matth. 4,4: »Der Mensch lebt nicht allein von dem Brot, sondern von allen Worten, die da gehen von dem Mund Gottes.« So müssen wir nun gewiß sein, daß die Seele alle Dinge entbehren kann, ausgenommen das Wort Gottes, und ohne das Wort Gottes ist ihr mit keinem Ding geholfen. Wenn sie aber das Wort hat, dann bedarf sie auch keines anderen Dinges mehr, sondern sie hat in dem Wort Genüge, Speise, Freude, Frieden, Licht, Kunst, Gerechtigkeit, Wahrheit, Weisheit, Freiheit und alles Gute überschwenglich. [...]

Fragst du aber: Was ist denn das Wort, das so große Gnade gibt, und wie soll ich es gebrauchen?, dann lautet die Antwort: Es ist nichts anderes als die von Christus geschehene Predigt, wie sie das Evangelium enthält. Die soll dazu sein und ist dazu getan, daß du deinen Gott zu dir reden hörst, wie all dein Leben und deine Werke nichts vor Gott sind, sondern du mit allem, was in dir ist, ewig verderben müßtest. Wenn du das recht glaubst, wie du es schuldig bist, dann mußt du an dir selbst verzweifeln und bekennen, daß der Spruch Hos. 13,9 wahr ist: »O Israel, in dir ist nichts als dein Verderben; allein aber in mir steht deine Hilfe.« Damit du aber aus dir und von dir, das heißt: aus deinem Verderben, herauskommen möchtest, deshalb setzt er dir seinen lieben Sohn Jesus Christus vor und läßt dir durch sein lebendiges tröstliches Wort sagen: Du sollst dich in ihn mit festem Glauben ergeben und frisch auf ihn vertrauen. Dann sollen dir um dieses Glaubens willen alle deine Sünden vergeben, soll all dein Verderben überwunden sein, und du sollst gerecht, wahrhaftig, befriedet, fromm und alle Gebote sollen erfüllt sein, du sollst von allen Dingen frei sein. So sagt St. Paulus Röm. 1,17: »Ein gerechtfertigter Christ lebt nur von seinem Glauben.« Und Röm. 10,4: »Christus ist das Ende und die Fülle aller Gebote für die, die an ihn glauben.«

Darum soll das billig aller Christen einziges Werk und einzige Übung sein, daß sie das Wort und Christus wohl in sich bilden, um solchen Glauben stetig zu üben und zu stärken. Denn kein anderes Werk kann einen Christen machen. So sagte auch Christus Joh. 6,28 f. zu den Juden, als sie ihn fragten, was für ein Werk sie tun sollten, damit sie göttliche und christliche Werke täten, da sprach er: »Das ist das einzige göttliche Werk, daß ihr an den glaubt, den Gott gesandt hat«, den Gott, der Vater, auch allein dazu verordnet hat. Darum ist es ein ganz überschwenglicher Reichtum, ein rechter Glaube an Christus; denn er bringt alle Seligkeit mit sich und nimmt alle Unseligkeit ab, wie Markus zum Schluß sagt: »Wer da glaubt und getauft ist, der wird selig. Wer nicht glaubt, der wird verdammt.« (16,16) [...]

Wie geht es aber zu, daß der Glaube allein fromm machen und ohne alle Werke so überschwenglichen Reichtum geben kann, wenn doch in der Schrift uns so viele Gesetze, Gebote, Werke, Stände und Weisen vorgeschrieben sind? Hier ist fleißig zu merken und ja mit Ernst zu behalten, daß allein der Glaube ohne alle Werke fromm, frei und selig macht, wie wir hernach mehr hören werden; und es ist zu wissen, daß die ganze heilige Schrift in zweierlei Worte geteilt wird: Das sind die Gebote oder das Gesetz Gottes und die Verheißungen oder Zusagen. Die Gebote lehren und schreiben uns mancherlei gute Werke vor; nur sind sie damit noch nicht geschehen. Sie geben wohl Anweisung, sie helfen aber nicht; sie lehren, was man tun soll, geben aber keine Stärke dazu. Darum sind sie nur dazu verordnet, daß der Mensch daran sein Unvermögen zum Guten sieht und an sich selbst zu verzweifeln lernt. Und darum heißen sie auch das Alte Testament und gehören alle ins Alte Testament, wie etwa das Gebot: »Du sollst keine böse Begierde haben« (2. Mose 20,17) beweist, daß wir allesamt Sünder sind und kein Mensch ohne böse Begierde zu sein vermag, er tue, was er will. Daraus lernt er, an sich selbst zu verzagen und anderswo Hilfe zu suchen, damit er ohne böse Begierde sei und so das Gebot durch einen anderen erfüllt werde, was er aus sich selbst nicht vermag. So sind auch alle anderen Gebote uns unmöglich.

Wenn nun der Mensch aus den Geboten sein Unvermögen gelernt und empfunden hat, daß ihm nun angst wird, wie er dem Gebote Genüge tut, weil ja doch das Gebot erfüllt sein oder er verdammt sein muß, dann ist er recht gedemütigt und zunichte geworden in seinen eigenen Augen. Er findet nichts in sich, wodurch er fromm werden könnte. So kommt darauf das andere Wort, die göttliche Verheißung und Zusage, und spricht: Willst du alle Gebote erfüllen, deine böse Begierde und Sünde loswerden, wie die Gebote zwingen und fordern, sieh auf, glaube an Christus, in dem ich dir alle Gnade, Gerechtigkeit, Friede und Freiheit zusage. Glaubst du, so hast du; glaubst du nicht, so hast du nicht. Denn was dir unmöglich ist mit allen Werken der Gebote, deren viele sind und die doch von keinem Nutzen sein können, das wird dir leicht und einfach durch den Glauben. Denn ich habe alle Dinge aufs kürzeste in den Glauben gestellt, so daß, wer ihn hat, soll alle Dinge haben und selig sein; wer ihn nicht hat, soll nichts haben. So geben die Zusagen Gottes, was die Gebote fordern, und sie vollbringen, was die Gebote heißen, damit es alles Gott eigen sei, Gebot und Erfüllung. Er verheißt allein; er erfüllt auch allein. Darum sind die Zusagen Gottes Wort des Neuen Testaments und gehören auch ins Neue Testament.

Nun sind diese und alle Gottesworte heilig, wahrhaftig, gerecht, friedsam, frei und voll aller Güte. Darum – wer ihm mit einem rechten Glauben anhängt, dessen Seele wird mit ihm vereinigt, so ganz und gar, daß alle Tugenden des Wortes auch der Seele zu eigen werden. Und so wird die Seele durch den Glauben von dem Gotteswort heilig, gerecht, wahrhaftig, friedsam, frei und voll aller Güte, ein wahrhaftiges Kind Gottes, wie Joh. 1,12 sagt: »Er hat ihnen gegeben, daß sie Kinder Gottes werden mögen, alle, die an seinen Namen glauben.«

Hieraus ist leicht zu merken, warum der Glaube so vieles vermag und daß kein gutes Werk ihm gleich sein kann; denn kein gutes Werk hängt so am göttlichen Wort wie der Glaube, es kann auch keines in der Seele sein; sondern allein das Wort und der Glaube regieren in der Seele. Wie das Wort ist, so wird auch die Seele von ihm, gleich dem Eisen, das glutrot wird wie das Feuer aus der Vereinigung mit dem Feuer. So sehen wir, daß ein Christenmensch an dem Glauben genug hat; er bedarf keines Werkes, damit er fromm sei. Bedarf er denn keines Werkes mehr, so ist er gewiß entbunden von allen Geboten und Gesetzen. Ist er entbunden, so ist er gewiß frei. Das ist die christliche Freiheit, der einzige Glaube, der da macht, nicht daß wir müßig gehen oder übel tun möchten, sondern daß wir keines Werkes zur Frommheit oder um Seligkeit zu erlangen bedürfen. [...]

Das sei nun von dem innerlichen Menschen, von seiner Freiheit und der Hauptgerechtigkeit, genug gesagt, der keines Gesetzes noch guter Werke bedarf, die ja eher schädlich sind, wenn jemand sich vermessen wollte, durch sie gerechtfertigt zu werden. Nun kommen wir zum zweiten Teil, zum äußerlichen Menschen. Hier wollen wir allen denen antworten, die sich über die vorige Rede ärgern und zu sprechen pflegen: Ei, wenn denn der Glaube alle Dinge ist und allein gilt, um uns genügend fromm zu machen, warum sind dann die guten Werke geboten? So wollen wir guter Dinge sein und nichts tun. Nein, lieber Mensch, nicht so. Es wäre wohl so, wenn du durch und durch ein innerlicher Mensch und ganz geistlich und innerlich geworden wärst, was aber bis an den Jüngsten Tag nicht geschieht. Es ist und bleibt auf Erden nur ein Anfangen und Zunehmen, das in jener Welt vollbracht wird. Daher nennt es der Apostel *primitiae spiritus* (Röm. 8,23), das sind die ersten Früchte des Geistes. Darum gehört hierher, was droben gesagt ist: »Ein Christenmensch ist ein dienstbarer Knecht und jedermann untertan«, entsprechend: Wenn er frei ist, braucht er nichts zu tun, wenn er Knecht ist, muß er allerlei tun. Wie das zugeht, wollen wir sehen.

Obwohl der Mensch inwendig nach der Seele durch den Glauben genügend gerechtfertigt ist und alles hat, was er haben soll, wobei dieser Glaube und das Genügen bis in jenes Leben immer mehr zunehmen, so bleibt er doch noch in diesem leiblichen Leben auf Erden und muß seinen eigenen Leib regieren und mit Leuten umgehen. Da heben nun die Werke an; hier kann er nicht müßig gehen; da muß fürwahr der Leib mit Fasten, Wachen, Arbeiten und mit aller mäßigen Zucht getrieben und geübt werden, damit er dem innerlichen Menschen und dem Glauben gehorsam und gleichförmig werde, ihn nicht hindere noch ihm widerstrebe, wie seine Art ist, wenn er nicht gezwungen wird. Denn der innerliche Mensch ist mit Gott eins, fröhlich und lustig um Christi willen, der ihm soviel getan hat, und all seine Lust besteht darin, daß er umgekehrt Gott auch umsonst in freier Liebe dienen möchte. [...]

Aber diese Werke dürfen nicht geschehen in der Absicht,

daß dadurch der Mensch vor Gott fromm werde, denn diese falsche Meinung kann der Glaube nicht dulden, der allein die Frommheit vor Gott ist und sein muß; sondern sie dürfen nur in der Absicht geschehen, daß der Leib gehorsam und von seinen bösen Lüsten gereinigt werde und daß das Auge nur auf die bösen Lüste sehe, um sie auszutreiben. Denn weil die Seele durch den Glauben rein ist und Gott liebt, will sie gern, daß auch alle Dinge rein wären, vor allem ihr eigener Leib, und daß jedermann mit ihr Gott liebt und lobt. So geschieht es, daß der Mensch schon seines eigenen Leibes wegen nicht müßig gehen kann, und er muß viele gute Werke zusätzlich üben, damit er ihn bezwinge. Und doch sind die Werke nicht das rechte Gut, wodurch er fromm und gerecht vor Gott ist; sondern er tue sie aus freier Liebe umsonst, um Gott zu gefallen. Nichts anderes sei darin gesucht noch angesehen, als daß es Gott gefällt, dessen Willen der Mensch gern aufs allerbeste täte. Daraus kann dann jeder die Weise und das Maß entnehmen, den Leib zu kasteien; denn er fastet, wacht, arbeitet soviel er sieht, daß es dem Leib not ist, um seinen Mutwillen zu dämpfen. Die anderen aber, die meinen, mit Werken fromm zu werden, haben keine acht auf die Kasteiung, sondern sehen nur auf die Werke und meinen, wenn sie davon nur viele und große tun, dann sei es wohlgetan und würden sie fromm. Zuweilen werden sie wahnsinnig und verderben ihre Leiber darüber; das ist eine große Torheit und ein mangelndes Verständnis christlichen Lebens und Glaubens, daß sie ohne Glauben durch Werke fromm und selig werden wollen. [. . .]

Darum sind die zwei Sprüche wahr: Gute Werke machen nimmermehr einen guten, frommen Mann, sondern ein guter Mann macht gute, fromme Werke. Böse Werke machen nimmermehr einen bösen Mann, sondern ein böser Mann macht böse Werke. [. . .] Dasselbe sehen wir in allen Handwerken. Ein gutes oder schlechtes Haus macht keinen guten oder schlechten Zimmermann, sondern ein guter oder schlechter Zimmermann macht ein schlechtes oder gutes Haus. Kein Werk macht einen Meister so, wie das Werk ist, sondern wie der Meister ist, danach ist auch sein Werk. So sind die Werke des Menschen auch: Wie es mit ihm im Glauben oder Unglauben steht, danach sind seine Werke gut oder böse, und nicht umgekehrt, wie seine Werke stehen, danach wäre er fromm oder gläubig. Ebenso wie die Werke nicht gläubig machen, so machen sie auch nicht fromm. Aber der Glaube macht, ebenso wie er fromm macht, so auch gute Werke. Weil denn die Werke niemanden fromm machen, aber der Mensch zuvor fromm sein muß, ehe er wirkt, so ist es klar, daß allein der Glaube aus lauterer Gnade, durch Christus und sein Wort, die Person genügend fromm und selig macht und daß kein Werk, kein Gebot einem Christen zur Seligkeit not ist; daß er vielmehr von allen Geboten frei ist und aus lauterer Freiheit alles umsonst tut, was er tut, in nichts damit seinen Nutzen oder seine Seligkeit sucht – denn er ist ja schon satt und selig durch seinen Glauben und Gottes Gnade –, sondern nur, um Gott darin zu gefallen. [...]

Das ist wohl wahr: Die Werke machen einen fromm oder böse vor den Menschen, das heißt, sie zeigen äußerlich an, wer fromm oder böse ist. Wie Christus sagt Matth. 7,20: »An ihren Früchten sollt ihr sie erkennen.« Aber das ist alles im Schein und äußerlich. Diese Ansicht macht viele Leute irre, die schreiben und lehren, wie man gute Werke tun und fromm werden soll, wobei sie doch niemals an den Glauben denken, gehen dahin, und nun führt immer ein Blinder den anderen, martern sich mit vielen Werken und kommen doch nimmer zur rechten Frommheit. [...] Wer nun nicht mit diesen Blinden irren will, muß weiter sehen als in die Werke, Gebote oder Lehre der Werke. Er muß vor allen Dingen in die Person sehen, wie die fromm wird. Die wird aber nicht durch Gebote und Werke, sondern durch Gottes Wort (das ist durch seine Verheißung der Gnade) und den Glauben fromm und selig, damit seine göttliche Ehre bestehen bleibe, daß er uns nicht durch unser Werk, sondern durch sein gnädiges Wort umsonst und aus lauter Barmherzigkeit selig macht.

Aus dem allen ist leicht zu verstehen, wie gute Werke zu verwerfen und nicht zu verwerfen sind und wie man alle Lehren verstehen soll, die gute Werke lehren. Denn wo der falsche Zusatz und die verkehrte Meinung drin sind, daß wir durch die Werke fromm und selig werden wollen, sind sie schon nicht gut und ganz verdammlich; denn sie sind nicht frei und schmähen die Gnade Gottes, die allein durch den Glauben fromm und selig macht, was die Werke nicht vermögen, und sie nehmen sich doch vor, dies zu tun, und greifen damit der

Gnade in ihr Werk und ihre Ehre. Darum verwerfen wir die guten Werke nicht als solche, sondern um dieses bösen Zusatzes und der falschen, verkehrten Meinung willen, die ja bewirkt, daß sie nur gut scheinen und doch nicht gut sind; sie betrügen sich und jeden damit, wie die reißenden Wölfe in Schafskleidern. Aber eben dieser böse Zusatz und diese verkehrte Meinung über die Werke sind unüberwindlich, wo der Glaube nicht ist. Der böse Zusatz muß in diesen Werkheiligen sein, bis der Glaube kommt und ihn zerstört. [...]

Das sei von den Werken im allgemeinen und von denen gesagt, die ein Christenmensch gegenüber seinem eigenen Leibe üben soll. Nun wollen wir noch von den Werken reden, die er gegenüber anderen Menschen tut. Denn der Mensch lebt nicht allein in seinem Leib, sondern auch unter anderen Menschen auf Erden. Darum kann er ihnen gegenüber nicht ohne Werke sein; er muß ja mit ihnen zu reden und zu schaffen haben, wiewohl ihm von diesen Werken zur Frommheit und Seligkeit keines not ist. Darum soll seine Absicht in allen Werken frei und nur dahin gerichtet sein, daß er anderen Leuten damit diene und nützlich sei, nichts anderes sich vor Augen stelle als das, was den anderen nötig ist. Das heißt dann ein wahrhaftiges Christenleben, und da geht der Glaube mit Lust und Liebe ins Werk, wie St. Paulus die Galater lehrt (Gal 5,6). [...]

So soll ein Christenmensch wie Christus, sein Haupt, sich voll und satt an seinem Glauben genügen lassen, den immer mehren, der sein Leben, seine Frommheit und Seligkeit ist, der ihm alles gibt, was Christus und Gott haben. [...] St. Paul spricht Gal. 2,20: »Was ich noch im Körper lebe, das lebe ich im Glauben an Christus, Gottes Sohn.« Und obwohl er nun ganz frei ist, will er sich doch willig zu einem Diener machen, seinem Nächsten zu helfen, mit ihm verfahren und handeln, wie Gott mit ihm durch Christus gehandelt hat, und das alles umsonst; will nichts anderes darin suchen als göttliches Wohlgefallen und so denken: Wohlan, mein Gott hat mir unwürdigem, verdammtem Menschen ohne alle Verdienste, rein umsonst und aus eitel Barmherzigkeit, durch und in Christus den vollen Reichtum aller Frommheit und Seligkeit gegeben, so daß ich hinfort nichts mehr bedarf als zu glauben, daß es so sei. Ei, so will ich solchem Vater, der mich mit seinen überschwenglichen Gütern so überschüttet hat, wiederum frei, fröhlich und umsonst tun, was ihm wohlgefällt, und meinem Nächsten gegenüber auch ein Christ werden, so wie Christus es mir geworden ist, und nichts mehr tun als das, wovon ich sehe, daß es ihm not, nützlich und selig ist, weil ich doch durch meinen Glauben in allen Dingen in Christus genug habe. Sieh, so fließt aus dem Glauben die Liebe und die Lust zu Gott und aus der Liebe ein freies, williges, fröhliches Leben, dem Nächsten umsonst zu dienen. Denn so wie unser Nächster Not leidet und unseres Überflusses bedarf, so haben ja auch wir Not gelitten und seiner Gnade bedurft. Darum sollen wir so, wie uns Gott durch Christus umsonst geholfen hat, durch den Leib und seine Werke nichts anderes tun als dem Nächsten helfen. So sehen wir, was für ein hochedles Leben es um ein christliches Leben ist, das leider nun in aller Welt nicht allein so darniederliegt, sondern auch nicht mehr bekannt ist oder gepredigt wird. [...]

Aus dem allen ergibt sich die Folgerung, daß ein Christenmensch nicht in sich selbst lebt, sondern in Christus und in seinem Nächsten; in Christus durch den Glauben, im Nächsten durch die Liebe. Durch den Glauben fährt er über sich in Gott, aus Gott fährt er wieder unter sich durch die Liebe und bleibt doch immer in Gott und göttlicher Liebe, ebenso wie Christus Joh. 1,51 sagt: »Ihr werdet noch sehen den Himmel offen stehen und die Engel auf- und absteigen über dem Sohn des Menschen.«

Sieh, das ist die rechte, geistliche, christliche Freiheit, die das Herz frei macht von allen Sünden, Gesetzen und Geboten, die alle andere Freiheit übertrifft wie der Himmel die Erde. Das gebe uns Gott recht zu verstehen und zu behalten. Amen.

Michel de Montaigne

Über die Ordnung und Ruhe der Lebensführung

Dem französischen Landedelmann und Philosophen Michel Eyquem de Montaigne (1533–1592), langjähriger Parlamentsrat in Bordeaux und dort auch zweimal Bürgermeister, verdanken wir eines der schönsten Bücher der Weltliteratur: die »Essais«, ein Werk, das seit seinem Erscheinen bis in unsere Zeit stets aufs neue enthusiastische Bewunderer, darunter beispielsweise Goethe, gefunden hat. Entstanden sind die »Versuche« ab 1572 – jenem Jahr also, in dem eine ganz Frankreich verheerende Serie von Bürger- und Glaubenskriegen mit der Bartholomäusnacht ihren traurigen Höhepunkt erreichte – in einem Turm des Schlosses der Familie Montaigne bei Bordeaux. Hier hatte sich der über die blutigen Wirren entsetzte wohlhabende Amtsadlige im Alter von 38 Jahren, wie er selbst kundtat, »in den Schoß der gelehrten Musen zurückgezogen«, um »in Ruhe und Sicherheit« die Tage zu verbringen, »die ihm zu leben bleiben«; und in der Abgeschiedenheit seines Bibliothekturmes hat er, von politischen Aktivitäten nur noch vorübergehend unterbrochen, sein 1580 erstmals veröffentlichtes Buch bis zu seinem Tod auch immer wieder überarbeitet und erweitert.

In der letzten Fassung der »Essais« ist eine riesige, zu großen Teilen auf der Antike fußende Bildungsmasse angehäuft. Der Humanist Montaigne war ein belesener Kenner der überlieferten griechischen und römischen Philosophie und Dichtung. Die Werke der Alten boten ihm den Fundus für sein eigenes Denken und Schreiben, doch wie in seinem sonstigen Leben war er, durch und durch individualistisch und insofern bereits ganz neuzeitlich empfindend, auch hier sehr auf Unabhängigkeit und Eigenständigkeit bedacht. Und zu gut waren ihm die Irrtümer und Schwächen selbst der Klassiker bekannt, als daß er sie hätte unkritisch verehren können. Häufig hatte er für sie sogar nur Spott oder ein mildes Lächeln übrig, betrachtete er ihr – letztlich bloß scheinbares – Wissen als nutzlose Buchgelehrsamkeit.

Nahezu uneingeschränkte Bewunderung empfand Montaigne nur für Sokrates. Dessen Eingeständnis, er wisse, daß er nichts wisse, war ganz nach dem Geschmack des besonnen abwägenden Franzosen. Neben dem Weltweisen aus Athen waren es vor allem die antiken Skeptiker, die auf ihn den stärksten Einfluß ausgeübt haben. Montaigne gilt als ihr souveränster und konsequentester geistiger Nachfahr und wird oft als Begründer der modernen philosophischen Skepsis bezeichnet. Das Grundprinzip des frühen Skeptizismus, der Mensch müsse sich, da es keine Erkenntnisgewißheit gebe, im Widerstreit der verschiedenen Vorstellungen des Urteils enthalten – woraus dann die Seelenruhe (ataraxia) folge –, hat er zu seiner Lebensmaxime erhoben.

Der Zweifel an der Möglichkeit objektiver Erkenntnis durchzieht als Leitmotiv Montaignes gesamtes Buch und läßt ihn jeglichen Absolutheitsanspruch der menschlichen Vernunft verwerfen. Worüber immer er auch schreibt, stets legt er an seinen Gegenstand die Meßlatte seiner skeptischen Gesinnung an. Nie aber ist er besserwisserisch und auftrumpfend, noch erhebt er den Anspruch, unumstößliche Wahrheiten zu verkünden. Montaigne will nicht belehren – »andere bilden den Menschen«, sagt er, »ich schildere ihn« –, und nichts liegt ihm ferner, als jemandem seine Meinung aufzudrängen. Mit völliger Offenheit gegenüber jeglichem Anderssein und einer schier unglaublichen Toleranz akzeptiert dieser zutiefst liberale Geist auch ihm wesensfremde Ansichten und Verhaltensweisen.

Neugierig und vorurteilsfrei, dabei aber gänzlich unsystematisch und manchmal fast spielerisch geht Montaigne an seine Themen heran. Ohne jedes Pathos, oft dagegen im Plauderton und voller Ironie, auch gegenüber ihrem Verfasser, handeln die 107 Essays, diese »Spaziergänge des Denkens« – so Herbert Lüthy in der Einleitung zu seiner brillant übersetzten Auswahl –, von solch unterschiedlichen Dingen wie den konfessionellen Streitigkeiten der Zeit, von der Heilkunde, von Freundschaft und Geselligkeit, Büchern, Pferden und Hausgeschäften, von Hexenprozessen und exotischen Völkern, von Kindererziehung, Freiheit und Tod, kurz: vom Alltäglichsten ebenso wie von den großen Menschheitsfragen. In all dies eingewoben aber ist das Nachdenken Montaignes über seine eigene Lebensführung, sind seine bis ins Intimste gehenden Re-

flexionen über sich selbst. Er vor allem ist es, den er erforschen will, dem Individuum Michel de Montaigne gilt sein eigentliches Erkenntnisinteresse. Und er sagt dies auch in aller Deutlichkeit schon in der Vorrede an den Leser: »Ich bin der einzige Inhalt meines Buches.« So sind die »Versuche« im Wortsinn ein Ausprobieren des persönlichen Denkvermögens, ein Ergründen des eigenen Ichs einschließlich seiner verborgensten psychischen Schichten. Diese Selbstanalyse aber geschieht mit staunenswerter Ehrlichkeit. Sie zielt nicht auf allgemeine, objektive Wahrheit, über die ein wirklicher Skeptiker gar keine endgültige Aussage machen kann, sondern auf subjektive Wahrhaftigkeit, und ihr einziger Zweck ist der, Richtlinien für eine dem Menschen Montaigne gemäße Lebensweise zu liefern. Denn »unser großes und herrliches Meisterwerk ist: richtig leben.«

Aus der Einsicht in seine eigene Unzulänglichkeit, in sein beständiges Schwanken in fast allen Dingen (»Ich habe von mir selbst nichts Ganzes, Einheitliches und Festes, ohne Verworrenheit und in einem Gusse auszusagen«) resultiert Montaignes Hang zur Bescheidenheit und zur Mäßigung seiner Meinungen – auch in Fragen von Politik und Religion. Unter anderem aus diesem Grund ist der weltbürgerlich gesonnene Franzose, trotz großer innerer Distanz zu den bestehenden Institutionen, zeitlebens königstreu und katholisch geblieben. Seine Aufgeschlossenheit und Toleranz hat es ihm aber ermöglicht, zwischen den Bürgerkriegsparteien als Vermittler zu wirken.

Bei aller in den »Essais« immer wieder vehement« geäußerten Skepsis gegenüber den Fähigkeiten der Vernunft verurteilt Montaigne niemals den menschlichen Erkenntnisdrang an sich, sondern lediglich dessen Maßlosigkeit und das damit verbundene hochmütige Streben des Homo sapiens, sich über die wohlgeordnete Schöpfung zu stellen. Nur wenige Jahrzehnte vor Descartes' gleichsam imperialistischer Definition des Menschen als »Gebieter und Besitzer der Natur« erhebt der eine Art Bruderschaft alles Kreatürlichen propagierende Philosoph seine kritische Stimme gegen die Hybris und den Machtanspruch der Ratio. Er spricht sich dafür aus, die Gegebenheiten der Außenwelt aus freier Einsicht gelassen zu akzeptieren und sich auch in die Widrigkeiten des Daseins zu fügen. Der hoffärtige Menschenstolz soll einer demütig-bescheidenen Huma-

nität Platz machen, die sich im Einklang mit der umhegenden Natur und Gott weiß. Der Lohn dafür sind innere Unabhängigkeit, ein Gefühl des Geborgenseins in der universalen Ordnung und der Frieden der Seele. Das ist, an der Schwelle zur Neuzeit und kurz vor dem endgültigen Durchbruch des naturwissenschaftlich-technokratischen Denkens, die Botschaft des Michel de Montaigne. In seinem letzten Essay – »Von der Erfahrung« – ist sie besonders deutlich vernehmbar. Nachfolgend einige Kostproben.

Welchen Gewinn [...] wir immer aus der Erfahrung ziehen können, schwerlich wird die viel zu unserer Erbauung dienen, die wir aus fremden Beispielen hernehmen, wenn wir uns die so wenig zunutze machen, die wir in uns selber finden, die uns vertrauter und sicherlich hinreichend ist, uns zu lehren, wessen wir bedürfen.

Ich studiere mich mehr als irgend einen Gegenstand. Das ist meine Metaphysik, das ist meine Physik.

> *Qua Deus hanc mundi temperet arte domum,*
> *Qua venit exoriens, qua deficit, unde coactis*
> *Cornibus in plenum menstrua luna redit;*
> *Unde salo superant venti, quid flamine captet*
> *Eurus, et in nubes unde perennis aqua.*
> *Sit ventura dies mundi quae subruat arces: –*
> *Quaerite, quos agitat mundi labor.**

In dieser Universität[1] lasse ich mich unwissend und gelassen nach dem allgemeinen Gesetz der Welt führen. Ich kenne es hinreichend, wenn ich es fühle. Meine Wissenschaft wird es nicht aus seiner Bahn bringen; mir zuliebe wird es seinen Gang nicht ändern. Es ist Torheit, es zu hoffen, und größere

---

* Mit welcher Kunst Gott dies Gebäude der Welt regiert, von wo der Mond empor- und wo er untertaucht, wie seine Sicheln sich jeden Monat wieder zum Ganzen vereinen; woher die Winde über die See hinstreichen, was das Wehen des Eurus uns bringt und woher die unerschöpflichen Wasser des Himmels; ob ein Tag kommen soll, der die Festen des Weltalls hinwegfegt (Properz, III, V, 26): – Suchet, ihr, die das Geheimnis des Weltbaues umtreibt. (Lucan, I, 417)

Torheit, sich damit zu mühen; denn es ist unumgänglich für alle gleich, allgültig und umfassend. Die Güte und Weisheit des Regenten muß uns voll und ganz der Sorge für sein Regiment entheben.

Die Untersuchungen und Betrachtungen der Philosophie dienen nur dazu, unsere Wißbegier zu ködern. Die Philosophen verweisen uns mit vollem Recht auf die Gebote der Natur; doch die aber wissen mit so erhabener Kenntnis nichts anzufangen: sie entstellen ihr Bild und zeigen uns ihr Antlitz in grellen Schminken und verzerrten Zügen, woraus so viele verschiedene Darstellungen eines so unwandelbaren Gegenstandes entspringen. Wie die Natur uns Füße zum Gehen gab, so gab sie uns auch Klugheit, uns im Leben zu leiten; nicht eine spitzfindige, stattliche, hochfahrende Klugheit, wie jene sie ausklügeln; aber geschmeidig und heilsam am rechten Ort verrichtet sie trefflich, was die andere in Worten sagt, wenn einer so glücklich ist, sich ihr ruhig und unbefangen, das heißt natürlich, zu überlassen. Wer sein Vertrauen am kindlichsten in die Natur legt, der legt es am weisesten an. O welch gelindes und sanftes und welch wohltuendes Kissen ist die Unwissenheit und Selbstbescheidung, einen guten Kopf zur Ruhe zu legen.

Ich möchte mich lieber recht auf mich selber verstehen als auf Cicero. An dem, was ich an mir selber erfahren habe, fände ich genug, ein Weiser zu werden, wenn ich ein guter Schüler wäre. Wer sich das Überborden eines vergangenen Zorns ins Gedächtnis zurückruft und bedenkt, wie weit ihn dies Fieber hinriß, erkennt die Häßlichkeit dieser Leidenschaft besser als bei Aristoteles und faßt gegen sie einen gerechteren Abscheu. Wer sich des Unheils erinnert, das er sich zuzog, und dessen, was ihn bedrohte, und der geringfügigen Ursachen, die ihn aus einer Lebenslage in die andere versetzten, rüstet sich damit auf künftige Schicksalswendungen und gelangt zur Einsicht in sein Menschenlos. Das Leben Caesars enthält für uns nicht mehr Lehren als das unsere: und ob kaiserlich oder namenlos, immer ist es ein Leben und allen menschlichen Geschicken ausgesetzt. Laßt uns nur hinhören: wir sagen uns alles, was wir vornehmlich bedürfen. Wer sich erinnert, wie oft er sich in seinem eigenen Urteil verrechnet hat, ist der nicht ein Tor, wenn er fortan nicht ein für allemal vor ihm auf der Hut ist? Wenn mich die Einwände eines andern einer falschen Meinung überführen, so entnehme ich daraus nicht so sehr, was er mir Neues gesagt hat und was ich in diesem besonderen Fall nicht wußte (das wäre ein geringer Erwerb), als vielmehr meine Schwachheit überhaupt und die Trüglichkeit meines Verstandes, woraus ich eine bessere Einsicht in mein ganzes Wesen gewinne. In all meinen übrigen Irrtümern tue ich desgleichen und finde in dieser Regel großen Nutzen für mein Leben. Ich betrachte nicht den Einzelfall und den Einzelmenschen wie einen Stein, über den ich gestrauchelt bin; ich lerne, meiner Gangart überall zu mißtrauen, und bemühe mich, sie in Zucht zu nehmen. Einsehen, daß man eine Dummheit getan oder gesagt hat, das ist nichts: man muß einsehen, daß man ein Dummkopf durch und durch ist, eine weit umfassendere und wichtigere Erkenntnis.

Die Schwierigkeiten und Dunkelheiten jeder Wissenschaft werden nur dem ersichtlich, der in sie eingetreten ist. Denn es bedarf immerhin eines gewissen Grades von Einsicht, um wahrnehmen zu können, daß man nicht weiß, und man muß eine Türe zu öffnen versucht haben, um zu erkennen, daß sie uns verschlossen ist. So auch in dieser Wissenschaft der Selbstkenntnis: daß ein jeder so schnellfertig und selbstsicher auftritt und meint, sich trefflich darauf zu verstehen, das bedeutet, daß ein jeder davon überhaupt nichts versteht, wie Sokrates im Xenophon den Euthydemos belehrt.[2] Ich, der ich kein anderes Studium betreibe, finde darin eine so unergründliche Tiefe und Vielfalt, daß all mein Lernen keine andere Ernte bringt, als mich fühlen zu lassen, wieviel mir zu lernen bleibt. Meiner so oft erkannten Schwachheit verdanke ich meinen Hang zur Bescheidenheit, zum Gehorsam gegen die Glaubenssätze, die mir vorgeschrieben sind, zu einer beständigen Gelassenheit und Mäßigung meiner Meinungen, und den Abscheu vor jener aufdringlichen und zänkischen Anmaßung, die so ganz auf sich selber traut und schwört, die tödlichste Feindin aller Zucht und Wahrheit. [...]

Am Ende ist dieses ganze Sudelgeköch, das ich hier anrichte, nichts als eine Aufzeichnung der Erfahrungen meines Lebens,[3] das in Ansehung der inneren Gesundheit mustergültig genug ist, um als abschreckendes Beispiel zu dienen.[4] Was aber die leibliche Gesundheit angeht, kann niemand eine nützlichere Kunde beibringen als ich, der ich sie rein und durch keinerlei Kunst und Meinung getrübt und verfälscht vorlege. [...]

Meine Lebensweise bleibt in gesunden und in kranken Tagen dieselbe: gleiches Bett, gleiche Stunde, gleiche Speise bekommt mir und gleicher Trank. Ich füge gar nichts hinzu, außer der Mäßigung des Mehr oder Weniger, nach meiner Kraft und meiner Lust. Gesundheit heißt für mich, daß ich mich ohne Störung in meiner gewohnten Verfassung erhalte. Sehe ich, daß die Krankheit mich nach der einen Seite hin aus der Bahn wirft? Wenn ich den Ärzten folge, so werden sie mich nach der andern hin davon abbringen: und so wäre ich denn sowohl durch Mißgeschick wie nach den Regeln der Kunst völlig aus dem Geleise. Ich glaube nichts fester als dies: daß mir der Gebrauch von Dingen, deren ich seit so langer Zeit gewohnt bin, niemals Schaden tun kann. [...]

Ob gesund oder krank, habe ich mich immer willig von den Gelüsten leiten lassen, die sich in mir regten. Ich räume meinen Wünschen und Neigungen großen Einfluß ein. Ich liebe es nicht, Übel durch Übel zu heilen; ich verabscheue die Heilmittel, die beschwerlicher sind als die Krankheit. Mit Nierensteinen geschlagen sein[5] und dazu noch mit dem Verbot, sich dem Austernschmaus hinzugeben, das sind zwei Übel für eines. Die Krankheit zwickt uns auf einer Seite, die Verordnung auf der andern. Da wir doch immer Gefahr laufen, uns zu verrechnen, laufen wir sie lieber im Gefolge der Freuden. Die Welt tut das Gegenteil und achtet nichts für nützlich, was nicht beschwerlich ist: alles Leichte ist ihr verdächtig. [...] Alles, was ich mit Unlust zu mir nehme, ist mir schädlich, und nichts ist mir schädlich, was ich mit Lust und Hunger genieße; nie ist mir Nachteil aus einem Beginnen erwachsen, das mir großes Vergnügen bereitete. Und so habe ich meinem Vergnügen gar großzügig vor allen ärztlichen Ratschlüssen den Vortritt gegeben. [...]

Die Erfahrung hat mich auch dies gelehrt, daß wir uns aus Ungeduld zugrunde richten. [...] Ich bin der Meinung Krantors,[6] daß man sich den Übeln weder trotzköpfig und wie von Sinnen widersetzen, noch ihnen vor Trägheit erliegen soll, sondern daß man ihnen der Natur und ihrer und unserer Beschaffenheit gemäß nachgeben muß. Man soll den Krankheiten Durchlaß gewähren; und ich finde, daß sie weniger bei mir verweilen, der ich sie gewähren lasse; und ich bin deren einige, die man für besonders hartnäckig und langwierig hält, durch ihren natürlichen Abgang losgeworden, ohne Hilfe und ohne Kunst und gegen deren Regeln. Lassen wir die Natur ein wenig walten: sie versteht ihr Geschäft besser als wir. – Aber der und der ist daran gestorben. – Das werdet auch ihr, wo nicht an diesem Leiden, so an einem andern. Wie viele sind nicht weniger daran gestorben, indes sie drei Ärzte auf dem Hals hatten? [...]

Wir müssen die Gesetze unseres Daseins geduldig ertragen. Wir sind bestimmt, alt, schwach und krank zu werden, trotz aller Arznei. Dies ist die erste Unterweisung, welche die Mexikaner ihren Kindern geben, wenn sie ihnen beim Austritt aus dem Mutterleib diesen Gruß darbringen: Kind, du bist zur Welt gekommen, um zu dulden; dulde, leide und schweige.

Es ist ungerecht, wehzuklagen, weil einem widerfahren ist, was jedem widerfahren kann. Seht jenen Alten, der Gott bittet, ihn bei voller und rüstiger Gesundheit zu erhalten, anders gesagt, ihn in die Jugend zurückzuversetzen.

*Stulte, quid haec frustra votis puerilibus optas?**

Ist es nicht Torheit? Sein Geschick will es anders. Das Zipperlein, das Griesleiden, die Verdauungsbeschwerden sind die Meilensteine der langen Jahre, wie die Hitze, die Regen und die Winde die langer Reisen. [...] Mein guter Mann, es ist vorbei: man kann dir nicht wieder auf die Beine helfen; man wird dich höchstens ein wenig aufpflastern und stützen und dein Elend um ein paar Stunden verlängern. Man muß leiden lernen, was man nicht vermeiden kann. Unser Leben besteht, wie der aus Gegensätzen aufgebaute Zusammenklang der Welt, aus ungleichen Tönen, sanften und rauhen, hohen und tiefen, leichten und schweren. Der Musikant, der nur die einen liebte, was wollte der? Er muß sie alle anschlagen und sie alle vereinen können. Und so auch wir das Gute und das

---

* Dummkopf, was flehst du fruchtlos mit kindischen Bittgebeten? (Ovid, Tristia III, VIII, 11)

209

Übel, das beides unserm Leben wesenseigen ist. Unser Dasein kann ohne diese Mischung nicht bestehen, und eine Seite ist ihm ebenso notwendig wie die andere. Sich gegen die Naturnotwendigkeit auflehnen wollen, das heißt dem Irrwitz des Ktesiphon[7] anheimfallen, der sich unterfing, sich mit seinem Maultier mit Fußtritten herumzuschlagen. [...]

Gott zeigt sich denen gnädig, denen er das Leben stückweise entzieht; das ist der einzige Segen des Alters. Der letzte Tod wird um so weniger schwer und peinvoll sein: er wird nur noch einen halben oder Viertelsmenschen töten. Da fällt mir eben ein Zahn aus, ohne Schmerz, ohne Beschwerde: es war das natürliche Ende seiner Dauer. Wie dieser Teil meines Wesens sind manche andere schon gestorben, und andere halb erstorben, die einst zu den tätigsten zählten und in der Blüte meines Alters den ersten Rang einnahmen. So schwinde ich hin und entgleite mir. Was wäre die Torheit meines Verstandes, wenn er den letzten Ruck dieses schon so weit gediehenen Sturzes so zu fühlen vermeinte, als geschähe er aus seiner ganzen Höhe? Ich hoffe es nicht.

Der Tod verwirkt sich und verschmilzt allüberall mit unserem Leben: der Niedergang kommt seiner Stunde zuvor und durchzieht selbst den Lauf unseres Aufstiegs. Ich habe Bildnisse von mir, wie ich mit fünfundzwanzig und mit fünfunddreißig Jahren aussah; ich vergleiche sie mit meinem jetzigen: wie nie und nimmermehr bin das noch ich! wie viel weiter ist mein jetziges Bild von diesen als von dem meines Todes entfernt! [...]

Ich selbst, der ich mich rühme, die Annehmlichkeiten des Lebens so begierig zu ergreifen, ich finde darin, wenn ich so recht scharf hinsehe, nahezu nichts als Wind. Aber wie denn? wir sind in allem eitel Wind. Und der Wind, weiser als wir, liebt doch sein Sausen und Brausen und begnügt sich mit dem, was seines Berufes ist, ohne sich Bestand und Dauer zu wünschen, die nicht sein Teil sind.

Wenn ich tanze, so tanze ich; wenn ich schlafe, so schlafe ich; ja, selbst wenn ich mich einsam in einem schönen Garten ergehe und meine Gedanken für einige Zeit mit fremden Dingen umgegangen sind, lenke ich sie für einige Zeit wieder auf meinen Spaziergang zurück, auf den Garten, auf die Wonne dieser Einsamkeit und auf mich. Die Natur hat mütterlich darauf geachtet, daß das, was sie uns zu unserer Notdurft tun heißt, uns auch zur Lust sei, und beruft uns dazu nicht nur durch die Vernunft, sondern auch durch die Begierde: es ist unrecht, ihre Gebote zu verstümmeln.

Wir sind große Toren. Er hat sein Leben müßig verbracht, sagen wir; ich habe heute nichts getan. – Wie? Hast du nicht gelebt? Das ist nicht nur die wichtigste, sondern auch die rühmlichste deiner Beschäftigungen. – Hätte man mich an das Steuer der großen Geschäfte gestellt, so hätte ich gezeigt, wessen ich fähig gewesen wäre. – Hast du dein Leben zu bedenken und zu führen gewußt? so hast du das größte aller Werke vollbracht. Um sich zu zeigen und zu vollenden, bedarf die Natur des Glückes nicht: sie zeigt sich gleicherweise in allen Ständen und hinter dem Vorhang wie ohne Vorhang. Deine Gesittung an den Tag zu legen, nicht Bücher zutage zu fördern ist dir aufgetragen, und nicht, daß du Schlachten und Provinzen, sondern daß du die Ordnung und Ruhe deiner Lebensführung gewinnest. Unser großes und herrliches Meisterwerk ist: richtig leben. Alle anderen Dinge, Herrschen, Schätzesammeln, Bauen, sind höchstens nur Anhängsel und Beiwerke. Es ist mir eine Lust, zu sehen, wie ein Feldherr am Fuß der Schanze, gegen die er in Kürze Sturm laufen wird, sich ganz frei und unbefangen dem Gespräch mit seinen Freunden hingibt; und wie Brutus, als sich Himmel und Erde gegen ihn und gegen die römische Freiheit verschworen hatten, seinen nächtlichen Runden eine Stunde abgewann, um in aller Ruhe Polybius[8] zu lesen und anzumerken. Nur kleine Seelen, die unter der Last der Geschäfte erliegen, sind nicht imstande, sie rein und ganz von sich abzuschütteln, sie liegenzulassen und wieder aufzunehmen.

O fortes peioraque passi
Mecum saepe viri, nunc vino pellite curas;
*Cras ingens iterabimus aequor.**

Die Entspanntheit und Leichtigkeit ehrt, so scheint mir, über alle Maßen und kleidet trefflich eine starke und hochgemute

---

* O meine wackern Gefährten der schlimmsten Gefahren, verscheucht nun die Sorgen mit Wein; morgen geht wieder die Fahrt aufs unendliche Meer. (Horaz, Oden, I, VII, 30)

Seele. Sich in die Reigen der Jugend seiner Stadt zu mischen, zu singen, zu spielen, hielt Epaminondas[9] nicht für Dinge, die dem Ruhm seiner glorreichen Siege und der vollendeten Reinheit seiner Sitten abträglich wären. [...] Und nichts zeichnet Sokrates mehr aus als dies, daß er als alter Mann die Zeit findet, sich das Tanzen und Saitenspiel lehren zu lassen, und sie für wohl verwendet hält.

Das Volk irrt: man geht viel leichter an den Rändern, wo die äußerste Grenze als Markstein und Wegweiser dient, als auf der breiten und offenen Mittelstraße und leichter nach künstlichen Regeln als nach der Natur, doch auch weit weniger rühmlich und lobwürdig. Nicht bergauf und voran zu streben ist die Größe der Seele, sondern sich fügen und bescheiden zu können. Sie achtet für groß, was genug ist, und zeigt ihre Höhe darin, daß ihr das Mittlere lieber ist als das Hochragende. Nichts ist so schön und ehrenhaft, als wahrhaft und wie es sich gehört ein Mensch zu sein, und keine Kunst so schwer wie die, dieses Leben recht und natürlich zu leben; und die schrecklichste unserer Krankheiten ist die Verachtung unseres eigenen Wesens. Ich gebiete meiner Seele, Schmerz und Lust mit gleich ruhigem und gleich festem Blick zu betrachten, doch heiter den einen und ernst die andere, und bestrebt, so viel an ihr ist, den Schmerz zu stillen und die Lust zu mehren. Der rechte Blick für das Gute bringt auch den rechten Blick für das Üble. Der Schmerz hat in seinem sachten Beginne etwas, dem man nicht ausweichen soll, und die Lust in ihrer letzten Übersteigerung etwas, das es zu meiden gilt. Plato vermählt sie beide und überbindet der Seelenstärke gleicherweise die Pflicht, gegen den Schmerz und gegen die maßlosen und zauberischen Verlockungen der Lust anzukämpfen. Wer aus diesen zwei Quellen schöpft, wo, wann und so viel ihm nötig ist, er sei ein Volk, ein Mensch oder ein Tier, der ist glückselig zu nennen. Aus der ersten muß man zur Arznei und aus Notwendigkeit spärlicher schöpfen; aus der andern aus Durst, doch nicht bis zur Trunkenheit. Schmerz und Lust, Liebe und Haß sind die ersten Dinge, die ein Kind fühlt; wenn sie mit wachsender Vernunft sich ihr unterordnen, so ist das Tugend.

Ich habe ein Wörterbuch ganz für mich allein: ich vertreibe die Zeit, wenn sie widerwärtig und lästig ist; ist es gute Zeit, so will ich sie nicht vertreiben, ich koste sie aus und halte sie fest. Man muß die böse verscheuchen und in der guten lange weilen. Diese gewöhnlichen Redensarten von Zeitvertreib und Zeit vertreiben drücken das Verhalten jener gescheiten Leute aus, die mit ihrem Leben nichts Besseres anzufangen wissen, als es hingleiten und vorüberstreichen zu lassen, es hinzubringen, ihm aus dem Wege zu gehen und, so viel an ihnen ist, es zu fliehen und sich nichts angehen zu lassen, wie eine ihrem Wesen nach lästige und verächtliche Sache. Ich aber kenne es anders und finde es schätzenswert und annehmlich, selbst noch in seinem letzten Vergehen, in dem ich es noch halte; und die Natur hat es uns so wohlgestaltet und ausgestattet in die Hand gelegt, daß wir uns nur bei uns selbst zu beklagen haben, wenn es uns zur Last wird und fruchtlos zerrinnt. *Stulti vita ingrata est, trepida est, tota in futurum fertur.** So bereite ich mich denn, es ohne Trauer zu verlieren, doch weil es in seinem Wesen verlierbar, nicht weil es beschwerlich und lästig ist. Darum steht es auch nur denen an, sich des Sterbens nicht zu grämen, die sich des Lebens freuten. Man muß es haushälterisch genießen; ich genieße es doppelt so sehr wie andere, denn das Maß des Genusses hängt vom Maße der Hinneigung ab, die wir ihm zuwenden. [...]

Die andern fühlen die Süße eines Wohlbefindens und eines Glücks; ich fühle sie gleich ihnen, doch nicht im Vorbeigehen und Dahingleiten. Man muß sie vielmehr ergründen, auskosten und wiederkäuen, um dem würdig zu danken, der sie uns beschert. [...] Finde ich mich in einer gemächlichen Stimmung? reizt mich irgendein Genuß? so lasse ich ihn nicht von den Sinnen allein einheimsen, ich lasse meine Seele daran teilnehmen, nicht um darin aufzugehen, sondern um sich mitzufreuen, nicht um sich darin zu verlieren, sondern um sich darin zu finden; ich entbiete sie dazu, auf daß sie sich selbst in diesem glücklichen Befinden spiegle und dessen Gnade schätze, erwäge und mehre. Sie ermißt, wie viel Dank sie Gott dafür schuldet, daß ihr Gewissen und ihre inneren Leidenschaften in Ruhe sind, ihr Leib in seinem natürlichen Erge-

---

* Das Leben der Toren ist undankbar, rastlos, immer nach Künftigem rennend. (Seneca, Epist. XV)

hen, der sich füglich und ungestört der sanften und wohltuen-
den Verrichtungen erfreut, durch die es Gott gefällt, in seiner
Gnade die Schmerzen wettzumachen, mit denen uns seine
Gerechtigkeit zu ihrer Zeit züchtigt; wie hoch sie sich preisen
kann, sich in solchem Stande zu befinden, daß, wohin sie auch
schaut, der Himmel still ist um sie her: keine Begierde, keine
Furcht und kein Zweifel trübt ihr die Luft, keine vergangene,
gegenwärtige, künftige Mühsal, über die ihre Anschauung
sich nicht unangefochten hinwegschwänge. Diese Betrachtung empfängt großen Glanz vom Vergleich mit dem Zustande anderer. So stelle ich mir in tausend Gestalten jene vor
Augen, die das Schicksal oder ihr eigenes Irren fortreißt und
hin und her wirft, und auch jene, die mir näher stehen und die
ihr gutes Geschick so stumpf und gleichgültig hinnehmen.
Das sind Leute, die wahrlich die Zeit vertreiben; sie werfen
die Gegenwart weg und was sie besitzen, um der Hoffnung
nachzujagen und um Schatten und eitler Trugbilder willen, die
ihnen ihre Einbildung vorspiegelt und die um so schneller und
weiter entfliehen, je heftiger man ihnen nachsetzt. Die Frucht
und das Ziel ihrer Verfolgung ist die Verfolgung, wie Alexander sagte, der Zweck seines Mühens sei das Mühen,

Nil actum credens cum quid superesset agendum.*

Ich für mein Teil aber liebe das Leben und hege und pflege es,
wie es Gott gefallen hat, es mir zu geben. Ich lasse mir nicht
beifallen, zu wünschen, daß es der Bedürfnisse des Essens und
Trinkens überhoben sein möchte, und es schiene mir eine
ebenso verzeihliche Verirrung, zu wünschen, daß diese Bedürfnisse doppelt so stark wären *(Sapiens divitiarum natura-
lium quaesitor acerrimus****)*, noch daß wir unser Leben friste-
ten, indem wir uns nur ein wenig von dem Pulver zu Munde
führten, mit dem Epimenides[10] sich den Hunger vertrieb und
doch bei Kräften blieb, noch daß man die Kinder empfin-

---

* Im Glauben, er habe nichts getan, so lange ihm etwas zu tun blieb.
(Lucan, II, 637)
** Der Weise trachtet sehr begierig nach den natürlichen Glücksgütern.
(Seneca, Epist. CXIX)

dungslos mit den Fingern oder den Fersen zeugte, sondern vielmehr, mit Verlaub zu sagen, daß man sie wollüstig auch noch mit den Fingern und den Fersen zeugte, noch daß der Körper frei von allen Begierden und Kitzeln wäre. Das sind undankbare und ungerechte Klagen. Ich empfange dankbar und frohen Herzens, was die Natur für mich getan hat, heiße es gut und lobe es mir. Man tut diesem großen und allmächtigen Geber unrecht, wenn man seine Gabe ausschlägt, sie zunichte macht und entstellt. Er, der Allgütige, hat alles gut gemacht: *Omnia quae secundum naturam sunt, aestimatione digna sunt.**

Unter den Meinungen der Philosophie halte ich mich am liebsten an jene, die am handgreiflichsten sind, das heißt am menschlichsten und uns gemäßesten: meine Gedanken sind, wie es meinen Sitten entspricht, erdgebunden und demütig. Es dünkt mich, sie treibt Kinderei, wenn sie sich in die Brust wirft und uns vorpredigt, es sei eine ungeheuerliche Verbindung, das Göttliche mit dem Irdischen, das Vernünftige mit dem Unvernünftigen, das Strenge mit dem Läßlichen, das Sittliche mit dem Unsittlichen zu vermählen, die Wollust sei eine tierische Empfindung und unwürdig, daß der Weise sie koste. [...] Nicht also spricht Sokrates, sein Meister und der unsere. Er schätzt, wie er soll, die körperliche Lust; aber er stellt die des Geistes höher, da sie mehr Stärke, Beständigkeit, Leichtigkeit, Vielfalt und Würde besitzt. Sie geht nach seiner Meinung keineswegs allein (solch ein Schwärmer ist er nicht), sondern nur voran. Für ihn ist die Mäßigkeit nur die Ordnerin, nicht die Feindin der Lust.

Natur ist eine milde Führerin, doch nicht mehr milde als weise und gerecht. Ich suche überall ihre Fußstapfen: wir haben sie mit künstlich gezogenen Spuren verwischt; und jenes höchste Gut der Akademiker[11] und Peripatetiker[12], das ihr gemäß leben heißt, wird aus diesem Grunde schwer abzustekken und zu bestimmen sein; ebenso das der Stoiker, das diesem verwandt ist, die Übereinstimmung mit der Natur. Ist es nicht Irrtum, einige Verrichtungen als weniger würdig zu achten, weil sie notwendig sind? Sie werden mir doch nicht aus

---

* Alles, was der Natur gemäß ist, verdient unsere Schätzung. (Cicero, De finibus V, 16)

dem Kopfe bringen, daß die Paarung der Lust mit der Notwendigkeit, mit der, wie ein Alter sagt, die Götter immer verschworen sind, eine sehr heilsame Verbindung ist. Wozu zerreißen und entzweien wir ein Ganzes, das in so inniger und brüderlicher Eintracht verwoben ist? Laßt es uns im Gegenteil durch gegenseitige Dienstleistungen fester fügen. Der Geist erwecke und belebe die Schwerfälligkeit des Körpers, der Körper halte die Schwerelosigkeit des Geistes auf und befestige sie. [...] Es ist nichts, was unserer Pflege unwürdig wäre, in diesem Geschenk, das uns Gott gemacht hat; wir schulden Rechenschaft dafür bis aufs kleinste Haar. [...]

Wohlan, laßt euch zur Erbauung eines Tages die Grübeleien und Eingebungen darlegen, die jener im Kopf herumtreibt, um derentwillen er seine Gedanken von einer guten Mahlzeit fernhält und sich die Stunde reuen läßt, die er auf seine Nahrung verwendet: ihr werdet finden, daß unter allen Gerichten eurer Tafel keines so schal ist wie diese schöne Unterhaltung seiner Seele (es bekäme uns zumeist besser, ganz und gar zu schlafen, als über dem zu wachen, worüber wir wachen) und daß seine Erwägungen und Folgerungen nicht euren Braten wert sind. [...] Unter uns sind dies Dinge, die ich immer in seltsamer Eintracht beisammen fand: überhimmlische Gesinnung und unterweltliche Sitten. [...]

Sie wollen sich außer sich versetzen und ihrer Menschlichkeit entrinnen. Das ist Torheit: statt sich in Engel zu verwandeln, verwandeln sie sich in Tiere; statt sich zu erheben, fallen sie bäuchlings hin. Diese überirdischen Schwärmereien erschrecken mich wie schwindelnde und unzugängliche Höhen; und nichts erscheint mir im Leben des Sokrates so schwer zu verdauen wie seine Ekstasen und Dämonengeschichten,[13] nichts so menschlich an Plato wie das, wofür man ihn göttlich nennt. Und unter unsern Wissenschaften dünken mich die am irdischsten und niedrigsten, die sich am höchsten verstiegen haben. [...]

Die hübsche Inschrift, mit der die Athener die Ankunft des Pompejus in ihrer Stadt feierten, ist ganz nach meinem Sinn:

Zwiefach seist du Gott genannt,
Weil du dich als Mensch erkannt.[14]

Es ist eine höchste und gleichsam göttliche Vollendung, seines eigenen Wesens redlich froh werden zu können. Wir trachten nach einem anderen Los, weil wir das unsere nicht zu nützen wissen, und wollen über uns hinaus, weil wir nicht begreifen, was in uns ist. Doch wir mögen noch so sehr auf Stelzen steigen, auch auf Stelzen müssen wir mit unsern Beinen gehen. Und auf dem höchsten Thron der Welt sitzen wir doch nur auf unserm Hintern.

Vom Beginn der Neuzeit bis zur Gegenwart

Blaise Pascal

Jenseits von Ablenkungen der Gesellschaft und den Abgründen der Natur

Der Franzose Blaise Pascal, 1623 in Clermont-Ferrand zur Welt gekommen und 1662 in Paris gestorben, war sowohl Mathematiker und Physiker als auch Philosoph und gläubiger Christ. Nachdem er schon in jungen Jahren bedeutende mathematische und naturwissenschaftliche Entdeckungen gemacht hatte, erlebte er an einem Tag des Jahres 1654 seine Erweckung, die er in einem »Mémorial« festhielt. Die Aufzeichnungen nähte er in das Futter seines Mantels ein. Pascal wandte sich nun vom »Gott der Philosophen und Geometer« ab und unterwarf sich dem »Gott, der in der Bibel spricht«. Bald nach seiner Erleuchtung zog er sich in das Kloster von Port-Royal zurück, das Zentrum des nach dem Theologen Cornelius Jansen benannten Jansenismus. Diese katholische Reformbewegung stützte sich auf die Gnaden- und Prädestinationslehre des Augustinus (siehe S. 93–101) und erstrebte die Heiligung sowie die Spiritualisierung des religiösen Lebens. Ihre Anhänger – darunter Pascals Vater – gehörten größtenteils zum Verwaltungsadel (noblesse de robe), der aus dem Bürgertum hervorging, Erblichkeit erlangte und zur absoluten Monarchie wie auch zur römischen Kurie in einer gewissen Opposition stand. Die Jansenisten führten heftige Auseinandersetzungen mit den Jesuiten, die in Pascals 1656/57 verfaßten »Provinzialbriefen« ihren Höhepunkt erreichten. In ihnen bekämpfte er mit scharfen Worten die nach seiner Ansicht laxe Moralauffassung und die weltlich-politische Haltung der Jesuiten, die mit kasuistischen Kunstgriffen sogar den Mord rechtfertigten, statt die »beschwerliche Pflicht der Liebe gegen Gott« zu üben.

Pascals Hauptwerk aber sind die »Gedanken« (»Pensées«). Sie beinhalten eine seit 1654 geplante Verteidigung des Christentums, die Fragment geblieben ist und posthum seit 1670 erschien. Pascal sieht in den »Gedanken« das Glück und die Ruhe immer wieder von zwei Seiten gefährdet: einerseits von den gesellschaftlichen Ablenkungen und andererseits von der

Verlassenheit des Menschen im Universum. Die Ablenkungen bestehen vor allem in den sinnlichen Vergnügungen, der Zerstreuung und der Eigenliebe sowie in der Langeweile (siehe auch Schopenhauer, S. 273–284). Sie sind für Pascal nicht spezielle Phänomene der feudal-aristokratischen Gesellschaft, sondern allgemein-menschliche Versuche, vor der Selbsterkenntnis und der Sinnlosigkeit irdischer Zielsetzungen zu fliehen. Aus den Erkenntnissen der Naturwissenschaften folgert Pascal, daß der Mensch die Mitte zwischen den beiden Abgründen des unendlich Großen und des unendlich Kleinen bzw. zwischen dem All und dem Nichts ist, ohne daß er die beiden Extreme erfassen kann. Die Naturwissenschaft zeigt somit einen Menschen, der von Gott verlassen – einsam und verloren – in einer Ecke des stummen Universums lebt. Aber die wissenschaftliche Vernunft kann ihre eigene Grenze erkennen und somit an den Glauben heranführen. (Anmaßungen der Vernunft weist auch der von Pascal genau studierte Montaigne – siehe S. 202–217 – in die Schranken, ohne daß er aber die Skepsis zum Instrument des Glaubens macht.) Eben weil der Mensch die Unzulänglichkeit seines Denkens erkennen kann, ist er für Pascal der Widerspruch zwischen Nichtigkeit und Größe. Die Vernunft, die die Existenz Gottes weder zu beweisen noch zu widerlegen in der Lage ist, vermag nach Pascal, wie gesagt, die Glaubensentscheidung zu unterstützen. Sie kalkuliert u. a. die Wahrscheinlichkeit und rät sogar zu einer »Wette«: Wer an Gott glaubt, gewinnt alles, wenn dieser existiert; er verliert aber nichts, wenn Gott nicht existiert. Letztlich jedoch entspringt die Glaubensgewißheit den Einsichten der »Logik des Herzens«, die durch Gnade zuteil werden.

Dies ist der Zusammenhang jener Fragmente aus den »Gedanken«, die im folgenden wiedergegeben werden. Ihre Anordnung stammt nicht von Pascal selbst. Sie wurde von mehreren Herausgebern unterschiedlich gestaltet und ist auch hier frei gehandhabt.

Zerstreuung

Als ich es zuweilen unternommen habe, die ruhelose Geschäftigkeit der Menschen zu betrachten, wie auch die Gefahren und Strapazen, denen sie sich bei Hofe und im Kriege aussetzen, woraus so viele Streitigkeiten, Leidenschaften, kühne und oft unheilvolle Unternehmungen usw. erwachsen, habe ich häufig gesagt, daß das ganze Unglück der Menschen aus einem einzigen Umstand herrühre, nämlich, daß sie nicht ruhig in einem Zimmer bleiben können. Wenn ein Mann, der genug Vermögen zum Leben hat, es verstünde, vergnügt zu Hause zu bleiben, so würde er nicht ausziehen, um über das Meer zu fahren oder sich an der Belagerung einer Festung zu beteiligen; man kauft wohl nur eine Stelle in der Armee für soviel Geld, weil man es unerträglich findet, sich nicht aus der Stadt fortzurühren, und man sucht Unterhaltungen und Zerstreuung bei Spielen nur, weil man nicht vergnügt zu Hause bleibt. Usw.

Doch da ich es genauer bedachte und nachdem ich den Grund für all unser Unglück gefunden hatte, wollte ich dessen Ursache(n) entdecken, und ich habe gefunden, daß es eine ganz sichere gibt, die im natürlichen Unglück unserer schwachen und sterblichen Beschaffenheit besteht, die so elend ist, daß nichts uns trösten kann, wenn wir sie recht bedenken.

Welche Lage man sich auch immer vor Augen führen mag, wenn man alle Güter zusammenhäuft, die uns gehören können, so ist die Königswürde doch die schönste Stellung der Welt, und trotzdem, wenn man sich denkt, mit ihr und allen Befriedigungen versehen zu sein, die mit ihr in Zusammenhang stehen können, wenn der Betreffende ohne Zerstreuung ist und man ihn Betrachtungen und Überlegungen darüber, was er ist, anstellen läßt – so wird dieses schwache Glück ihm nichts helfen –, er wird notgedrungen in Gedanken über jene Geschehnisse verfallen, die ihn bedrohen, über die Empörungen, die eintreten können, und schließlich über den Tod und die Krankheiten, die unausbleiblich sind, so daß er nun, wenn ihm das fehlt, was man Zerstreuungen nennt, unglücklich ist, und unglücklicher als der Geringste seiner Untertanen, der spielt und sich zerstreut. [...]

Daher kommt es, daß das Spiel und der Umgang mit Frauen, der Krieg und die hohen Ämter so begehrt sind. Das ist nicht etwa deshalb, weil wirklich Glück darin läge, oder weil man sich vorstellte, die wahre Seligkeit sei es, das Geld zu besitzen, das man beim Spiel gewinnen kann, oder sie bestehe in dem Hasen, dem man nachjagt; man würde ihn nicht haben wollen, wenn man ihn geschenkt bekäme. Nicht diesen trägen und ruhigen Gebrauch, der uns an unsere unglückliche Lage denken läßt, sucht man, ebensowenig die Gefahren des Krieges oder die Mühsal der Ämter, sondern die Unruhe, die uns abhält, an unsere Lage zu denken, und die uns zerstreut. Aus diesem Grunde hat man die Jagd lieber als die Beute.

Daher kommt es, daß die Menschen das Getümmel und die Aufregung so gern haben. Daher kommt es, daß das Gefängnis eine so schreckliche Qual ist, daher kommt es, daß die Freude an der Einsamkeit etwas Unbegreifliches ist. [...]

[Die Zerstreuung] ist alles, was die Menschen haben erfinden können, um sich glücklich zu machen, und diejenigen, die sich angesichts dessen als Philosophen aufspielen und glauben, die Welt sei sehr wenig vernünftig, wenn man den ganzen Tag damit verbringt, einem Hasen nachzujagen, den man als gekauften nicht haben wollte, kennen unsere Natur nicht gut. Dieser Hase würde uns nicht vor dem Gedanken an den Tod und dem Elend bewahren, das uns davon ablenkt, die Jagd jedoch bewahrt uns davor. Und daher stieß der Rat, den man Pyrrhus[1] gab, jene Ruhe zu genießen, die er durch so viele Anstrengungen suchen wollte, auf große Schwierigkeiten.

(Einem Menschen zu sagen, er solle ausruhen, bedeutet, ihm zu sagen, er solle glücklich leben. Es bedeutet, ihm zu raten:

Eine ganz und gar glückliche Lage zu haben, über die er in aller Muße nachdenken kann, ohne einen Anlaß zum Kummer dabei zu finden. – Das bedeutet nun, die Natur nicht zu verstehen.

Daher vermeiden die Menschen, die von Natur aus ihre Lage wahrnehmen, nichts so sehr wie die Ruhe; sie lassen nichts unerprobt, um die Aufregung zu suchen. [...])[2]

Und wenn man ihnen [...] vorwirft, daß das, was sie mit solchem Feuereifer suchen, sie nicht zufriedenstellen kann, und sie darauf anworteten, wie sie es tun müßten, wenn sie genau darüber nachdächten, daß sie dabei nur eine ungestüme und hitzige Beschäftigung suchen, die sie davon abhält, an sich selbst zu denken, und daß sie sich deshalb ein verlockendes Ziel setzen, das sie begeistert und leidenschaftlich anzieht, so würden sie ihren Gegnern das Wort abschneiden. [...] Aber sie geben keine derartige Antwort, weil sie sich selbst nicht kennen. Sie wissen nicht, daß sie nur die Jagd und nicht die Beute suchen. [...] Sie bilden sich ein, wenn sie dieses Amt erhalten hätten, so würden sie hierauf mit Vergnügen ausruhen, und sie nehmen nicht die unersättliche Natur der Begierde wahr. Sie glauben, aufrichtig nach Ruhe zu streben, und sie streben tatsächlich nur nach rastloser Bewegung.

Sie haben einen geheimen Trieb, der sie bewegt, äußerliche Zerstreuung und Beschäftigung zu suchen, und der aus dem Gefühl ihres beständigen Elends erwächst. Und sie haben einen weiteren geheimen Trieb, der von der Größe unserer ursprünglichen Natur übriggeblieben ist und der sie erkennen läßt, daß das Glück tatsächlich nur in der Ruhe und nicht im Tumult liegt. Und aus diesen beiden entgegengesetzten Trieben bildet sich in ihnen ein verworrener Vorsatz, der sich vor ihren Blicken am Grunde ihrer Seele verbirgt und der sie bewegt, nach Ruhe durch Geschäftigkeit zu streben und sich stets vorzustellen, daß sie die Zufriedenheit, die sie nicht im mindesten haben, erreichen werden, wenn sie erst einige klar erkennbare Schwierigkeiten überwunden haben und sich dadurch das Tor zur Ruhe öffnen können.

So verrinnt das ganze Leben; man sucht die Ruhe, indem man gegen einige Hindernisse kämpft, und wenn man sie überwunden hat, wird die Ruhe unerträglich wegen der Langeweile, die sie erzeugt. Man muß sie aufgeben und sich eifrig ins Getümmel stürzen.

Denn entweder denkt man an das Elend, das man erleidet, oder an jenes, das uns bedroht. Und sogar, wenn man sich von allen Seiten ausreichend geschützt sähe, so würde die ihrer Autorität beraubte Langeweile doch unablässig vom Grunde des Herzens, wo sie natürliche Wurzeln hat, empordringen und den Geist mit ihrem Gift erfüllen. [...]

Philosophen

Wir sind voller Dinge, die uns nach außen stoßen.

Unser Instinkt läßt uns fühlen, daß wir unser Glück außerhalb von uns selbst suchen müssen. Unsere Leidenschaften drängen uns nach außen, selbst wenn die Gegenstände, mit denen sie erregt werden, sich nicht darböten. Die Gegenstände der Außenwelt führen uns von selbst in Versuchung und rufen uns, selbst wenn wir nicht an sie denken. Und daher haben die Philosophen gut reden: Haltet Einkehr in euch selbst, dort werdet ihr euer Glück finden.[3] Man glaubt ihnen nicht, und diejenigen, die ihnen glauben, sind die Gedankenlosesten und Einfältigsten.

Unterordnung und Gebrauch der Vernunft

Unterordnung und Gebrauch der Vernunft: Darin besteht das wahre Christentum.

Man muß es verstehen zu zweifeln, wo es angebracht ist, etwas als sicher anzunehmen, wo es angebracht ist, indem man sich unterordnet, wo es angebracht ist. Wer nicht so verfährt, begreift nicht die Macht der Vernunft. Es gibt einige, die gegen diese drei Prinzipien verstoßen, entweder, indem sie alles als sicher und beweiskräftig annehmen, weil sie sich nicht auf Beweisführung verstehen, oder, indem sie an allem zweifeln, weil sie nicht wissen, wo man sich unterordnen muß, oder auch, indem sie sich in allem unterordnen, weil sie nicht wissen, wo man ein Urteil abgeben muß.

Pyrrhoniker,[4] Geometer, Christ: Zweifel, Selbstsicherheit, Unterordnung.

Wenn man alles der Vernunft unterordnet, wird unsere Religion nichts Geheimnisvolles und Übernatürliches haben.

Wenn man gegen die Prinzipien der Vernunft verstößt, wird unsere Religion absurd und lächerlich sein.

Der letzte Schritt der Vernunft ist, anzuerkennen, daß es unendlich viele Dinge gibt, die über sie hinausgehen. Sie ist nur schwach, wenn sie nicht so weit geht, das anzuerkennen.

Wenn die natürlichen Dinge schon über sie hinausgehen sollen, was wird man dann von den übernatürlichen sagen?

Übergang von der Erkenntnis des Menschen zu der Gottes

Mensch. Wenn ich die Verblendung und das Elend des Menschen sehe, wenn ich bedenke, wie das ganze Weltall stumm

225

ist und der Mensch ohne Erkenntnisvermögen sich selbst überlassen bleibt und sich in diesen Winkel des Weltalls gleichsam verirrt hat, ohne zu wissen, wer ihn dahin gebracht hat, wozu er dorthin gekommen ist, was aus ihm nach seinem Tode wird, so gerate ich, jeglicher Erkenntnis unfähig, in Schrecken wie ein Mensch, den man schlafend auf eine wüste und grauenerregende Insel gebracht hätte und der erwachte, ohne sich zurechtzufinden und ohne eine Möglichkeit, von dort wegzukommen. Und darauf erstaune ich, wie man denn angesichts eines solch elenden Zustands nicht in Verzweiflung gerät. [...]

Mensch. Mißverhältnis des Menschen.

Der Mensch soll [...] die ganze Natur in ihrer großen und vollkommenen Majestät betrachten, er soll seinen Blick von den niedrigen Gegenständen abwenden, die ihn umgeben. Er beschaue jenes strahlende Licht, das wie eine Ewige Lampe aufgestellt ist, um das Universum zu erhellen, die Erde erscheine ihm wie ein Punkt im Vergleich zu der weiten Kreisbahn, die dieses Gestirn durchläuft, und er erstaune darüber, daß diese weite Kreisbahn selbst nur eine sehr schwache Andeutung ist im Verhältnis zu jener, der diese anderen Gestirne, die am Firmament dahinrollen, folgen. Wenn aber unser Blick dort stehenbleibt, so soll die Phantasie darüber hinausgehen, sie wird eher der Gedankenbilder müde werden als die Natur, solche zu liefern. Die ganze sichtbare Welt ist nur ein unscheinbarer Strich im weiten Kreis der Natur. Keine Idee reicht an sie heran, wir können unsere Gedankenbilder noch so sehr über die vorstellbaren Räume hinaus ausweiten, wir bringen doch nur Atome im Vergleich zu den wirklichen Dingen hervor. Es ist eine unendliche Kugel, deren Mittelpunkt überall und deren Peripherie nirgendwo ist. Schließlich ist es der fühlbarste Wesenszug der Allmacht Gottes, daß unsere Phantasie bei diesem Gedanken den Boden verliert.

Wenn der Mensch zu sich selbst zurückgekehrt ist, soll er bedenken, was er ist im Vergleich zu dem, was ist, er soll sich als ein Verirrter betrachten, und er soll von dieser kleinen Kerkerzelle aus, wo er seine Heimstatt gefunden hat – ich meine das Universum –, es lernen, die Erde, die Königreiche, die Städte, die Häuser und sich selbst nach ihrem richtigen Wert zu schätzen.

Was ist denn ein Mensch im Unendlichen?

Um ihm aber ein anderes, ebenso erstaunliches Wunder vorzuführen, soll er die kleinsten ihm bekannten Dinge untersuchen, damit eine Milbe ihm an ihrem winzigen Körper noch unvergleichlich winzigere Teile zeige, Beine mit Gelenken, Adern in ihren Beinen, Blut in ihren Adern, Säfte in diesem Blut, Tropfen in diesen Säften, Dämpfe in diesen Tropfen, so daß er, wenn er auch diese letzten Dinge noch teilt, seine Kräfte bei diesen Vorstellungen erschöpft und der letzte Gegenstand, zu dem er gelangen kann, nun jener unserer Darlegung sei. Er wird vielleicht denken, dies sei die äußerste Kleinheit in der Natur.

Ich will ihn darin einen neuen Abgrund erblicken lassen. Ich will ihm nicht allein das sichtbare Universum schildern, sondern auch die Unermeßlichkeit, die man sich bei der Natur im geschlossenen Raum dieses verkleinerten Atoms vorstellen kann, er soll dort unendlich viele Welten erblicken, von denen jede einzelne ihr Firmament, ihre Planeten, ihre Erde hat, die es im gleichen Verhältnis wie bei der sichtbaren Welt gibt, auf dieser Erde nun Tiere und schließlich auch Milben, an denen er wiederfinden wird, was die oben genannten ersten aufgewiesen haben, und er wird außerdem an diesen zweiten das gleiche entdecken, und so geht es ohne Ende und Unterlaß weiter, daß er die Fassung angesichts dieser Wunder verlieren wird, die in ihrer Kleinheit ebenso erstaunlich sind wie die anderen durch ihre Ausdehnung, denn wer wird sich nicht verwundern, daß unser Körper, der gerade eben noch nicht wahrnehmbar war in dem Universum, das wiederum im Kreis des gesamten Alls nicht wahrnehmbar war, daß also dieser unser Körper nun ein Koloß, eine Welt oder vielmehr ein All ist im Hinblick auf das Nichts, zu dem man nie ganz vordringen kann. Wer sich auf diese Art betrachtet, wird über sich selbst erschrecken, und da er sich von der Masse getragen meint, die ihm die Natur zwischen diesen beiden Abgründen des Unendlichen und des Nichts verliehen hat, wird er beim Anblick dieser Wunder erzittern, und ich glaube, wenn seine Neugier sich in Bewunderung verwandelt, wird er eher bereit sein, sie schweigend zu betrachten, als sie voll Anmaßung zu erforschen.

Denn was ist schließlich der Mensch in der Natur? Ein Nichts im Vergleich mit dem Unendlichen, ein All im Vergleich mit dem Nichts, ein Mittelding zwischen nichts und allem, unendlich weit davon entfernt, die Extreme zu erfassen; das Ende der Dinge und ihre Anfänge sind ihm in einem undurchdringlichen Geheimnis unerbittlich verborgen.

Er ist gleichermaßen unfähig, das Nichts zu sehen, dem er entrissen wurde, und das Unendliche, das ihn verschlingt.

Was kann er also anderes wahrnehmen als ein äußerliches Bild von der Mitte der Dinge, während er auf ewig verzweifelt, ihren Anfang oder ihr Ende zu erkennen. Alle Dinge sind aus dem Nichts hervorgegangen und werden bis ins Unendliche weitergetragen. Wer vermag diesen erstaunlichen Schritten zu folgen? Der Schöpfer dieser Wunder begreift sie. Keinem anderen ist es möglich.

Da die Menschen diese Unendlichkeiten nicht betrachtet haben, haben sie sich in ihrer Vermessenheit der Erforschung der Natur zugewandt, als hätten sie irgendein Verhältnis zu ihr.

Seltsam ist, daß sie die Anfänge der Dinge verstehen und davon ausgehend so weit gelangen wollten, alles zu erkennen, wobei sie eine Anmaßung zeigen, die ebenso unendlich wie ihr Gegenstand ist. Denn es besteht kein Zweifel, daß man diese Absicht nicht ohne Anmaßung oder ohne eine der Natur gleiche unendliche Fassungskraft hegen kann.

Wenn man Wissen erworben hat, versteht man, daß, weil die Natur ihr Bild und das ihres Schöpfers allen Dingen aufgeprägt hat, sie fast alle an ihrer doppelten Unendlichkeit teilhaben. So sehen wir, daß alle Wissenschaften unendlich in der Ausdehnung ihrer Forschungen sind, denn wer zweifelt daran, daß z.B. die Geometrie eine unendliche Zahl von unendlich vielen Lehrsätzen darzulegen hat. Sie sind ebenso unendlich in der Vielzahl und Gedankenfeinheit ihrer Prinzipien, denn wer sieht nicht, daß diejenigen, die man als die letzten vorbringt, durch sich selbst nicht bestehen können und auf andere gestützt sind, die, weil sie wieder andere als Stütze haben, niemals ein letztes zulassen.

Wir aber stellen letzte auf, die sich der Vernunft zeigen, wie man auch bei den materiellen Dingen verfährt, wo wir einen unteilbaren Punkt jenen nennen, über den hinaus unsere Sinne nichts mehr wahrnehmen, obgleich er seiner Natur wegen unendlich teilbar ist.

Von diesen zwei Unendlichkeiten in den Wissenschaften ist diejenige der Größe viel anschaulicher, und deshalb haben wenige Menschen den Anspruch erhoben, alle Dinge erkennen zu wollen. Ich spreche jetzt über alles, sagte Demokrit.[5]

Die Unendlichkeit im Kleinen ist jedoch viel weniger sichtbar. Die Philosophen haben viel eher den Anspruch erhoben, bis zu ihr vorzudringen, und eben daran sind alle gescheitert. Das hat zu diesen so allgemein üblichen Titeln wie »Über die Grundlagen der Dinge«, »Über die Grundlagen der Philosophie« geführt und zu ähnlichen, im Grunde ebenso pomphaften, obwohl sie es nach außen weniger scheinen, wie dieser, der die Augen blendet: »De omni scibili«.*

Man hält sich von Natur aus für weitaus fähiger, zum Mittelpunkt der Dinge zu gelangen, als ihren Umkreis zu erfassen, und die sichtbare Ausdehnung der Welt geht offensichtlich über uns hinaus. Doch da wir über die kleinen Dinge hinausgehen, halten wir uns für fähiger, sie zu beherrschen, und doch braucht man keine geringere Fähigkeit, um bis zum Nichts vorzudringen, als bis zum All. Man braucht für beides eine unendliche Fähigkeit, und es scheint mir, daß jemand, der die letzten Grundlagen der Dinge erfaßt hätte, auch bis zur Erkenntnis des Unendlichen gelangen könnte. Das eine hängt vom anderen ab, und das eine führt zum anderen. Diese Endpunkte berühren einander und vereinigen sich, gerade weil sie sich so weit voneinander entfernt haben, und sie finden sich in Gott und allein in Gott zusammen.

Erkennen wir also unsere Fassungskraft. Wir sind etwas und sind nicht alles. Was unser Sein ausmacht, beraubt uns der Erkenntnis der ersten Grundlagen, die aus dem Nichts hervorgehen, und das wenige an Sein, was wir haben, verbirgt unseren Augen die Unendlichkeit.

Unser Verstand nimmt in der Reihe der verständlichen Dinge den gleichen Platz ein wie unser Körper in der Weite der Natur.

Da wir in jeder Hinsicht begrenzt sind, findet sich dieser Zustand, der die Mitte zwischen zwei Extremen einnimmt, in

* »Über alles, was man wissen kann« (Pico della Mirandola).

allen unseren Fähigkeiten. Unsere Sinne nehmen nichts Extremes wahr, zuviel Geräusch betäubt uns, zuviel Licht blendet, zu große Entfernung und zu große Nähe entziehen sich den Blicken. Ist eine Rede zu weitschweifig oder zu knapp, so wird sie unverständlich, zuviel Wahrheit setzt uns in Erstaunen. Ich kenne einige, die nicht begreifen können, daß, wenn man vier von null subtrahiert, null als Rest übrigbleibt.[6] Die ersten Grundlagen sind für uns zu selbstverständlich; zu großes Vergnügen wirkt lästig, zuviel Gleichklang mißfällt in der Musik, und zu viele Wohltaten verärgern. Wir wollen etwas haben, womit wir unsere Schuld überwinden können. *Beneficia eo usque laeta sunt dum videntur exsolvi posse. Ubi multum antevenere pro gratia odium redditur.** Wir spüren weder äußerste Hitze noch äußerste Kälte. Übermäßige Eigenschaften sind uns zuwider und nicht wahrnehmbar, wir empfinden sie nicht mehr, wir erleiden sie. Zu große Jugend und zu großes Alter lähmen den Geist, wie auch zu große und zu geringe Bildung.

Kurz, die extremen Dinge sind für uns so, als wären sie überhaupt nicht vorhanden, und im Verhältnis zu ihnen sind wir überhaupt nicht vorhanden; entweder entgehen sie uns oder wir ihnen.

Das ist unser wahrer Zustand. Das macht uns unfähig, etwas entweder sicher zu wissen oder es überhaupt nicht zu kennen. Wir treiben auf einer weiten Mitte, immer unsicher und schwankend, von einem Ende zum anderen gestoßen; jeglicher Grenzpunkt, an den wir uns klammern und festhalten wollten, gerät ins Wanken und entschlüpft uns, und wenn wir ihn verfolgen, entzieht er sich unserem Zugriff, er entgleitet uns und wendet sich zu ewiger Flucht; nichts steht für uns still. Das ist unser natürlicher Zustand, der gleichwohl unserer Neigung am meisten widerspricht. Wir brennen vor Verlangen, einen festen Halt und eine letzte, beständige Grundlage zu finden, um darauf einen Turm zu errichten, der sich bis zum Unendlichen erheben soll, aber unser ganzes Fundament kracht auseinander, und die Erde tut sich bis in die Tiefen auf.

---

* Denn Wohltaten sind nur so lange willkommen, als man noch glaubt, sie vergelten zu können; sind sie über diese Grenze weit hinaus, so wird statt des Dankes Haß erwidert. (Tacitus, Annales, IV, 18)

Suchen wir also keine Sicherheit und Festigkeit; unsere Vernunft wird immer von der Unbeständigkeit der äußeren Erscheinungen getäuscht: Nichts vermag das Endliche zwischen den beiden Unendlichen, die es einschließen und sich ihm entziehen, festzuhalten.

Wenn man das richtig verstanden hat, so glaube ich, daß man sich ruhig verhalten wird, jeder in dem Zustand, den ihm die Natur zugewiesen hat. [...]

Das höchste Gut

Daß der Mensch ohne Glauben nicht das wahre Gut und auch nicht die Gerechtigkeit erkennen kann.

Alle Menschen suchen nach dem Glück. Das gilt ohne Ausnahme, wie unterschiedlich auch die Mittel sein mögen, die sie dafür benutzen. Sie streben alle diesem Ziel zu. [...]

Und dennoch ist niemand seit so vielen Jahren jemals ohne den Glauben zu diesem Punkt gelangt, nach dem alle beständig streben. Alle beklagen sich, Fürsten, Untertanen, Adlige, Gemeine, Greise, Jünglinge, Starke, Schwache, Gelehrte, Unwissende, Gesunde, Kranke aller Länder, aller Zeiten, aller Lebensalter und aller Stellungen.

Eine so lange, so beständige und so einheitliche Probe sollte uns doch von unserer Unfähigkeit überzeugen, das Glück durch unsere eigene Anstrengung zu erreichen. [...]

Was rufen uns denn diese Gier und diese Unfähigkeit zu, wenn nicht dies, daß es einst im Menschen ein wahres Glück gegeben hat, von dem ihm jetzt nur das Zeichen und die ganz wesenlose Spur geblieben sind und die er nun vergebens mit allem auszufüllen trachtet, was ihn umgibt, wobei er von den fernen Dingen die Hilfe erwartet, die er von den gegenwärtigen nicht erhält, doch sie sind alle dazu nicht fähig, weil dieser unendliche Abgrund nur durch etwas Unendliches und Unwandelbares ausgefüllt werden kann, das heißt durch Gott selbst. Gott allein ist das wahre Glück des Menschen.

Baruch de Spinoza

Was notwendig ist, erstreben, und in der Wahrheit zu sich selbst kommen

Der Philosoph Baruch (Benedictus) de Spinoza, 1632 in Amsterdam geboren und 1677 in Den Haag gestorben, begründete durch die Gleichsetzung von Gott und Natur den neuzeitlichen Pantheismus, den er mit der Ethik des menschlichen Glücksstrebens verband. – Spinoza entstammte einer jüdischen Familie, die vor der Inquisition aus Portugal in die Niederlande geflohen war. Als er 1656 aus der Amsterdamer jüdischen Gemeinde wegen abweichender Anschauungen ausgeschlossen wurde, trat er in keine andere Religionsgemeinschaft ein, womit er den Verdacht des Atheismus erregte. Seinen Lebensunterhalt verdiente er sich durch das Schleifen optischer Gläser. Die Möglichkeit einer akademischen Laufbahn nahm der unabhängige Denker nicht wahr. Trotz seiner zurückgezogenen Lebensweise hielt er jedoch Kontakt zu philosophischen und politischen Repräsentanten seiner Zeit, wie etwa zu Leibniz oder Jan de Witt, einem führenden liberalen Politiker der Niederlande.

Zu seinen Lebzeiten veröffentlichte Spinoza nur zwei seiner Schriften: eine Darstellung der Philosophie von Descartes und den »Tractatus Theologico-Politicus« (anonym 1670). In dem Traktat tritt er für religiöse und politische Toleranz ein. Dabei wendet er sich dagegen, daß Vernunft und Wissen durch die Bibel, die er in historisch-philologischer Weise kritisiert, eingeschränkt werden. Den Schutz der Denk- und Glaubensfreiheit erwartet er vom Staat: »Der Zweck des Staates ist in Wahrheit die Freiheit.« (Mit der Orientierung an Wissen und Wissenschaft unterscheidet Spinoza sich besonders von Pascal; siehe S. 220–231.)

Noch in Spinozas Todesjahr werden sein Hauptwerk, die »Ethik«, und die früher entstandene »Abhandlung über die Läuterung des Verstandes« veröffentlicht, die beide in lateinischer Sprache geschrieben sind. Schon in der letzteren Schrift entwickelt er den zentralen Gedanken, daß die Glückseligkeit mit dem Wissen verbunden ist, das die Gegenstände nicht in

*verworrener oder »vermenschlichter« Weise, sondern in ihrem
Wesen erfaßt und – wie es in der »Ethik« heißt – »adäquate
Ideen« von ihnen hat, indem es sie im Zusammenhang mit dem
Ganzen »Gottes oder der Natur« (deus sive natura) und somit
»unter dem Gesichtspunkt der Ewigkeit« (sub specie aeternitatis) betrachtet. Dieses Wissen ist das klar und deutlich erkennende »intuitive Wissen«. Es ist sowohl der unmittelbaren,
alltäglichen* imaginatio *wie auch der* ratio, *die auf die gemeinsamen Begriffe der Dinge gerichtet ist, übergeordnet.*

*In seiner »Ethik« stellt Spinoza im ersten der fünf Teile den
pantheistischen Grundsatz auf: »Alles, was ist, ist in Gott, und
nichts kann ohne Gott sein, noch begriffen werden« (Lehrsatz
15). Wie er mit Hilfe der geometrischen Methode durch Definitionen, Axiome, Lehrsätze und Beweise in systematischer
Absicht darstellt, ist Gott – die unendliche Substanz und Ursache seiner selbst – die schaffende Natur* (natura naturans), *aus
der die endliche, geschaffene Natur* (natura naturata) *hervorgeht. Von den unzähligen Attributen »Gottes oder der Natur«
erkennt der Mensch nur zwei: die Ausdehnung und das Denken. Diese drücken sich in den endlichen Modifikationen der
Körper und des Geistes in auflöslicher Einheit aus.*

*Das Hauptinteresse aller Einzelwesen ist die Selbsterhaltung: »Ein jedes Ding strebt, soviel an ihm liegt, in seinem Sein
zu verharren« (3. Teil, Lehrsatz 16). Dieses Interesse zeigt sich
sowohl im Streben nach Selbstbehauptung bzw. Macht innerhalb der körperlichen Welt als auch in der geistigen Tätigkeit
der Erkenntnis. Der Mensch, der so sein Wesen zu bewahren
sucht, ist tugendhaft und frei, weil er verwirklicht, was für ihn
notwendig und nützlich ist. Die Steigerung oder Minderung
der körperlichen Willenskraft und der seelischen Denkkraft
erfolgen parallel. (Das ergibt sich aus dem 7. Lehrsatz des
2. Teils: »Die Ordnung und Verknüpfung der Ideen ist dieselbe
wie die Ordnung und Verknüpfung der Dinge.«) Der Mensch
bestimmt in dem Maße seine körperlichen Veränderungen
bzw. seine Handlungen selbst, in dem er nicht nur ihre Teilursache, sondern ihre vollständige »adäquate Ursache« ist. In
diesem Maße geht er von den Leidenschaften bzw. den passiven Affekten des Triebes, der Begierde und der Trauer zu den
aktiven Affekten der Freude und Liebe über. An die Stelle
eines Affekts kann grundsätzlich nur ein anderer Affekt treten.*

So heißt es im 7. Lehrsatz des 4. Teils: »Ein Affekt kann nur gehemmt oder aufgehoben werden durch einen entgegengesetzten und stärkeren, als der zu hemmende ist.« Spinoza ist also keineswegs ein Rationalist, der die Affekte völlig negiert und gegen sie einseitig die Vernunft setzt. In einen vermittelten Zusammenhang kommen Affekt und Vernunft dadurch, daß die Vernunft und das Wissen selbst zu einem Affekt werden, nämlich zu dem Affekt der Freude und Liebe. Das betrifft letztlich, wie Spinoza im 5. Teil der »Ethik« darlegt, die intellektuelle Liebe zu Gott (amor intellectualis dei) – die höchste Zufriedenheit und Glückseligkeit.

Die Wirkung Spinozas vor allem auf die deutsche klassische Literatur und Philosophie – speziell auf Goethe und Hegel – ist außerordentlich gewesen. Viele bedeutende Geister dieser Epoche wurden von dem berühmt gewordenen Streit um den Niederländer bewegt, den der Philosoph Friedrich Heinrich Jacobi entfachte, als er Lessing verdächtigte, ein heimlicher Anhänger von Spinozas Pantheismus und somit eigentlich Atheist zu sein.

Über die rechte Lebensweise, die zur Glückseligkeit und innerlichen Ruhe führt, gibt Spinoza eine zusammenfassende Übersicht im Anhang zum 4. Teil der »Ethik«. Er wird hier abgedruckt.

1. Alle unsere Bestrebungen oder Begierden folgen aus der Notwendigkeit unserer Natur derart, daß sie entweder aus ihr allein, als aus ihrer nächsten Ursache, verstanden werden können, oder sofern wir ein Teil der Natur sind, der für sich allein ohne andere Einzelwesen nicht vollentsprechend begriffen werden kann.

2. Begierden, die aus unserer Natur derart folgen, daß sie aus ihr allein verstanden werden können, sind solche, die sich auf den Geist beziehen, sofern dieser als aus vollentsprechenden Ideen bestehend gedacht wird. Die übrigen Begierden beziehen sich auf den Geist nur so weit, als er die Dinge nicht entsprechend begreift und als ihre Kraft und ihr Wachstum nicht durch das menschliche Vermögen erklärt werden kann, sondern durch das Vermögen der Dinge außer uns erklärt werden muß; und deshalb heißen jene mit Recht Handlungen, diese dagegen Leidenszustände; denn jene zeigen immer unser

Vermögen, diese hingegen unser Unvermögen und verstümmelte Erkenntnis.

3. Unsere Handlungen, d. h. jene Begierden, die durch des Menschen Vermögen oder Vernunft erklärt werden, sind immer gut; die anderen dagegen können sowohl gut als auch schlecht sein.

4. Es ist daher im Leben vor allem nützlich, den Verstand oder die Vernunft soviel wir können zu vervollkommnen, und einzig hierin besteht des Menschen höchstes Glück oder die Glückseligkeit; denn Glückseligkeit ist nichts anderes als die Seelenruhe, die aus der intuitiven (in sich selbst klaren, schauenden) Gotteserkenntnis entspringt. Den Verstand vervollkommnen ist aber auch wieder nichts anderes, als Gott und Gottes Attribute und Handlungen, die aus der Notwendigkeit seiner Natur folgen, erkennen. Demnach ist das letzte Ziel des von der Vernunft geleiteten Menschen, d. h. sein höchstes Begehren, durch das er jedes andere zu lenken bemüht ist, dasjenige, das ihn dazu bringt, sich und alle Dinge, die in den Bereich seines Erkennens fallen mögen, vollentsprechend zu begreifen.

5. Darum gibt es kein vernünftiges Leben ohne Erkenntnis; und die Dinge sind nur insofern gut, als sie den Menschen fördern, das Geistesleben, das durch Erkenntnis erklärt (definiert) wird, zu genießen. Was dagegen den Menschen hindert, seine Vernunft zu vervollkommnen und ein vernünftiges Leben zu genießen, das allein nennen wir schlecht.

6. Weil aber alles, wovon der Mensch die wirkende Ursache, notwendig gut ist, so kann folglich dem Menschen kein Übel zustoßen, es sei denn von äußeren Ursachen: sofern er nämlich ein Teil der ganzen Natur ist, deren Gesetzen die menschliche Natur zu gehorchen hat, und der er auf fast unendlich viele Weisen sich anzupassen genötigt wird.

7. Auch ist es unmöglich, daß der Mensch kein Teil der Natur sei, und daß er ihrer gemeinsamen Ordnung nicht zu folgen hätte. Lebt nun der Mensch unter solchen Einzelwesen, die mit seiner eigenen Natur übereinstimmen, so wird eben dadurch sein Tätigkeitsvermögen gefördert und genährt. Befindet er sich dagegen unter solchen, die mit seiner Natur sehr wenig übereinstimmen, so wird er kaum ohne große Veränderungen seiner selbst sich ihnen anpassen können.

8. Jegliches in der Natur der Dinge, was wir als schlecht oder als unserem Dasein und dem Genusse eines vernünftigen Lebens hinderlich beurteilen, das dürfen wir durch die Mittel, welche uns die sichersten dünken, von uns fernhalten; und umgekehrt dürfen wir jegliches, was wir als gut oder nützlich zur Erhaltung unseres Seins und zum Genusse eines vernünftigen Lebens einschätzen, zu unserem Nutzen verwenden und auf jede beliebige Weise gebrauchen. Überhaupt ist einem jeden nach dem höchsten Rechte der Natur erlaubt, zu tun, was ihm nach seiner Überzeugung zum Nutzen (zum Vorteil) gereicht.

9. Nichts kann mehr mit der Natur eines Dinges übereinstimmen als die übrigen Einzelweisen der gleichen Art; und mithin gibt es (nach 7) nichts, was für den Menschen zur Erhaltung seines Seins und zum Genusse eines vernünftigen Lebens nützlicher wäre als ein von der Vernunft geleiteter Mensch. – Da wir ferner unter den Einzeldingen keines kennen, das vorzüglicher wäre als ein von der Vernunft geleiteter Mensch, so kann folglich niemand den Grad seiner Geschicklichkeit und Begabung besser an den Tag legen als dadurch, daß er die Menschen so erzieht, daß sie schließlich nach selbsteigener Vernunftherrschaft leben.

10. Sofern die Menschen von Neid oder von einem Affekte des Hasses gegeneinander erfüllt sind, insofern sind sie einander entgegen, und haben folglich voneinander um so mehr zu fürchten, je größer ihre Kraft ist gegenüber der der übrigen Einzelwesen der Natur.

11. Doch werden die Gemüter nicht durch Waffengewalt, sondern durch Liebe und Edelsinn gewonnen.

12. Vor allem ist nützlich für die Menschen, ihre Gewohnheiten in Übereinstimmung zu bringen, sich durch solche Bande miteinander zu verknüpfen, durch die am ehesten alle zur Einheit gelangen, und überhaupt dasjenige zu tun, was zur Festigung der Freundschaft dient.

13. Freilich, hierzu wird Geschick und Wachsamkeit erfordert. Sind doch die Menschen wankelmütig – vereinzelt die, welche nach Vorschrift der Vernunft leben –, dabei meist neidisch und mehr zur Rache als zur Barmherzigkeit neigend. Um also einen jeden nach seiner Sinnesart zu ertragen und sich zu hüten, seine Affekte selbst anzunehmen, dazu ist eine

besondere Seelenkraft vonnöten. Diejenigen dagegen, welche die Menschen herunterzureißen und vielmehr über die Laster zu schimpfen als Tugenden zu lehren und die Gemüter der Menschen nicht zu festigen, sondern zu brechen verstehen, die sind sich und den anderen zur Last. – Darum haben viele infolge ihrer zu großen Unduldsamkeit und falschen Religionseifers lieber unter unvernünftigen Tieren als unter Menschen zu leben gewünscht; gleichwie Knaben und Jünglinge, die die Vorwürfe ihrer Eltern nicht mit Gleichmut ertragen können, weglaufen und unter die Soldaten gehen und die Beschwerden des Krieges und ein tyrannisches Regiment den häuslichen Annehmlichkeiten und väterlichen Ermahnungen vorziehen und sich jegliche Last auferlegen lassen, nur um sich an den Eltern zu rächen.

14. Obgleich nun die Menschen alles zumeist nach ihrem Gelüste einrichten, so ergeben sich doch aus ihrer Vergesellschaftung viel mehr Vorteile als Nachteile. Darum ist es besser, ihre Kränkungen mit Gleichmut zu ertragen und dabei mit Eifer zu betreiben, was dazu dient, Eintracht und Freundschaft herzustellen.

15. Eintracht wird durch dasjenige erzeugt, was zur Gerechtigkeit, Billigkeit und Ehrbarkeit gehört. Denn nicht bloß das, was ungerecht und unbillig ist, verletzt die Menschen, sondern auch was als schimpflich gilt oder wenn jemand über die geltenden Sitten des Staatswesens sich hinwegsetzt. Um aber Liebe zu gewinnen, ist vor allem nötig, was zur Religion und Frömmigkeit gehört.[1]

16. Außerdem pflegt vielfach Eintracht durch Furcht erzeugt zu werden, doch fehlt ihr dann die Treue. Dazu kommt, daß die Furcht aus einer Untüchtigkeit der Seele entspringt und deswegen zum Gebrauche der Vernunft nicht gehört, ebensowenig wie das Mitleid,[2] wenngleich dies den Schein einer Art von Frömmigkeit an sich trägt.

17. Die Menschen lassen sich ferner auch durch Freigebigkeit gewinnen, besonders diejenigen, welche nicht in der Lage sind, das zum Lebensunterhalt Notwendige sich zu verschaffen. Doch übersteigt es weit die Kräfte und den Nutzen eines Privatmannes, jedem Bedürftigen hilfreich beizustehen; der Reichtum eines Privatmannes reicht zu solcher Leistung lange nicht hin. Zudem ist die geistige Fähigkeit des Einzelnen zu

beschränkt, um sich alle in Freundschaft verbinden zu können. Darum liegt die Sorge für die Armen der ganzen Gesellschaft ob und geht lediglich das Gemeinwohl an.

18. In der Annahme von Wohltaten und in der Dankesbezeigung muß unser Verhalten ein ganz anderes sein, – worüber man nachsehe Erläut. zu Lehrs. 70 und Erläut. zu Lehrs. 71, T. IV.[3]

19. Die sinnliche Liebe sodann, d. h. die Geschlechtsbegierde, die durch die äußere Gestalt geweckt wird, und überhaupt jegliche Liebe, die eine andere Ursache als die Freiheit der Seele anerkennt, geht leicht in Haß über; falls sie nicht, was noch schlimmer, eine Art des Wahnsinns ist, in welchem Falle sie mehr durch Zwietracht als durch Eintracht genährt wird.

20. Was die Ehe anbelangt, so ist es gewiß, daß sie mit der Vernunft übereinstimmt, wenn die Begierde nach fleischlicher Vermischung nicht bloß durch die äußere Form hervorgerufen wird, sondern auch durch das Verlangen, Kinder zu erzeugen und sie weise zu erziehen; und wenn außerdem die beiderseitige Liebe, des Mannes und des Weibes, nicht bloß die äußere Gestalt, sondern vornehmlich die Freiheit der Seele zur Ursache hat.

21. Auch die Schmeichelei erzeugt Eintracht, aber durch das häßliche Laster der Knechtseligkeit oder durch Unredlichkeit (Heuchelei); denn niemand läßt sich ja durch Schmeichelei mehr gefangennehmen als die Hochmütigen, die die ersten sein wollen, und es doch nicht sind.

22. Im Kleinmut steckt ein falscher Schein von Frömmigkeit und Religion. Und obzwar der Kleinmut dem Hochmut entgegengesetzt ist, so steht doch der Kleinmütige dem Hochmütigen am allernächsten.

23. Es trägt ferner auch die Scham zur Eintracht bei, doch nur in solchen Dingen, die sich nicht verheimlichen lassen. Weil übrigens die Scham eine Art von Traurigkeit ist, so hat sie nichts zu tun mit dem Gebrauche der Vernunft.

24. Die übrigen gegen andere Menschen gerichteten Affekte der Traurigkeit sind das gerade Gegenteil der Gerechtigkeit, Billigkeit, Ehrbarkeit, Frömmigkeit und Religion; und obwohl die Entrüstung den Schein der Billigkeit an sich trägt, so lebt man doch dort, wo es einem jeden erlaubt ist, über die

Taten des anderen abzuurteilen und sich selbst oder dem anderen Recht zu verschaffen, in gesetzlosem Zustand.

25. Die Gefälligkeit (Menschenfreundlichkeit), d. h. die Begierde, den Menschen zu gefallen, gehört, wenn sie durch die Vernunft bestimmt wird, zur Frömmigkeit. Entspringt sie aber aus einem Affekte, so ist sie Ehrgeiz oder eine Begierde, durch welche die Menschen unter dem falschen Scheine der Frömmigkeit meist Zwietracht und Aufruhr verursachen. Denn wer die anderen mit Rat oder Tat zu fördern begehrt, daß sie mit ihm des höchsten Gutes genießen, der wird in erster Linie danach trachten, ihre Liebe zu gewinnen, nicht aber danach, sie zur Bewunderung zu veranlassen, damit seine Lehre von ihm den Namen habe, noch wird er überhaupt sonst Anlaß zum Neide geben. Auch wird er sich im gemeinschaftlichen Verkehr hüten, die Laster der Menschen herzuzählen, und sich angelegen sein lassen, über die menschlichen Schwächen nur mit Zurückhaltung zu sprechen, dagegen viel reden über die menschliche Tugend oder Kraft und die Mittel, durch die sie vervollkommnet werden kann: damit so die Menschen nicht aus Furcht oder Abneigung, sondern durch den Affekt der Freude allein bewogen, nach der Vorschrift der Vernunft zu leben bestrebt sind, so viel sie können.

26. Außer den Menschen kennen wir kein Einzelwesen in der Natur, an dessen Geist wir uns zu erfreuen und das wir uns in Freundschaft oder irgendeiner Art des Umgangs verbinden könnten. Alles übrige, was es in der Natur der Dinge außer den Menschen gibt, zu schonen, fordert darum die auf unseren Nutzen hinsehende Vernunft nicht; sie lehrt uns vielmehr, es je nach seiner verschiedenen Brauchbarkeit zu schonen, zu zerstören oder auf jedwede Weise unserem Gebrauche anzupassen.

27. Der Nutzen, den wir von den Dingen außer uns ziehen, besteht – neben der Erfahrung und Erkenntnis, die wir gewinnen, indem wir sie beobachten und aus einer Form in die andere umwandeln – hauptsächlich in der Erhaltung unseres Körpers. In dieser Hinsicht sind diejenigen Dinge besonders von Nutzen, welche den Körper so unterhalten und nähren können, daß alle Teile imstande sind, ihre Funktionen richtig auszuüben. Denn je fähiger der Körper ist, auf vielerlei Weise erregt zu werden und die äußeren Körper auf mannigfache

Weise zu erregen, desto fähiger ist auch der Geist zum Denken. Dinge solcher Art scheint es jedoch in der Natur nur sehr wenige zu geben; darum ist zur notwendigen Ernährung des Körpers der Gebrauch vieler Nahrungsmittel mannigfacher Art erforderlich. Ist doch der menschliche Körper aus gar vielen Teilen verschiedener Natur zusammengesetzt, die einer fortwährenden und verschiedenartigen Ernährung bedürfen, damit der ganze Körper zu allem, was aus seiner Natur folgen kann, gleich fähig und folglich auch der Geist in gleicher Weise befähigt sei, vieles zu denken.

28. Um sich dies jedoch zu verschaffen, dazu würden die Kräfte des Einzelnen kaum hinreichen, wenn die Menschen sich nicht gegenseitige Hilfe leisteten. – Den Inbegriff aller Dinge aber stellt das Geld dar. Daher kommt es, daß dessen Vorstellung den Geist der Menge am meisten einzunehmen pflegt, weil man sich kaum irgendeine Art der Freude vorstellen kann, die nicht von der Idee des Geldes als deren (vermittelnde) Ursache begleitet wäre.

29. Ein Laster ist dies jedoch nur bei denen, die nicht aus Bedarf oder um der Notwendigkeit willen nach Gelderwerb trachten, sondern weil sie die Kniffe des Profitmachens sich angeeignet haben und mit ihnen großtun. Im übrigen pflegen sie ihren Körper aus Gewohnheit, – wenn auch nur kärglich, weil sie von ihren Gütern zu verlieren meinen, was sie zur Erhaltung ihres Körpers aufwenden möchten. Wer hingegen den richtigen Nutzen des Geldes kennt und das Maß des Reichtums allein nach dem Bedarfe abmißt, der lebt zufrieden mit wenigem.

30. Da also jene Dinge gut sind, welche die Teile des Körpers in der Ausübung ihrer Funktionen fördern, und die Freude darin ruht, daß das Vermögen des Menschen, sofern er aus Geist und Körper besteht, gefördert oder vermehrt wird, so ist also all das, was Freude bringt, gut. Da nun aber die Dinge nicht zu dem Zwecke tätig sind, uns in Freude zu versetzen, und ihr Tätigkeitsvermögen nicht auf unseren Nutzen eingestellt ist, und da endlich die Freude der Hauptsache nach meistens nur *einen* Körperteil angeht, darum haben die Affekte der Freude – wenn nicht Vernunft und Wachsamkeit dabei sind – und folglich auch die Begierden, die aus ihnen hervorgehen, meistenteils ein Übermaß. – Wozu noch kommt, daß

wir infolge des Affektes dasjenige für das wichtigste halten, was in der Gegenwart angenehm ist, das Zukünftige indessen nicht mit gleichem Seelenaffekt einzuschätzen verstehen.

31. Der Aberglaube scheint gerade umgekehrt das für gut zu erklären, was Traurigkeit, für schlecht dagegen, was Freude verursacht. Jedoch, wie wir bereits sagten, niemand freut sich über mein Unvermögen und mein Ungemach, es sei denn ein Neider. Denn, von je mehr Freude wir erregt werden, zu desto größerer Vollkommenheit gehen wir über, und desto mehr haben wir folglich teil an der göttlichen Natur. Auch kann die Freude niemals schlecht sein, wenn sie gemäßigt wird durch das wahre Verständnis unseres Nutzens. Wer anstatt dessen von der Furcht sich leiten läßt und das Gute tut, um ein Übel zu vermeiden, der wird nicht geleitet von der Vernunft.

32. Freilich, das menschliche Vermögen ist überaus beschränkt und wird von dem Vermögen der äußeren Ursachen unendlich übertroffen; und daher haben wir keine unbedingte Macht, die Dinge außer uns unserem Nutzen anzupassen. Jedoch werden wir alles unserem Nutzen Widerstrebende, das uns begegnen mag, mit Gleichmut tragen, falls wir uns nur bewußt sind, daß wir unsere Pflicht getan, daß unser Vermögen nicht so weit habe reichen können, um jenes zu vermeiden, und daß wir nur ein Teil der gesamten Natur sind, deren Ordnung wir folgen. Sobald wir dies klar und deutlich einsehen, wird der Teil von uns, der in der Erkenntnis seinen Ausdruck findet, d. h. der bessere Teil in uns, dabei völlig beruhigt sein und in dieser Ruhe dauernd zu bleiben suchen. Denn, sofern wir erkennen, können wir lediglich das, was notwendig ist, erstreben, und ganz und gar nur in der Wahrheit zur Ruhe kommen. Sofern wir dieses richtig erkennen, stimmt das Bestreben des besseren Teiles in uns mit der Ordnung der gesamten Naturwelt überein.

Johann Heinrich Pestalozzi

Der Mensch muß zu innerer Ruhe gebildet werden

Der Schweizer Pädagoge Johann Heinrich Pestalozzi hat die Erziehung und den Unterricht in der Volksschule auf eine neue Grundlage gestellt und das Erziehungswesen des 19. und 20. Jahrhunderts wie kaum ein anderer geprägt, wenn auch alle seine eigenen praktischen Unternehmungen an ökonomischen und politischen Hindernissen sowie an anstaltsinternen Streitigkeiten scheiterten.

Pestalozzi wurde 1746 in Zürich geboren und starb 1827 in Brugg. Nachdem sein Vater, ein »Chirurgus«, früh gestorben war, übernahm seine Mutter die Erziehung, unterstützt von einem Großvater, der als Dorfpfarrer auf dem Lande lebte. Zunächst studierte Pestalozzi Theologie an der philologisch-theologischen Hochschule Zürichs, wo patriotische Gesellschaften wie die »Helvetische Gesellschaft zur Gerwe« Rousseaus Gedanken verbreiteten, die Kritik sozialer Zustände förderten und dadurch den Argwohn der Obrigkeit erregten. Pestalozzi verließ die Hochschule vorzeitig, um sich »ganz dem Landbau zu widmen«, und leitete von 1769 bis 1774 zusammen mit seiner Frau eine »Versuchswirtschaft«, das Gut Neuhof auf dem Birrfeld im Aargau. Finanzielle Schwierigkeiten veranlaßten ihn dazu, zusätzlich zur Landwirtschaft eine Baumwollindustrie aufzubauen; dabei lernte er die Not der arbeitenden Kinder kennen. Er wandelte daraufhin den Gutshof in eine Erziehungsanstalt um. Sein Plan war, den Kindern nicht nur kurzfristig zu helfen, sondern ihnen durch umfassende »politechnische« Erziehung Hilfe zur Selbsthilfe zu bieten. Er konnte die Anstalt jedoch nur bis 1780 erhalten. Immer aber blieb für ihn die Erziehung der entscheidende Weg, um die materielle Lage der Bauern, der Tagelöhner und der Proletarier zu verbessern.

Nach dem gescheiterten Neuhof-Projekt war der Pädagoge fast 20 Jahre lang literarisch tätig. Als erstes veröffentlichte er 1780 »Die Abendstunde eines Einsiedlers«, woraus hier zentrale Gedanken wiedergegeben werden. Von seinen späteren praktischen Unternehmungen war das wichtigste das Erziehungsinstitut im waadtländischen Iferten (Yverdon), das von 1804/05 bis 1825 bestand und weltweite Beachtung fand, von Pestalozzi aber schließlich aufgegeben wurde, nachdem ökonomische Zwänge einen Zwist unter den Lehrern ausgelöst hatten. Kurz vor seinem Tod kehrte er nach Neuhof zurück.

Während Pestalozzi in der »Abendstunde eines Einsiedlers« unter Berufung auf eine naturgemäße Erziehung im Sinne Rousseaus Schulen und schulische Methoden ablehnt, fordert er in dem darauffolgenden Roman »Lienhard und Gertrud«, dessen vier Teile zwischen 1781 und 1787 erschienen, eine gesetzliche Institutionalisierung der Erziehung. Der Roman fand in ganz Europa ähnlich großen Anklang wie die Schrift »Wie Gertrud ihre Kinder lehrt« (1801). In dem dazwischen veröffentlichten Werk »Meine Nachforschungen über den Gang der Natur in der Entwicklung des Menschengeschlechts« (1797) setzt er sich – als von der Nationalversammlung ernannter Ehrenbürger Frankreichs – mit der Französischen Revolution auseinander und verbindet sein Erziehungskonzept in Anknüpfung an Platon mit der grundsätzlichen philosophischen Frage: »Was bin ich, und was ist das Menschengeschlecht?« Er betont in dem Buch die Widersprüchlichkeit des Menschen als Resultat sowohl der natürlichen Anlagen wie der gesellschaftlichen Kräfte und der Selbsterziehung.

Das Konzept der »Abendstunde eines Einsiedlers«, Unterricht und Erziehung »naturgemäß« zu gestalten und die Urteile auf das »Anschauen« zu gründen, behält Pestalozzi bei, auch wenn er später die destruktiven Tendenzen der Natur herausstellt. (Ebenfalls auf das Prinzip der Anschaulichkeit gründet er seine Lehre der »Elementarbildung«, nach der »alle unsere Erkenntnis von Zahl, Form und Wort ausgeht«.) Vor allem aber hält er stets an der »Wohnstubenerziehung« bzw. dem »Wohnstubenmodell« fest, also daran, daß die familiären »häuslichen Verhältnisse die ersten und vorzüglichsten Verhältnisse der Natur« sind, auf denen alle menschliche Erziehung basiert und wodurch die Einheit von »Herz, Geist und Hand« entwickelt werden kann. Die Bildung zu innerer Ruhe durch den Glauben an Gott sowie durch Genügsamkeit und Selbstbescheidung hat er nie so betrachtet, daß sie die Verbesserung der materiellen Lage der Menschen überflüssig machen würde.

Der Mensch, so wie er auf dem Throne und im Schatten des Laubdaches sich gleich ist, der Mensch in seinem Wesen, was ist er? Warum sagen's die Weisen uns nicht? Warum nehmen die erhabenen Geister nicht wahr, was ihr Geschlecht sei? Braucht auch ein Bauer seinen Ochsen, und lernt ihn nicht kennen? Forscht ein Hirt nicht nach der Natur seiner Schafe?

Und ihr, die ihr den Menschen braucht und sagt, daß ihr ihn hütet und weidet, nehmt auch ihr die Mühe des Bauern für seinen Ochsen? Habt auch ihr die Sorge des Hirten für seine Schafe? Ist eure Weisheit Kenntnis eures Geschlechtes und eure Güte Güte erleuchteter Hirten des Volks?

Was der Mensch ist, was er bedarf, was ihn erhebt und was ihn erniedrigt, was ihn stärkt und ihn entkräftet, das ist Bedürfnis der Hirten der Völker und Bedürfnis des Menschen in den niedersten Hütten.

Allenthalben empfindet die Menschheit[1] dieses Bedürfnis; allenthalten strebt sie mit Mühe und Arbeit und Drang empor. Darum welken ihre Geschlechter unbefriedigt dahin und ruft das Ende der Tage der mehrern Menschheit laut, daß die Vollendung ihrer Laufbahn sie nicht gesättigt habe. Ihr Ende ist nicht Reifung vollkommener Früchte der Jahreszeit, die nach vollendeter Bestimmung sie zur Ruhe des Winters hinabsinken läßt.

Warum forscht der Mensch Wahrheit ohne Ordnung und Endzwecke? Warum forscht er nicht nach den Bedürfnissen seiner Natur, daß er darauf baue den Genuß und den Segen seines Lebens? Warum sucht er nicht Wahrheit, die Ruhe und Lebensgenuß ist? Wahrheit, die ihn in seinem Innersten befriedigt, die seine Kräfte entwickelt, seine Tage erheitert und seine Jahre beseligt?

Der Mensch, von seinen Bedürfnissen angetrieben, findet die Bahn zu dieser Wahrheit im Innersten seiner Natur.

Der befriedigte Säugling lernt, was ihm seine Mutter ist, auf dieser Bahn, und sie bildet in ihm Liebe, das Wesen des Dankes, ehe der Unmündige kann den Schall von Pflicht und von Dank hören lassen, und der Sohn, der seines Vaters Brot ißt und sich mit ihm an seinem Herde wärmt, findet den Segen seines Wesens in den Pflichten des Kindes auf dieser Bahn der Natur.

Mensch, forschst du in dieser Ordnung der Natur nach Wahrheit, so findest du sie, wie du sie brauchst, für deinen Standpunkt und für deine Laufbahn.

So wie sie dir Bedürfnis deiner Ruhe und deines Friedens ist, Mensch! so wie sie dir in deinen nähesten Angelegenheiten sicherer Leitstern, so wie sie Stütze ist, auf der dein Leben ruht, so ist sie dir Segen.

Du kannst auf dieser Laufbahn nicht alle Wahrheit brauchen. Der Kreis des Wissens, durch den der Mensch in seiner Lage gesegnet wird, ist enge, und dieser Kreis fängt nahe um ihn her, um sein Wesen, um seine nähesten Verhältnisse an, dehnt sich von da aus und muß bei jeder Ausdehnung sich nach diesem Mittelpunkt aller Segenskraft der Wahrheit richten.

Reiner Wahrheitssinn bildet sich in engen Kreisen, und reine Menschenweisheit ruht auf dem festen Grund der Kenntnis seiner nähesten Verhältnisse und der ausgebildeten Behandlungsfähigkeit seiner nähesten Angelegenheiten.

Diese Menschenweisheit, die sich durch die Bedürfnisse unserer Lage enthüllt, stärkt und bildet unsere Wirkungskraft, und die Geistesrichtung, die sie hervorbringt, ist einfach und fest hinsehend, sie ist von der ganzen Kraft der in ihren Realverbindungen feststehenden Naturlagen der Gegenstände gebildet, und daher zu jeder Seite der Wahrheit lenksam.

Kraft und Gefühl und sichere Anwendung ist ihr Ausdruck.

Erhabene Bahn der Natur, die Wahrheit, zu der du führst, ist Kraft und Tat, Bildung, Füllung und Stimmung des ganzen Wesens der Menschheit.

Zwar, du bildest den Menschen nicht im schnellen, schimmernden Wuchs, und dein Sohn, o Natur, ist beschränkt, seine Rede ist Ausdruck und Folge vollendeter Sacherkenntnis. Aber wenn die Menschen dem Gange deiner Ordnung voreilen, so zerstören sie in sich selbst ihre innere Kraft und lösen die Ruhe und das Gleichgewicht ihres Wesens in ihrem Innersten auf.

Sie tun dieses, wenn sie, eher als sie durch Realkenntnis wirklicher Gegenstände ihren Geist zur Wahrheit und Weisheit lenksam gebildet haben, sich in das tausendfache Gewirre von Wortlehren und Meinungen hineinwagen und Schall und Rede und Wort anstatt Wahrheit aus Realgegenständen zur Grundlage ihrer Geistesrichtung und zur ersten Bildung ihrer Kräfte machen.

Diese künstliche Bahn der Schule, die allenthalben die Ordnung der Worte der freien, wartenden, langsamen Natur vordrängt,[2] bildet den Menschen zu künstlichem Schimmer, der den Mangel innerer Naturkraft bedeckt und Zeiten wie unser Jahrhundert befriedigt.

Standpunkt des Lebens, Individualbestimmung des Menschen, du bist das Buch der Natur, in dir liegt die Kraft und die Ordnung dieser weisen Führerin, und jede Schulbildung, die nicht auf diese Grundlage der Menschenbildung gebaut ist, führt irre.

Mensch! – Vater deiner Kinder, dränge die Kraft ihres Geistes nicht in ferne Weiten, ehe er durch nahe Übung Stärke erlangt hat, und fürchte dich vor Härte und Anstrengung.

Die Kraft der Natur, obwohl sie unwiderstehlich hinführt zur Wahrheit, hat keine Steifigkeit in ihrer Führung; der Schall der Nachtigall tönt im finstern Dunkel, und alle Gegenstände der Natur wallen in erquickender Freiheit, nirgends ist ein Schatten einer zudringlichen Ordnungsfolge.

Wäre erzwungene und steife Ordnungsfolge in der Lehrart der Natur, auch sie würde Einseitigkeit bilden, und ihre Wahrheit würde nicht in die Fülle des ganzen Wesens der Menschheit sanft und frei hineinfallen.

Der widrige, erschöpfende Drang für den bloßen Schatten der Wahrheit, der Drang für Ton und Schall und Worte von Wahrheit, wo gar kein Interesse reizt, keine Anwendung möglich ist, Hinlenkung aller Kraft des wachsenden Menschen für die Meinung harter, einseitiger Schullehrer und die tausendfachen Künsteleien des Wortverkehrs und der Modelehrart, die zur Grundlage der Menschenbildung gelegt wird, ist mühselige Abführung von der Bahn der Natur.

Ihr harter Gang bildet im Menschen die Wahrheit nicht zur sanften Dienerin der Menschheit, nicht zur fühlenden, guten Mutter, deren Freud und Weisheit die Freud und das Bedürfnis ihrer Kinder ist.

Der Mensch verliert das Gleichgewicht seiner Stärke, die Kraft der Weisheit, wenn sein Geist für einen Gegenstand zu einseitig und gewaltsam hingelenkt ist. Darum ist die Lehrart der Natur nicht gewaltsam.

Aber dennoch ist in ihrer Bildung Festheit, und in ihrer Ordnung ist haushälterische Genauheit.

Das zerstreute Gewirr des Vielwissens ist ebensowenig die Bahn der Natur.

Der Mensch, der mit leichtem Flug jedes Wissen umflattert und nicht durch stille, feste Anwendung seine Erkenntnis stärkt, auch dieser verliert die Bahn der Natur, den festen, heitern, aufmerksamen Blick, das ruhige, stille, wahrer Freuden empfängliche Wahrheitsgefühl.

Schwankend wird der Gang der Männer, die im Wirrwarr ihres Vielwissens zwar viel Rednerei finden, ihr aber den stillen Sinn reiner Menschenweisheit aufopfern. Beim Lärmgeräusch ihres Stolzes wirst du nahe um sie, in den Verhältnissen, in denen die Kraft des gesegneten Weisen hell strahlt, leere Öden und Dunkelheit finden.

Bildung der Menschen zur Wahrheit, du bist Bildung ihres Wesens und ihrer Natur zu beruhigender Weisheit.

Wo bist du, Kraft der Natur, reine Bildung der Menschheit? Auch die trägen, leeren Öden der finstern Unwissenheit führen von deiner Bahn ab. Mangelnde Kenntnisse deiner Natur, Mensch, schränken dein Wissen enger ein als die Bedürfnisse deines Wesens. Verdrehung der ersten Grundbegriffe deiner Beziehung und tötende, erdrückende Gewalt der Tyrannei, Vorenthaltung aller Wahrheits- und Segensgenießungen, unnatürlicher Mangel allgemeiner Nationalerleuchtung[3] in den ersten wesentlichen Bedürfnissen und Verhältnissen der Menschheit verdunkeln dich, wie dein schwerer Schatten den Erdenkreis verdunkelt.

Deshalben ist ausgebildete Kraft der Menschheit, diese Quelle ihrer starken Taten und ihrer ruhigen Genießungen, kein eingebildeter Drang und kein täuschender Irrtum.

Befriedigung unsers Wesens in seinem Innersten, reine Kraft unserer Natur, du Segen unsers Daseins, du bist kein Traum. Dich zu suchen und nach dir zu forschen ist Ziel und Bestimmung der Menschheit, und auch mein Bedürfnis bist du, und Drang meines Innersten, dich zu suchen, Ziel und Bestimmung der Menschheit.

Auf welchem Weg, auf welcher Bahn werde ich dich finden, Wahrheit, die mein Heil ist und mich zur Vervollkommnung meiner Natur emporhebt?

Im Innern meiner Natur ist Aufschluß zu dieser Wahrheit. Alle Menschheit ist in ihrem Wesen sich gleich und hat zu ihrer Befriedigung nur eine Bahn. Darum wird die Wahrheit, die rein aus dem Innersten unsers Wesens geschöpft ist, allgemeine Menschenwahrheit sein, sie wird Vereinigungswahrheit zwischen den Streitenden, die bei Tausenden ob ihrer Hülle sich zanken, werden.

Alle reinen Segenskräfte der Menschheit sind nicht Gaben der Kunst und des Zufalls; im Innern der Natur aller Menschen liegen sie mit ihren Grundanlagen. Ihre Ausbildung ist allgemeines Bedürfnis der Menschheit. Darum muß die Bahn der Natur, die sie enthüllt, offen und leicht, und die Menschenbildung zu wahrer, beruhigender Weisheit einfach und allgemein anwendbar sein.

Die Natur enthüllt alle Kräfte der Menschheit durch Übung, und ihr Wachstum gründet sich auf Gebrauch. Ordnung der Natur in der Bildung der Menschheit ist die Kraft der Anwendung und Ausübung seiner Erkenntnisse, seiner Gaben und seiner Anlagen.

Daher ist der Mann der Einfalt und der Unschuld, indem er mit reiner folgsamer Anwendung seiner Erkenntnisse und mit stillem Fleiße jede seiner Kräfte und Anlagen übt und braucht, zur wahren Menschenweisheit von der Natur gebildet; dahingegen der Mann, der diese Ordnung der Natur in seinem Innersten zerrüttet und den reinen Sinn der Folgsamkeit seiner Erkenntnisse schwächt, für den Genuß des Segens der Wahrheit unfähig wird.

Die Ausübung von Taten gegen das innere Gefühl des Rechtes untergräbt die Kraft unserer Wahrheitserkenntnis, sie verwirrt den reinen Sinn der edlen, hohen Einfalt unsrer Grundbegriffe und unsrer Grundempfindungen.

Daher beruht alle Menschenweisheit auf der Kraft eines guten, der Wahrheit folgsamen Herzens, und aller Menschensegen auf diesem Sinn der Einfalt und Unschuld.

Bildung der Menschheit zu diesem reinen Sinn der Einfalt und der Unschuld, du bist Vatersorge der Menschheit, daß die unverdorbenen Grundlagen des Herzens den Gang seiner Geistesentwicklung schützen und richtig leiten.

Allgemeine Emporbildung dieser innern Kräfte der Menschennatur zu reiner Menschenweisheit ist allgemeiner Zweck der Bildung auch der niedersten Menschen.

Übung, Anwendung und Gebrauch seiner Kraft und seiner Weisheit in den besondern Lagen und Umständen der

Menschheit ist Berufs- und Standsbildung. Diese muß immer dem allgemeinen Zweck der Menschenbildung untergeordnet sein.

Auf Einfalt und auf Unschuld gegründete Weisheit und Kraft ist in jeder Lage und jeder Tiefe der Menschheit segnender Teil, so wie sie in jeder Höhe ihr unumgängliches Bedürfnis ist.

Wer nicht Mensch ist, in seinen innern Kräften ausgebildeter Mensch ist, dem fehlt die Grundlage zur Bildung seiner nähern Bestimmung und seiner besondern Lage, die keine äußere Höhe entschuldigt.

Zwischen dem Vater und dem Fürsten, zwischen dem mit schweren Nahrungssorgen beladenen Dürftigen und dem unter noch schwerern Sorgen seufzenden Reichen, zwischen dem unwissenden Weib und dem berüchtigten Vielwisser, zwischen dem trägen Schlummerer und dem Genie, dessen Adlerskraft in alle Welt wirkt, sind Klüfte.

Aber wenn dem einen in seiner Höhe reine Menschlichkeit mangelt, so werden finstere Wolken ihn da umhüllen, indem in niedern Hütten gebildete Menschlichkeit reine, erhabene und befriedigte Menschengröße von sich strahlt.

So lechzt in seiner Höhe ein Fürst nach weisen und gerechten Gesetzen für seine Gefangenen, aber vielleicht wirft er den golderfüllten Beutel umsonst zum Preis dar. Heb' er im Kriegsrat, in seinem Jagd- und Rentamte Menschlichkeit und im Innern seines Hauses reinen Vatersinn empor, so wird er Richter und Hüter seiner Gefangenen weise und ernst und väterlich bilden.

Ohne dieses ist der Schall erleuchteter Gesetze der Schall von der Liebe des Nächsten im Munde herzloser Menschen. So fern bist du vielleicht, Fürst, von dem Segen der Wahrheit, die du suchst.

Indessen handeln Väter im Staub unter deinen Füßen weise mit ungeratenen Söhnen. Fürst, lerne in den Tränen ihrer Nachtwachen und in dem Kummer ihrer Tageslasten Weisheit für deine Gefangenen, und gib dein Recht über Leben und Tod Männern, die auf dieser Bahn Weisheit suchen. Fürst, der Segen der Welt ist gebildete Menschlichkeit, und nur durch sie wirkt die Kraft der Erleuchtung und der Weisheit und der innere Segen aller Gesetze.

Mensch, du selbst, das innere Gefühl deines Wesens und deiner Kräfte ist der erste Vorwurf[4] der bildenden Natur; aber du lebst nicht für dich allein auf Erden. Darum bildet dich die Natur auch für äußere Verhältnisse und durch sie.

So wie diese Verhältnisse dir nahe sind, Mensch! sind sie zur Bildung deines Wesens für deine Bestimmung dir wichtig.

Immer ist die ausgebildete Kraft einer nähern Beziehung Quelle der Weisheit und Kraft der Menschen für entferntere Beziehungen.

Vatersinn bildet Regenten – Brudersinn Bürger; beide erzeugen Ordnung im Hause und im Staate.

Die häuslichen Verhältnisse der Menschheit sind die ersten und vorzüglichsten Verhältnisse der Natur.

Der Mensch arbeitet in seinem Beruf und trägt die Last der bürgerlichen Verfassung, damit er den reinen Segen seines häuslichen Glücks in Ruhe genießen möge.

Daher muß die Bildung des Menschen für seine Berufs- und Standeslage dem Endzweck der Genießungen reiner häuslicher Glückseligkeit untergeordnet werden.

Daher bist du, Vaterhaus, Grundlage aller reinen Naturbildung der Menschheit.

Vaterhaus, du Schule der Sitten und des Staats!

Erst bist du Kind, Mensch, hernach Lehrling deines Berufs.

Kindertugend ist der Segen deiner Lehrlingsjahre und erste Bildung deiner Anlage zum Genuß aller Segnungen deines Lebens.

Wer von dieser Ordnung der Natur abgeht und Stands-, Berufs-, Herrschafts- und Dienstbarkeitsbildung unnatürlich vordrängt, der lenkt die Menschheit ab vom Genuß der natürlichsten Segnungen auf klippenvolle Meere.

Der Mensch muß zu innerer Ruhe gebildet werden; Genügsamkeit mit seiner Lage und mit ihm erreichbaren Genießungen, Duldung, Achtung und Glauben an die Liebe des Vaters bei jeder Hemmung, das ist Bildung zur Menschenweisheit.

Ohne innere Ruhe wallt der Mensch auf wilden Wegen. Durst und Drang zu unmöglichen Fernen rauben ihm jeden Genuß des nahen gegenwärtigen Segens und jede Kraft des weisen, geduldigen und lenksamen Geistes.

Wenn das Gefühl nicht mehr von innerer Ruhe beseelt ist, so entnervt seine Kraft den Menschen in seinem Innersten und plagt ihn mit finstern Qualen in Tagen, in denen der heitere Weise lächelt.

Der ungenügsame Mann ärgert sich im Kreise seines Haussegens, daß sein Tanz am Galatag, seine Geige im Konzert und seine These im Hörsaale nicht ausgezeichnet wurden.

Ruhe und stiller Genuß sind die ersten Zwecke der Menschenbildung und die Schoßkinder seiner Zeit. Mensch! Dein Wissen und deine Ehrbegierde müssen diesen höhern Zwekken untergeordnet werden, sonst werden Neugier und Ehrbegierde nagende Qualen und Unsegen.

Seht ihr's, Menschen, fühlt ihr's nicht, Söhne der Erde, wie euere obern Stände in ihrer Bildung ihre inneren Kräfte verlieren? Siehst du's nicht, Menschheit, wie ihre Abweichung von der weisen Ordnung der Natur leeren und öden Unsegen unter sie und von ihnen hinab ins Volk bringt? Fühlst du's nicht, Erde, wie die Menschengeschlechter von dem reinen Segen ihrer häuslichen Verhältnisse abweichen und allenthalben sich auf wilde, schimmernde Schaubühnen hindrängen, um ihr Wissen zu spiegeln und ihren Ehrgeiz zu kitzeln?

In ferne Weite wallet die irrende Menschheit.

Gott ist die näheste Beziehung der Menschheit.

Auch dein Haus, Mensch, und sein weisester Genuß beruhigt dich nicht immer.

Gewalt und Grab und Tod ohne Gott zu leiden, hat deine sanft, gut und fühlend gebildete Natur keine Kräfte.

Gott – Vater deines Hauses, Quell deines Segens – Gott – dein Vater, in diesem Glauben findest du Ruhe und Kraft und Weisheit, die keine Gewalt, kein Grab in dir erschüttert.

Glauben an Gott, Stimmung des Menschengefühls in dem obersten Verhältnis seiner Natur, vertrauender Kindersinn der Menschheit gegen den Vatersinn der Gottheit.

Glauben an Gott, Quelle der Ruhe des Lebens – Ruhe des Lebens, Quelle innerer Ordnung – innere Ordnung, Quelle der unverwirrten Anwendung unserer Kräfte – Ordnung in der Anwendung unserer Kräfte, Quelle ihres Wachstums und Bildung zur Weisheit – Weisheit, Quelle alles Menschensegens.

Glauben an Gott, Quelle aller Weisheit und alles Segens und Bahn der Natur zur reinen Bildung der Menschheit.

CHRISTOPH MARTIN WIELAND

Philosophie als Kunst zu leben und Heilkunst der Seele

Der Schriftsteller und Dichter Christoph Martin Wieland hat ein ungewöhnlich glückliches Naturell besessen. In dieser Selbsteinschätzung stimmten nicht nur seine Bewunderer mit ihm überein. – Wieland wurde 1733 im schwäbischen Oberholzheim bei Biberach in einem evangelischen Pfarrhaus geboren und starb 1813 in Weimar. Er besuchte das pietistische Internat Klosterberg bei Magdeburg, studierte Philosophie in Erfurt, danach Rechtswissenschaften in Tübingen, interessierte sich aber, inspiriert von Liebesempfindungen, mehr für die Dichtkunst und widmete sich schließlich ganz der Literatur. Nach fast zweijährigem Aufenthalt in Zürich bei Johann Jacob Bodmer – einem Historiker, der eine Dichtung des religiösen und patriotischen Enthusiasmus förderte – und anschließender Hauslehrertätigkeit in Bern kehrte Wieland nach Biberach zurück. Dort lernte er als Rats- und Kanzleileiter die stark konfessionell bestimmte politische Praxis kennen. 1765 heiratete er die Augsburger Kaufmannstochter Dorothea von Hillenbrand, mit der er elf Kinder großzog. 1769 wurde Wieland als Professor der Philosophie nach Erfurt berufen. Sein »Goldener Spiegel« – ein Fürstenspiegel im Geist der aufgeklärten Monarchie – trug ihm durch Herzogin Anna Amalia die Berufung zum Prinzenerzieher in Weimar ein. Daß der junge Herzog Karl August 1775 Goethe nach Weimar holte, war durch dessen Satire »Götter, Helden und Wieland« veranlaßt. Wieland empfing Goethe dennoch ohne Groll. Zwischen den beiden entwickelte sich ein dauerhaftes freundschaftliches Verhältnis. Von 1797 bis 1803 lebte Wieland auf seinem Landgut in Oßmannstedt, wo er Heinrich von Kleist zu weiterem Schreiben ermutigte. Das letzte Jahrzehnt seines Lebens verbrachte er wieder in dem nahegelegenen Weimar.

Mit den Weimarer Klassikern verband Wieland vor allem der Humanismus, den er in einer aufklärerischen Haltung und in ironisch-heiterer Form – darin Montaigne (siehe S. 202–217) ähnlich – zum Ausdruck brachte. Die Klassik prägte er auch als Herausgeber der literarischen Monatsschrift »Der Teutsche Merkur«. Daneben schuf er meisterliche Übersetzungen von 22 Dramen Shakespeares und von Schriften verschiedener antiker Autoren wie Lukian und Horaz.

Wielands eigenes umfangreiches Werk läßt sich in drei Perioden einteilen: Die ersten Veröffentlichungen sind durch religiös-ästhetische Schwärmerei und den Vorrang geistiger Ideale gekennzeichnet. Im Gegensatz dazu orientiert er sich in der zweiten Periode an der sinnenfroh erlebten Natur; seine Themen stellt er nach dem Vorbild des französischen Rokoko in eleganter Sprache dar. Dazu gehören die »Komischen Erzählungen« (1762) und »Der Sieg der Natur über die Schwärmerei oder die Abenteuer des Don Sylvio von Rosalva« (1764). In der dritten Periode bringt Wieland Natur und Geist – das natürliche Leben und die Ideale – in einen einheitlichen Zusammenhang, wobei die Natur einen gewissen Vorrang behält. In dieser Periode verfaßt er seine Hauptwerke, darunter die folgenden drei Romane: »Die Geschichte des Agathon« (1766/67), den ersten deutschen Bildungs- und Entwicklungsroman; »Die Abderiten, eine sehr wahrscheinliche Geschichte« (1774/80), eine Satire über das Spießertum und den Aberglauben von Schildbürgern, die u. a. einen Prozeß um des Esels Schatten führen; »Aristipp und seine Zeitgenossen« (1800/02), eine Darstellung der verschiedenen sokratischen Schulen im 4. Jahrhundert v. Chr., mit Aristipp, dem wahren Sokratiker und Weltbürger, sowie mit der geistvollen Hetäre Lais und ihrem abenteuerlichen Schicksal – eine Einheit von Sinnlichkeit und Philosophie.

Wie Wieland in seiner dritten Periode, auf dem Höhepunkt seines Schaffens, die Natur als Maßstab für das Leben nimmt, zeigt in prägnanter Form der hier folgende Prosatext aus den 1796 erschienenen »Sämtlichen Werken«.

Die Menschen haben gelebt, und vielleicht Jahrtausende gelebt, eh' einer von ihnen auf den Gedanken kam, daß Leben eine Kunst sein könnte; und nach aller Wahrscheinlichkeit ist jede andre Kunst, von den Künsten Tubalkains[1] an – bis zur Kunst Fliegen zu fangen (von welcher Schach Baham,[2] ein

Peritus in arte,* versichert, daß es keine so leichte Sache sei, als viele Leute sich einbilden), schon längst erfunden gewesen, als endlich die scharfsinnigen Griechen mit andern schönen Wissenschaften und Künsten auch diese berühmte Kunst zu leben, Philosophie genannt, wo nicht gänzlich erfunden, doch zuerst in Kunstform gebracht und auf einen hohen Grad der Verfeinerung getrieben haben.

Bei weitem der größte Teil der Menschenkinder ließ sich nie etwas von einer solchen Kunst träumen. Die Leute lebten, ohne zu wissen, wie sie es damit machten; ungefähr wie Herr Jourdain in Molières bürgerlichem Edelmann sein Leben lang Prosa gesprochen hatte; oder wie wir alle Atem holen, verdauen, uns auf mancherlei Art bewegen, wachsen und gedeihen, ohne daß unter Tausenden nur einer weiß oder zu wissen verlangt, nach was für mechanischen Gesetzen und durch welche Verbindung von Ursachen das alles geschehe. Und in diesem dicken Nebel der Unwissenheit leben bis auf diese Stunde nicht nur alle die unzähligen Völker in Asia, Afrika, Amerika und den Inseln des Südmeers, weiße und olivenfarbne, schwarzgelbe und pechschwarze, bärtige und unbärtige, beschnittne und unbeschnittne, tätowierte und nicht tätowierte, mit und ohne Ringe durch die Nase, von den Riesen in Patagonien bis zu den Zwergen an der Hudsonbay usf. – sondern auch selbst von dem größten Teile der Einwohner unseres aufgeklärten Europas läßt sich mit gutem Fuge behaupten, daß sie von besagter Kunst zu leben ebensowenig wissen und sich ebensowenig darum bekümmern, als das leichtsinnige Völkchen in Otahity, oder als die halb erstarrten Bewohner des Feuerlandes, die kaum mehr als Seekälber[3] sind.

Das Wunderbarste bei der Sache ist, daß alle diese Menschen (die, nach einer sehr billigen Berechnung, beinahe das ganze menschliche Geschlecht ausmachen) gleich ihren Voreltern bis auf Adam und Eva – die von wohlbesagter schönen Kunst auch nichts wußten – dessen ungeachtet so herzhaft drauf los leben, als ob sie ausgemachte Meister darin wären; ja, daß der größte Teil dieser Pfuscher sich so wohl dabei befindet, daß, in Rücksicht der sämtlichen wesentlichsten und

* Kunstsachverständiger.

wichtigsten Verrichtungen des menschlichen Lebens, nicht leicht einer von den auf- und abgedungenen Meistern und Professoren der Kunst sich neben ihnen sehen lassen darf.

Cicero sagt irgendwo: die Natur sei die beste Führerin des Lebens, welches vermutlich soviel sagen soll, sie zeige uns am besten, wie wir uns durch dies Erdenleben durchhelfen können; – ingleichen: man könne gar nicht fehlen, wenn man sich von ihr führen lasse. – Darauf müssen sich nun wohl von jeher die Menschen verlassen haben. Eben diese Natur (dachten sie), die uns atmen, essen und trinken, Hände und Füße brauchen lehrt usw., lehrt uns auch unsre Sinne, unser Gedächtnis, unsern Verstand, alle unsre übrigen Kräfte brauchen, lehrt uns auch, was sich für uns schickt oder nicht. Es bedarf nur so vieler Aufmerksamkeit, als uns jeder Gegenstand selber abnötigt; so sehen oder fühlen wir, ob er Freund oder Feind ist. Unsre Nase und unsre Zunge lehren uns ohne allen andern Unterricht, welche Früchte, Kräuter, Wurzeln usw. gut zu essen sind; im Notfalle lehrt es uns auch wohl der Hunger ohne viel Umstände. Für alle unsre dringenden Bedürfnisse hat die Natur gesorgt. Entweder ist die Sache, die wir brauchen, schon da – so haben wir, was vonnöten ist, sie zu ergreifen und zu genießen; oder wenigstens sind die Materialien dazu da – so haben wir gerade so viel Verstand und Kraft und natürliches Geschick in unsern Gliedmaßen, um sie zu unserm Brauch und Zweck zu formen. Was dann aufs erste Mal nicht geht, geht beim zehnten oder zwanzigsten; und reichen zwei Arme nicht, so werden vier, sechs oder acht damit zu Stande kommen. Jeder neue Versuch setzt etwas zu unserm Begriff von der Sache und zu unsrer Geschicklichkeit zu; wir lernen durch Irren und Fehlen und werden Meister durch Übung, ohne zu merken, wie es zugegangen ist. Und eben diese Natur, die uns so weit bringt, verbirgt immer vor uns, was zu weit von uns liegt, als daß wir es, da wo wir sind, erreichen könnten; lehrt uns zufrieden sein mit dem, was wir haben, macht uns durch Unwissenheit glücklich, und hat uns diese wohltätige Trägheit, worüber die Weltverbesserer täglich so viel Klagens erheben,[4] bloß dazu gegeben, damit wir nicht, vor ewiger Unruhe unsern Zustand zu bessern, aus dem Regen in die Traufe geraten, und es uns nicht alle Augenblicke ergehe wie jenem, der, um sich besser zu befinden, sich zu

Tode arzneite und zur Grabschrift erhielt: *Per star meglio, sto qui.**

So lehrt die Natur alle Menschen leben, die der guten Mutter nicht aus der Lehre und Zucht gelaufen sind; und in allem dem ist, wie ihr seht, keine Kunst. Es ist die leibhafte Natur selbst. Das berühmte *Quam multis non egeo!*** jenes alten Weisen[5] ist die angeborne Philosophie aller Samojeden, Lappen, Eskimos usw., eine Philosophie, worin die Neu-Holländer oder Neu-Waliser (wie sich die ehrlichen Leute nach Willkür der gebietenden Herren mit den Feuerröhren nennen lassen müssen) es am weitesten gebracht zu haben scheinen. Man komme nicht und sage: ein solches Leben sei ein Austernleben. Nennt es, wenn ihr wollt, fortdauernde Kindheit: aber ehret die Natur, die diese ihre Kinder auf dem kürzesten Wege zu jenem Glücklichleben *(beate vivere)* führt, wohin wir aufgeklärten Leute, vor lauter Menge der Wege, die dahin führen, so selten oder gar nie gelangen können.

Der weise Theophrast[6] (nicht Paracelsus,[7] sondern der Schüler und Thronfolger des göttlichen Aristoteles) lebte neunzig Jahre, und als er nun zum Sterben kam, beklagte er sich über die Natur: »daß sie dem Menschen so wenig Zeit zum Leben gegeben habe, und ein ehrlicher Kerl gerade dann sterben müsse, wenn er die Kunst zu leben endlich in etwas ergriffen habe«. – Wo hat ein Neu-Holländer jemals eine so unbillige Beschwerde geführt? Wenn er hundert Jahre alt geworden (was bei ihnen nichts Seltnes ist), so hat er just hundert Jahre gelebt und steht von dem Gastmahle der Natur gesättigt auf – und wahrlich von einem Gastmahle, wo die Natur so schlecht zu essen gibt, daß der strengste Kandidat der Heiligsprechung es ohne Bedenken mithalten dürfte.

Aber – im Vorbeigehen zu sagen – ich glaube nichts weniger, als daß Theophrast die Albernheit gesagt habe, die man ihn sagen läßt. Die Leute an seinem Bette verstanden ihn nicht recht; und dann kam irgendein Schulmeister lange hinterdrein, wollte Sinn draus machen und machte, daß es eine Albernheit wurde. Ich wollte wetten, Theophrast meinte weder mehr noch weniger damit, als: er bedaure, daß er vor

---

* Weil ich mich besser befinden wollte, befind' ich mich hier.
  ** Wie vieles bedarf ich nicht!

sechzig oder siebzig Jahren nicht schon so klug gewesen sei, zu sehen, daß er sich die Mühe ersparen könne, das als Kunst und Wissenschaft zu studieren, was ihn die Natur ohne Studium weit besser und sichrer würde gelehrt haben, wenn er Einfalt des Sinnes gehabt hätte, auf sie zu merken. – Nicht die unschuldige Natur, sondern seine eigne Torheit klagte er an, wie die meisten es in seinem Falle zu machen pflegen; wiewohl sie es ebensowohl bleiben lassen könnten: denn wozu hilft Reue, wenn man keine Zeit mehr hat, es besser zu machen?

Bei allem dem ist meine Meinung keineswegs, der wohlgedachten Kunst zu leben ihren Wert, soviel sie dessen haben mag, streitig zu machen.

Es ist irgendwo gesagt worden: die Kunst sei im Grunde nichts andres als die Natur selbst, die durch den Menschen, als ihr vollkommenstes Werkzeug, dasjenige, was sie gleichsam nur flüchtig entworfen oder angefangen, unter einem andern Namen, ausbilde und zur Vollkommenheit bringe. – Wenn die Kunst das ist, und sofern sie das ist, gebührt ihr alle Achtung.

Ja, auch alsdann, wenn sie bloß der geschwächten oder verderbten Natur zu Hilfe kommt, ist sie, wie die Arzneikunst, zuweilen wohltätig, obgleich ebenso ungewiß und ebenso unvermögend. Wo die Natur nicht mehr zum Leben hinreichend sein will, muß die Kunst freilich flicken und stützen, kleistern und quacksalben so gut sie kann. Oder, richtiger zu reden: auch auf diesen Fall hat die gute allgemeine Mutter für ihr Lieblingskind gesorgt; hat Mittel in ihren Vorratskammern für jede Wunde oder Krankheit des äußern und inwendigen Menschen, so daß der Kunst nichts übrigbleibt als zu beobachten und darzureichen. Je einfacher dann ihre Mittel sind, je weniger sie daran künstelt, desto besser für den Leidenden! Der Erfolg aber muß doch immer von der Natur allein erwartet werden. Hat sie noch Kräfte genug, sich an der Hand der Kunst aufzurichten, gut: wo nicht, so bleibt auch dieser nichts übrig, als den Kranken – sterben zu lassen und den Toten – einzubalsamieren. Lebenskraft kann sie nicht geben, wo keine ist.

Es ist schon lange, daß man der Philosophie, wegen dieser Ähnlichkeit mit der Arzneikunst, den Namen der Medizin für die Seele gegeben hat; und wirklich scheint diese Qualifikation geschickter zu sein ihr Zutritt zu verschaffen, als wenn sie Anspruch macht, uns nach den Regeln ihrer Kunst leben zu lehren. Denn welcher Mensch, der den freien Gebrauch seiner natürlichen Kräfte hat, fühlt nicht, daß er ohne sie leben kann? Sobald sie sich hingegen nur als Arzt anbietet, so wissen die Gesunden, daß sie nichts mit ihr zu verkehren haben.

Die Indianer in den Inseln der Südsee kennen, wie es scheint, keine Arzneien; aber sie wissen auch nichts von Krankheiten. Kleine Wunden oder Unpäßlichkeiten heilen bei ihnen von selbst, und an den tödlichen sterben sie – wie wir auch. Und weil sie so glücklich sind, von einer Seele an und für sich keinen Begriff zu haben, sondern ein Mensch ihnen immer ein Mensch aus Einem Stück ist: so wissen sie auch nichts von besondern Seelenkrankheiten; und wenn sie ja zuweilen einen Anstoß dieser Art bekämen, so ist die Hungerkur, wozu sie mehr als zuviel Gelegenheit haben, ordentlicher Weise das kräftigste Heilmittel.

Ist es hingegen bei einem Volke mit der Verfeinerung schon so weit gekommen, daß Leib und Seele – anstatt daß beide nur Eine Person sein sollten – als zwei Mächte von verschiednem Interesse behandelt werden, wo (wie bei unartigen Eheleuten) jedes seine eigne Wirtschaft hat: was ist natürlicher, als daß aus einer so heillosen Ehe böse Folgen entstehen müssen? Der Mensch ist dann nicht mehr das edle Geschöpf, an dem alles Sinn und Kraft und Seele, oder (so zu sagen) alles Körperliche geistig und alles Geistige körperlich ist: er ist ein unnatürlicher centaurischer Zwitter von Tier und von Geist, wo eines auf Unkosten des andern lebt; das Tier sich Bedürfnisse, der Geist Leidenschaften, Entwürfe und Endzwecke macht, die der Naturmensch nicht kannte; jedes das andre nach Vermögen drückt, zerrt, ängstigt und erschöpft, und endlich eine ungeheure Menge Leibes- und Seelenkrankheiten die Früchte sind dieser Scheidung dessen, was Gott zusammengefügt hat. Da mag nun wohl, wenn das Übel aufs höchste gestiegen ist, jene Seelenarzneikunst ihre Hilfe zuweilen mit einigem Erfolg anbieten, und entweder *purgando, saignando et clysterizando** diesem oder jenem Patienten einige Erleichterung – oder, wenigstens durch angenehme Opiate, etwas betrügliche Ruhe verschaffen. Aber man hat doch nie gesehen, daß sie fähig gewesen wäre, das Übel aus dem Grunde zu heben; und man

---

* Mittels Abführmittel, Blutentzug und Klistier.

darf kühnlich behaupten, daß ein Volk, wenn es einmal in die Hände der beiden Heilgöttinnen gefallen, schon zum voraus unwiederbringlich verloren sei. Nicht eben, als ob man notwendig von ihren Arzneien bersten müßte: sondern weil, sobald man seine Zuflucht zu ihnen nimmt, das Übel schon zu weit gekommen ist, um eine völlige Wiederherstellung zuzulassen.

Ich sagte: die Philosophie könne als Arzneikunst für die Seele um so eher ihren Platz behaupten, weil die Gesunden dann wüßten, daß sie nichts mit ihr zu schaffen hätten. Allein, wie alle Künste sich gern wichtiger machen als sie sind, so hat auch diese Mittel gefunden, sich aller Welt als unentbehrlich aufzudringen. Sie gesteht nämlich (so wie ihre Schwester, die leibliche Arzneikunst) keinem Menschen zu, daß er gesund sei. Ihren Lehrsätzen und ihrem Ideal von Gesundheit nach ist die ganze Erde ein großes Narren- und Siechenhaus, und nicht einer befindet sich wohl genug, um ihrer Vorschriften entbehren zu können. Zum Glück ist dies eine Anmaßung, die man beiden nicht gelten läßt. Die Natur weiß nichts von Idealen. Solange ein Mensch sich gesund fühlt, hat er auch Recht, sich für gesund zu halten; und ohne sich zu bekümmern, ob jemand was dagegen einzuwenden habe, lebt er geradezu als ein Gesunder und liest (wie Voltaires Zadig) keinen Buchstaben von allen den gelehrten Dissertationen, worin ihm die Herren beweisen, daß er unmöglich gesund sein könne. Es gibt freilich Fälle, wo ein Kranker eben darum desto gefährlicher krank ist, weil er sein Übel nicht fühlt: aber diese Fälle sind selten und können dem großen Haufen der sich wohl Befindenden an ihrem wohlhergebrachten Rechte, gesund zu sein, keinen Abtrag tun.

Johann Gottlieb Fichte
Die Anweisung zum seligen Leben

Neben Kant, Schelling und Hegel ist Fichte ein Hauptreprä-
sentant der deutschen idealistischen Philosophie. Er wurde
1762 in Rammenau (Oberlausitz) als Sohn eines Bandwirkers
geboren und starb 1814 in Berlin. Zunächst studierte er Theo-
logie, beendete das Studium aber nicht und war dann viele
Jahre als Hauslehrer tätig. 1793 erhielt er eine Professur für
Philosophie in Jena, nachdem seine von Kant positiv aufge-
nommene Schrift »Versuch einer Kritik aller Offenbarung« er-
schienen war. Bereits im folgenden Jahr veröffentlichte er sein
Hauptwerk, die später immer wieder umgearbeitete »Wissen-
schaftslehre«. Im Verlauf des sogenannten »Atheismusstreits«
(1798/99) wurde er der Gottlosigkeit bezichtigt und aus dem
Amt entlassen. Fichte ging nach Berlin, wo er im Kreis der
Romantiker verkehrte. 1805 wurde er wieder Professor, dies-
mal in Erlangen, und 1810 der erste Rektor der in jenem Jahr
gegründeten Universität in Berlin.

Auf der Grundlage seiner »Wissenschaftslehre« mit ihrer
Konsequenz der vernunftgemäßen Gestaltung des gesamten
Lebens verfaßte der Philosoph auch seine politischen Schriften.
Zu ihnen gehören »Der geschlossene Handelsstaat« (1800),
worin er für einen Staatssozialismus mit der Lenkung von
Produktion und Bedarf eintrat, und die »Reden an die deut-
sche Nation« (1807/08), in denen er es den Deutschen zur hi-
storischen Aufgabe machte, in der »Epoche der Vernunftwis-
senschaft« die Führung zu übernehmen und – stellvertretend
für die ganze Menschheit – vor allem mittels der staatlich
organisierten »Nationalerziehung« die Gleichheit der Men-
schen zu realisieren. Die Vernunftkonzeption der »Wissen-
schaftslehre« liegt auch der »Anweisung zum seligen Leben,
oder auch die Religionslehre« zugrunde, einer Reihe von Vor-
lesungen aus dem Jahr 1806, deren erste hier fast vollständig
abgedruckt wird.

Ausgangspunkt Fichtes ist Kants Konzeption der praktischen
Vernunft, die dem Willen selbst das Gesetz gibt, sich der sinn-
lichen Natur entgegensetzt und somit nicht fremdbestimmt,

260

sondern selbstbestimmt und frei, das heißt autonom ist. Fichte entwickelt Kants Moralphilosophie weiter zu der Lehre von der »Tathandlung« des sich selbst setzenden »absoluten Ich«, für das das entgegengesetzte, beschränkende »Nicht-Ich« das »Material der Pflicht« ist, so daß das absolute Ich zu dem unendlichen Prozeß der Selbstbestimmung herausgefordert wird. Der gleiche Gegensatz tritt auf in dem endlichen, empirischen Gegensatz zwischen dem Bewußtsein und seinen mannigfaltigen Inhalten. Diese Annahmen in der »Wissenschaftslehre« erhalten in der »Anweisung zum seligen Leben« die Wendung, daß der absolute vernünftige Wille, Gott, sich in den endlichen Erscheinungen zeigt und die Menschen wiederum in ihm durch vernünftiges Handeln, die Liebe, aufgehoben sind. Die Liebe ist hier also kein naturhafter Affekt und kein sinnliches Gefühl, sondern das vernunftbestimmte Handeln, das die absolute Wahrheit erkennt. Als Einheit des Erkennens und Handelns ist die Liebe das göttliche Leben und somit die Vernichtung der Selbstsucht und der Abhängigkeit von den endlichen Erscheinungen. Darauf zielt Fichte, wenn er ausführt, daß der Mensch dazu bestimmt ist, ein glückliches und seliges Leben zu führen und dadurch Ruhe zu finden.

Ehrwürdige Versammlung,

Die Vorlesungen, welche ich hiermit eröffne, haben sich angekündigt als die Anweisung zu einem seligen Leben. Uns fügend der gemeinen und gewöhnlichen Ansicht, welche man nicht berichtigen kann, ohne fürs erste an dieselbe anzuknüpfen, konnten wir nicht umhin, uns *also* auszudrücken; ohnerachtet, der wahren Ansicht nach, in dem Ausdrucke: *seliges Leben*, etwas Überflüssiges liegt. Nämlich, das Leben ist notwendig selig, denn es ist die Seligkeit; der Gedanke eines unseligen Lebens hingegen enthält einen Widerspruch. Unselig ist nur der Tod. Ich hätte darum, *streng* mich ausdrückend, die Vorlesungen, welche zu halten ich mir vorgesetzt hatte, nennen sollen die Anweisung zum Leben, oder die Lebenslehre – oder auch, den Begriff von der andern Seite genommen, die Anweisung zur Seligkeit, oder die Seligkeitslehre. Daß inzwischen bei weitem nicht alles, was da als lebendig erscheint, selig ist, beruht darauf, daß dieses Unselige in der Tat und Wahrheit auch nicht *lebet,* sondern, nach seinen mehrsten Bestandteilen, in den Tod versenket ist, und in das Nichtsein.

Das Leben ist selber die Seligkeit, sagte ich. Anders kann es nicht sein: denn das Leben ist Liebe, und die ganze Form und Kraft des Lebens besteht in der Liebe und entsteht aus der Liebe. – Ich habe durch das soeben Gesagte einen der tiefsten Sätze der Erkenntnis ausgesprochen; der jedoch, meines Erachtens, jeder nur wahrhaft zusammengefaßten und angestrengten Aufmerksamkeit auf der Stelle klar und einleuchtend werden kann. Die Liebe *teilet* das an sich tote Sein gleichsam in ein zweimaliges Sein, dasselbe vor sich selbst hinstellend, – und macht es dadurch zu einem Ich oder Selbst, das sich anschaut, und von sich weiß; in welcher Ichheit die Wurzel alles Lebens ruht. Wiederum *vereinigt* und *verbindet* innigst die Liebe das geteilte Ich, das ohne Liebe nur kalt und ohne alles Interesse sich anschauen würde. Diese letztere Einheit, in der dadurch nicht aufgehobenen, sondern ewig bleibenden Zweiheit, ist nun das Leben; wie jedem, der die aufgegebenen Begriffe nur scharf denken und aneinanderhalten will, auf der Stelle einleuchten muß. Nun ist die Liebe ferner Zufriedenheit mit sich selbst, Freude an sich selbst, Genuß ihrer selbst, und also Seligkeit; und so ist klar, daß Leben, Liebe und Seligkeit schlechthin Eins sind und dasselbe.

Nicht alles, was als lebendig erscheine, sei lebendig in der Tat und Wahrheit, sagte ich ferner. Es gehet daraus hervor, daß, meines Erachtens, das Leben aus einem doppelten Gesichtspunkte angesehen werden kann, und von mir angesehen wird; nämlich teils aus dem Gesichtspunkte der Wahrheit, teils aus dem des Scheins. Nun ist vor allem voraus klar, daß das letztere bloß scheinbare Leben nicht einmal zu erscheinen vermöchte, sondern völlig und durchaus in dem Nichts bleiben würde, wenn es nicht doch auf irgendeine Weise von dem wahrhaftigen Sein gehalten und getragen würde; und wenn nicht, da nichts wahrhaftig da ist, als das Leben, das wahrhaftige Leben auf irgendeine Weise in das nur erscheinende Leben einträte, und mit demselben sich vermischte. Es kann keinen reinen Tod geben, noch eine reine Unseligkeit; denn indem angenommen wird, daß es dergleichen *gebe,* wird ihnen das

Dasein zugestanden; aber nur das wahrhaftige Sein und Leben vermag da zu sein. Darum ist alles unvollkommene Sein lediglich eine Vermischung des Toten mit dem Lebendigen. Auf welche Weise im allgemeinen diese Vermischung geschehe, und welches, sogar in den niedrigsten Stufen des Lebens, der unaustilgbare Stellvertreter des wahrhaftigen Lebens sei, werden wir bald tiefer unten angeben. – Sodann ist anzumerken, daß auch dieses nur scheinbaren Lebens jedesmaliger Sitz und Mittelpunkt die Liebe ist. Verstehen Sie mich also: Der Schein kann auf mannigfaltige und ins Unendliche verschiedene Weisen sich gestalten; wie wir dieses bald näher ersehen werden. Diese verschiedenen Gestaltungen des erscheinenden Lebens insgesamt nun leben überhaupt, wenn man nach der Ansicht des Scheines redet; oder sie erscheinen als lebend überhaupt, wenn man sich strenge nach der Wahrheit ausdrückt. Wenn aber nun weiterhin die Frage entsteht: wodurch ist denn das allen gemeinsame Leben in den besondern Gestaltungen desselben verschieden; und was ist es denn, das jedem Individuum den ausschließenden Charakter seines besondern Lebens gibt: so antworte ich darauf: es ist die Liebe dieses besondern und individuellen Lebens. – Offenbare mir, was du wahrhaftig liebst, was du mit deinem ganzen Sehnen suchest und anstrebest, wenn du den wahren Genuß deiner selbst zu finden hoffest – und du hast mir dadurch dein Leben gedeutet. Was du liebest, das lebest du. Diese angegebene Liebe eben ist dein Leben, und die Wurzel, der Sitz und der Mittelpunkt deines Lebens. Alle übrigen Regungen in dir sind Leben nur, inwiefern sie sich nach diesem einzigen Mittelpunkte hinrichten. Daß vielen Menschen es nicht leicht werden dürfte, auf die vorgelegte Frage zu antworten, indem sie gar nicht wissen, was sie lieben, beweiset nur, daß diese eigentlich nichts lieben, und eben darum auch nicht leben, weil sie nicht lieben.

Soviel im allgemeinen über die Einerleiheit des Lebens, der Liebe und der Seligkeit. Jetzt zur scharfen Unterscheidung des wahrhaftigen Lebens von dem bloßen Scheinleben.

Sein, – *Sein*, sage ich, und Leben ist abermals Eins und dasselbige. Nur das Leben vermag selbständig, von sich und durch sich selber, da zu sein; und wiederum das Leben, so gewiß es nur Leben ist, führt das Dasein bei sich. Gewöhnlich denkt man sich das Sein als ein stehendes, starres und totes;

selbst die Philosophen fast ohne Ausnahme haben es also gedacht, sogar indem sie dasselbe als Absolutes aussprachen. Dies kommt lediglich daher, weil man keinen lebendigen, sondern nur einen toten Begriff zum Denken des Seins mit sich brachte. Nicht im Sein an und für sich liegt der Tod, sondern im ertötenden Blicke des toten Beschauers. Daß in diesem Irrtume der Grundquell aller übrigen Irrtümer liege, und durch ihn die Welt der Wahrheit und das Geisterreich[1] für immer dem Blicke sich verschließe, haben wir wenigstens denen, die es zu fassen fähig sind, an einem andern Orte dargetan; hier ist die bloße historische Anführung jenes Satzes hinreichend.

Zum Gegensatze, – so wie Sein und Leben Eins ist und dasselbe, ebenso ist Tod und Nichtsein Eins und dasselbe. Einen reinen Tod aber und reines Nichtsein gibt es nicht, wie schon oben erinnert worden. Wohl aber gibt es einen *Schein*, und dieser ist die *Mischung* des Lebens und des Todes, des Seins und des Nichtseins. Es folgt daraus, daß der Schein, in Rücksicht desjenigen in ihm, was ihn zum Scheine macht, und was in ihm dem wahrhaftigen Sein und Leben entgegengesetzt ist, Tod ist und Nichtsein.

Sodann und ferner: Das Sein ist durchaus einfach, nicht mannigfaltig; es gibt nicht mehrere Sein, sondern nur Ein Sein. Dieser Satz, ebenso wie der vorige, enthält eine Einsicht, die gewöhnlich verkannt, oder gar nicht gekannt wird; von deren einleuchtender Richtigkeit sich aber jeder, der nur einen Augenblick ernsthaft über die Aufgabe nachdenken will, überzeugen kann. Wir haben hier weder die Zeit, noch den Vorsatz, mit den Anwesenden diejenigen Vorbereitungen und gleichsam Einweihungen vorzunehmen, deren es für die Möglichkeit jenes ernsthaften Nachdenkens bei den meisten Menschen bedarf.

Wir wollen hier nur die Resultate dieser Prämissen gebrauchen und vortragen, welche Resultate wohl schon durch sich selbst sich dem natürlichen Wahrheitssinne empfehlen werden. In Absicht ihrer tiefern Prämissen müssen wir uns begnügen, dieselben nur deutlich, bestimmt und gegen allen Mißverstand gesichert auszusprechen. So ist denn nun, in Absicht des zuletzt vorgetragnen Satzes, unsere Meinung diese: Nur das Sein *ist*, keineswegs aber ist noch etwas anderes, das kein Sein wäre und über das Sein hinausläge; welche letztere Annahme jedem, der nur unsere Worte versteht, als eine handgreifliche Ungereimtheit einleuchten muß: ohnerachtet gerade diese Ungereimtheit der gewöhnlichen Ansicht des Seins dunkel und unerkannt zugrunde liegt. Nach dieser gewöhnlichen Ansicht nämlich soll zu irgendeinem Etwas, das durch sich selber weder ist, noch sein kann, das Dasein, das wiederum das Dasein von Nichts ist, von außen her zugesetzt werden; und aus der Vereinigung dieser beiden Ungereimtheiten soll alles Wahre und Wirkliche entstehen. Dieser gewöhnlichen Meinung wird durch den ausgesprochenen Satz: nur das Sein, – nur dasjenige, was durch und von sich selber ist, ist, – widersprochen. Ferner sagen wir: dieses Sein ist einfach, sich selbst gleich, unwandelbar und unveränderlich: es ist in ihm kein Entstehen, noch Untergehen, kein Wandel und Spiel der Gestaltungen, sondern immer nur das gleiche ruhige Sein und Bestehen.

Die Richtigkeit dieser Behauptung läßt sich in kurzem dartun: Was durch sich selbst ist, das ist eben, und ist ganz, mit Einem Male dastehend, ohne irgendeinen Abbruch, und ebensowenig kann ihm, etwas zugefügt werden.

Und hierdurch haben wir uns denn den Weg zur Einsicht in den charakteristischen Unterschied des wahrhaftigen Lebens, welches Eins ist mit dem Sein, von dem bloßen Scheinleben, welches, inwiefern es bloßer Schein ist, Eins ist mit dem Nichtsein, gebahnt und eröffnet. Das Sein ist einfach, unveränderlich, und bleibt ewig sich selbst gleich; darum ist auch das wahrhaftige Leben einfach, unveränderlich, ewig sich gleichbleibend. Der Schein ist ein unaufhörlicher Wechsel, ein stetes Schweben zwischen Werden und Vergehen; darum ist auch das bloße Scheinleben ein unaufhörlicher Wechsel, immerfort zwischen Werden und Vergehen schwebend, und durch unaufhörliche Veränderungen hindurchgerissen. Der Mittelpunkt des Lebens ist allemal die Liebe. Das wahrhaftige Leben liebet das Eine, Unveränderliche und Ewige; das bloße Scheinleben versucht zu lieben, – wenn nur geliebt zu werden fähig wäre, und wenn seiner Liebe nur standhalten wollte – das Vergängliche in seiner Vergänglichkeit.

Jener geliebte Gegenstand des wahrhaftigen Lebens ist dasjenige, was wir mit der Benennung Gott meinen, oder wenigstens meinen sollten; der Gegenstand der Liebe des nur scheinbaren Lebens, das Veränderliche, ist dasjenige, was uns als Welt erscheint, und was wir also nennen. Das wahrhaftige Leben lebet also in Gott, und liebet Gott; das nur scheinbare Leben lebet in der Welt, und versucht es, die Welt zu lieben. Von welcher besondern Seite nun eben es die Welt erfasse, darauf kommt nichts an; das, was die gemeine Ansicht moralisches Verderben, Sünde und Laster heißt, mag wohl für die menschliche Gesellschaft schädlicher sein und verderblicher, als manches andere, was diese gemeine Ansicht gelten läßt, und wohl sogar löblich findet: vor dem Blicke der Wahrheit aber ist alles Leben, welches seine Liebe auf das Zufällige richtet, und in irgendeinem andern Gegenstande seinen Genuß sucht, außer in dem Ewigen und Unvergänglichen, lediglich darum und dadurch, *daß* es seinen Genuß in einem andern Gegenstande sucht, auf die gleiche Weise nichtig, elend und unselig.

Das wahrhaftige Leben lebet in dem Unveränderlichen; es ist daher weder eines Abbruches, noch eines Zuwachses fähig, ebensowenig, als das Unveränderliche selber, in welchem es lebet, eines solchen Abbruches oder Zuwachses fähig ist. Es ist in jedem Augenblicke *ganz*; – das höchste Leben, welches überhaupt möglich ist; – und bleibt notwendig in aller Ewigkeit, was es in jedem Augenblicke ist. Das Scheinleben lebet nur in dem Veränderlichen, und bleibet darum in keinen zwei sich folgenden Augenblicken sich selber gleich; jeder künftige Moment verschlinget und verzehrt den vorhergegangenen; und so wird das Scheinleben zu einem ununterbrochenen Sterben, und lebt nur sterbend, und im Sterben.

Das wahrhaftige Leben ist durch sich selber selig, haben wir gesagt, das Scheinleben ist notwendig elend und unselig. – Die Möglichkeit alles – Genusses, Freude, Seligkeit, oder mit welchem Worte Sie das allgemeine Bewußtsein des Wohlseins fassen wollen, – gründet sich auf Liebe, Streben, Trieb. Vereinigt sein mit dem Geliebten und innigst mit ihm verschmolzen, ist Seligkeit: getrennt von ihm sein und ausgestoßen, indes man es doch nie lassen kann, sich sehnend nach ihm hinzuwenden, ist Unseligkeit.

Folgendes ist überhaupt das Verhältnis der Erscheinung, oder des Wirklichen und Endlichen, zum absoluten Sein, oder zum Unendlichen und Ewigen. Das schon oben Erwähnte, welches die Erscheinung tragen und im Dasein erhalten müsse, wenn sie auch nur als Erscheinung da sein solle, und welches wir bald näher zu charakterisieren versprachen, ist *die Sehnsucht nach dem Ewigen.* Dieser Trieb, mit dem Unvergänglichen vereinigt zu werden und zu verschmelzen, ist die innigste Wurzel alles endlichen Daseins, und ist in keinem Zweige dieses Daseins ganz auszutilgen, falls nicht dieser Zweig versinken soll in völliges Nichtsein. Über dieser Sehnsucht nun, worauf alles endliche Dasein ruht, und von ihr aus, kommt es entweder zum wahrhaftigen Leben, oder es kommt nicht dazu. Wo es zum Leben kommt, und dasselbe durchbricht, wird jene geheime Sehnsucht gedeutet und verstanden als Liebe zu dem Ewigen: der Mensch erfährt, was er eigentlich wolle, liebe und bedürfe. Dieses Bedürfnis ist nun immer und unter jeder Bedingung zu befriedigen: unaufhörlich umgibt uns das Ewige und bietet sich uns dar, und wir haben nichts weiter zu tun, als dasselbe zu ergreifen. Einmal aber ergriffen, kann es nie wieder verloren werden. Der wahrhaftig Lebende hat es ergriffen, und besitzt es nun immerfort, in jedem Momente seines Daseins ganz und ungeteilt, in aller seiner Fülle, und ist darum selig in der Vereinigung mit dem Geliebten; unerschütterlich fest überzeugt, daß er es in alle Ewigkeit also genießen werde, – und dadurch gesichert gegen allen Zweifel, Besorgnis oder Furcht. Wo es zum wahrhaftigen Leben noch nicht gekommen ist, wird jene Sehnsucht nicht minder gefühlt; aber sie wird nicht verstanden. Glückselig, ruhig, von ihrem Zustande befriedigt möchten alle gern sein, aber worin sie diese Glückseligkeit finden werden, wissen sie nicht; was eigentlich sie lieben und anstreben, verstehen sie nicht. In dem, was ihren Sinnen unmittelbar entgegenkommt, und sich ihnen darbietet, – in der Welt, meinen sie, müsse es gefunden werden; indem für diejenige Geistesstimmung, in der sie sich nun einmal befinden, allerdings nichts anderes vorhanden ist, als die Welt. Mutig begeben sie sich auf diese Jagd der Glückseligkeit, innig sich aneignend und liebend sich hingebend dem ersten besten Gegenstande, der ihnen gefällt, und der ihr Streben zu befriedigen verspricht. Aber sobald sie einkehren in sich selbst, und sich fragen: bin ich nun glücklich? – wird es aus dem Innersten ihres Gemüts vernehmlich ihnen entgegentönen: o nein, du bist noch ebenso leer und bedürftig als vorher. Hierüber mit sich im Reinen, meinen sie, daß sie nur in der Wahl des Gegenstandes gefehlt haben, und werfen sich in einen andern. Auch dieser wird sie ebensowenig befriedigen, als der erste: kein Gegenstand wird sie befriedigen, der unter Sonne oder Mond ist. Wollten wir, daß irgendeiner sie befriedigte? Gerade das ja, daß nichts Endliches und Hinfälliges sie befriedigen kann, das ja gerade ist das einzige Band, wodurch sie noch mit dem Ewigen zusammenhängen und im Dasein verbleiben; fänden sie einmal ein endliches Objekt, das sie völlig zufriedenstellte, so wären sie eben dadurch unwiederbringlich ausgestoßen von der Gottheit, und hingeworfen in den ewigen Tod des Nichtseins. So sehnen sie und ängstigen ihr Leben hin; in jeder Lage, in der sie sich befinden, denkend, wenn es nur *anders* mit ihnen werden möchte, so würde ihnen *besser* werden, und nachdem es anders geworden ist, sich doch nicht besser befindend; an jeder Stelle, an der sie stehen, meinend, wenn sie nur dort, auf der Anhöhe, die ihr Auge faßt, angelangt sein würden, würde ihre Beängstigung weichen; – treu jedoch wiederfindend auch auf der Anhöhe ihren alten Kummer. Gehen sie etwa bei reiferen Jahren, nachdem der frische Mut und die fröhliche Hoffnung der Jugend geschwunden sind, mit sich zu Rate; überblicken sie etwa ihr ganzes bisheriges Leben, und wagen eine entscheidende Lehre daraus zu ziehen; wagen es etwa, sich zu gestehen, daß durchaus kein irdisches Gut zu befriedigen vermöge: was tun sie nun? Sie leisten vielleicht entschlossen Verzicht auf *alle* Glückseligkeit und *allen* Frieden; – das denn doch fortdauernde unaustilgbare Sehnen ertötend und abstumpfend, soviel sie vermögen; und nennen nun diese Dumpfheit die einzige wahre Weisheit, dieses Verzweifeln am Heile das einzige wahre Heil, und die vermeinte Erkenntnis, daß der Mensch gar nicht zur Glückseligkeit, sondern nur zu diesem Treiben im Nichts um das Nichts bestimmt sei, den wahren Verstand. Vielleicht auch leisten sie Verzicht auf Befriedigung nur für dieses irdische Leben; lassen sich aber dagegen eine gewisse, durch Tradition auf uns gekommene, Anweisung auf eine Seligkeit jenseits des Grabes gefallen. In welcher bejammernswerten Täuschung befinden sie sich! Ganz gewiß zwar liegt die Seligkeit auch jenseits des

Grabes, für denjenigen, für welchen sie schon diesseits desselben begonnen hat, und in keiner andern Weise und Art, als sie diesseits, in jedem Augenblicke, beginnen kann; durch das bloße Sichbegrabenlassen aber kommt man nicht in die Seligkeit; und sie werden im künftigen Leben, und in der unendlichen Reihe aller künftigen Leben,[2] die Seligkeit ebenso vergebens suchen, als sie dieselbe in dem gegenwärtigen Leben vergebens gesucht haben, wenn sie dieselbe in etwas anderem suchen, als in dem, was sie schon hier so nahe umgibt, daß es denselben in der ganzen Unendlichkeit nie näher gebracht werden kann, in dem Ewigen. – Und so irret denn der arme Abkömmling der Ewigkeit, verstoßen aus seiner väterlichen Wohnung, immer umgeben von seinem himmlischen Erbteile, nach welchem seine schüchterne Hand zu greifen bloß sich fürchtet, unstet und flüchtig in der Wüste umher, allenthalben bemüht sich anzubauen; zum Glück durch den baldigen Einsturz jeder seiner Hütten erinnert, daß er nirgends Ruhe finden wird, als in seines Vaters Hause.

So, E. V., ist das wahrhaftige Leben notwendig die Seligkeit selber; und das Scheinleben notwendig unselig.

Und von nun an überlegen Sie mit mir folgendes: Ich sage: das Element, der Äther, die substantielle Form, so jemand den letztern Ausdruck besser versteht – das Element, der Äther, die substantielle Form des wahrhaftigen Lebens, ist *der Gedanke.* –

Zuvörderst dürfte wohl niemand geneigt sein, im Ernste und in der eigentlichen Bedeutung des Worts Leben und Seligkeit einem andern zuzuschreiben, außer demjenigen, das seiner selbst sich bewußt ist. Alles Leben setzt daher Selbstbewußtsein voraus, und das Selbstbewußtsein allein ist es, was das Leben zu ergreifen und es zu einem Gegenstande des Genusses zu machen vermag.

Sodann: das wahrhaftige Leben und die Seligkeit desselben besteht in der Vereinigung mit dem Unveränderlichen und Ewigen: das Ewige aber kann lediglich und allein durch den Gedanken ergriffen werden, und ist, als solches, auf keine andere Weise uns zugänglich. Das Eine und Unveränderliche wird begriffen, als der Erklärungsgrund unserer selbst und der Welt; als Erklärungsgrund in doppelter Rücksicht: teils nämlich, daß in ihm gegründet sei, daß es überhaupt da sei, und nicht im Nichtsein verblieben; teils, daß in ihm und seinem inneren, nur auf diese Weise begreiflichen und auf jede andere Weise schlechthin unbegreiflichen Wesen, begründet sei, daß es also und auf keine andere Weise da sei, als es daseiend sich vorfindet. Und so besteht das wahrhaftige Leben und seine Seligkeit im Gedanken, d. h. in einer gewissen bestimmten Ansicht unserer selber und der Welt, als hervorgegangen aus dem inneren und in sich verborgenen göttlichen Wesen: und auch eine Seligkeitslehre kann nichts anderes sein, denn eine Wissenslehre, indem es überhaupt gar keine andere Lehre gibt, außer der Wissenslehre. Im Geiste, in der in sich selber gegründeten Lebendigkeit des Gedankens, ruhet das Leben, denn es ist außer dem Geiste gar nichts wahrhaftig da.[3] Wahrhaftig leben, heißt wahrhaftig denken und die Wahrheit erkennen.

So ist es: lasse keiner sich irre machen durch die Schmähungen, welche in diesen letzten, ungöttlichen und geistlosen Zeiten über das, was sie Spekulation nannten, ergangen sind.[4] Zum offenbar vorliegenden Wahrzeichen dieser Schmähungen sind sie nur von solchen hergekommen, welche von der Spekulation nichts wußten; keiner aber hat dieselbe geschmäht, der sie kannte. Nur an den höchsten Aufschwung des Denkens kommt die Gottheit, und sie ist mit keinem andern Sinne zu fassen: diesen Aufschwung des Denkens den Menschen verdächtig machen wollen, heißt: sie auf immer von Gott und dem Genusse der Seligkeit scheiden wollen.

Worin sollte denn das Leben und seine Seligkeit sonst sein Element haben, wenn es dasselbe nicht im Denken hätte? Etwa in gewissen Empfindungen und Gefühlen; in Rücksicht welcher es uns gar nichts verschlägt, ob es die gröbsten sinnlichen Genüsse seien, oder die feinsten übersinnlichen Entzükkungen? Wie könnte ein Gefühl, das, als Gefühl, in seinem Wesen vom Ohngefähr abhängt, seine ewige und unveränderliche Fortdauer verbürgen; und wie könnten wir, bei der Dunkelheit, welche aus ebendemselben Grunde das Gefühl notwendig bei sich führt, diese unveränderliche Fortdauer innerlich anschauen und genießen? Nein: nur die sich selbst durchaus durchsichtige und ihr ganzes Innere frei besitzende Flamme der klaren Erkenntnis verbürgt, vermittelst dieser Klarheit, ihre unveränderliche Fortdauer.

Oder soll das selige Leben etwa in tugendhaften Taten und Handlungen bestehen? Was diese Profanen Tugend nennen, daß man sein Amt und seinen Beruf regelmäßig verwalte, einem jeden das Seinige lasse, wohl noch überdies dem Dürftigen etwas schenke: – diese Tugend werden fernerhin, so wie bisher, die Gesetze erzwingen, und das natürliche Mitleid dazu bewegen. Aber zu der wahrhaftigen Tugend, zu dem echt göttlichen, das Wahre und Gute in der Welt aus Nichts erschaffenden Handeln, wird sich nie einer erheben, der nicht im klaren Begriffe die Gottheit liebend umfaßt; wer sie aber also erfaßt, wird, ohne allen seinen Dank und Wollen, anders handeln gar nicht können, denn also.

Auch stellen wir an unserer Behauptung keineswegs eine neue Lehre über das Geisterreich auf, sondern dies ist die alte, von aller Zeit her also vorgetragene Lehre. So macht z. B. das Christentum den Glauben zur ausschließenden Bedingung des wahrhaftigen Lebens und der Seligkeit, und verwirft alles ohne Ausnahme, als nichtig und tot, was nicht aus diesem Glauben hervorgehe. Dieser Glaube aber ist ihm ganz dasselbe, was wir den Gedanken genannt haben: die einzig wahre Ansicht unserer selbst und der Welt in dem unveränderlichen göttlichen Wesen. Nur nachdem dieser Glaube, d. h. das klare und lebendige Denken aus der Welt verschwunden, hat man die Bedingung des seligen Lebens in die Tugend gesetzt, und so auf wildem Holze edle Früchte gesucht.

Zu diesem, vorläufig im allgemeinen charakterisierten Leben ist nun hier insbesondere die *Anweisung* versprochen: ich habe mich anheischig gemacht, die Mittel und Wege anzugeben, wie man in dieses selige Leben hineinkomme, und es an sich bringe. Diese Anweisung läßt sich nun in eine einzige Bemerkung zusammenfassen: Es ist nämlich dem Menschen keineswegs angemutet, sich das Ewige zu erschaffen, welches er auch niemals vermögen würde; dasselbe ist in ihm und umgibt ihn unaufhörlich: der Mensch soll nur das Hinfällige und Nichtige, mit welchem das wahrhaftige Leben nimmer sich zu vereinigen vermag, fahren lassen; worauf sogleich das Ewige, mit aller seiner Seligkeit, zu ihm kommen wird. Die Seligkeit erwerben können wir nicht, unser Elend aber abzuwerfen vermögen wir, worauf sogleich durch sich selber die Seligkeit an desselben Stelle treten wird. Seligkeit ist, wie wir gesehen haben, Ruhen und Beharren in dem Einen: Elend ist Zerstreutsein über dem Mannigfaltigen und Verschiedenen; sonach ist der Zustand des *Seligwerdens* die Zurückziehung unserer Liebe aus dem Mannigfaltigen auf das Eine.

Das über das Mannigfaltige Zerstreute ist zerflossen und ausgegossen und umhergegossen, wie Wasser; ob der Lüsternheit, dieses und jenes und gar mancherlei zu lieben, liebt es nichts; und weil es allenthalben zu Hause sein möchte, ist es nirgends zu Hause. Diese Zerstreutheit ist unsre eigentliche Natur, und in ihr werden wir geboren. Aus diesem Grunde nun erscheint die Zurückziehung des Gemüts auf das Eine, welches der natürlichen Ansicht nimmer kommt, sondern mit Anstrengung hervorgebracht werden muß, als *Sammlung* des Gemütes und *Einkehr* desselben in sich selber: und als *Ernst*, im Gegensatze des scherzenden Spiels, welches das Mannigfaltige des Lebens mit uns treibt, und als *Tiefsinn*, im Gegensatze des leichten Sinns, der, indem er vieles zu fassen hat, nichts festiglich faßt. Dieser tiefsinnende Ernst, diese strenge Sammlung des Gemüts und Einkehr zu sich selber, ist die einzige Bedingung, unter welcher das selige Leben an uns kommen kann; unter dieser Bedingung kommt es aber auch gewiß und unfehlbar an uns.

Allerdings ist es wahr, daß durch diese Zurückziehung unsers Gemüts von dem Sichtbaren die Gegenstände unsrer bisherigen Liebe uns verbleichen und allmählich schwinden, so lange, bis wir sie in dem Äther der neuen Welt, die uns aufgeht, verschönert wiedererhalten; und daß unser ganzes altes Leben abstirbt, so lange, bis wir es als eine leichte Zugabe des neuen Lebens, das in uns beginnen wird, wiederbekommen. Doch ist dies das der Endlichkeit nie abzunehmende Schicksal; nur durch den Tod hindurch dringt sie zum Leben. Das Sterbliche muß sterben, und nichts befreit es von der Gewalt seines Wesens; es stirbt in dem Scheinleben immerfort; wo das wahre Leben beginnt, stirbt es, in dem Einen Tode, für immer und für alle die Tode in die Unendlichkeit hinaus, die im Scheinleben seiner warten.

Arthur Schopenhauer

Von der Heiterkeit des Sinnes in einer leidvollen Welt

Schopenhauer, geboren 1788 in Danzig und gestorben 1860 in Frankfurt am Main, wuchs als Sohn eines vermögenden Kaufmanns in gesicherten Verhältnissen auf, machte mehrjährige Reisen durch Europa, gab seine Kaufmannsausbildung auf, studierte Philosophie und Naturwissenschaften in Göttingen, Berlin und Jena, hatte in Weimar Umgang mit Goethe und Wieland (siehe S. 252–259), lehrte im Jahr 1820 in erfolgloser Konkurrenz zu Hegel Philosophie in Berlin und lebte ab 1831 als Privatgelehrter in Frankfurt – unabhängig und zurückgezogen, einsam und ungesellig, Ruhe und Muße über alles schätzend.

In seinem Hauptwerk »Die Welt als Wille und Vorstellung« (1818) lehrt Schopenhauer, daß die Welt einerseits Objekt für das vorstellende, erkennende Subjekt (mit dessen Ordnungsschemata Raum, Zeit und Kausalität) und andererseits Objektivation, das heißt Vergegenständlichung des Willens ist, wie die unmittelbare Erfahrung des Leibes zeigt. Aus dem Willen – dem Innersten der Welt, dem Kantischen »Ding an sich« – entspringt das Leiden. Der Mensch hat nur die Alternative zwischen den Schmerzen unbefriedigter Bedürfnisse und der Langeweile nach deren Befriedigung (siehe auch Pascal, S. 220–231). Er lebt folglich in der schlechtesten aller möglichen Welten. Die Erlösung vom Leiden durch die Verneinung des Willens sieht Schopenhauer, darin Buddha (S. 21–33) folgend, als Hauptziel des menschlichen Lebens an. Dieses Ziel kann auf zweierlei Wegen erreicht werden: durch das Mitleiden, das Fundament der Moral, und somit durch die Identifikation mit allem Lebenden, oder durch die von Interessen freie Kunst, vor allem die Musik.

Mit seiner Lehre übte Schopenhauer besonders auf Richard Wagner und Friedrich Nietzsche großen Einfluß aus. Allgemeine Anerkennung fand der pessimistische Philosoph aber erst nach der gescheiterten Revolution von 1848, während seine Vorstellungen in der Zeit des Vormärz fast unbeachtet

*geblieben waren. Bewirkt wurde Schopenhauers plötzlicher
Ruhm durch seine letzte Veröffentlichung, die 1851 erschienenen »Parerga und Paralipomena« (wörtlich: Nebenwerke und
Nachgelassenes), und die darin enthaltenen »Aphorismen zur
Lebensweisheit«. Diese sind im folgenden auszugsweise aufgenommen. Der eigenwillige Denker behandelt hier die Bedingungen für ein glückliches menschliches Dasein, wobei er davon absieht, daß er das Leben letztlich für ein Unglück hält.*

Aristoteles hat (Eth. Nicom. I, 8) die Güter des menschlichen
Lebens in drei Klassen geteilt, – die äußeren, die der Seele und
die des Leibes. Hievon nun nichts, als die Dreizahl beibehal-
tend sage ich, daß was den Unterschied im Lose der Sterblichen begründet sich auf drei Grundbestimmungen zurückführen läßt. Sie sind:

1. Was einer *ist*: also die Persönlichkeit, im weitesten Sinne.
Sonach ist hierunter Gesundheit, Kraft, Schönheit, Temperament, moralischer Charakter, Intelligenz und Ausbildung
derselben begriffen.
2. Was einer *hat*: also Eigentum und Besitz in jeglichem
Sinne.
3. Was einer *vorstellt*: unter diesem Ausdruck wird bekanntlich verstanden, was er in der Vorstellung anderer ist, also
eigentlich wie er von ihnen *vorgestellt wird*. Es besteht demnach in ihrer Meinung von ihm, und zerfällt in Ehre, Rang
und Ruhm.

Die unter der ersten Rubrik zu betrachtenden Unterschiede
sind solche, welche die Natur selbst zwischen Menschen gesetzt hat; woraus sich schon abnehmen läßt, daß der Einfluß
derselben auf ihr Glück, oder Unglück, viel wesentlicher und
durchgreifender sein werde, als was die bloß aus menschlichen
Bestimmungen hervorgehenden, unter den zwei folgenden
Rubriken angegebenen Verschiedenheiten herbeiführen. Zu
den *echten persönlichen Vorzügen*, dem großen Geiste, oder
großen Herzen, verhalten sich alle Vorzüge des Ranges, der
Geburt, selbst der königlichen, des Reichtums u. dgl. wie die
Theaterkönige zu den wirklichen. [...] Und allerdings ist für
das Wohlsein des Menschen, ja, für die ganze Weise seines

Daseins, die Hauptsache offenbar das, was in ihm selbst besteht, oder vorgeht. Hier nämlich liegt unmittelbar sein inneres Behagen, oder Unbehagen, als welches zunächst das Resultat seines Empfindens, Wollens und Denkens ist; während alles außerhalb Gelegene doch nur mittelbar darauf Einfluß hat. [...]

Oder planer zu reden: Jeder steckt in seinem Bewußtsein, wie in seiner Haut, und lebt unmittelbar nur in demselben: daher ist ihm von außen nicht sehr zu helfen. Auf der Bühne spielt einer den Fürsten, ein andrer den Rat, ein dritter den Diener, oder den Soldaten, oder den General usf. Aber diese Unterschiede sind bloß im Äußern vorhanden: im Innern, als Kern einer solchen Erscheinung, steckt bei allen dasselbe: ein armer Komödiant, mit seiner Plage und Not. Im Leben ist es auch so. Die Unterschiede des Ranges und Reichtums geben jedem seine Rolle zu spielen; aber keineswegs entspricht dieser eine innere Verschiedenheit des Glücks und Behagens; sondern auch hier steckt in jedem derselbe arme Tropf, mit seiner Not und Plage, die wohl dem Stoffe nach bei jedem eine andere ist, aber der Form, d. h. dem eigentlichen Wesen nach, so ziemlich bei allen dieselbe; wenn auch mit Unterschieden des Grades, die sich aber keineswegs nach Stand und Reichtum, d. h. nach der Rolle richten. Weil nämlich alles, was für den Menschen da ist und vorgeht, unmittelbar immer nur in seinem *Bewußtsein* da ist und für dieses vorgeht; so ist offenbar die Beschaffenheit des Bewußtseins selbst das zunächst Wesentliche, und auf dieselbe kommt, in den meisten Fällen, mehr an, als auf die Gestalten, die darin sich darstellen. [...]

Für unser Lebensglück ist demnach das, was wir *sind*, die Persönlichkeit, durchaus das Erste und Wesentlichste; – schon weil sie beständig und unter allen Umständen wirksam ist: zudem aber ist sie nicht, wie die Güter der zwei andern Rubriken, dem Schicksal unterworfen, und kann uns nicht entrissen werden. Ihr Wert kann insofern ein absoluter heißen, im Gegensatz des bloß relativen der beiden andern.

Von dem, was einer ist

Daß dieses zu seinem Glücke viel mehr beiträgt, als was er *hat*, oder was er *vorstellt*, haben wir bereits im allgemeinen erkannt. Immer kommt es darauf an, was einer sei und demnach an sich selber habe: denn seine Individualität begleitet ihn stets und überall, und von ihr ist alles tingiert, was er erlebt. In allem und bei allem genießt er zunächst nur sich selbst: dies gilt schon von den physischen; wie viel mehr von den geistigen Genüssen. Daher ist das englische *to enjoy one's self* ein sehr treffender Ausdruck, mit welchem man z. B. sagt *he enjoys himself at Paris*, also nicht »er genießt Paris«, sondern »er genießt *sich* in Paris«. – Ist nun aber die Individualität von schlechter Beschaffenheit, so sind alle Genüsse wie köstliche Weine in einem mit Galle tingierten Munde. Demnach kommt, im Guten wie im Schlimmen, schwere Unglücksfälle beiseite gesetzt, weniger darauf an, was einem im Leben begegnet und widerfährt, als darauf, wie er es empfindet, also auf die Art und den Grad seiner Empfänglichkeit in jeder Hinsicht. Was einer in sich ist und an sich selber hat, kurz die Persönlichkeit und deren Wert, ist das alleinige Unmittelbare zu seinem Glück und Wohlsein. Alles andere ist mittelbar; daher auch dessen Wirkung vereitelt werden kann, aber die der Persönlichkeit nie. Darum eben ist der auf persönliche Vorzüge gerichtete Neid der unversöhnlichste, wie er auch der am sorgfältigsten verhehlte ist. Ferner ist allein die Beschaffenheit des Bewußtseins das Bleibende und Beharrende, und die Individualität wirkt fortdauernd, anhaltend, mehr oder minder in jedem Augenblick: alles andere hingegen wirkt immer nur zuzeiten, gelegentlich, vorübergehend, und ist zudem auch noch selbst dem Wechsel und Wandel unterworfen: daher sagt Aristoteles: ἡ γαρ φυσις βεβαια, ου τα χρηματα *(nam natura perennis est, non opes)**. Hierauf beruht es, daß wir ein ganz und gar von außen auf uns gekommenes Unglück mit mehr Fassung ertragen, als ein selbstverschuldetes: denn das Schicksal kann sich ändern; aber die eigene Beschaffenheit nimmer. Demnach also sind die subjektiven Güter, wie ein edler Charakter, ein fähiger Kopf, ein glückliches Temperament, ein heiterer Sinn und ein wohlbeschaffener, völlig gesunder Leib, also überhaupt *mens sana in*

---

* Denn die Natur ist zuverlässig, das Geld nicht. (Ethica Eudemia, VII, 2) *corpore sano**, zu unserm Glücke die ersten und wichtigsten; weshalb wir auf die Beförderung und Erhaltung derselben viel mehr bedacht sein sollten, als auf den Besitz äußerer Güter und äußerer Ehre.

Was nun aber, von jenen allen, uns am unmittelbarsten beglückt, ist die Heiterkeit des Sinnes: denn diese gute Eigenschaft belohnt sich augenblicklich selbst. Wer eben fröhlich ist, hat allemal Ursach es zu sein: nämlich eben diese, daß er es ist. Nichts kann so sehr, wie diese Eigenschaft, jedes andere Gut vollkommen ersetzen; während sie selbst durch nichts zu ersetzen ist. Einer sei jung, schön, reich und geehrt; so frägt sich, wenn man sein Glück beurteilen will, ob er dabei heiter sei: ist er hingegen heiter; so ist es einerlei, ob er jung oder alt, gerade oder bucklig, arm oder reich sei; er ist glücklich. In früher Jugend machte ich einmal ein altes Buch auf, und da stand: »Wer viel lacht ist glücklich, und wer viel weint ist unglücklich«, – eine sehr einfältige Bemerkung, die ich aber, wegen ihrer einfachen Wahrheit doch nicht habe vergessen können, so sehr sie auch der Superlativ eines *truism's*** ist. Dieserwegen also sollen wir der Heiterkeit, wann immer sie sich einstellt, Tür und Tor öffnen: denn sie kommt nie zur unrechten Zeit; statt daß wir oft Bedenken tragen, ihr Eingang zu gestatten, indem wir erst wissen wollen, ob wir denn auch wohl in jeder Hinsicht Ursach haben, zufrieden zu sein; oder auch, weil wir fürchten, in unsern ernsthaften Überlegungen und wichtigen Sorgen dadurch gestört zu werden: allein was wir durch diese bessern ist sehr ungewiß; hingegen ist Heiterkeit unmittelbarer Gewinn. Sie allein ist gleichsam die bare Münze des Glückes und nicht, wie alles andere, bloß der Bankzettel; weil nur sie unmittelbar in der Gegenwart beglückt; weshalb sie das höchste Gut ist für Wesen, deren Wirklichkeit die Form einer unteilbaren Gegenwart zwischen zwei unendlichen Zeiten hat. Demnach sollten wir die Erwerbung und Beförderung dieses Gutes jedem andern Trachten vorsetzen. Nun ist gewiß, daß zur Heiterkeit nichts weniger beiträgt, als Reichtum, und nichts mehr, als Gesundheit: in

---

* Gesunder Geist (wohnt) in gesundem Körper. (Juvenal, Saturae X, 356)
** Gemeinplatzes.

den niedrigen, arbeitenden, zumal das Land bestellenden Klassen, sind die heitern und zufriedenen Gesichter; in den reichen und vornehmen die verdrießlichen zu Hause. Folglich sollten wir vor allem bestrebt sein, uns den hohen Grad vollkommener Gesundheit zu erhalten, als dessen Blüte die Heiterkeit sich einstellt. Die Mittel hierzu sind bekanntlich Vermeidung aller Exzesse und Ausschweifungen, aller heftigen und unangenehmen Gemütsbewegungen, auch aller zu großen oder zu anhaltenden Geistesanstrengung, täglich wenigstens zwei Stunden rascher Bewegung in freier Luft, viel kaltes Baden und ähnliche diätetische Maßregeln. [...] Wie sehr unser Glück von der Heiterkeit der Stimmung und diese vom Gesundheitszustande abhängt, lehrt die Vergleichung des Eindrucks, den die nämlichen äußern Verhältnisse, oder Vorfälle, am gesunden und rüstigen Tage auf uns machen, mit dem, welchen sie hervorbringen, wann Kränklichkeit uns verdrießlich und ängstlich gestimmt hat. Nicht was die Dinge objektiv und wirklich sind, sondern was sie für uns, in unsrer Auffassung, sind, macht uns glücklich oder unglücklich: Dies eben besagt Epiktets[1] ταρασσει τους ανθρωπους ου τα πραγματα, αλλα τα περι των πραγματων δογματα *(commovent homines non res, sed de rebus opiniones).** Überhaupt aber beruhen neun Zehntel unsers Glückes allein auf der Gesundheit. Mit ihr wird alles eine Quelle des Genusses: hingegen ist ohne sie kein äußeres Gut, welcher Art es auch sei, genießbar, und selbst die übrigen subjektiven Güter, die Eigenschaften des Geistes, Gemütes, Temperaments, werden durch Kränklichkeit herabgestimmt und sehr verkümmert. Demnach geschieht es nicht ohne Grund, daß man, vor allen Dingen, sich gegenseitig nach dem Gesundheitszustande befrägt und einander sich wohlzubefinden wünscht: denn wirklich ist dieses bei weitem die Hauptsache zum menschlichen Glück. Hieraus aber folgt, daß die größte aller Torheiten ist, seine Gesundheit aufzuopfern, für was es auch sei, für Erwerb, für Beförderung, für Gelehrsamkeit, für Ruhm, geschweige für Wollust und flüchtige Genüssse: vielmehr soll man ihr alles nachsetzen.

---

* Es verwirren den Menschen nicht Dinge, sondern Meinungen über Dinge. (Encheiridion, cap. 5)

So viel nun aber auch zu der, für unser Glück so wesentlichen Heiterkeit die Gesundheit beiträgt, so hängt jene doch nicht von dieser allein ab: denn auch bei vollkommener Gesundheit kann ein melancholisches Temperament und eine vorherrschende trübe Stimmung bestehn. Der letzte Grund davon liegt ohne Zweifel in der ursprünglichen und daher unabänderlichen Beschaffenheit des Organismus, und zwar zumeist in dem mehr oder minder normalen Verhältnis der Sensibilität zur Irritabilität und Reproduktionskraft. Abnormes Übergewicht der Sensibilität wird Ungleichheit der Stimmung, periodische übermäßige Heiterkeit und vorwaltende Melancholie herbeiführen. Weil nun auch das Genie durch ein Übermaß der Nervenkraft, also der Sensibilität, bedingt ist; so hat Aristoteles ganz richtig bemerkt, daß alle ausgezeichnete und überlegene Menschen melancholisch seien. [...] Die hier in Betrachtung genommene, angeborene, große Verschiedenheit der Grundstimmung überhaupt aber hat Shakespeare sehr artig geschildert:

Nature has fram'd strange Fellows in her time:
Some that will evermore peep through their eyes,
And laugh, like parrots, at a bag-piper;
And others of such vinegar aspect,
That they'll not show their teeth in way of smile,
Though Nestor swear the jest be laughable.*

(Merchant of Venice, scene I)

Eben dieser Unterschied ist es, den Plato durch die Ausdrücke δυσκολος** und ευκολος*** bezeichnet. Derselbe läßt sich zurückführen auf die bei verschiedenen Menschen sehr verschiedene Empfänglichkeit für angenehme und unangenehme Eindrücke, infolge welcher der eine noch lacht bei dem, was

---

* Die Natur hat, in ihren Tagen, seltsame Käuze hervorgebracht: einige, die stets aus ihren Äugelein vergnügt hervorgucken und wie Papageien über einen Dudelsackspieler lachen, und andere von so sauertöpfischem Ansehn, daß sie ihre Zähne nicht durch ein Lächeln bloßlegen, wenn auch Nestor selbst schwüre, der Spaß sei lachenswert. [Fußnote Schopenhauers]
** (dyskolos): mürrisch.
*** (eukolos): heiter.

den andern fast zur Verzweiflung bringt: und zwar pflegt die Empfänglichkeit für angenehme Eindrücke desto schwächer zu sein, je stärker die für unangenehme ist, und umgekehrt. Nach gleicher Möglichkeit des glücklichen und des unglücklichen Ausgangs einer Angelegenheit, wird der δυσκολος beim unglücklichen sich ärgern oder grämen, beim glücklichen aber sich nicht freuen; der ευκολος hingegen wird über den unglücklichen sich nicht ärgern, noch grämen, aber über den glücklichen sich freuen. Wenn dem δυσκολος von zehn Vorhaben neun gelingen; so freut er sich nicht über diese, sondern ärgert sich über das eine mißlungene: der ευκολος weiß, im umgekehrten Fall, sich doch mit dem einen gelungenen zu trösten und aufzuheitern. – Wie nun aber nicht leicht ein Übel ohne alle Kompensation ist; so ergibt sich auch hier, daß die δυσκολοι, also die finstern und ängstlichen Charaktere, im ganzen, zwar mehr imaginäre, dafür aber weniger reale Unfälle und Leiden zu überstehn haben werden, als die heitern und sorglosen: denn wer alles schwarz sieht, stets das Schlimmste befürchtet und demnach seine Vorkehrungen trifft, wird sich nicht so oft verrechnet haben, als wer stets den Dingen die heitere Farbe und Aussicht leiht. – Wann jedoch eine krankhafte Affektion des Nervensystems, oder der Verdauungswerkzeuge, der angeborenen δυσκολια* in die Hände arbeitet; dann kann diese den hohen Grad erreichen, wo dauerndes Mißbehagen Lebensüberdruß erzeugt und demnach Hang zum Selbstmord entsteht. [...]

Der Gesundheit zum Teil verwandt ist die Schönheit. Wenngleich dieser subjektive Vorzug nicht eigentlich unmittelbar zu unserm Glücke beiträgt, sondern bloß mittelbar, durch den Eindruck auf andere; so ist er doch von großer Wichtigkeit, auch im Manne. Schönheit ist ein offener Empfehlungsbrief, der die Herzen zum voraus für uns gewinnt: daher gilt besonders von ihr der Homerische Vers:

Ουτοι αποβλητ' εστι θεων ερικυδεα δωρα,
Ὁσσα κεν αυτοι δωσι, ἑκων δ'ουκ αν τις ἑλοιτο.**

---

* (dyskolía): mürrische Seelenverfassung.

** Nicht zu verachten sind der Götter herrliche Gaben, / Die sie allein nur verleihen, die keiner erwirbt nach Belieben. (Ilias, III, 65–66)

Der allgemeinste Überblick zeigt uns, als die beiden Feinde des menschlichen Glückes, den Schmerz und die Langeweile. Dazu noch läßt sich bemerken, daß, in dem Maße, als es uns glückt, vom einen derselben uns zu entfernen, wir dem andern uns nähern, und umgekehrt; so daß unser Leben wirklich eine stärkere, oder schwächere Oszillation zwischen ihnen darstellt. Dies entspringt daraus, daß beide in einem doppelten Antagonismus zueinander stehn, einem äußern, oder objektiven, und einem innern, oder subjektiven. Äußerlich nämlich gebiert Not und Entbehrung den Schmerz; hingegen Sicherheit und Überfluß die Langeweile. Demgemäß sehn wir die niedere Volksklasse in einem beständigen Kampf gegen die Not, also den Schmerz; die reiche und vornehme Welt hingegen in einem anhaltenden, oft wirklich verzweifelten Kampf gegen die Langeweile. Der innere, oder subjektive Antagonismus derselben aber beruht darauf, daß, im einzelnen Menschen, die Empfänglichkeit für das eine in entgegengesetztem Verhältnis zu der für das andere steht, indem sie durch das Maß seiner Geisteskräfte bestimmt wird. Nämlich Stumpfheit des Geistes ist durchgängig im Verein mit Stumpfheit der Empfindung und Mangel an Reizbarkeit, welche Beschaffenheit für Schmerzen und Betrübnisse jeder Art und Größe weniger empfänglich macht: aus eben dieser Geistesstumpfheit aber geht andrerseits jene, auf zahllosen Gesichtern ausgeprägte, wie auch durch die beständig rege Aufmerksamkeit auf alle, selbst die kleinsten Vorgänge in der Außenwelt sich verratende *innere Leerheit* hervor, welche die wahre Quelle der Langeweile ist und stets nach äußerer Anregung lechzt, um Geist und Gemüt durch irgend etwas in Bewegung zu bringen. In der Wahl derselben ist sie daher nicht ekel; wie dies die Erbärmlichkeit der Zeitvertreibe bezeugt, zu denen man Menschen greifen sieht, imgleichen die Art ihrer Geselligkeit und Konversation, nicht weniger die vielen Türsteher und Fenstergucker. Hauptsächlich aus dieser inneren Leerheit entspringt die Sucht nach Gesellschaft, Zerstreuung, Vergnügen und Luxus jeder Art, welche viele zur Verschwendung und dann zum Elende führt. Vor diesem Elende bewahrt nichts so sicher, als der *innere* Reichtum, der Reichtum des Geistes: denn dieser läßt, je mehr er sich der Eminenz nähert, der Langenweile immer weniger Raum. Die unerschöpfliche

Regsamkeit der Gedanken aber, ihr an den mannigfaltigen Erscheinungen der Innen- und Außenwelt sich stets erneuerndes Spiel, die Kraft und der Trieb zu immer andern Kombinationen derselben, setzen den eminenten Kopf, die Augenblicke der Abspannung abgerechnet, ganz außer den Bereich der Langenweile. Andrerseits nun aber hat die gesteigerte Intelligenz eine erhöhte Sensibilität zur unmittelbaren Bedingung, und größere Heftigkeit des Willens, also der Leidenschaftlichkeit, zur Wurzel: aus ihrem Verein mit diesen erwächst nun eine viel größere Stärke aller Affekte und eine gesteigerte Empfindlichkeit gegen die geistigen und selbst gegen körperliche Schmerzen, sogar größere Ungeduld bei allen Hindernissen, oder auch nur Störungen; welches alles zu erhöhen die aus der Stärke der Phantasie entspringende Lebhaftigkeit sämtlicher Vorstellungen, also auch der widerwärtigen, mächtig beiträgt. Das Gesagte gilt nun verhältnismäßig von allen den Zwischenstufen, welche den weiten Raum vom stumpfesten Dummkopf bis zum größten Genie ausfüllen. Demzufolge steht jeder, wie objektiv, so auch subjektiv, der einen Quelle der Leiden des menschlichen Lebens um so näher, als er von der andern entfernter ist. Dementsprechend wird sein natürlicher Hang ihn anleiten, in dieser Hinsicht, das Objektive dem Subjektiven möglichst anzupassen, also gegen die Quelle der Leiden, für welche er die größere Empfänglichkeit hat, die größere Vorkehr zu treffen. Der geistreiche Mensch wird vor allem nach Schmerzlosigkeit, Ungehudeltsein, Ruhe und Muße streben, folglich ein stilles, bescheidenes, aber möglichst unangefochtenes Leben suchen und demgemäß, nach einiger Bekanntschaft mit den sogenannten Menschen, die Zurückgezogenheit und, bei großem Geiste, sogar die Einsamkeit wählen. Denn je mehr einer an sich selber hat, desto weniger bedarf er von außen und desto weniger auch können die übrigen ihm sein. Darum führt die Eminenz des Geistes zur Ungeselligkeit. Ja, wenn die Qualität der Gesellschaft sich durch die Quantität ersetzen ließe; da wäre es der Mühe wert, sogar in der großen Welt zu leben: aber leider geben hundert Narren, auf einem Haufen, noch keinen gescheiten Mann. – Der vom andern Extrem hingegen wird, sobald die Not ihn zu Atem kommen läßt, Kurzweil und Gesellschaft, um jeden Preis, suchen und mit allem leicht vorliebnehmen, nichts so sehr fliehend, wie sich selbst. Denn in der Einsamkeit, als wo jeder auf sich selbst zurückgewiesen ist, da zeigt sich was er *an sich selber* hat: da seufzt der Tropf im Purpur unter der unabwälzbaren Last seiner armseligen Individualität; während der Hochbegabte die ödeste Umgebung mit seinen Gedanken bevölkert und belebt. Daher ist sehr wahr was Seneca sagt: *omnis stultitia laborat fastidio sui;** wie auch Jesus Sirachs[2] Ausspruch: »Des Narren Leben ist ärger denn der Tod.« Demgemäß wird man, im ganzen, finden, daß jeder in dem Maße gesellig ist, wie er geistig arm und überhaupt gemein ist. Denn man hat in der Welt nicht viel mehr, als die Wahl zwischen Einsamkeit und Gemeinheit. [...]

Weil [...] die *freie Muße* die Blüte, oder vielmehr die Frucht des Daseins eines jeden ist, indem nur sie ihn in den Besitz seines eigenen Selbst einsetzt, so sind die glücklich zu preisen, welche dann auch etwas Rechtes an sich selber erhalten; während den allermeisten die freie Muße nichts abwirft, als einen Kerl, mit dem nichts anzufangen ist, der sich schrecklich langweilt, sich selber zur Last. Demnach freuen wir uns, »ihr lieben Brüder, daß wir nicht sind der Magd Kinder, sondern der Freien« (Gal. 4,31).

Ferner, wie das Land am glücklichsten ist, welches weniger, oder keiner, Einfuhr bedarf; so auch der Mensch, der an seinem innern Reichtum genug hat und zu seiner Unterhaltung wenig, oder nichts, von außen nötig hat; da dergleichen Zufuhr viel kostet, abhängig macht, Gefahr bringt, Verdruß verursacht und am Ende doch nur ein schlechter Ersatz ist für die Erzeugnisse des eigenen Bodens. Denn von andern, von außen überhaupt, darf man in keiner Hinsicht viel erwarten. Was einer dem andern sein kann, hat seine sehr engen Grenzen: am Ende bleibt doch jeder allein, und da kommt es darauf an, *wer* jetzt allein sei. [...]

Das Beste und Meiste muß daher jeder sich selber sein und leisten. Je mehr nun dieses ist, und je mehr demzufolge er die Quellen seiner Genüsse in sich selbst findet, desto glücklicher wird er sein. Mit größtem Rechte also sagt Aristoteles: ἡ εὐ-

---

* Alle Dummheit leidet am Überdruß ihrer selbst. (Epistulae, 9, § 22) δαιμονια των αυταρκων εστι (Eth. Eud. VII, 2), zu deutsch: das Glück gehört denen, die sich selber genügen.[3] Denn alle äußern Quellen des Glückes und Genusses sind, ihrer Natur nach, höchst unsicher, mißlich, vergänglich und dem Zufall unterworfen, dürften daher, selbst unter den günstigsten Umständen, leicht stocken; ja, dieses ist unvermeidlich, sofern sie doch nicht stets zur Hand sein können. Im Alter nun gar versiegen sie fast alle notwendig: denn da verläßt uns Liebe, Scherz, Reiselust, Pferdelust und Tauglichkeit für die Gesellschaft: sogar die Freunde und Verwandten entführt uns der Tod. Da kommt es denn, mehr als je, darauf an, was einer an sich selber habe. Denn dieses wird am längsten stichhalten. Aber auch in jedem Alter ist und bleibt es die echte und allein ausdauernde Quelle des Glücks. Ist doch in der Welt überall nicht viel zu holen: Not und Schmerz erfüllen sie, und auf die, welchen diesen entronnen sind, lauert in allen Winkeln die Langeweile. Zudem hat in der Regel die Schlechtigkeit die Herrschaft darin und die Torheit das große Wort. Das Schicksal ist grausam und die Menschen sind erbärmlich. In einer so beschaffenen Welt gleicht der, welcher viel an sich selber hat, der hellen, warmen, lustigen Weihnachtsstube, mitten im Schnee und Eise der Dezembernacht. Demnach ist eine vorzügliche, eine reiche Individualität und besonders sehr viel Geist zu haben ohne Zweifel das glücklichste Los auf Erden; so verschieden es etwa auch von dem glänzendsten ausgefallen sein mag.

Leo N. Tolstoi

Die Freude und das Glück des Lebens, die der Tod nicht vernichten kann

Der berühmte Schöpfer von Werken der Weltliteratur ist auch der Verkünder einer Lehre vom inneren Frieden, die auf der christlichen Bergpredigt beruht und zugleich Antworten auf die Fragen nach dem Sinn des Lebens und nach der richtigen Organisation der Gesellschaft gibt.

Graf Leo Nikolajewitsch Tolstoi wurde 1828 auf dem Gut Jasnaja Poljana im Gouvernement Tula (ca. 200 km südlich von Moskau) geboren. Nach dem Tod der Eltern kam er mit neun Jahren in die Obhut von Tanten in Kasan, wo er später an der Universität Jura und orientalische Sprachen studierte. 1847 beendete er das Studium und lebte von da an bis zu seinem Tod im Jahr 1910 hauptsächlich auf dem ererbten Gut, neben seiner schriftstellerischen Tätigkeit mit landwirtschaftlichen Reformen und der Gründung einer Schule beschäftigt. Dazwischen liegen die Teilnahme am Krimkrieg 1854/55, zwei Reisen nach Westeuropa sowie Aufenthalte in Moskau und St. Petersburg.

Dramatisch verliefen vor allem die letzten zwei Wochen seines Lebens: Tolstoi verließ – nach jahrzehntelangen Konflikten mit seiner Frau Sofia Andrejewna – nachts heimlich das Haus, um »in Einsamkeit und Frieden« und »nicht länger in jenem Zustand des Luxus zu leben, in dem ich gelebt habe«. Auf der kleinen Bahnstation Astapowo starb er, nachdem er während der Eisenbahnreise an Lungenentzündung erkrankt war.

Den Hintergrund obiger Äußerungen bildete eine Krise und Wende im Leben Tolstois, nämlich die Bekehrung im Jahr 1879 zum Urchristentum der Bergpredigt. Deren Kern erblickt er in der Widerstandslosigkeit bzw. der Gewaltfreiheit sowie in Eigentumslosigkeit, Armut und Nächstenliebe. Sie findet er im »einfachen Volk«, vor allem bei den Bauern, deren naturnaher Lebensweise er sich anzugleichen sucht. Mit seiner Flucht kurz vor seinem Tod will Tolstoi also auch seinen religiös-ethischen Anspruch mit seiner immer noch aristokratisch geprägten Le-

benswirklichkeit in Übereinstimmung bringen. Seine Bekehrung und die Zeit davor beschreibt er 1879 in der »Beichte«. (»Ich kann nicht ohne Entsetzen, ohne Abscheu, ohne tiefen Schmerz im Herzen an diese Jahre zurückdenken. Ich habe im Krieg Menschen getötet, ich habe zum Duell gefordert, um zu töten; ich habe Geld im Kartenspiel vergeudet, habe die Arbeit der Bauern verschlemmt, ich habe sie gezüchtigt, habe ein ausschweifendes Leben geführt, habe betrogen. Lüge, Diebstahl, Wollust jeder Art, Trunksucht, Gewalttätigkeit, Totschlag ... kein Verbrechen, das ich nicht begangen hätte. Und für all dies lobten mich meine Genossen, hielten und halten sie mich für einen verhältnismäßig sittlichen Menschen.«) Von der »Beichte« konnten in Rußland wegen der Zensur zunächst nur einige Kapitel handschriftlich verbreitet werden.

Die wichtigsten der zuvor erschienenen dichterischen Werke – im Stil des psychologischen Realismus geschrieben – sind: »Kindheit« mit den Fortsetzungen »Knabenjahre« und »Jünglingszeit«, die »Sewastopoler Erzählungen« über den Krimkrieg, »Krieg und Frieden« (1868/69) über Napoleons Krieg in Rußland und der Eheroman »Anna Karenina« (1878). Auch nach seiner Bekehrung veröffentlicht Tolstoi noch literarische Werke, wenn es ihm nun auch vornehmlich nicht mehr um Kunst, sondern um »Wahrheit« geht. Zu ihnen gehören die Erzählungen »Der Tod des Ivan Iljitsch« und »Die Kreutzersonate« sowie die Dramen »Die Macht der Finsternis« und »Der lebende Leichnam«, außerdem der Roman »Auferstehung«.

Seine in der »Beichte« dargestellte Wende vertieft Tolstoi in dem 1883 geschriebenen theoretischen Werk »Mein Glaube«, aus dem hier die Einleitung und das um seine Anfangspassagen gekürzte Kapitel 1 wiedergegeben werden. In diesem Buch faßt er schließlich die Lehren der Bergpredigt in fünf Geboten zusammen: Du sollst deinem Bruder nicht zürnen; du sollst dich von deinem Weib nicht trennen; du sollst keinen Eid leisten; du sollst dem Übel nicht widerstreben; du sollst alle Menschen lieben. Indem er die Bergpredigt ernst nimmt, ohne an eine persönliche Unsterblichkeit zu glauben, lehnt er alle kirchlichen Institutionen ab (mit der Konsequenz, daß er aus der orthodoxen Kirche ausgeschlossen wird). Außerdem verwirft er sämtliche staatlichen Herrschaftsformen, später auch immer entschiedener Militarismus, Nationalismus und Kolonialismus, ohne dabei revolutionäre Veränderungen zu befürworten. Tolstois Hauptgrundsatz bleibt: »Widersetze dich dem Bösen nicht mit Gewalt.« Hierauf gründet er den äußeren und den inneren Frieden.

Ich habe fünfundfünfzig Jahre in der Welt gelebt, und von diesen habe ich, mit Ausnahme der ersten vierzehn oder fünfzehn Kinderjahre, fünfunddreißig als Nihilist gelebt, und zwar in der wahren Bedeutung des Wortes, d. h. nicht als Sozialist und Revolutionär, wie dieses Wort gewöhnlich verstanden wird, sondern als Nihilist in dem Sinne, daß ich jeglichen Glaubens bar war.

Vor fünf Jahren kam mir der Glaube an die Lehre Christi – und mein Leben änderte sich plötzlich ganz und gar: ich wünschte nicht mehr, was ich bisher gewünscht hatte, und was ich bisher nicht gewünscht hatte, das wünschte ich jetzt. Was ich früher für gut gehalten hatte, erschien mir schlecht, und was ich früher für schlecht gehalten hatte, erschien mir gut. Es ging mir wie einem Menschen, der ausgeht, um eine wichtige Sache zu erledigen, und plötzlich unterwegs zu der Überzeugung kommt, die Sache sei für ihn ganz unnütz, und – umgekehrt. Und alles, was rechts war – wurde links, und alles, was links war, wurde rechts: das frühere Verlangen, möglichst fern vom Haus zu sein, wurde zum Verlangen, ihm möglichst nahe zu bleiben. Die Richtung meines Lebens, meine Wünsche wurden andere, und das Böse und das Gute wechselten ihre Plätze. Alles dies war geschehen, weil ich Christi Lehre anders auffaßte, als ich sie bisher aufgefaßt hatte.

Nicht auslegen will ich Christi Lehre: ich will nur erzählen, wir mir das, was in ihr einfach, klar, verständlich, unzweifelhaft und an alle Menschen gerichtet ist, klar wurde, und wie das, was mir klar geworden ist, meine Seele umgewandelt und mir Frieden und Glück gegeben hat.

Nicht auslegen will ich Christi Lehre; nur eines möchte ich: verbieten, daß sie ausgelegt werde.

Alle christlichen Kirchen haben jederzeit anerkannt, daß alle Menschen, die untereinander ungleich an Gelehrsamkeit und Verstand sind – kluge und dumme –, vor Gott gleich sind, daß die göttliche Wahrheit allen zugänglich ist. Christus hat sogar gesagt, es läge in Gottes Willen, daß den Einfältigen das offenbart werde, was den Verständigen verborgen bleibt.

Nicht alle können in die tiefsten Geheimnisse der Dogmatik, Homiletik, Patristik, Liturgik, Hermeneutik, Apologetik usw. eingeweiht sein; alle aber können und müssen das verstehen, was Christus all den Millionen einfacher, einfältiger Menschen der Vergangenheit und Gegenwart gesagt hat. Das alles also, was Christus allen diesen einfachen Leuten gesagt hat, die noch nicht die Möglichkeit hatten, sich nach Erläuterungen seiner Lehre an Paulus, Clemens[1], Johannes Chrysostomus[2] u. a. zu wenden, das alles hatte ich bisher nicht verstanden, jetzt aber verstehe ich es, und das ist es, was ich allen mitteilen will.

Der Übeltäter am Kreuze glaubte an Christus und wurde erlöst. Wäre es wirklich schlecht und für irgend jemand schädlich gewesen, wenn der Übeltäter am Kreuze nicht gestorben, sondern herabgestiegen wäre und den Menschen erzählt hätte, auf welche Weise er zu dem Glauben an Christus gelangt war?

Auch ich habe, gleich dem Übeltäter am Kreuze, den Glauben an Christi Lehre gefunden und bin gerettet worden.

Und dieser Vergleich ist nicht weit hergeholt; er ist vielmehr der nächstliegende Ausdruck für jenen Seelenzustand der Verzweiflung und des Grauens vor dem Leben und vor dem Tode, in dem ich mich einst befand, und für den Zustand des Friedens und des Glücks, in dem ich mich jetzt befinde.

Wie jener Übeltäter, so war auch ich mir bewußt, daß ich schlecht gelebt hatte und noch schlecht lebte, und ich sah, daß die Mehrzahl der Menschen um mich her ebenso lebte. Wie jener Übeltäter wußte auch ich, daß ich unglücklich sei und leide, und daß die Menschen um mich her auch unglücklich seien und litten; und ich sah keinen andern Ausweg aus dieser Lage, als den Tod. Wie jener Übeltäter an das Kreuz, so war ich durch eine unbestimmte Macht an dies Leben des Leidens und des Übels gefesselt. Und die entsetzliche Finsternis des Todes, die den Übeltäter nach allen sinnlosen Qualen und nach allem Bösen dieses Lebens erwartete, erwartete auch mich.

In all dem war ich dem Übeltäter vollkommen gleich; der Unterschied jedoch zwischen ihm und mir bestand darin, daß er schon dem Tode entgegenging, ich aber noch lebte.

Der Übeltäter konnte glauben, daß er dort, jenseits des Grabes, erlöst werde; ich aber konnte das nicht glauben, da mir außer dem Leben jenseits des Grabes noch das Leben hier bevorstand. Ich aber verstand dieses Leben nicht. Mir erschien es entsetzlich. Da plötzlich vernahm ich das Wort Christi, – ich begriff es, und Leben und Tod hörten auf, mir als ein Übel zu erscheinen, und anstatt der Verzweiflung empfand ich die Freude und das Glück des Lebens, die der Tod nicht vernichten kann.

Könnte es wirklich jemandem zum Schaden gereichen, wenn ich erzähle, wie dies in mir vor sich gegangen ist?

*

Ich will erzählen, wie ich zu der Erkenntnis der Lehre Christi den Schlüssel gefunden habe, der mir die Wahrheit eröffnet hat, so klar und einleuchtend, daß jeder Zweifel ausgeschlossen blieb.

Diese Entdeckung habe ich auf folgende Weise gemacht: Seit der frühesten Zeit, seit meiner Kindheit fast, als ich anfing, das Evangelium allein zu lesen, hat mich in dem ganzen Evangelium am meisten jene Lehre Christi bewegt und gerührt, in welcher er Liebe, Demut, Erniedrigung, Selbstaufopferung und Vergeltung des Bösen mit Gutem predigt.

Dies blieb auch für mich stets der Kern des Christentums, das, was ich an ihm von Herzen liebte, das, um deswillen ich, nach Verzweiflung und Unglauben, jenen Sinn als wahr anerkannte, den das arbeitende Volk dem christlichen Leben gibt, und um deswillen ich mich demselben Glauben unterwarf, zu dem jenes Volk sich bekennt, d. h. der orthodoxen Kirche. Doch nachdem ich mich der Kirche unterworfen hatte, erkannte ich bald, daß ich in ihren Lehren nicht die Bestätigung der Erklärung jener Grundsätze des Christentums finden würde, die mir als die wichtigsten erschienen; ich erkannte, daß dieser mir teure Kern des Christentums in der Lehre der Kirche nicht die Hauptsache sei. Ich erkannte, daß das, was mir in Christi Lehre als das wichtigste erschien, von der Kirche nicht als das wichtigste anerkannt wird. Die Kirche erkennt etwas anderes als das wichtigste an. Anfangs legte ich dieser Eigentümlichkeit der kirchlichen Lehre keine Bedeutung bei. – »Was macht das schon?« dachte ich, »die Kirche erkennt einfach außer dem Sinne der Liebe, der Demut und Selbstaufopferung noch einen anderen, dogmatischen, äußeren Sinn an. Mir ist dieser Sinn fremd; er stößt mich sogar ab; doch tut er weiter keinen Schaden.«

Jedoch, je länger ich lebte, der Lehre der Kirche treu ergeben, um so deutlicher wurde mir, daß diese Eigentümlichkeit der kirchlichen Lehre nicht so gleichgültig sei, wie sie mir anfangs erschienen war. Mich stieß die Kirche auch durch die Sonderbarkeiten ihrer Glaubenslehren ab, auch durch ihr Anerkennen und Gutheißen der Verfolgungen, Verurteilungen und Kriege und auch durch das gegenseitige Verleugnen der Anhänger der verschiedenen Glaubenslehren; am meisten aber wurde mein Zutrauen zu ihr erschüttert gerade durch ihre Gleichgültigkeit gegen das, was mir als der Kern der christlichen Lehre erschien, und durch ihre Vorliebe für das, was ich für unwesentlich hielt. Ich fühlte, daß hier etwas nicht richtig sei. Was aber nicht richtig war, konnte ich durchaus nicht finden; ich konnte es nicht finden, weil die kirchliche Lehre nicht nur das nicht leugnete, was mir die Hauptsache in der Lehre Christi schien, sondern es vielmehr vollkommen anerkannte, jedoch in einer Art, daß diese »Hauptsache« in der Lehre Christi nicht mehr Hauptsache blieb. Ich konnte der Kirche nicht den Vorwurf machen, daß sie das Wesentliche leugne, aber die Art, wie die Kirche dieses Wesentliche anerkannte, befriedigte mich nicht. Die Kirche gab mir nicht das, was ich von ihr erwartet hatte.

Ich war vom Nihilismus zur Kirche nur deshalb übergegangen, weil ich die Unmöglichkeit eines Lebens ohne Glauben erkannt hatte und ohne Erkenntnis dessen, was, abgesehen von meinen animalischen Instinkten, gut oder böse sei. Diese Erkenntnis glaubte ich im Christentum zu finden. Das Christentum aber, wie es mir damals erschien, war nur eine gewisse Stimmung, sehr unbestimmter Art, aus der keine klaren und bindenden Lebensregeln hervorgingen. Um dieser Regeln willen wandte ich mich an die Kirche. Die Kirche jedoch gab mir Regeln, die mich nicht im geringsten jener mir teuren christlichen Stimmung näherbrachten, ja mich eher von ihr entfernten. Und ich konnte ihr nicht folgen. Ich bedurfte eines Lebens, das auf christliche Wahrheiten gegründet war, und nur ein solches war mir teuer; die Kirche aber gab mir Lebensregeln, die den mir teuren Wahrheiten vollständig fremd waren. Die Regeln, die mir die Kirche gab, über den Glauben an die Dogmen, über die Heilighaltung der Sakramente, das Einhalten der Fasten und Gebete – die brauchte ich nicht; Regeln aber, die auf christliche Wahrheit gegründet gewesen wären, die gab es nicht. Nicht nur, daß die kirchlichen Regeln jede christliche Stimmung, die allein meinem Leben Sinn gab, schwächten und manchmal direkt zerstörten; am meisten bestürzte es mich, daß alle menschlichen Übel – die Verdammung einzelner, die Verdammung ganzer Völker, die Verdammung anderer Glaubenslehren und die aus solcher Verdammung entstehenden Verfolgungen und Kriege –, daß alles das von der Kirche gerechtfertigt wurde. Christi Lehre von der Demut, der Nachsicht, der Vergebung der Kränkungen, der Selbstverleugnung und Liebe wurde von der Kirche in Worten hochgepriesen und zugleich wurde in der Tat das gutgeheißen, was mit dieser Lehre nicht in Einklang stehen konnte.

War denn Christi Lehre derart, daß diese Widersprüche bestehen mußten? Ich konnte das nicht glauben. Außerdem war es mir immer verwunderlich gewesen, daß, soweit ich das Evangelium kannte, die Stellen, auf welche sich die genauen Vorschriften der Kirche über die Dogmen stützten, die unklarsten Stellen, – die Stellen dagegen, aus denen sich die Erfüllung der Lehre ergab, die genauesten und klarsten waren. Während die Dogmen und die aus ihnen entspringenden Pflichten des Christen von der Kirche ganz klar und deutlich definiert wurden, wurde von der Erfüllung der Lehre in höchst unklaren, dunklen, mystischen Ausdrücken gesprochen. Hat Christus wirklich das gewollt, als er seine Lehre predigte? Die Lösung meiner Zweifel konnte ich nur in den Evangelien finden. Und ich las sie, und las sie immer wieder. Aus allen Evangelien hob sich für immer die Bergpredigt als etwas Besonderes heraus. Und sie war es, die ich am häufigsten las. Nirgends spricht Christus mit solcher Feierlichkeit wie hier, nirgends gibt er so viele sittliche, klare, verständliche, jedem unmittelbar zum Herzen redende Regeln, nirgends spricht er zu einer größeren Menge einfacher Menschen jeder

Art. Wenn es überhaupt klare, ausdrückliche christliche Verhaltensregeln gibt, so müssen sie hier ausgesprochen worden sein. In diesen drei Kapiteln Matthäi habe ich die Lösung meiner Zweifel gesucht.

Viele, viele Male habe ich die Bergpredigt gelesen und jedesmal dabei empfunden: Begeisterung und Rührung beim Lesen jener Verse über das Hinhalten des Backens, das Weggeben des Hemdes, die Friedfertigkeit gegen alle, die Liebe zum Feinde, aber auch ein Gefühl der fehlenden Befriedigung. Die an alle gerichteten Worte Gottes waren nicht klar. Es wurde eine geradezu unmögliche Entsagung verlangt, die das Leben selbst, wie ich es auffaßte, vernichtete, und deshalb schien es mir, als könne ein vollständiges Entsagen nicht die unumgängliche Vorbedingung des Heils sein. War es aber keine notwendige Vorbedingung des Heils, so fehlte alle Bestimmtheit und Klarheit. Ich habe nicht allein die Bergpredigt gelesen, ich habe alle Evangelien gelesen, alle theologischen Kommentare zu ihnen. Die theologischen Erläuterungen des Inhalts, daß die Aussprüche der Bergpredigt Hinweise seien auf jene Vollkommenheit, nach welcher der Mensch streben solle, daß aber der gefallene Mensch durchaus sündhaft sei und nicht durch eigene Kraft jene Vollkommenheit zu erreichen vermöge, daß des Menschen Heil im Glauben, im Gebete und in der Gnade läge – diese Erläuterungen befriedigten mich nicht.

Ich war damit nicht einverstanden, weil es mir immer sonderbar erschienen war, daß Christus, wenn er im voraus wußte, daß die Erfüllung seiner Lehre durch des Menschen eigene Kraft unmöglich sei, so klare und schöne Regeln aufgestellt haben sollte, die sich geradezu auf jeden einzelnen Menschen bezogen. Wenn ich diese Regeln las, hatte ich stets gemeint, sie bezögen sich unmittelbar auf mich und von mir allein werde ihre Befolgung verlangt.

Wenn ich diese Regeln las, überkam mich stets eine freudige Gewißheit, ich könne sogleich, von dieser Stunde an, all dies tun. Und ich wollte es tun und versuchte es; aber sobald mir ihre Ausführung widerstrebte, erinnerte ich mich unwillkürlich der kirchlichen Lehre, daß der Mensch schwach sei und das nicht aus eigenen Kräften vollbringen könne – und ich wurde schwach.

Man sagte mir, ich müsse glauben und beten. Ich aber fühlte, daß mein Glaube gering sei und daß ich deshalb nicht beten könne. Man sagte mir, ich müsse beten, Gott möge mir den Glauben geben, den Glauben, der das Beten lehrt, das jenen Glauben gibt, der jenes Beten lehrt usw. bis ins Unendliche.

Aber sowohl Vernunft wie Erfahrung zeigten mir, daß nur meine Bemühungen, die Lehre Christi zu befolgen, wirklich von Nutzen sein könnten.

Und nun, nach vielem, vielem vergeblichen Suchen und Erforschen dessen, was geschrieben wurde zum Beweise der Göttlichkeit dieser Lehre und zum Beweise ihrer Nichtgöttlichkeit, nach vielen Zweifeln und Leiden war ich wieder allein geblieben mit meinem Herzen und mit dem geheimnisvollen Buche vor mir. Ich konnte diesem Buche nicht die Bedeutung geben, die andere ihm gaben, und vermochte ihm weder eine andere beizulegen noch mich von ihm loszusagen. Und erst als ich das Zutrauen in alle Auslegungen der gelehrten Kritik wie in alle Auslegungen der gelehrten Theologie gleichermaßen verloren hatte und sie gemäß Christi Wort »so ihr mich nicht aufnehmet wie die Kinder, kommt ihr nicht ins Himmelreich« alle verworfen hatte, begriff ich plötzlich das, was ich bisher nicht hatte begreifen können. Ich begriff es nicht dadurch, daß ich auf künstliche, tiefsinnige Weise umstellte, verglich, auslegte; im Gegenteil, mir wurde dadurch alles offenbar, daß ich alle Auslegungen vergaß. Die Stelle, die für mich zum Schlüssel des Ganzen wurde, war die Stelle aus dem 5. Kapitel Matthäi, Vers 38, 39: »Ihr habt gehöret, daß da gesagt ist: Auge um Auge, Zahn um Zahn. – Ich aber sage euch, daß ihr nicht widerstreben sollt dem Übel«... Plötzlich faßte ich zum ersten Mal diesen Vers direkt und einfach auf. Ich verstand, daß Christus gerade das sagt, was er sagt. Und sofort war es mir, nicht als sei etwas Neues erstanden, sondern als sei alles abgefallen, was die Wahrheit verdunkelt hatte, und die Wahrheit stand vor mir in ihrer ganzen Bedeutung. »Ihr habt gehöret, daß da gesagt ist: Auge um Auge, Zahn um Zahn. Ich aber sage euch, daß ihr nicht widerstreben sollt dem Übel.« Diese Worte erschienen mir plötzlich ganz neu, als hätte ich sie nie vorher gelesen.

Wenn ich früher diese Worte las, ließ ich stets, wie in einer eigentümlichen Umnachtung, die Worte: »Ich aber sage euch, daß ihr nicht widerstreben sollt dem Übel«, unbeachtet. Gerade so, als stünden diese Worte gar nicht da oder als hätten sie gar keine bestimmte Bedeutung.

Später, in meinen Gesprächen mit vielen, vielen Christen, die das Evangelium kannten, habe ich oft Gelegenheit gehabt, bezüglich dieser Worte dieselbe Umnachtung zu bemerken. Dieser Worte erinnerte sich niemand, und oft geschah es, wenn die Rede auf diese Stelle kam, daß die Christen das Evangelium zur Hand nahmen, um nachzuschlagen, ob auch diese Worte wirklich darin ständen. So hatte auch ich diese Worte übersehen und erst von den folgenden Worten an zu verstehen begonnen: »So dir jemand einen Streich gibt auf deinen rechten Backen, dem biete den anderen auch dar«... usw. Und immer sah ich in diesen Worten eine Forderung zu leiden und zu entsagen, wie es der menschlichen Natur gar nicht eigen ist. Diese Worte rührten mich, ich fühlte, es müsse herrlich sein, sie zu befolgen. Ich fühlte aber auch, daß ich nie imstande sein würde, sie zu befolgen, nur um zu leiden. Ich sagte mir: Gut, ich biete den Backen, – man wird mich ein zweites Mal schlagen; ich werde alles weggeben, – man wird mir alles nehmen. Ich werde kein Leben haben. Mir ist aber das Leben gegeben; warum soll ich es denn verlieren? Das kann Christus nicht fordern. Früher hatte ich mir das gesagt, weil ich voraussetzte, daß Christus mit diesen Worten die Leiden und Entbehrungen preist und sie preisend übertreibt und deshalb nicht genau und klar spricht; jetzt aber, nachdem ich die Worte »widerstrebet nicht dem Übel« verstanden hatte, wurde mir klar, daß Christus nichts übertreibt und keine Leiden um der Leiden willen fordert; ja, daß er das, was er sagt, sehr bestimmt und klar ausspricht. Er sagt: Widerstrebet nicht dem Übel; und indem ihr so tut, wisset im voraus, daß sich Menschen finden können, die, nachdem sie euch einen Streich auf den rechten Backen gegeben, wenn sie auf keinen Widerstand stoßen, euch auch auf den linken schlagen werden; die, nachdem sie euch das Hemd genommen, euch auch den Mantel nehmen werden; die, nachdem sie eure Arbeit ausgenützt, euch zwingen werden, noch mehr zu arbeiten; die immer nehmen werden, ohne je zurückzugeben... Und wenn das nun so sein wird, dann sollt ihr trotzdem nicht dem Übel widerstreben. Denen, die euch schlagen und beleidigen, sollt ihr dennoch Gutes erweisen. – Und nachdem ich diese Worte so verstanden hatte, wie sie gesagt waren, wurde mir sofort alles klar, was mir bis dahin dunkel gewesen, und was mir übertrieben erschienen war, erschien mir jetzt vollkommen richtig. Ich begriff zum ersten Mal, daß der Schwerpunkt des ganzen Gedankens in den Worten liegt: »Widerstrebet nicht dem Übel«, und daß das Nachfolgende nur eine Erklärung des ersten Satzes ist. Ich begriff, daß Christus durchaus nicht verlangt, daß man den Backen biete und den Mantel hergebe, nur um des Leidens willen; daß er aber verlangt, daß wir dem Übel nicht widerstreben, und ausspricht, daß wir dabei vielleicht auch zu leiden haben werden. Gleichwie ein Vater, der seinen Sohn auf eine weite Reise schickt, ihm nicht befiehlt, die Nächte zu wachen, zu hungern, zu frieren, durchnäßt zu werden, wenn er zu ihm sagt: »Geh' deines Weges, und wenn du auch Nässe und Kälte ertragen solltest, so gehe dennoch.« – Christus sagt nicht: bietet den Backen, leidet; sondern er sagt: widerstrebet nicht dem Übel, und was euch auch zustoßen möge, widerstrebet nicht dem Übel.

Diese Worte: widerstrebet nicht dem Übel – oder dem Bösen –, in ihrer klaren Bedeutung, wurden für mich wirklich der Schlüssel, der mir alles erschloß. Und ich wunderte mich, wie ich so klare, bestimmte Worte so verkehrt hatte auffassen können. Euch ist gesagt: Zahn um Zahn; ich aber sage: widerstrebet nicht dem Übel oder dem Bösen. Was kann klarer, verständlicher und bestimmter sein als dies? Und ich brauchte diese Worte nur einfach und klar aufzufassen wie sie gesagt waren, und sofort wurde mir in der ganzen Lehre Christi, nicht nur in der Bergpredigt, sondern in allen Evangelien, alles verständlich, was verworren gewesen, und alles harmonisch, was bisher widersprüchlich gewesen war; und die Hauptsache, was überflüssig erschienen war, wurde zur Notwendigkeit. Alles verschmolz in ein Ganzes und das eine bestätigte unzweifelhaft das andere, wie die Stücke einer zerschlagenen Statue, die man so zusammenfügt, wie sie zusammengehören.

In dieser Predigt und in allen Evangelien, von allen Seiten wird dieselbe Lehre bestätigt: widerstrebet nicht dem Übel.

In dieser Predigt wie an allen anderen Stellen, überall stellt sich Christus seine Jünger, d. h. die Menschen, die seine Lehre über das Nichtwiderstreben befolgen, als solche vor, die den Backen hinhalten und den Mantel hergeben: als Verfolgte, Geschlagene und Arme.

Überall wiederholt Christus, daß, wer nicht sein Kreuz auf sich nimmt, nicht sein Jünger sein könne, d. h. wer nicht bereit ist, alle Folgen, die sich aus der Erfüllung der Vorschrift vom Nichtwiderstreben ergeben, zu tragen. Christus spricht zu seinen Jüngern: Seid arm, seid bereit, indem ihr dem Übel nicht widerstrebet, Verfolgung, Leiden und Tod auf euch zu nehmen. Er selbst bereitet sich auf Leiden und Tod vor, ohne dem Bösen zu widerstreben, und schickt Petrus, der darüber klagt, fort, und stirbt selbst, indem er verbietet, dem Übel zu widerstreben, und bleibt seiner Lehre treu.

Alle seine ersten Jünger erfüllen dies Gesetz des Nichtwiderstrebens und verbringen ihr ganzes Leben in Armut und Verfolgung und vergelten nie Böses mit Bösem.

Also hat Christus das gesagt, was er gesagt hat. Man kann behaupten, daß die fortwährende Erfüllung dieser Regel sehr schwer sei; man kann sich nicht einverstanden erklären damit, daß jeder Mensch durch die Befolgung dieser Regel selig werde; man kann, gleich den Ungläubigen, sagen, daß es töricht sei, daß Christus ein Schwärmer, ein Idealist gewesen ist, der unausführbare Regeln aufgestellt hat, die seine Jünger nur aus Torheit befolgten; aber keineswegs kann man ableugnen, daß Christus sehr klar und bestimmt genau das gesagt hat, was er sagen wollte, nämlich: daß der Mensch nach seiner Lehre dem Übel nicht widerstreben solle, und daß folglich der, der sich zu seiner Lehre bekehrt hat, dem Übel nicht widerstreben dürfe. Und dennoch verstehen weder die Gläubigen noch die Ungläubigen diese einfache, klare Bedeutung der Worte Christi.

Shrî Ramana Maharshi

Der Weg zum Selbst als Weg zur Ruhe

Der einer alten Brahmanenfamilie entstammende »Heilige von Tiruvannamalai« – 1879 geboren und 1950 gestorben – lebte als armer Einsiedler, übte beständig die Selbsterforschung und unterwies eine größere Schar von Schülern und Verehrern. Lehre und Leben Shrî Ramanas stellte der bedeutende Indologe Heinrich Zimmer in einem Buch dar, das erstmals 1944, mit einem Vorwort des Psychologen C. G. Jung, erschien. Das hier abgedruckte Kapitel »Wer bin ich?« enthält die Worte, die Shrî Ramana in den Jahren 1901 und 1902 für einen Schüler aufzeichnete. Anschaulich und lebendig vermittelt der Meister die zentrale hinduistische Erfahrung der Einheit von Einzelseele und Weltseele (âtman–brahman), wie wir sie schon in der »Bhagavadgita« finden (siehe S. 79–92). Sein Weg vom Ich zum Selbst berührt aber auch die Pfade Buddhas und der Taoisten Laotse und Dschuang Dsi sowie die Vorstellungen des islamischen Sufis Al-Ghasâli und der christlichen Mystiker Margareta Porete, Meister Eckhart, Heinrich Seuse und Johannes Tauler (siehe jeweils dort).

Alle Geschöpfe verlangen nach Glück ohne Leid und lieben sich selbst am meisten; das beruht darauf, daß Glück ihr innerstes Wesen ist. Um diese eingeborene Seligkeit, die alltäglich in der Seligkeit traumlos tiefen Schlafs erfahren wird, um diese eingeborene Seligkeit des Selbst in ihrer Fülle zu erleben, gilt es, das Selbst zu erkennen. Der beste aller Wege dazu ist das Fragen »Wer bin ich?«

Wer bin ich? – mein Ich ist nicht dieser greifbare stoffliche Leib *(sthûla-sharîra)*, auch nicht die Wahrnehmungskräfte der fünf Sinne oder die fünf Lebenskräfte *(prâna)*, die Atem, Stoffwechsel, Bewegung, Äußerungen und Absonderungen des Leibes wirken, auch nicht das Gemüt mit seinen Regungen und Gedanken, – mein Ich ist weder eines von diesen allen, noch die bloße Gesamtheit dieser aller. Ich bin auch nicht die Schale aus seliger Lust gebildet *(ânandamaya-*

kosha), die zuinnerst unter allen diesen Schalen meiner Person mich im traumlos tiefen Schlaf umfängt: der Stand des Unbewußtseins, darin die Tätigkeit all dieser Schalen nicht mehr fühlbar ist, indes ihre Kräfte, als reine Vermögen zugegen, schlummern. »Ich« kann nur heißen, was übrigbleibt, wenn man von ihnen allen absieht: reines Innesein. Sein Wesen ist Sein, Geist und Seligkeit *(sat-chit-ânanda).*

Wenn das Gemüt als Werkzeug alles Wahrnehmens und Erkennens und aller Betätigung verlischt, verschwindet mit ihm die Dingwelt. Der Wahn, ein harmloser Strick, auf den man unversehens im Dunkeln tritt, sei eine Schlange, verschwindet, wenn die Wahrheit erfahren wird: es ist bloß ein Strick. Ebenso verschwindet der Wahn dieser scheinbaren Welt erst, wenn die Erkenntnis des wahren Selbst erlangt ist.

Das denkende Gemüt ist eine geheimnisvolle Kraft *(shakti)* des Selbst. Wenn alle Vorgänge im Gemüt ausgeschaltet sind, bleibt nichts, was noch Gemüt heißen kann. Es ist aber auch keine Welt da, unabhängig und außerhalb von den Vorgängen des Gemüts. Der traumlose Schlaf kennt keine Gemütsvorgänge, daher auch keine Welt. Das denkende Gemüt treibt diese Welt im Wachen und im Traum aus sich hervor und saugt sie wieder ein, wie die Spinne ihr Netz aus sich hervorbringt und ihren Faden wieder in sich schlingt zu anderer Zeit. Wenn das Gemüt sich mit seinen Gebilden und Vorgängen entfaltet, erschafft es die Welt, und diese verhüllt das Selbst. Daher: gewahrt einer die Welt, so gewahrt er das Selbst nicht; wird er das Selbst gewahr, so verschwindet die Welt.

Anhaltendes Fragen nach dem Wesen des Gemüts verwandelt dieses in das, worauf sich das »Ich« bezieht, und das ist letztlich das Selbst. Das Gemüt hängt sich immer an etwas Greifbares *(sthûla),* um zu bestehen, es kann nicht aus sich selber sein. Das Gemüt bildet den »feinen Leib« *(sûkshma sharîra, subtle body),* den Lebenskern *(jîva)* oder das Ich. Fragt man, wo entspringt die Idee des Ich? – so gewahrt man: im »Herzen« *(hridaya).* Wird das Gemüt durch innere Betrachtung in eine Spitze gesammelt, so läßt sich diese Stätte des Selbst auffinden.

Die erste und vornehmste aller Regungen, der Urgedanke im Gemüt, ist »Ich«. Erst wenn er aufsteht, stehen andere Regungen zahllos auf. Das Gemüt ist nichts anderes als ein

Bündel von Regungen; so kann es nur zur Ruhe kommen durch das Fragen »wer bin ich?« Wie ein brennender Span, der einen Scheiterhaufen in Flammen setzt, schließlich dabei sich selbst zu Asche verzehrt, so verzehrt die rastlose Beweglichkeit des Gemüts, die den Gang nach der Frage »wer bin ich?« allererst auf die Füße stellt und darin alle übrigen Regungen des Gemüts verzehrt, am Ende sich selber zu nichts.

Wenn immer eine Regung in deinem Gemüt aufsteigt, die dich nach außen führt, folge ihr nicht, aber versuche den Blick nach innen zu wenden und frage: »wem kam diese Regung?« – Laß dich nicht davon irre machen, welche Gedanken und Regungen immer in dir aufsteigen mögen, verharre bei jeder, wie sie aufsteigt, im Fragen: »wem stieg dies auf?« – Gib acht, die Antwort kommt: »dem Ich stieg es auf«. Wer sich an dieses Fragen hält, dessen Gemüt bleibt einwärts gewandt und wird immerfort seiner eigenen Quelle zugetrieben. Und alle Regungen werden verzehrt, sowie sie aufsteigen. Halte dich an dieses Fragen und übe ständiges Einwärtsschauen und sei gewiß, daß dein Gemüt an seine Ursprungsstätte geheftet wird. Es findet sich bald darein und gibt den Kampf auf.

Erst wenn das unstofflich feine Gemüt auslädt und sich durch das Hirn und die Sinne nach außen wirft, treten Namen (Begriffe) und Gestalten der stofflichen greifbaren Welt in Erscheinung. Wird das Gemüt vom »Herzen« aufgesogen, so schwinden diese Namen und Gestalten. Wenn die Strebungen des Gemüts, die nach außen gehen, unterdrückt werden und es im »Herzen« innen festgehalten wird und all seine Spannung sich ihm selber zuwendet: das ist Einwärtsschau *(antar-mukha-drishti)*. Erhebt es sich aus dem Herzen und befaßt sich mit der Erschaffung der stofflich greifbaren Welt, so heißt das Auswärtsschau *(bahirmukha-drishti)*. Bleibt das Gemüt im Herzen eingeschlossen, so erlischt der Urgedanke »Ich« allmählich, und was übrigbleibt ist das ewige Selbst *(âtman)*. Dieser Stand, in dem nicht die leiseste Spur der Ichvorstellung übrig ist, heißt »Schau des Wirklichen in seinem Eigenwesen« *(svarûpa-drishti)*. Im Vedânta[1] wird dieser Stand »Schau der Erkenntnis« *(jñâna-drishti)* genannt. Diese Ruhe ist nichts anderes als der Stand des Gemüts, bei dem es im Selbst versunken und mit ihm verschmolzen ist: es ist die Eigenform, die das Selbst bei sich selber hat *(âtma-svarûpa)*. Dieser Zustand hat nichts mit Gedankenlesen, Fernwirkung der Seelen, Hellsicht oder »Wissen um die drei Zeiten« *(tri-kâla-vedanâ)* Vergangenheit, Gegenwart und Zukunft zu tun.

Wahrhaft wirklich ist das Selbst in seinem Eigenwesen *(âtma-svarûpa)*. Die äußere Welt samt allen Wesen *(jîva)* und dem weltwaltenden Höchsten Herrn *(îshvara)* sind reiner spiegelnder Schein, der überm Selbst *(âtman)* erscheint wie der Anschein von Silber an einem Stück Perlmutter. Alle drei: die Welt, die Wesen und der weltwaltende Höchste Gott, erscheinen zugleich und verschwinden zugleich. Im Grunde ist es das Eigenwesen des Selbst *(âtma-svarûpa)*, das als Welt, Ich *(jîva)* und Höchster Herr erschaut wird; alle drei sind im Grunde »Eigenwesen Shivas« *(shiva-svarûpa)*, d. h. Eigenwesen des Selbst.

Unterscheidende Erforschung *(vichâra)* ist der wirksame Weg, das Gemüt zur Ruhe zu bringen. Auf anderen Wegen kann man wohl Gewalt über das Gemüt erlangen, aber es fällt immer wieder in seine alten Bande zurück. Durch Meisterung des Atems meistert man das Gemüt: wird er gehemmt, kommt das Gemüt zur Ruhe; hört aber der Zwang auf den Atem auf, so schnellt das Gemüt auf und wird von den ihm innewohnenden Neigungen *(vâsanâ)*, mit denen es dank dem Karman aus früheren Leben durchtränkt ist, hin und her gerissen.

Gemüt einerseits, Atem und die übrigen Lebenskräfte *(prâna)* anderseits haben die gleiche Quelle; wird der Atem *(prâna)* gemeistert, kommt auch das Gemüt zur Ruhe, und umgekehrt. Der Atem und die Lebenskräfte gelten als der stofflich greifbare *(sthûla)* Ausdruck und Erweis des Gemüts. Solange der Mensch lebt, hält das Gemüt diese Kräfte im Leibe fest und erhält den Leib, im Tode umschlingt es sie und nimmt sie mit sich hinaus.

Die Meisterung der Lebenskräfte durch Zügelung des Atems *(prânâyâma)* kann wohl dazu dienen, das Gemüt zu meistern, nicht aber, es aufzulösen. Auch die Sammlung des Gemüts auf die innere Schau einer göttlichen Gestalt *(mûrti-dhyâna)* oder das innerliche Murmeln heiliger Formeln und Namen *(mantra-* und *nâma-japa)* und asketische Diät sind nur Vorstufen und Hilfen, das Gemüt zu meistern. Dank solcher Sammlung und solchen Hersagens wird das Gemüt in eine einzige Spitze versammelt und an einen einzigen Gegenstand gefesselt. Wie der rastlos pendelnde Rüssel des Elefanten, wenn er eine eiserne Kette zu halten bekommt, ruhig bleibt, und der Elefant seines Weges ziehen kann, ohne immerfort mit dem Rüssel nach irgend etwas zu langen, so wird das ewig unstete, beweglich schweifende Gemüt erzogen, in innerem Anschauen oder Hersagen sich auf das Bild oder Wort zu sammeln, haftet daran allein und hört auf herumzuschweifen. Wenn das Gemüt sich an zahllose wechselnde Vorstellungen verteilt und verstreut, bleibt jede einzelne von diesen schwach und wirkungslos. Je mehr dergleichen unwillkürliche Vorstellungen zur Ruhe gebracht werden und schließlich ganz verschwinden, um so mehr sammelt sich das Gemüt in eine Spitze und gewinnt dabei an Stärke und ausdauernder Kraft. Vollkommenheit in diesem Verfahren ist leicht zu gewinnen, wenn das Gemüt in der Erforschung des Selbst *(âtma-vichâra)* geübt wird.

Unter allen Regeln asketischen Lebens ist Diät die wichtigste: mäßige Mengen und leichte Kost, die voll des Elements heiterer Klarheit ist *(sâttvika)* und frei von Stoffen, die das Triebleben anstacheln *(râjasa)* oder tierische Dumpfheit und Schwere mehren *(tâmasika)*. Solche Kost mehrt die lichte Klarheit *(sattva)* des Gemüts und erleichtert die Erforschung des Selbst. Zahllose Triebe und Neigungen *(vâsanâ)* wohnen im Gemüt als Erbschaft des Verhaltens *(karman)* in führeren Leben; seit undenklichen Zeiten haben sie sich angehäuft in Leben ohne Zahl. Wie Wellen im Meer folgen sie einander unablässig im Gemüt. Wenn die Wesensschau des Selbst *(svarûpadhyâna, âtmadhyâna)* fortschreitet, kommen diese Bereitschaften zur Ruhe und schwinden schließlich, wie alt und eingewurzelt sie auch sind. Man muß fest und stetig werden in der Schau des Wesens und keinem Zweifel Raum geben, ob alle angehäuften Triebe und Neigungen je erlöschen können und das Gemüt sich je ins Eigenwesen des Selbst *(âtma-svarûpa)* zu verwandeln vermag.

Die Sünden eines Menschen mögen groß und zahllos sein, er soll nicht weinen und klagen: »ich bin ein Sünder, – wie kann ein Sünder Erlösung erlangen?« – Er soll jeden Gedanken, daß er ein Sünder ist, verbannen und eifrig in der »Schau des Eigenwesens« sein: bald wird er vollkommen sein. So-

lange die Neigungen und Triebe, die zu äußeren Eindrücken
drängen *(vishaya-vâsanâ)*, dem Gemüt anhaften, soll man in
der Befragung fortfahren: »wer bin ich?«; im Fragen fort-
schreitend soll man jede Vorstellung unterdrücken, sobald sie
im Gemüt aufsteigt.

Freisein von allen Lockungen äußerer Dinge heißt Leidenschaftslosigkeit *(vairâgya)* oder Wunschlosigkeit *(nirâshâ)*,
unverrücktes Festhalten an der Eigengestalt des Selbst *(âtma-
svarûpa)* ist Erkenntnis oder Wissen um das Wirkliche
(jñana). Wunschlosigkeit und Erkenntnis führen schließlich
zum gleichen Ziel. Wie ein Perlfischer auf den Meeresgrund
taucht mit Hilfe schwerer Steine, die er an seine Füße gebunden hat, und die köstliche Perle erlangt, soll man mit zäher
Entschlossenheit tief in sich selbst hinabtauchen und sich des
köstlichen Juwels, des Selbst, bemächtigen. Es genügt, daß
einer ohne Unterlaß über sein Eigenwesen, das Selbst, nach-
sinnt, bis daß er seine Wirklichkeit erlebt. Ablenkende Vorstellungen sind wie Feinde in einer belagerten Feste. Solange
sie diese halten, machen sie Ausfälle aus ihr. Belagert und
ausgehungert, müssen sie herauskommen, früher oder später
wirst du sie einzeln, wie sie erscheinen, abtun und schließlich
die Feste erobern.

Gott und der Guru sind nicht wirklich voneinander verschieden. Wer sich dem Meister *(guru)* anheimgibt und seine
Gnade gewinnt, wird Erlösung finden und nicht verloren
sein, so wenig wie die Beute, die dem Tiger in den Rachen
gefallen ist, ihm entkommen kann. Nur muß der Schüler den
Weg, den ihm der Guru weist, gehen, ohne zu fragen. Sich
Gott anheimgeben, ist das gleiche wie sich auf das Selbst sammeln, wenn man keinen anderen Gedanken dabei aufkommen
läßt. Leg all deine Last auf ihn, denn Gott trägt alle Lasten auf
seinen Schultern, sein ist die höchste Kraft, die alle Dinge der
Welt leitet, – was grübeln wir und quälen uns, ob wir dies
oder das tun sollen, anstatt uns Gott anheimzugeben? Wer in
die Bahn steigt, trägt sein Bündel nicht länger auf dem Kopf,
er legt es ab und sitzt bequem.

Seligkeit ist das eigentliche Wesen des Selbst *(âtma-svarûpa)*, beide sind eins. Sie allein ist wirklich, in keinem der
zahllosen Dinge der Welt ist vollkommenes Glück, es ist bares
Nichwissen, es von ihnen zu erwarten. Wenn das Gemüt sich

nach außen wendet, hinter den Dingen her, so leidet es Angst und Kummer. Immer wenn unsere Wünsche sich erfüllen, wendet sich im Grunde unser Gemüt zu seinem Quell zurück und erfährt das Glück des Selbst *(âtmasukha)*; das gleiche erfahren wir im tiefen Schlaf, in Versenkung *(samâdhi)* entrückt und wenn das Bewußtsein schwindet. Wenn Erwünschtes sich erfüllt oder Unerwünschtes vergeht, wendet das Gemüt sich einwärts und genießt das Glück des Selbst. So schweift das Gemüt rastlos vom Selbst ab und kehrt zu ihm heim; dieses Spiel ist sein endloses leidvolles Teil. Der Schatten unterm Baum tut wohl und erquickt, die Sonne draußen ist unerträglich heiß. Der Wanderer im Sonnenglast flieht in den Schatten und genießt seine Kühle, bald aber zieht es ihn wieder in die heiße Sonne hinaus, wieder wird ihm die Hitze unerträglich und er kehrt in den Schatten zurück. So schweift er unablässig hin und her. Seinesgleichen heißt man einen Toren. Ein Weiser rührt sich nicht aus dem Schatten; das Gemüt des erleuchteten Weisen *(jñânin)* schweift nicht vom Unbedingten *(brahman)* ab, es erfährt dessen immerwährende Seligkeit.

Schließlich ist die Welt der Erscheinungen eine Vorstellung oder ein Gedankending. Zieht das Gemüt sich von ihrem Bilde zurück und hört auf, zu denken und vorzustellen, so schwindet die Welt dahin, und das Gemüt erfährt unbeschreibliche Seligkeit. Entsprechend: erscheint die Welt, d. h. das Gemüt ist tätig, so erfährt es Angst und Kummer. Ohne Wunsch, Entschluß oder Mühe erhebt sich die Sonne am Himmel. Dann öffnet der Lotos seinen Kelch, das Wasser beginnt zu verdunsten, und die Menschen stürzen sich in vielerlei Tätigkeit. In der Nähe des Magnetsteins tanzt die Magnetnadel: so vollziehen die Seelen *(jîva)* rein unter der Gegenwart des weltwaltenden Gottes *(îshvara)*, der selber ohne Wunsch oder Bedürfnis ist, ihre Tätigkeit gemäß ihrem angesponnenen Schicksal *(karman)* aus früheren Leben und sind darin untertan seinen fünf göttlichen Gebärden: dem Erschaffen *(sarga)*, Erhalten *(sthiti)* und Einraffen *(samhâra)*, seinem Sich-Entziehen-ins-Verborgene *(tirodhâna)* und seinem erbarmenden Ansichnehmen *(anugraha)*. Er aber ist alles gestaltenden Wollens *(samkalpa)* bar, und seine Tätigkeit reift keine Frucht des Karman. Er bleibt erhaben und unberührt, – so rührt kein Treiben der Welt unten an die Sonne in ihrer Höhe. Die guten und schlimmen Eigenschaften der vier Elemente Erde, Wasser, Feuer und Luft, ihr Festes, Flüssiges, Hitzendes und Bewegliches haben dem fünften reinsten Element, dem Äther, der den Weltraum erfüllt, nichts an, er aber umfängt und trägt sie alle allgegenwärtig.

Alle heiligen Schriften verkünden einhellig: um Erlösung zu erlangen, muß man das Gemüt meistern. Endloses Studium in Büchern dagegen frommt zu nichts. Zu diesem Ende muß man sich fragen: wer bin ich? – helfen Bücher bei diesen Fragen? Du kannst das Selbst nur mit dem Auge der Erkenntnis gewahren. Braucht man einen Spiegel, um sich als sich selbst zu erfahren? Das Selbst ist innen im schichtenreichen Leibe. Bücher sind äußeres Zeug. Um innen zum Selbst vorzudringen, muß man durch die Schichten der Person hinabtauchen und sie durchstoßen, – was helfen Bücher außen?

Die Erkenntnis des Selbst, das gebunden scheint, und das Erlebnis seines wahren Wesens *(svarûpa)*, ist Erlösung. Die Bemühung, das Gemüt immer wieder auf das Selbst zu sammeln, heißt *âtma-vichâra*, unterscheidende Begründung des Selbst; *dhyâna* oder innere Anschauung ist die Betrachtung des Selbst als Sein, Geist und Seligkeit *(sat-chit-anânda)*, d. h. als Brahman. Der Augenblick kommt, wo man alles vergessen muß, was man gelernt hat: Kehricht wird zusammengefegt, um weggeschüttet zu werden, es hat keinen Sinn, darin zu wühlen, was er enthält. So hat es keinen Zweck, im einzelnen die Elemente *(tattva)* zu erforschen, die das Selbst umhüllen und verschleiern, und ihr Wesen und ihre Eigenschaften zu bestimmen, anstatt sie einfach beiseite zu wischen. Vielmehr betrachte, soweit sie dich angeht, die Welt als Traum. Wohl währt das Wachsein länger, ein Traum nur kurz, und zwischen beiden mögen scheinbar einige Unterschiede walten, – das ist aber auch alles. Die Vorgänge im Traum erscheinen, indes sie sich abspielen, so wirklich wie die Tätigkeit, indes du wach bist. Während des Träumens nimmt das Gemüt nur eine andere Gestalt oder einen anderen Zustand an und bewegt sich in einer anderen Schicht des Leibes; aber Vorstellungen einerseits, Namen und Gestalten andererseits sind im Traum wie im Wachen gleichermaßen gegenwärtig.

Es gibt nicht diese zwei verschiedenen Dinge: ein gutes und ein schlimmes Gemüt. Die eingeborenen Triebe und Neigungen *(vâsanâ)* aus früheren Leben erzeugen Wünsche und Reize, die einmal gut, ein andermal schlimm sind. Ist das Gemüt mit den einen oder anderen der beiden verflochten, so scheint es jeweils als gut oder schlimm. So schlimm gesinnt dir mancher zu Zeiten scheinen mag, empfinde keinen Widerwillen mit Haß und Verachtung gegen ihn; nähre kein günstiges Vorurteil gegen andere, die dir gerade freundlich und wohltätig gesinnt scheinen. Meide beides: Abneigung und Vorliebe. Laß dein Gemüt sich nicht in die Dinge der Welt verlaufen und misch dich nicht in anderes. Wie du zu anderen bist, strahlt irgendwann auf dich zurück; was du anderen bietest, das bietest du dir selber. Wer diese Wahrheit begreift, wie sollte er anderen etwas weigern?

Wenn das Ich aufgeht, geht alles Übrige auf; sinkt es zur Ruhe, so sinkt alles zur Ruhe. Je leiser einer ist, desto besser. Meisterst du dein Gemüt, was kümmert dich, wo du weilst und was dir begegnet?

SIGMUND FREUD

Über die Glücksmöglichkeiten des Menschen

Der Begründer der Psychoanalyse wurde 1856 als Sohn eines Kaufmanns im mährischen Freiberg geboren und starb 1939 in London, wohin er ein Jahr zuvor wegen seiner jüdischen Abstammung emigrieren mußte. Freud studierte ab 1873 Medizin an der Universität in Wien, interessierte sich besonders für die Neurologie, wurde 1885 Privatdozent für Nervenkrankheiten, beobachtete bei dem Psychiater Charcot in Paris die Behandlung von Hysterien durch Hypnose und Suggestion, eröffnete eine Privatpraxis in Wien und wandte zusammen mit dem Arzt Josef Breuer die Therapie durch Hypnose an, wobei er den Unterschied zwischen bewußten und unbewußten seelischen Vorgängen aufdeckte. Er erblickte den Ursprung von psychischen Störungen wie Hysterien, Zwangsvorstellungen, Wahnideen und Ängsten in der Sexualität und ersetzte die Hypnose immer mehr durch die Methoden der freien Assoziation sowie der Analyse von Fehlhandlungen und der Deutung von Träumen. Hiermit – und mit der Entdeckung des Ödipuskomplexes 1898 – war der Grundstein der Psychoanalyse gelegt. Freud formulierte seine frühen Erkenntnisse in den Schriften »Traumdeutung« (1900), »Zur Psychopathologie des Alltagslebens« (1901), »Drei Abhandlungen zur Sexualtheorie« und »Der Witz und seine Beziehung zum Unbewußten« (beide 1905).

Bald versammelten sich um den genialen Seelenforscher, der 1902 zum Professor ernannt wurde, die ersten Schüler und Anhänger. Auf die eher private Psychologische Mittwochs-Gesellschaft folgten 1908 die Wiener Psychoanalytische Vereinigung und 1910 die Internationale Psychoanalytische Vereinigung. Freuds Amerikareise im Jahr zuvor trug ebenfalls zur schnellen Verbreitung der neuen psychotherapeutischen Richtung bei, wenn sich auch einige frühere Anhänger, wie C. G. Jung und Alfred Adler, von ihr trennten.

Während Freud bis dahin eine Theorie der individuellen Neurosen bzw. der individuellen phantasierten, illusionären

Wunscherfüllungen oder Ersatzbefriedigungen entwickelt hatte, wandte er danach seine Einsichten auf die allgemeine Entwicklung der Kultur bzw. der Gesellschaft an. Spätestens seit seiner 1913 erschienenen Schrift »Totem und Tabu« – die den Untertitel »Einige Übereinstimmungen im Seelenleben der Neurotiker und der Wilden« trägt – nimmt er an, daß auch die gesamte Kultur und mit ihr Religion, Moral und Kunst ihrem Wesen nach phantasierte Wunscherfüllungen, versagte und verdrängte Triebbefriedigungen, also Ersatzbefriedigungen, Sublimierungen, Rationalisierungen oder Projektionen sind, nämlich das Resultat eines grundsätzlichen Konflikts zwischen dem unbewußten natürlichen Trieb (der Libido, dem Eros oder dem Lustprinzip) einerseits und den Anforderungen und Einschränkungen der Natur sowie der Gesellschaft (dem Realitätsprinzip) andererseits.

Freuds wichtigste Schriften aus dieser späten Periode sind: »Die Zukunft einer Illusion« (1927), »Das Unbehagen in der Kultur« (1930), »Neue Folge der Vorlesungen zur Einführung in die Psychoanalyse« (1933) und »Abriß der Psychoanalyse« (1939). Während er in den frühen Stadien der Entwicklung seiner Theorie den »Kern des Unbewußten« in der Libido, dann im Ich- oder Selbsterhaltungstrieb sah, stellt er seit der Schrift »Jenseits des Lustprinzips« (1920) dem lebenserhaltenden, gemeinschaftstiftenden Eros einen Todes- oder Destruktionstrieb gegenüber.

Wie Lustprinzip und Realitätsprinzip sich unversöhnlich gegenüberstehen, zeigt Freud besonders plastisch in dem Werk »Das Unbehagen in der Kultur«, dem der unten folgende Text entnommen ist. Er macht hier deutlich, daß für ihn der Glücksanspruch und die Wunscherfüllung der Individuen im wesentlichen nicht durch geschichtlich bedingte, veränderbare gesellschaftliche Unterdrückungen und Hemmungen, sondern durch drei andere Leidquellen eingeschränkt werden: durch die Übermacht der äußeren Natur, die Ohnmacht der inneren Natur (Krankheit, Tod) und durch feindselige Beziehungen zu den anderen Menschen, die vom Aggressionstrieb, dem Abkömmling des Todestriebs, geprägt sind. Angesichts dieser Lage des Menschen kommt es darauf an, daß jeder das Glück, das ihm nur in eingeschränktem, »ermäßigtem Sinn« möglich ist, selber für sich sucht.

Die Frage nach dem Zweck des menschlichen Lebens ist ungezählte Male gestellt worden; sie hat noch nie eine befriedigende Antwort gefunden, läßt eine solche vielleicht überhaupt nicht zu. Manche Fragesteller haben hinzugefügt: wenn sich ergeben sollte, daß das Leben keinen Zweck hat, dann würde es jeden Wert für sie verlieren. Aber diese Drohung ändert nichts. Es scheint vielmehr, daß man ein Recht dazu hat, die Frage abzulehnen. Ihre Voraussetzung scheint jene menschliche Überhebung, von der wir soviel andere Äußerungen bereits kennen. Von einem Zweck des Lebens der Tiere wird nicht gesprochen, wenn deren Bestimmung nicht etwa darin besteht, dem Menschen zu dienen. Allein auch das ist nicht haltbar, denn mit vielen Tieren weiß der Mensch nichts anzufangen – außer, daß er sie beschreibt, klassifiziert, studiert –, und ungezählte Tierarten haben sich auch dieser Verwendung entzogen, indem sie lebten und ausstarben, ehe der Mensch sie gesehen hatte. Es ist wiederum nur die Religion, die die Frage nach einem Zweck des Lebens zu beantworten weiß.[1] Man wird kaum irren zu entscheiden, daß die Idee eines Lebenszweckes mit dem religiösen System steht und fällt.

Wir wenden uns darum der anspruchsloseren Frage zu, was die Menschen selbst durch ihr Verhalten als Zweck und Absicht ihres Lebens erkennen lassen, was sie vom Leben fordern, in ihm erreichen wollen. Die Antwort darauf ist kaum zu verfehlen; sie streben nach dem Glück, sie wollen glücklich werden und so bleiben. Dies Streben hat zwei Seiten, ein positives und ein negatives Ziel, es will einerseits die Abwesenheit von Schmerz und Unlust, anderseits das Erleben starker Lustgefühle. Im engeren Wortsinne wird »Glück« nur auf das letztere bezogen. Entsprechend dieser Zweiteilung der Ziele entfaltet sich die Tätigkeit der Menschen nach zwei Richtungen, je nachdem sie das eine oder das andere dieser Ziele – vorwiegend oder selbst ausschließlich – zu verwirklichen sucht.

Es ist, wie man merkt, einfach das Programm des Lustprinzips, das den Lebenszweck setzt. Dies Prinzip beherrscht die Leistung des seelischen Apparates vom Anfang an; an seiner Zweckdienlichkeit kann kein Zweifel sein, und doch ist sein Programm im Hader mit der ganzen Welt, mit dem Makrokosmos ebensowohl wie mit dem Mikrokosmos. Es ist überhaupt nicht durchführbar, alle Einrichtungen des Alls widerstreben ihm; man möchte sagen, die Absicht, daß der Mensch »glücklich« sei, ist im Plan der »Schöpfung« nicht enthalten. Was man im strengsten Sinne Glück heißt, entspringt der eher plötzlichen Befriedigung hoch aufgestauter Bedürfnisse und ist seiner Natur nach nur als episodisches Phänomen möglich. Jede Fortdauer einer vom Lustprinzip ersehnten Situation ergibt nur ein Gefühl von lauem Behagen; wir sind so eingerichtet, daß wir nur den Kontrast intensiv genießen können, den Zustand nur sehr wenig.[2] Somit sind unsere Glücksmöglichkeiten schon durch unsere Konstitution beschränkt. Weit weniger Schwierigkeiten hat es, Unglück zu erfahren. Von drei Seiten droht das Leiden, vom eigenen Körper her, der, zu Verfall und Auflösung bestimmt, sogar Schmerz und Angst als Warnungssignale nicht entbehren kann, von der Außenwelt, die mit übermächtigen, unerbittlichen, zerstörenden Kräften gegen uns wüten kann, und endlich aus den Beziehungen zu anderen Menschen. Das Leiden, das aus dieser Quelle stammt, empfinden wir vielleicht schmerzlicher als jedes andere; wir sind geneigt, es als eine gewissermaßen überflüssige Zutat anzusehen, obwohl es nicht weniger schicksalsmäßig unabwendbar sein dürfte als das Leiden anderer Herkunft.

Kein Wunder, wenn unter dem Druck dieser Leidensmöglichkeiten die Menschen ihren Glücksanspruch zu ermäßigen pflegen, wie ja auch das Lustprinzip selbst sich unter dem Einfluß der Außenwelt zum bescheidenen Realitätsprinzip umbildete, wenn man sich bereits glücklich preist, dem Unglück entgangen zu sein, das Leiden überstanden zu haben, wenn ganz allgemein die Aufgabe der Leidvermeidung die der Lustgewinnung in den Hintergrund drängt. Die Überlegung lehrt, daß man die Lösung dieser Aufgabe auf sehr verschiedenen Wegen versuchen kann; alle diese Wege sind von den einzelnen Schulen der Lebensweisheit empfohlen und von den Menschen begangen worden. Uneingeschränkte Befriedigung aller Bedürfnisse drängt sich als die verlockendste Art der Lebensführung vor, aber das heißt den Genuß vor die Vorsicht setzen und straft sich nach kurzem Betrieb. Die anderen Methoden, bei denen die Vermeidung von Unlust die vorwiegende Absicht ist, scheiden sich je nach der Unlustquelle, der sie die größere Aufmerksamkeit zuwenden. Es gibt da extreme und gemäßigte Verfahren, einseitige und solche, die zugleich an mehreren Stellen angreifen. Gewollte Vereinsamung, Fernhaltung von den anderen ist der nächstliegende Schutz gegen das Leid, das einem aus menschlichen Beziehungen erwachsen kann. Man versteht: das Glück, das man auf diesem Weg erreichen kann, ist das der Ruhe. Gegen die gefürchtete Außenwelt kann man sich nicht anders als durch irgendeine Art der Abwendung verteidigen, wenn man diese Aufgabe für sich allein lösen will. Es gibt freilich einen anderen und besseren Weg, indem man als ein Mitglied der menschlichen Gemeinschaft mit Hilfe der von der Wissenschaft geleiteten Technik zum Angriff auf die Natur übergeht und sie menschlichem Willen unterwirft. Man arbeitet dann mit allen am Glück aller. Die interessantesten Methoden zur Leidverhütung sind aber die, die den eigenen Organismus zu beeinflussen versuchen. Endlich ist alles Leid nur Empfindung, es besteht nur, insofern wir es verspüren, und wir verspüren es nur infolge gewisser Einrichtungen unseres Organismus.

Die roheste, aber auch wirksamste Methode solcher Beeinflussung ist die chemische, die Intoxikation. Ich glaube nicht, daß irgendwer ihren Mechanismus durchschaut, aber es ist Tatsache, daß es körperfremde Stoffe gibt, deren Anwesenheit in Blut und Geweben uns unmittelbare Lustempfindungen verschafft, aber auch die Bedingungen unseres Empfindungslebens so verändert, daß wir zur Aufnahme von Unlustregungen untauglich werden. Beide Wirkungen erfolgen nicht nur gleichzeitig, sie scheinen auch innig miteinander verknüpft. Es muß aber auch in unserem eigenen Chemismus Stoffe geben, die ähnliches leisten, denn wir kennen wenigstens einen krankhaften Zustand, die Manie, in dem dies rauschähnliche Verhalten zustande kommt, ohne daß ein Rauschgift eingeführt worden wäre. Überdies zeigt unser normales Seelenleben Schwankungen von erleichterter oder erschwerter Lustentbindung, mit denen eine verringerte oder vergrößerte Empfänglichkeit für Unlust parallel geht. Es ist sehr zu bedauern, daß diese toxische Seite der seelischen Vorgänge sich der wissenschaftlichen Erforschung bisher entzogen hat. Die Leistung der Rauschmittel im Kampf um das Glück und zur Fernhaltung des Elends wird so sehr als Wohltat geschätzt, daß Individuen wie Völker ihnen eine feste Stellung in ihrer

Libidoökonomie eingeräumt haben. Man dankt ihnen nicht nur den unmittelbaren Lustgewinn, sondern auch ein heiß ersehntes Stück Unabhängigkeit von der Außenwelt. Man weiß doch, daß man mit Hilfe des »Sorgenbrechers« sich jederzeit dem Druck der Realität entziehen und in einer eigenen Welt mit besseren Empfindungsbedingungen Zuflucht finden kann. Es ist bekannt, daß gerade diese Eigenschaft der Rauschmittel auch ihre Gefahr und Schädlichkeit bedingt. Sie tragen unter Umständen die Schuld daran, daß große Energiebeträge, die zur Verbesserung des menschlichen Loses verwendet werden könnten, nutzlos verlorengehen.

Der komplizierte Bau unseres seelischen Apparats gestattet aber auch eine ganze Reihe anderer Beeinflussungen. Wie Triebbefriedigung Glück ist, so wird es Ursache schweren Leidens, wenn die Außenwelt uns darben läßt, die Sättigung unserer Bedürfnisse verweigert. Man kann also hoffen, durch Einwirkung auf diese Triebregungen von einem Teil des Leidens frei zu werden. Diese Art der Leidabwehr greift nicht mehr am Empfindungsapparat an, sie sucht der inneren Quellen der Bedürfnisse Herr zu werden. In extremer Weise geschieht dies, indem man die Triebe ertötet, wie die orientalische Lebensweisheit lehrt und die Yogapraxis ausführt. Gelingt es, so hat man damit freilich auch alle andere Tätigkeit aufgegeben (das Leben geopfert), auf anderem Wege wieder nur das Glück der Ruhe erworben. Den gleichen Weg verfolgt man bei ermäßigten Zielen, wenn man nur die Beherrschung des Trieblebens anstrebt. Das Herrschende sind dann die höheren psychischen Instanzen, die sich dem Realitätsprinzip unterworfen haben. Hierbei wird die Absicht der Befriedigung keineswegs aufgegeben; ein gewisser Schutz gegen Leiden wird dadurch erreicht, daß die Unbefriedigung der in Abhängigkeit gehaltenen Triebe nicht so schmerzlich empfunden wird wie die der ungehemmten. Dagegen steht aber eine unleugbare Herabsetzung der Genußmöglichkeiten. Das Glücksgefühl bei Befriedigung einer wilden, vom Ich ungebändigten Triebregung ist unvergleichlich intensiver als das bei Sättigung eines gezähmten Triebes. Die Unwiderstehlichkeit perverser Impulse, vielleicht der Anreiz des Verbotenen überhaupt, findet hierin eine ökonomische Erklärung.

Eine andere Technik der Leidabwehr bedient sich der Libidoverschiebungen, welche unser seelischer Apparat gestattet, durch die seine Funktion so viel an Geschmeidigkeit gewinnt. Die zu lösende Aufgabe ist, die Triebziele solcherart zu verlegen, daß sie von der Versagung der Außenwelt nicht getroffen werden können. Die Sublimierung der Triebe leiht dazu ihre Hilfe. Am meisten erreicht man, wenn man den Lustgewinn aus den Quellen psychischer und intellektueller Arbeit genügend zu erhöhen versteht. Das Schicksal kann einem dann wenig anhaben. Die Befriedigung solcher Art, wie die Freude des Künstlers am Schaffen, an der Verkörperung seiner Phantasiegebilde, die des Forschers an der Lösung von Problemen und am Erkennen der Wahrheit, haben eine besondere Qualität, die wir gewiß eines Tages werden metapsychologisch charakterisieren können. Derzeit können wir nur bildweise sagen, sie erscheinen uns »feiner und höher«, aber ihre Intensität ist im Vergleich mit der aus der Sättigung grober, primärer Triebregungen gedämpft; sie erschüttern nicht unsere Leiblichkeit. Die Schwäche dieser Methode liegt aber darin, daß sie nicht allgemein verwendbar, nur wenigen Menschen zugänglich ist. Sie setzt besondere, im wirksamen Ausmaß nicht gerade häufige Anlagen und Begabungen voraus. Auch diesen wenigen kann sie nicht vollkommenen Leidensschutz gewähren, sie schafft ihnen keinen für die Pfeile des Schicksals undurchdringlichen Panzer, und sie pflegt zu versagen, wenn der eigene Leib die Quelle des Leidens wird.[3]

Wenn schon bei diesem Verfahren die Absicht deutlich wird, sich von der Außenwelt unabhängig zu machen, indem man seine Befriedigungen in inneren, psychischen Vorgängen sucht, so treten die gleichen Züge noch stärker bei dem nächsten hervor. Hier wird der Zusammenhang mit der Realität noch mehr gelockert, die Befriedigung wird aus Illusionen gewonnen, die man als solche erkennt, ohne sich durch deren Abweichung von der Wirklichkeit im Genuß stören zu lassen. Das Gebiet, aus dem diese Illusionen stammen, ist das des Phantasielebens; es wurde seinerzeit, als sich die Entwicklung des Realitätssinnes vollzog, ausdrücklich den Ansprüchen der Realitätsprüfung entzogen und blieb für die Erfüllung schwer durchsetzbarer Wünsche bestimmt. Obenan unter diesen Phantasiebefriedigungen steht der Genuß an Werken der Kunst, der auch dem nicht selbst Schöpferischen durch die

Vermittlung des Künstlers zugänglich gemacht wird. Wer für den Einfluß der Kunst empfänglich ist, weiß ihn als Lustquelle und Lebenströstung nicht hoch genug einzuschätzen. Doch vermag die milde Narkose, in die uns die Kunst versetzt, nicht mehr als eine flüchtige Entrückung aus den Nöten des Lebens herbeizuführen und ist nicht stark genug, um reales Elend vergessen zu machen.

Energischer und gründlicher geht ein anderes Verfahren vor, das den einzigen Feind in der Realität erblickt, die die Quelle alles Leids ist, mit der sich nicht leben läßt, mit der man darum alle Beziehungen abbrechen muß, wenn man in irgendeinem Sinne glücklich sein will. Der Eremit kehrt dieser Welt den Rücken, er will nichts mit ihr zu schaffen haben. Aber man kann mehr tun, man kann sie umschaffen wollen, anstatt ihrer eine andere aufbauen, in der die unerträglichsten Züge ausgetilgt und durch andere im Sinne der eigenen Wünsche ersetzt sind. Wer in verzweifelter Empörung diesen Weg zum Glück einschlägt, wird in der Regel nichts erreichen; die Wirklichkeit ist zu stark für ihn. Er wird ein Wahnsinniger, der in der Durchsetzung seines Wahns meist keine Helfer findet. Es wird aber behauptet, daß jeder von uns sich in irgendeinem Punkte ähnlich wie der Paranoiker benimmt, eine ihm unleidliche Seite der Welt durch eine Wunschbildung korrigiert und diesen Wahn in die Realität einträgt. Eine besondere Bedeutung beansprucht der Fall, daß eine größere Anzahl von Menschen gemeinsam den Versuch unternimmt, sich Glücksversicherung und Leidensschutz durch wahnhafte Umbildung der Wirklichkeit zu schaffen. Als solchen Massenwahn müssen wir auch die Religionen der Menschheit kennzeichnen. Den Wahn erkennt natürlich niemals, wer ihn selbst noch teilt.

Ich glaube nicht, daß diese Aufzählung der Methoden, wie die Menschen das Glück zu gewinnen und das Leiden fernzuhalten bemüht sind, vollständig ist, weiß auch, daß der Stoff andere Anordnungen zuläßt. Eines dieser Verfahren habe ich noch nicht angeführt; nicht daß ich daran vergessen hätte, sondern weil es uns noch in anderem Zusammenhange beschäftigen wird. Wie wäre es auch möglich, gerade an diese Technik der Lebenskunst zu vergessen! Sie zeichnet sich durch die merkwürdigste Vereinigung von charakteristischen

Zügen aus. Sie strebt natürlich auch die Unabhängigkeit vom Schicksal – so nennen wir es am besten – an und verlegt in dieser Absicht die Befriedigung in innere seelische Vorgänge, bedient sich dabei der vorhin (S. 311 f.) erwähnten Verschiebbarkeit der Libido, aber sie wendet sich nicht von der Außenwelt ab, klammert sich im Gegenteil an deren Objekte und gewinnt das Glück aus einer Gefühlsbeziehung zu ihnen. Sie gibt sich dabei auch nicht mit dem gleichsam müde resignierenden Ziel der Unlustvermeidung zufrieden, eher geht sie achtlos an diesem vorbei und hält am ursprünglichen, leidenschaftlichen Streben nach positiver Glückserfüllung fest. Vielleicht kommt sie diesem Ziele wirklich näher als jede andere Methode. Ich meine natürlich jene Richtung des Lebens, welche die Liebe zum Mittelpunkt nimmt, alle Befriedigung aus dem Lieben und Geliebtwerden erwartet. Eine solche psychische Einstellung liegt uns allen nahe genug; eine der Erscheinungsformen der Liebe, die geschlechtliche Liebe, hat uns die stärkste Erfahrung einer überwältigenden Lustempfindung vermittelt und so das Vorbild für unser Glücksstreben gegeben. Was ist natürlicher, als daß wir dabei beharren, das Glück auf demselben Wege zu suchen, auf dem wir es zuerst begegnet haben. Die schwache Seite dieser Lebenstechnik liegt klar zutage; sonst wäre es auch keinem Menschen eingefallen, diesen Weg zum Glück für einen anderen zu verlassen. Niemals sind wir ungeschützter gegen das Leiden, als wenn wir lieben, niemals hilfloser unglücklich, als wenn wir das geliebte Objekt oder seine Liebe verloren haben. Aber die auf den Glückswert der Liebe gegründete Lebenstechnik ist damit nicht erledigt. Es ist viel mehr darüber zu sagen.[4]

Hier kann man den interessanten Fall anschließen, daß das Lebensglück vorwiegend im Genusse der Schönheit gesucht wird, wo immer sie sich unseren Sinnen und unserem Urteil zeigt, der Schönheit menschlicher Formen und Gesten, von Naturobjekten und Landschaften, künstlerischen und selbst wissenschaftlichen Schöpfungen. Diese ästhetische Einstellung zum Lebensziel bietet wenig Schutz gegen drohende Leiden, vermag aber für vieles zu entschädigen. Der Genuß an der Schönheit hat einen besonderen, milde berauschenden Empfindungscharakter. Ein Nutzen der Schönheit liegt nicht klar zutage, ihre kulturelle Notwendigkeit ist nicht einzusehen, und doch könnte man sie in der Kultur nicht vermissen. Die Wissenschaft der Ästhetik untersucht die Bedingungen, unter denen das Schöne empfunden wird; über Natur und Herkunft der Schönheit hat sie keine Aufklärung geben können; wie gebräuchlich, wird die Ergebnislosigkeit durch einen Aufwand an volltönenden, inhaltsarmen Worten verhüllt. Leider weiß auch die Psychoanalyse über die Schönheit am wenigsten zu sagen. Einzig die Ableitung aus dem Gebiet des Sexualempfindens scheint gesichert; es wäre ein vorbildliches Beispiel einer zielgehemmten Regung. Die »Schönheit« und der »Reiz« sind ursprünglich Eigenschaften des Sexualobjekts. Es ist bemerkenswert, daß die Genitalien selbst, deren Anblick immer erregend wirkt, doch fast nie als schön beurteilt werden, dagegen scheint der Charakter der Schönheit an gewissen sekundären Geschlechtsmerkmalen zu haften.

Trotz dieser Unvollständigkeit (der Aufzählung, S. 313) getraue ich mich bereits einiger unsere Untersuchung abschließenden Bemerkungen. Das Programm, welches uns das Lustprinzip aufdrängt, glücklich zu werden (siehe S. 308 f.), ist nicht zu erfüllen, doch darf man – nein, kann man – die Bemühungen, es irgendwie der Erfüllung näherzubringen, nicht aufgeben. Man kann sehr verschiedene Wege dahin einschlagen, entweder den positiven Inhalt des Ziels, den Lustgewinn, oder den negativen, die Unlustvermeidung, voranstellen. Auf keinem dieser Wege können wir alles, was wir begehren, erreichen. Das Glück in jenem ermäßigten Sinn, in dem es als möglich erkannt wird, ist ein Problem der individuellen Libidoökonomie. Es gibt hier keinen Rat, der für alle taugt; ein jeder muß selbst versuchen, auf welche besondere Fasson er selig werden kann.[5] Die mannigfachsten Faktoren werden sich geltend machen, um seiner Wahl die Wege zu weisen. Es kommt darauf an, wieviel reale Befriedigung er von der Außenwelt zu erwarten hat und inwieweit er veranlaßt ist, sich von ihr unabhängig zu machen; zuletzt auch, wieviel Kraft er sich zutraut, diese nach seinen Wünschen abzuändern. Schon dabei wird außer den äußeren Verhältnissen die psychische Konstitution des Individuums entscheidend werden. Der vorwiegend erotische Mensch wird die Gefühlsbeziehungen zu anderen Personen voranstellen, der eher selbstgenügsame Narzißtische die wesentlichen Befriedigungen in seinen inneren seelischen Vorgängen suchen, der Tatenmensch von der Außenwelt nicht ablassen, an der er seine Kraft erproben kann. Für den mittleren dieser Typen wird die Art seiner Begabung und das Ausmaß der ihm möglichen Triebsublimierung dafür bestimmend werden, wohin er seine Interessen verlegen soll. Jede extreme Entscheidung wird sich dadurch strafen, daß sie das Individuum den Gefahren aussetzt, die die Unzulänglichkeit der ausschließend gewählten Lebenstechnik mit sich bringt. Wie der vorsichtige Kaufmann es vermeidet, sein ganzes Kapital an einer Stelle festzulegen, so wird vielleicht auch die Lebensweisheit raten, nicht alle Befriedigung von einer einzigen Strebung zu erwarten. Der Erfolg ist niemals sicher, er hängt vom Zusammentreffen vieler Momente ab, von keinem vielleicht mehr als von der Fähigkeit der psychischen Konstitution, ihre Funktion der Umwelt anzupassen und diese für Lustgewinn auszunützen. Wer eine besonders ungünstige Triebkonstitution mitgebracht und die zur späteren Leistung unerläßliche Umbildung und Neuordnung seiner Libidokomponenten nicht regelrecht durchgemacht hat, wird es schwer haben, aus seiner äußeren Situation Glück zu gewinnen, zumal wenn er vor schwierigere Aufgaben gestellt wird. Als letzte Lebenstechnik, die ihm wenigstens Ersatzbefriedigungen verspricht, bietet sich ihm die Flucht in die neurotische Krankheit, die er meist schon in jungen Jahren vollzieht. Wer dann in späterer Lebenszeit seine Bemühungen um das Glück vereitelt sieht, findet noch Trost im Lustgewinn der chronischen Intoxikation, oder er unternimmt den verzweifelten Auflehnungsversuch der Psychose.[6]

Die Religion beeinträchtigt dieses Spiel der Auswahl und Anpassung, indem sie ihren Weg zum Glückserwerb und Leidensschutz allen in gleicher Weise aufdrängt. Ihre Technik besteht darin, den Wert des Lebens herabzudrücken und das Bild der realen Welt wahnhaft zu entstellen, was die Einschüchterung der Intelligenz zur Voraussetzung hat. Um diesen Preis, durch gewaltsame Fixierung eines psychischen Infantilismus und Einbeziehung in einen Massenwahn gelingt es der Religion, vielen Menschen die individuelle Neurose zu ersparen. Aber kaum mehr; es gibt, wie wir gesagt haben, viele Wege, die zu dem Glück führen können, wie es dem Menschen erreichbar ist, keinen, der sicher dahin leitet. Auch die Religion kann ihr Versprechen nicht halten. Wenn der Gläubige sich endlich genötigt findet, von Gottes »unerforschlichem Ratschluß« zu reden, so gesteht er damit ein, daß ihm als letzte Trostmöglichkeit und Lustquelle im Leiden nur die bedingungslose Unterwerfung übriggeblieben ist. Und wenn er zu dieser bereit ist, hätte er sich wahrscheinlich den Umweg ersparen können.

CARL FRIEDRICH VON WEIZSÄCKER

Friedlosigkeit als seelische Krankheit

*Carl Friedrich von Weizsäcker, der in Leben und Werk Natur-
wissenschaften, Philosophie und Religion vereint, hat das
Thema »Frieden« wiederholt von allen Seiten behandelt.*

*Der Universalgelehrte wurde 1912 in Kiel als Sohn eines
Seeoffiziers und späteren Diplomaten geboren. Nach dem Studium der Physik in Berlin, Göttingen und Leipzig promovierte
er 1933 bei Werner Heisenberg; drei Jahre später wurde er
habilitiert. Ab 1942 lehrte er als Professor für theoretische Physik in Straßburg. Im Zweiten Weltkrieg arbeitete der junge
Wissenschaftler an dem sogenannten »Uranprojekt« mit, »heil-
froh, daß die Bombe nicht zu realisieren« war. 1956 initiierte
von Weizsäcker die »Göttinger Erklärung«, in der deutsche
Naturwissenschaftler ihre Beteiligung an der Herstellung, der
Erprobung und dem Einsatz von Atomwaffen ablehnten. Von
1957 bis 1969 war er Professor für Philosophie in Hamburg,
danach bis 1980 Direktor des Max-Planck-Instituts zur Erforschung der Lebensbedingungen der wissenschaftlich-techni-
schen Welt in Starnberg.*

*In den Werken, die sich nicht explizit mit dem Frieden befas-
sen – angefangen vom »Weltbild der Physik« (1943) über »Die
Einheit der Natur« (1971) bis zum »Aufbau der Physik«
(1985) –, geht es von Weizsäcker hauptsächlich um erkenntnis-
theoretische und philosophische Grundprobleme der Naturwissenschaften, wobei er die Theorien der Elementarteilchen,
des Kosmos, der Wahrscheinlichkeit und der Zeit in einen einheitlichen Zusammenhang bringt.*

*Die wichtigsten Veröffentlichungen mit seinen Gedanken
zum Frieden sind: »Der Weltfriede als Lebensbedingung des
technischen Zeitalters« (1967); »Der ungesicherte Friede«
(1969); »Fragen zur Weltpolitik« (1975); »Wege in der Gefahr«
(1976); »Der bedrohte Friede« (1981); »Die Zeit drängt. Eine
Weltversammlung der Christen für Gerechtigkeit, Frieden und
die Bewahrung der Schöpfung« (1986). In dem Buch »Der
ungesicherte Friede« ist erstmals der Vortrag »Friedlosigkeit als
seelische Krankheit« abgedruckt, der hier in großen Teilen*

wiedergegeben wird. Er wurde im September 1967 in Bethel bei Bielefeld auf der 100-Jahr-Feier der von Bodelschwingh- schen Anstalten gehalten. Von Weizsäcker beginnt seinen Vor- trag mit der Erinnerung daran, was er im Zweiten Weltkrieg bei einem Besuch in Bethel von Pastor Fritz von Bodel- schwingh hörte, der kurz zuvor zu den nationalsozialistischen Machthabern nach Berlin gereist war, um seine behinderten Schützlinge vor der Euthanasie zu retten: »Die hier sind doch nur im Kopf verrückt, aber die in Berlin sind im Herzen ver- rückt.« An diese Aussage knüpft er seine eigenen Überlegun- gen an.

Ich setze [...] an mit einem Problem, das der heutigen Welt, also uns allen, gestellt ist, dem Problem des Weltfriedens. Über dieses Problem habe ich mir einige Thesen zurechtgelegt und bitte um Entschuldigung dafür, wenn ich diese Thesen hier noch einmal zum Ausgangspunkt der Betrachtung ma- che.

Der Weltfriede ist Lebensbedingung des technischen Zeital- ters. Das technische Zeitalter, das ist unsere Zeit, unser Alltag und der Alltag unserer Kinder und Enkel. Es ist die Welt, in der man zu einer Tagung wie der heutigen mit Auto, Eisen- bahn oder Flugzeug anreisen kann, in der unsere Ernährung und Kleidung am Welthandel hängt, in der die Medizin die Zahl der Weltbevölkerung zur Explosion bringen kann und, wie wir hoffen müssen, auch begrenzen kann, und in der Atombomben und Napalm das verfügbare, biologische Waf- fen vielleicht das künftige Kriegspotential andeuten. Diese Welt bedarf des Friedens, wenn sie sich nicht selbst zerstören soll.

Ich bespreche zwei einander entgegengesetzte Einwände, die doch oft von denselben Menschen erhoben werden.

Erstens: Was sollen diese Beteuerungen? Wir leben ja im Frieden. Gerade die großen Waffen schützen den Frieden.

Darauf antworte ich: Woran erkennen wir, daß dieser Friede anders ist als friedliche Jahrzehnte früherer Zeiten? Oft herrschte zwischen Großmächten in der Spanne zwischen dem letztvergangenen und dem nächstfolgenden Krieg die Ruhe der Waffen, in welche freilich, wie auch heute, sogenannte Randgebiete und Spannungszonen nicht einbezogen waren. Diese Art des Friedens reicht für uns nicht aus. Uns mit ihr zufriedenzugeben, ist lebensgefährlich. Der große, atomare Krieg als wiederkehrende Institution wäre tödlich. Das ist anderwärts zur Genüge auseinandergesetzt; heute gehe ich auf technische Einzelheiten nicht ein. Wir bedürfen eines institutionell gesicherten Weltfriedens.

Zweiter Einwand: Dieser Gedanke ist schwärmerisch, utopisch. Es hat immer Krieg gegeben und wird immer Krieg geben. So ist die Natur des Menschen. Der Kampf ums Dasein ist der Motor des Fortschritts, und vollendete Friedfertigkeit ist den Heiligen vorbehalten. Wir aber sind keine Heiligen.

Wie ich schon sagte, kann man oft genug diesen Einwand aus demselben Munde hören wie den vorigen. Dieselben Menschen meinen, wir lebten ja im Frieden und Friede sei bloß ein frommer Wunsch. Der unbemerkte Selbstwiderspruch ist, psychologisch gesehen, wohl hier wie so oft Ausdruck einer Verdrängung. Man verdrängt ein Wissen, dessen Anblick man nicht erträgt. Im normalen Seelenleben ist Verdrängung oft ein unentbehrliches Mittel zur Wahrung des seelischen Gleichgewichts. Wo aber lebensnotwendige Einsichten verdrängt werden, kann die Verdrängung zwanghaft, neurotisch werden. Die Verdrängung des Friedensproblems ist in unserer Zeit ein Symptom einer seelischen Krankheit. Diese Behauptung will ich im ganzen weiteren Verlauf des Vortrags zu erläutern suchen.

Rational ist auf den zweiten Einwand zu antworten: Wäre der Krieg mit allen verfügbaren Waffen auch im technischen Zeitalter unvermeidlich, so wäre die Zukunftsaussicht der Menschheit so gut wie hoffnungslos. Die Spezies Mensch wäre dann eine der vielen Fehlkonstruktionen, die der Kampf ums Dasein hervorbringt und wieder verschlingt, wie vielleicht die Säbeltiger, die, wie es scheint, an der Hypertrophie ihrer Waffen zugrunde gegangen sind. Die Wahrheit aber ist anders. Wir haben die möglichen Lebensformen der technischen Welt vernünftig zu entwerfen und politisch durchzusetzen. Hierfür habe ich eine weitere These formuliert: Der Weltfriede, den wir jetzt schaffen müssen, ist nicht das goldene Zeitalter der Konfliktlosigkeit. Er ist eine neue Form der

Kanalisierung der Konflikte. Er ist Weltinnenpolitik. Ich vermute, daß er einer, möglichst föderativen, Zentralautorität mit Waffenmonopol bedürfen wird.

Hierauf höre ich manchmal einen ganz anderen Einwand als die vorigen. Er lautet: Dieses Zukunftsbild ist die Ausdehnung des Gewaltstaats auf die ganze Welt. Das ist kein Friede, sondern die technokratisch organisierte Tyrannis, die erstarrte Friedlosigkeit.

Ich antworte: Wer diesen Einwand erhebt, hat meine Sorge verstanden. Die Abschaffung der Institution des Kriegs ist lebensnotwendig. Der billigste Weg zu ihr ist aber ein letzter, größter Krieg und die darauffolgende Einfrierung der Friedlosigkeit. Eben deshalb habe ich eine dritte These formuliert: Der Weltfriede bedarf, um wahrhaft Friede zu werden, einer außerordentlichen moralischen Anstrengung. Man kann mein heutiges Thema auch als eine Interpretation des Wortes »moralisch« im Begriff der notwendigen moralischen Anstrengung auffassen. Ich wende mich hiermit von den politischen Plänen und Prognosen, den Themen anderweitiger Darlegungen ab, und frage: was muß geleistet werden, damit wir Menschen zum Frieden fähig werden? Was müssen wir leisten?

Vorhin sprach ich von Einwänden, die ich als Ausdruck einer Verdrängung verstand. Verdrängung ist ein Wort aus dem Sprachschatz der Tiefenpsychologie. Der Psychotherapie gelingt es manchmal, einen neurotischen Zwang zu lösen, indem sie dem Patienten hilft, einer verdrängten Wirklichkeit ansichtig zu werden. Das Ansichtsein einer Wirklichkeit nennen wir Wahrheit. Solche seelische Heilung, wo sie gelingt, ist Heilung durch Wahrheit, und zwar durch Wahrheit, die nicht der Arzt dem Kranken autoritativ auferlegt – das ist nutzlos, denn für den Patienten ist sie dadurch noch nicht Wahrheit –, sondern durch Wahrheit, die der Kranke selbst entdeckt. Entdeckte Wahrheit löst einen zuvor unlösbaren Konflikt des Kranken mit sich selbst, sie löst ein Stück Friedlosigkeit auf; sie gewährt einen Raum inneren Friedens. So, meine ich allgemein, ist Wahrheit Seele des Friedens und jeder Friede Leib einer Wahrheit. Die moralische Anstrengung, von der ich sprach, ist nicht die Befolgung eines vorgeformten Moralkodex. Sie ist nur der nicht ruhende Versuch, der Wahrheit ansichtig zu werden, die unsere innere Friedlosigkeit löst, und dieser Wahrheit gemäß zu leben, auch und gerade angesichts der fortdauernden Friedlosigkeit um uns und in den unerlösten Schichten unseres eigenen Selbst.

Dies ist das abstrakte Schema, das nun mit konkretem Inhalt zu erfüllen ist.

Zunächst frage ich, gleichsam rekapitulierend, was in der Diagnose der Friedlosigkeit als einer seelischen Krankheit impliziert ist. Es mögen vier Punkte sein:

1. Friedlosigkeit ist nicht ein Aspekt menschlicher Gesundheit, sondern menschlicher Krankheit. Sie ist also weder etwas, was sein soll, noch etwas, was leider unausweichlich sein muß. Hierüber wird das Mittelstück des Vortrags ausführlich handeln.

2. Es ist also ein sinnvolles Ziel, die Friedlosigkeit zu überwinden. Wir haben uns nicht mit ihr abzufinden.

3. Friedlosigkeit ist von außen her weder als Dummheit noch als Bosheit anzusprechen; eben darum ist sie weder durch Belehrung noch durch Verdammung zu überwinden. Sie bedarf eines anderen Prozesses, den man Heilung nennen sollte. Erst in der Heilung wird der Kranke selbst innewerden, inwiefern er als Kranker töricht und schuldig war.

4. Der Kranke, dessen Krankheit nicht oder noch nicht geheilt werden konnte, bedarf der Fürsorge. Heilung der Friedlosigkeit ist, menschlich gesehen, nicht möglich ohne einen Rahmen, der die Fürsorge für die Ungeheilten umfaßt.

Ich wende mich zum breiten Mittelstück des Vortrags, das dem ersten dieser vier Punkte gewidmet ist, der Frage, wo in der menschlichen Natur die Friedlosigkeit ihren Ort und ihren Grund hat. Warum hassen wir einander und uns selbst weit über das Maß hinaus, indem wir es uns bewußt eingestehen?

Der große Mythos, mit dem die biblische Geschichte des Menschen beginnt, läßt die Friedlosigkeit aus dem Sündenfall folgen. Der Sündenfall selbst aber geschieht in einer uns allen tief vertrauten unbegreiflichen Grundlosigkeit. »Und die Schlange sprach zum Menschen...« Die Vertrautheit mit diesem unbegreiflichen Vorgang, in der wir alle leben, ist der Kern seelischer Wahrheit in der viel mißverstandenen Lehre von der Erbsünde. Aber das Bewußtsein unseres wissenschaftlichen Zeitalters hat keinen unmittelbaren Zugang mehr zu diesen mythischen Bildern. Sie geben keine kausale oder strukturelle Erklärung und helfen uns daher nicht, uns im Einklang mit unserem alltäglichen Denken richtig zu verhalten. [...]

Daher will ich im folgenden soweit wie möglich einer kausalen, an der Naturwissenschaft orientierten Anthropologie folgen. Der Friede, den die Wissenschaft erzwingt, muß, soweit es möglich ist, auch mit den Mitteln der Wissenschaft gedacht werden.

Die Wissenschaft aber ist heute über die Gründe des Phänomens, das ich hier Friedlosigkeit nenne, nicht einig. Vielfache Kenntnisse – biologische, tiefenpsychologische, soziologische, ökonomische, historische – sind zu ihrer Beurteilung nötig, Kenntnisse, die wohl kein einzelner Mensch in seinem Kopf vereinigt. Die Wissenschaft findet sich vor den Lebensfragen der Menschheit in einer Lage, die jedem Arzt vertraut ist. Der Arzt kann nicht warten, bis die Medizin alles erforderliche Wissen gesammelt und geordnet hat; der Patient würde darüber hinwegsterben. Der Arzt muß eine diagnostische Hypothese wagen und ihr gemäß handeln. So mag es dem Philosophen erlaubt sein, im Namen von Wissenschaften, in deren keiner sein spezielles Fachwissen liegt, eine synthetische Diagnose zu wagen und sie der Kritik der Fachleute zu unterbreiten.

Es sei zunächst an ein paar einzelne Mutmaßungen erinnert, die sich auf diese oder jene Wissenschaft berufen.

Nach Darwin ist der Mensch als biologische Spezies aus der natürlichen Zuchtwahl im Kampf ums Dasein hervorgegangen. Die unmittelbare Anwendung dieses Denkschemas auf den Fortschritt der menschlichen Gesellschaft, oft Sozialdarwinismus genannt, legt nahe, die heute bestehende Menschenart als die Nachkommen der Sieger historischer Kämpfe zu verstehen. Sieger im Kampf wird wohl bleiben, wer kämpfen kann und will. So erscheint die Feindseligkeit des Menschen gegen seinesgleichen als eine erblich erworbene Vorbedingung des Überlebthabens. Ist die Aggressivität biologisch ererbt, so ist es leicht, sie heroisch zu idealisieren, wie es in unserem Lande zuletzt der Nationalsozialismus getan hat; es ist dann aber sehr schwer, auf ihre Überwindung in einer Welt, die der

Friedfertigkeit bedarf, zu hoffen. Die Friedlosigkeit ist dann gerade ein Merkmal des gesunden Menschen und darum der Heilung weder bedürftig noch fähig.

Friedensoptimistische Lehren haben darum danach gestrebt, den Ursprung der Friedlosigkeit nicht in unserer Herkunft, sondern in unserer sozialen Umwelt, im Milieu, zu finden. Denn unsere Umwelt können wir zu ändern hoffen, die Herkunft ist Schicksal. So sucht der Marxismus die Quelle der Aggression in sozialen Verhältnissen, nämlich in der Herrschaft von Menschen über Menschen. Er setzt damit ein klares Ziel: der Gang der Geschichte hat zuletzt alle Herrschaft aufzuheben; dann wird mit dem Quell auch der Strom der Aggression versiegen. Diese Lehre hat die Kraft einer revolutionären Handlungsanweisung. Man wird jedoch sagen müssen, daß die erfolgreiche historische Probe aufs Exempel bisher noch nicht vorgelegt ist.

Einen anderen Aspekt des Milieus hebt die Psychoanalyse hervor. Wir beobachten oft, daß Menschen sich zwanghaft irrational, insbesondere auch aggressiv verhalten, denen ihre aktuelle Umwelt dazu keinen der Reaktion angemessenen Anlaß gibt. Diese Menschen scheinen Vergangenes zu rächen oder zu büßen. Freud entdeckte die Quelle neurotischer Zwänge in den vergessenen ersten Kindheitsjahren. Niemand sollte über Friedlosigkeit und ihre Wurzeln in Angst und Aggression mitreden, der sich, wenn er nicht selbst Psychotherapeut ist, nicht wenigstens von erfahrenen Psychotherapeuten an vielen konkreten Einzelfällen hat erzählen lassen, wie wir durch unser Verhalten zu unseren Kindern in den ersten zwei oder drei Lebensjahren ihnen unwissentlich Reaktionsweisen aufprägen, die nachher kaum mehr zu ändern sind. »Man könnte erzogene Kinder gebären, wenn nur die Eltern erzogen wären«, sagt Goethe. Hier wird das erworbene Verhalten fast so schicksalhaft, wie wenn es angeboren wäre, und es zeigt sich die tiefe psychologische Wahrheit des als grausam verschrienen alttestamentlichen Satzes, daß die Sünden der Väter an den Kindern bis ins dritte oder vierte Glied gerächt werden. Wird es glücken, dieses forterbende Dunkel durch Erziehung aufzuhellen?

Gemeinsam ist den Umwelttheorien das Problem, was denn die Anlagen im Menschen sind, die ihn auf bestimmte familiäre und gesellschaftliche Verhältnisse so zu reagieren veranlassen. Der Kampf um die begrenzt vorhandenen Güter, kurz der Hunger allein erklärt nicht die grenzenlose Aufhäufung von Macht und Geld, die unstillbare Aggression des einst Unterdrückten. Der Marxismus nimmt hier, wenn ich richtig sehe, als gegeben an, was er erklären müßte, und Freuds Theorie bedurfte eines naturwissenschaftlich kaum geklärten Gefüges von ihrerseits nun doch angeborenen Trieben.

Es scheint mir, daß jede der drei Lehren, die ich hier aus manchen anderen herausgegriffen habe, einen großen Brocken Wahrheit in der Hand hat, die aber durch die Isolierung von anderen Tatsachen zur Unwahrheit wird. Für einen synthetischen Ansatz, der keine übertriebene Originalität beansprucht, mag es zweckmäßig sein, an eine klassische Definition des Menschen anzuknüpfen. Der Mensch heißt in der überlieferten Philosophie ein *animal rationale*, oder, um die schärfere griechische Urfassung zu zitieren, ein *zoon logon echon*, also auf deutsch ein Tier, das der Rede mächtig ist. Ich gebe hier Logos, wovon Ratio die lateinische Übersetzung ist, dem schlichten Wortsinn gemäß mit Rede wieder. Damit ist natürlich Rede gemeint, die einen Sinn hat, wie man also sagt vernünftige Rede, oder, wie Heidegger schön paraphrasiert, die Wahrheit vorliegen läßt. Ich halte mich der Reihe nach an die zwei Teile der Definition, erst an das Tier, dann an die Rede.

In der humanistischen Tradition übersetzt man *zoon* oder *animal* zutreffend und doch etwas weichherzig mit Lebewesen und läßt den Menschen dann das vernünftige Lebewesen sein; damit fühlt man sich vom Tier weit genug abgerückt. Das ist gefährlicher Hochmut. Mit tiefem Recht hat demgegenüber die Naturwissenschaft des 19. Jahrhunderts die tierische Natur des Menschen wieder sehen gelehrt, indem sie uns zum ersten Mal klarmachte, daß wir sogar in der Geschlechterfolge von den Tieren abstammen. Darwin lehrte uns die Bedingungen tierischen Überlebens und tierischer Fortentwicklung sehen. Selbst wenn man nicht behaupten darf, es sei heute wissenschaftlich erwiesen, daß die Selektion im Kampf ums Dasein ausreicht, um die pflanzliche und tierische Evolution zu erklären, so ist diese Selektion doch ohne jeden Zweifel ein ausmerzender Faktor von der größten Bedeutung. Man wird also den Menschen nicht verstehen, wenn man nicht sein Erbteil biologischer Anpassung an die Bedingungen des Überlebens versteht. Vorhin nannte ich Angst und Aggression die Wurzeln der Friedlosigkeit. Damit habe ich Friedlosigkeit als ein komplexes Phänomen bezeichnet. Dieser seiner komplexen Natur kann ich in einem einzelnen Vortrag nicht gerecht werden. Es sei mir erlaubt, heute das Hauptgewicht auf die eine Komponente der Aggression zu legen. Das Wort Friedlosigkeit bezeichnet zum mindesten *auch* eine aus der Ordnung geratene Aggression. Die Aggression des Menschen aber hat ihre Wurzeln in seiner tierischen Natur.

Andererseits sind die vorhin angedeuteten sozialdarwinistischen Theorien im wesentlichen schlechter Darwinismus, und das heißt eigentlich gar kein Darwinismus. Sie vernachlässigen das fundamentale Faktum, daß nicht Individuen, sondern Arten überleben, und daß alles Überleben einer Art im Durchschnitt der Fälle wesentlich daran hängt, daß Artgenossen einander nicht töten. Um es ganz darwinistisch auszudrücken: wäre die Natur im Würfelspiel der Mutation (Veränderung im Erbgefüge) nicht auf Konstruktionspläne für Organismen verfallen, die angeborenermaßen den Artgenossen *schonen*, so wäre die Entwicklung bis zum Menschen gar nicht möglich gewesen. Das biologisch Erstaunliche ist eben nicht, daß es Tiere gibt, die gegen ihresgleichen friedfertig sind, sondern daß Aggression gegen Artgenossen gerade bei höheren Tieren so verbreitet ist und sich beim Menschen – und nur bei ihm – bis zur systematischen Tötung von seinesgleichen versteigt.

Eine moderne, gut darwinistische Theorie der Aggression gegen Artgenossen hat Konrad Lorenz vorgelegt, und eigentlich müßte ich eine besondere Vortragsstunde benutzen, um sie zu referieren. Ich rechne darauf, daß sein Buch »Das sogenannte Böse« – das, wie er selbst nachträglich gesagt hat, besser hätte heißen müssen »Diesseits von Gut und Böse« – allgemein bekannt ist, und referiere das mir jetzt Wichtigste in Stichworten.

Spezifische Aggression gegen Artgenossen, aber fast durchweg verbunden mit einer Hemmung oder physischen Unfähigkeit der Tötung des Unterlegenen, ist ein Merkmal fast aller höheren Tiere. Der Tiger zeigt keinen Zorn gegen seine Beute, wohl aber gegen einen konkurrierenden Tiger; doch tötet er zwar seine Beute, aber nicht den anderen Tiger. Und auch der Hahn, der Körner frißt, kämpft gegen den anderen Hahn, der Tauber gegen den anderen Tauber, der flüchtige Hirsch gegen den Hirsch. Lorenz gibt gute Gründe für die Meinung an, daß dieses Verhalten primär artfördernd ist. Die feindselige Abgrenzung von Territorien verbreitet die Art über ein weites Gelände; der Kampf der Männchen um die Weibchen sichert dem kräftigsten Individuum die größte Nachkommenschaft. Der Darwinist hat Grund zur Annahme, daß eine Art, in der die Aggression ins Artschädigende umschlägt, also etwa wirklich zur Ausrottung der Artgenossen führt, mit der Zeit aussterben, also von uns kaum je beobachtet werden wird. Vielleicht ist unsere eigene Spezies fast die einzige Ausnahme, und wir sind ja in der Tat von der Selbstzerstörung bedroht.

Sehr viel interessanter als diese primären Wirkungen der Aggression ist aber eine sekundäre Wirkung, die Lorenz unter dem Titel »das Band« beschreibt. Die Erfahrung scheint zu lehren, daß die individuelle Bindung zweier Tiere gleicher Art aneinander, also tierische Ehe und Freundschaft, nur bei solchen Tieren auftritt, die starke Aggression gegen ihresgleichen besitzen. Um es vermenschlichend zu sagen: man kann nur lieben, wenn man auch hassen kann. Viele der wichtigsten instinktiven Gesten der Freundschaft und Zusammengehörigkeit bei Tieren sind nach Lorenz ritualisierte Aggressionsgesten. Hier gewinnt die von Humanpsychologen oft bedauerte Ambivalenz des Terminus Aggression einen genetischen Sinn, eine Ambivalenz, die das Bedeutungsfeld von einem Vernichtungstrieb bis zum präzisen Angehen eines Objekts überdeckt. [...] Im deutschen Wort »angreifen« liegt dieselbe Ambivalenz; man greift einen Feind, aber auch eine Aufgabe an. Aggression, so darf man vielleicht sagen, schafft Struktur; sie individualisiert. Hat man dies einmal erfaßt, so kann man die ritualisierte Aggression in allen Strukturen menschlicher Gemeinschaft wiederfinden, bis hin zu jenen subtilen Hemmungssystemen, die gerade waffentragende Aristokratien, etwa unter dem Titel der Ritterlichkeit, entwickelt haben. Wer das Kampfspiel der wissenschaftlichen Diskussion liebt, sollte sich seiner Verwandtschaft mit dem Hahnenkampf nicht schämen.

Die Stärke dieser Theorie liegt darin, daß sie dem uns allen so wohlbekannten und doch rational kaum zu begreifenden Faktum menschlicher Aggression eine kausale Erklärung und Rechtfertigung in den Bedingungen der Entstehung unserer Art verschafft. Wäre diese Theorie alles, was hierzu zu sagen ist, so müßte sie uns freilich für die Zukunft der Menschheit tief pessimistisch stimmen. Offensichtlich ist die Aggression beim Menschen, verglichen mit dem Tier, außer Kontrolle geraten. Menschen töten Menschen, und die Mittel des Tötens haben Dimensionen angenommen, welche die Arterhaltung bedrohen. Unter dem Aspekt der Aggression erscheint der Mensch als das kranke, als das im Herzen verrückte Tier. Und wenn diese Verrücktheit angeboren ist, wie soll Erfahrung und Vernunft des Individuums sie ändern? Kein Leser wird sich dem Eindruck entziehen können, daß die letzten Kapitel des Lorenzschen Buches, die vom Menschen und von seiner Rettung vor den Gefahren fehllaufender Aggression handeln, sehr viel weniger überzeugend sind als die Kapitel über die Tiere.

Hier muß der zweite Teil der klassischen Definition eingreifen. Der Mensch ist *zoon logon echon*, das Tier, das Rede hat. Was ist damit gesetzt? [...]

Das Tier ist der Wirklichkeit, in der es lebt, angepaßt, es erweist sich in seinem Verhalten mit ihr vertraut; wäre es nicht so, so könnte das Tier nicht überleben. Der Mensch hingegen kann eben diese Wirklichkeit wissen; im Medium der Sprache, des Denkens, der Vorstellung hat er sie gleichsam noch einmal, und aus diesem Wissen heraus kann er nicht nur sich ihr anpassen, sondern auch sie verändern. Die Wirklichkeit, die er wissen kann, ist nicht nur die äußere Welt, in der er lebt, sondern auch er selbst: die Gesellschaft, das Ich. Der Mensch ist also gerade noch nicht voller Mensch, wo er nur instinktiv angepaßt handelt, und er hat andererseits das Menschsein verfehlt, wo unangepaßte Triebfragmente sein wissendes Verhalten überspülen und ausschalten. Der Mensch, der dort, wo er wissend handeln müßte, einem inneren Zwang folgend unwissend handelt, ist krank. Wenn Friede Bedingung menschlichen Lebens ist, so ist Friedlosigkeit seelische Krankheit.

Aber diese Hergänge müssen genauer betrachtet werden. Die einfache Gegenüberstellung von Instinkt und Wissen beschreibt den Menschen nicht. Das Instinktgefüge wird zwar auf dem Wege zum Menschen gelockert, aber nicht zerstört. Es wird eher bereichert, indem zum angeborenen starren Verhalten eine angeborene Fähigkeit zu lernen hinzukommt; das ist schon bei den höheren Tieren so. Beim Menschen könnte man sagen, sein Lebensgang bestehe in der sukzessiven Entfaltung angeborener Fähigkeiten zum Aufnehmen und Nutzen immer neuer Strukturen der menschlichen Überlieferung und der sich zeigenden Wahrheit. [...] Daß der Mensch wird, was er sein kann, daß er er selbst wird und das weiß, nennt man heute oft die Gewinnung einer Identität. Die Identität ist im einzelnen Inhalt nicht voll vorbestimmt; sie muß sich mit den Chancen des Lebens, mit der zugewiesenen oder verfügbaren sozialen Rolle abfinden. Was der Mensch braucht, ist aber jedenfalls eine Identität. Diese ermöglicht ihm, mit sich selbst im Frieden zu leben. Und Friede mit sich selbst ist nötig, um Frieden mit den anderen halten zu können. [...]

Der Mensch geht biologisch-historisch gewiß nicht aus dem von alten Gesellschaftstheoretikern fingierten Kampf aller gegen alle hervor. Die uns nächstverwandten Affen, wie alle etwas gescheiteren Tiere, leben in Familien oder Horden, in denen, mit Hilfe von viel ritualisierter Aggression, die Formen des inneren Friedens der Gruppe seit Jahrmillionen eingespielt sind. Die menschliche Geschichte hat uns in der für die Anpassung kurzen Zeitfolge von wenigen Jahrtausenden das Dorf, den Stadtstaat, das Großkönigtum, die Kirche, die Nation, das Imperium beschert. Jede dieser Formen bedarf anderer Strukturen des inneren Friedens. Jede neue Friedenspflicht bricht alte Loyalitäten. Hier entstehen fast unerträgliche Konflikte, und möglich ist den Menschen eigentlich immer nur das an Anpassung gewesen, was hinreichend viele von ihnen als notwendig erkannten. Deshalb ist es wichtig, daß heute so viele Menschen als möglich die Notwendigkeit einer Friedensordnung der Menschheit erkennen. Ich hebe hervor, daß ich unter Anpassung nicht die äußere Angleichung des einzelnen an soziale Normen verstehe, sondern das Vermögen, so zu handeln, wie die Aufgaben der Wirklichkeit es fordern.

So gesehen erscheint unsere Friedlosigkeit einfach als ein Mangel an Anpassung an die Wirklichkeit unserer Welt. [...]

Ich sage nun, daß Friedlosigkeit in diesem Sinne eine Krankheit ist, ein Unvermögen, die Anpassung an die Notwendigkeit des Friedens zu leisten. Friedfertigkeit nämlich ist eine Kraft, ein Vermögen. Der verhuschte Feigling, der nicht angreift und seine Aggression, in scheinbare Demut eingewickelt, in sich hineinfrißt, ist nicht friedfertig. Friedfertig ist, wer Frieden um sich entstehen lassen kann. Das ist eine Kraft, eine der größten Kräfte des Menschen. Ihr krankhaftes Aussetzen oder Verkümmern, fast stets bedingt durch mangelnden Frieden mit sich selbst, ist die Friedlosigkeit. Friedlosigkeit ist eine seelische Krankheit.

Hiermit beende ich den Hauptteil des Vortrags, das Mittelstück, das erläutern sollte, inwiefern Friedlosigkeit als Krankheit aufgefaßt werden kann. Dies war der erste von vier in der Einleitung genannten Punkten. [...]

Als zweites hatte ich dort gesagt, es sei ein sinnvolles Ziel, die Friedlosigkeit zu überwinden. Wir haben uns nicht mit ihr abzufinden. Das ist jetzt fast selbstverständlich. Nur: wie macht man das?

Als drittes sagte ich, man dürfe Friedlosigkeit von außen her weder als Dummheit noch als Bosheit ansprechen; sie sei weder durch Belehrung noch durch Verdammung zu überwinden, sondern bedürfe der Heilung. Dies scheint mir nun über die Maßen wichtig.

Wir können viel aus dem Verlauf rein persönlicher Streitigkeiten lernen. Wenn zwei miteinander verzankt sind, so sieht meist jeder der beiden mit dem scharfen Auge der Feindschaft den bösen Willen und die törichte Borniertheit des anderen. Er selbst hält sich für friedensbereit und darum zur Strafpredigt oder üblen Nachrede legitimiert. Und warum sieht er Bosheit und Torheit so scharf? Weil er nach außen projiziert, was in ihm selber ist. Er sieht sich im Spiegel des anderen, aber Bedingung der Fortdauer dieses Zustandes ist, daß er den anderen nicht als Spiegel erkennt. Es gibt die schöne alte jüdische Geschichte der zwei Feinde, die einander am Versöhnungstag begegneten. An diesem Tag soll jeder seinem Feind vergeben, was dieser ihm angetan hat. Der eine von ihnen faßte sich ein Herz, ging auf den anderen zu und sagte: »Ich wünsch' dir alles, was du mir wünschst.« Darauf der andere: »Fängst du schon wieder an?«

Einer der seelischen Mechanismen, um innerhalb einer Gruppe von Menschen den Frieden zu bewahren, ist die Weiterprojektion der Aggression auf andere Gruppen. Hier wie in privaten Streitigkeiten sieht man sehr scharf und oft zutreffend Bosheit und Torheit der anderen Gruppe. [...]

Daß wir die Friedlosigkeit von außen nicht als Bosheit oder Torheit ansprechen sollen, beruht aber nicht nur darauf, daß dies selbst so oft in törichter Bosheit getan wird. Es entspricht vielmehr auch nicht der Struktur dieser Krankheit als Krankheit; der Vorwurf der Bosheit oder Torheit gegen den Friedlosen ist, von außen erhoben, nicht wahr. Das zwingende moralische Urteil wendet sich an Gesunde. Sie sollen, denn sie können. Das Wesen der Krankheit ist eben, daß der Kranke nicht kann, auch wenn er will. Manche seelischen Krankheiten mag man auch so beschreiben, daß der Kranke nicht wollen kann. Am Nichtkönnen prallt der moralische Appell ab, sei es, daß er gar nicht verstanden oder abgelehnt wird, sei es, daß der aufrichtige Versuch, ihm zu folgen, aus innerem Zwang scheitert. Es ist die Erfahrung der Psychoanalyse, daß solcher Zwang manchmal durch eine vom Kranken selbst gefundene Einsicht behoben werden kann, eine Einsicht, die etwa einem alten traumatischen Erlebnis als dem Urheber des Zwangs auf die Spur kommt. C. G. Jung gebraucht für einen wichtigen Prozeß in der Seelenheilung den Ausdruck »Integration des Schattens«. Das Dunkle in uns ist Teil von uns. Verwerfen wir es durch ein bewußtes Moralsystem, so entweicht es ins Unbewußte, und auf unbegreifliche Weise finden wir uns, oft gerade in einem entscheidenden Moment, als Sünder gegen unsere eigenen Überzeugungen vor. Frieden mit uns selbst finden wir allenfalls, wenn es uns gelingt, den Schatten in uns anzunehmen; wenn wir zu sagen vermögen: »auch das bin ich«, »auch das habe ich gewollt«. Dies ist bei weitem keine Ausflucht aus dem Ernst der moralischen Forderung, im Gegenteil, es ist eine vorher nicht gelungene Weise, sie ernst zu nehmen. Jetzt kann der Kranke das von sich aus sagen, was ihm kein anderer, auch nicht der Arzt, glaubwürdig sagen konnte; er kann jetzt sagen: »ich war böse«, »ich bin böse«, »ein Tor bin ich«. Vorher wußte er wohl, daß er die Norm verletzte; jetzt beginnt er zu sehen, warum er sie verletzen wollte. Und in geheimnisvoller Weise wächst an dieser Stelle oft zum erstenmal ein eigentliches Verständnis für die Wahrheit der Norm.

All dies sind nicht nur Erfahrungen eines spezialisierten Zweigs der Seelenheilkunde. Jedem Seelsorger, jedem Erzieher begegnen diese Erfahrungen; wenn er dafür wach geworden ist, sieht er sie auf Schritt und Tritt. Wie sollen wir Kranken helfen, solange wir nicht das Kranke in uns selbst erkannt und gelernt haben, die anderen und uns selbst als Kranke anzunehmen? Luthers Theologie der Rechtfertigung ist in einer Sprache ausgedrückt, welche die meisten heutigen Menschen nicht mehr verstehen, aber sie kreist um dieselben Themen. Das Gesetz ist uns gegeben, damit wir daran scheitern. Kein Mensch wird durch gute Werke selig, denn der entscheidende Schritt ist die Entdeckung, daß er das Gute, das er will, nicht kann. Gerechtfertigt, also eines inneren Friedens fähig, werden wir nicht durch unser Verdienst, sondern weil wir geliebt sind und weil wir darum Gott und in Gott die Menschen lieben dürfen.[1] Ich verfolge diese Linie heute nicht weiter, denn ich weiß wohl, wie viele Abgründe auszuloten wären, um die Theologie der Rechtfertigung und die Tiefenpsychologie ins wirkliche Gespräch miteinander zu bringen; übergehen durfte ich, so scheint mir, diesen Punkt nicht.

Wer kann aber der friedensbedürftigen Menschheit diese Heilung bringen? Wenn das Übel so tiefe Wurzeln hat, ist unsere Lage dann nicht hoffnungslos?

Sie ist wohl, wenngleich in zugespitzter Form, so hoffnungsvoll oder hoffnungslos, wie es die Lage des Menschen immer war. Niemand kann sagen: ich werde das leisten. Unsere letzte Zuflucht ist die Hoffnung auf Gott, ist das Gebet. Aber es läßt sich sagen, in welcher Richtung unsere Anstrengung zu gehen hat.

Nur die Kraft des Friedens erzeugt den Frieden. Jeder von uns hat sich selbst zurechtzuschaffen. Dies geschieht nicht in der Introversion, sondern in der praktischen Arbeit am Frieden in derjenigen Umwelt, die er zu erreichen vermag. Die praktische Entschlossenheit freilich schließt die Bereitschaft zur meditativen Selbstprüfung nicht aus, sondern ein.

Nächst uns selbst sind es die uns zur Erziehung Anvertrauten, denen wir zur Friedfertigkeit helfen sollen. Von der Erziehung zum Frieden wird morgen Georg Picht[2] hier sprechen. Ich sage darum hierüber nichts weiter, als daß der Erzieher erzogen sein sollte. Insbesondere sollte er die Zusammenhänge wissen oder ahnen, von denen hier die Rede war. [...]

Die Erziehungsarbeit im engeren Sinne geht über in die erzieherische Wirkung eines großen politischen Einsatzes. Hier komme ich nun auf den vierten und letzten Punkt der Einleitung: Heilung der Friedlosigkeit verlangt einen Rahmen, der die Fürsorge für die Ungeheilten mitumfaßt. [...]

Die großen politischen Institutionen sind in gewisser Weise die Fürsorgeanstalten der noch ungeheilten Friedlosigkeit. Wo Friedfertigkeit waltet, entfalten sich Ordnungen menschlichen Zusammenlebens, die nur eines Minimums an Gewalt bedürfen. Auch in ihnen sind, zumal in der modernen technischen Gesellschaft, funktionale Regelungen nötig. Aber sie sind im Prinzip zu unterscheiden von Machtausübung, die einen widerstrebenden Willen zwingt oder gar einen eigenen Willen der Beherrschten nicht erwachen läßt. Diese Macht wird sich freilich heute besonders gern der funktionalen Regelungen als ihrer Hilfsmittel bedienen; Technokratie ist eine moderne Form der Macht. Wo nun Friedlosigkeit das menschliche Handeln bestimmt, erweist sich immer wieder Macht als unerläßlich, um das lebensnotwendige Minimum an Ordnung zu garantieren. Die Träger der Macht sind oft genug friedlose Menschen; ihre Rechtfertigung ziehen sie aus der manifesten Notwendigkeit, das Chaos der ungezügelten Konflikte zu vermeiden.

Angesichts der Realität der Macht stehen wir vor einer doppelten Aufgabe. Im tiefsten Grunde kommt es darauf an, die Friedlosigkeit zu heilen und damit die Macht überflüssig zu machen.

Das ist, in der Sprache der Christen gesprochen, im strengen Sinn die eschatologische Hoffnung. Das heißt in der apokalyptischen Symbolik: ein neuer Himmel und eine neue Erde. Ich habe so naturwissenschaftlich gesprochen, um zu zeigen, daß diese Hoffnung nicht jenseits der Welt, sondern in der Geschichte der menschlichen Spezies ihren sinnvollen Ort hat. Man kann mit gutem Recht einen Begriff vom Menschen, eine Norm seiner Gesundheit aufstellen, wonach nur der von der Friedlosigkeit geheilte Mensch gesund ist. Im Zusammenleben mit unseren Mitmenschen erweist sich immer wieder dies als die einzige Norm, die letztlich tragfähig ist. Andererseits ist es Schwärmertum, zu meinen, wir müßten die unerlöste Welt, in der die Friedlosigkeit weiterhin waltet, sich selbst überlassen, denn wir überlassen sie dann ihrer und unserer Katastrophe. Fürsorge für die Ungeheilten heißt hier: Errichtung von Recht, wo die Liebe nicht durchdringt; Kanalisierung der Konflikte, die zu vermeiden wir nicht vermochten; Schaffung einer Friedensordnung auf der Basis einer soweit als möglich humanisierten Macht, da die Abschaffung der Macht nicht in unserer Macht steht. Es ist dieselbe Kraft der Friedfertigkeit, oder um den anderen Ausdruck zu gebrauchen, der Nächstenliebe, welche in glücklichen Fällen die Heilung, in weniger glücklichen die Fürsorge ermöglicht. [...]

Ich möchte dies nun zum Schluß in der pragmatischen Sprache der Politik sagen. Die Politik muß im Durchschnitt der Fälle die Konflikte der Menschen hinnehmen, ohne sie aufzulösen. Was wir unsere Interessen nennen, suchen wir in der Politik durchzusetzen oder auszugleichen; zum Verschwinden bringen können und wollen wir sie als Politiker nicht. Wer selbst politisch handelt, vertritt stets gewisse Interessen. [...]

Nur ein Kriterium politischer Handlungen und Interessen sehe ich heute, das niemand manifest anzufechten wagen darf: die Bewahrung des Weltfriedens. Das war vor 1945 noch nicht so. Hier bedeutet Hiroshima den Angelpunkt einer langsam sich drehenden Tür der Weltgeschichte. Gewiß sagt man auch heute noch, daß es nationale Interessen gibt, deren Schutz den großen Krieg rechtfertigen würde. Aber niemand vermag mehr im Ernst zu behaupten, daß der Krieg diese Interessen wirklich schützen würde. Die überlieferte Reaktionsweise sucht viele Auswege: Man droht nicht mit der Verteidigung, sondern sucht abzuschrecken mit der Drohung des Untergangs; man sucht Formen begrenzten Kriegs; man verwendet sehr viel propagandistische Kraft darauf, die eigene Seite als völlig friedfertig und nur die Gegenseite als kriegerisch darzustellen. All dies bestätigt nur, daß die Bewahrung des Weltfriedens zum im Grunde allgemein anerkannten Kriterium der Politik geworden ist. Sowenig das nationale Interesse einst als Kriterium ausreichte, um Handlungen zu verhindern, die faktisch der Nation schadeten, sowenig eliminiert der Weltfriede als Kriterium schon die Gefahr des Weltkriegs, ganz zu schweigen von den aktuell stattfindenden lokalisierten Kriegen. Und doch ist hier ein Kriterium, an das man appellieren kann, ein möglicher konstruktiver Mittelpunkt politischer Zukunftsentwürfe. Die Menschheit selbst als das einzige Ganze, das groß genug ist, um seine Interessen den Partikularinteressen vorzuordnen, beginnt infolge der technischen Gefahren und Möglichkeiten eine politische Realität zu werden.

Ganz gewiß ist das Interesse der Menschheit und die Bewahrung des Weltfriedens kein *hinreichendes* Kriterium für politisches Handeln. Im Namen dieses Interesses ließe sich auch eine beispiellose Tyrannis errichten. Heilung der Friedlosigkeit sieht anders aus als dieses Interesse. Es ist aber ein *notwendiges* Kriterium. Die Fürsorge für die ungeheilte Friedlosigkeit, d. h. die Arbeit der politischen Institutionen, ist nicht Fürsorge, wenn sie diese Forderung verletzt. Das ist ein zukunftsträchtiges politisches Prinzip.

Dalai Lama

Von Liebe, Mitgefühl, innerer Harmonie und geistigem Glück

Tenzin Gyatso, der XIV. Dalai Lama, geboren 1935, weltliches und geistliches Oberhaupt der Tibeter, lebt seit 1959 im Exil in Nordindien, wohin er mit Tausenden von Anhängern rund ein Jahrzehnt nach der Besetzung seines Landes durch Truppen der Volksrepublik China fliehen mußte. Der Massenflucht vorausgegangen war ein Aufstand der tibetischen Bevölkerung, die sich selbst von dem im höchsten Maße verehrten, auf friedlichen Ausgleich und Vermittlung bedachten Dalai Lama nicht mehr davon abhalten ließ, gegen die brutale Annexion ihres buddhistischen Staates gewaltsamen Widerstand zu leisten. In seinem Gastland hat der »Ozean der Weisheit«, so eine Übersetzung seines Titels, eine demokratisch legitimierte, durch Verfassung und Parlament beschränkte Exilregierung gebildet, die allerdings – aus politischer Rücksichtnahme auf die Machthaber in China – bis heute international nicht anerkannt ist.

Auch außerhalb des buddhistischen Kulturkreises weithin unbestritten aber ist die religiöse, spirituelle und moralische Autorität des Dalai Lama. Seinen Landsleuten gilt er als Reinkarnation des Bodhisattvas der Barmherzigkeit, eines Wesens also, das durch Meditation und Geistesschulung sowie durch Einüben von Liebe, Mitleid und Güte zur Erleuchtung und zum inneren Frieden gelangt oder auf dem Weg dorthin weit fortgeschritten ist. Ein Bodhisattva verzichtet jedoch auf seine Buddhaschaft (siehe Buddha, S. 21–33) und auf das Nirvâna – die Befreiung aus dem Geburtenkreislauf und dem Leid des Daseins – so lange, bis auch alle anderen Wesen das Heil erlangt haben. Daraus ergibt sich für den Dalai Lama die tief empfundene Verpflichtung, allen seinen Mitgeschöpfen helfend Beistand zu leisten. Auf zahlreichen Reisen, in Vorträgen und Publikationen wirbt er für einen weltweiten Frieden – auch mit der Natur – und für die gewaltlose Lösung von Konflikten, für Toleranz und soziale Gerechtigkeit, für Verständigung und die gleichberechtigte Zusammenarbeit unterschied-

licher Religionen, Weltanschauungen und Staaten. Dafür, und für seine unablässigen diplomatischen und politischen Bemühungen um Autonomie für sein noch immer unter der chinesischen Besatzungsherrschaft schwer leidendes Heimatland, wurde er 1989 mit dem Friedensnobelpreis ausgezeichnet.

Die beiden folgenden Texte – Reden während einer Frankreichreise im Herbst 1993 – zeigen die von allumfassender Liebe und universalem Verantwortungsbewußtsein geprägte Geisteshaltung des heiter-optimistischen »einfachen Mönchs aus Tibet«, wie der im Westen oft fälschlich als »Gottkönig« bezeichnete Dalai Lama sich selbst meist bescheiden nennt, besonders deutlich.

Innerer Friede

Ich werde heute über inneren Frieden sprechen. Mir scheint, daß der tibetischen Kultur deshalb so große Bedeutung zukommt, weil sie die Entwicklung von innerem Frieden begünstigt. Vermutlich hat uns dies geholfen, während der extrem Schwierigkeiten, durch die unser Land gegangen ist, unseren Willen und unsere Hoffnung aufrechtzuerhalten. Dank dieser Eigenart unserer Kultur ist es uns gelungen, allen schweren Prüfungen zum Trotz unsere Heiterkeit und unseren inneren Frieden zu bewahren.

Ich habe viele Kontakte zu westlichen Wissenschaftlern, und vor kurzem sprach ich mit einigen über die weitverbreitete Frustration der Menschen von heute und die verschiedenen Möglichkeiten, diesem Gefühl entgegenzuwirken. Sie haben mir eine Menge Fragen gestellt über die psychische Gesundheit der Tibeter und waren höchst erstaunt zu hören, daß es ihnen allen traumatisierenden Erfahrungen zum Trotz gelingt, eine so stabile geistige Verfassung zu behalten. Dies wurde besonders bei jenen beobachtet, die lange Jahre in den Gefängnissen und Arbeitslagern der Chinesen verbracht haben. Der Abt des Namgyal-Klosters, der kürzlich nach Indien ins Exil kam, ist ein Beispiel hierfür. Er hat mir von seinen Erlebnissen und Erfahrungen berichtet. Als er in Händen der Chinesen war, empfand er es als größte Gefahr, das Mitgefühl für seine Peiniger zu verlieren, und er beschrieb mir, wie es ihm gelungen ist, dies zu verhindern. Ich fand das äußerst bemerkenswert und meinte scherzhaft zu ihm, daß sich sein Gesicht, trotz der langen Leidenszeit, kaum verändert habe. Obwohl er älter ist als ich, hat er weniger weiße Haare, und vor allem hat er sein herzliches Lachen nicht verloren. All dies ist, wie mir scheint, darauf zurückzuführen, daß er geprägt wurde durch die tibetische Kultur, die eine buddhistische Kultur ist.

Vielleicht kann auch meine eigene bescheidene Erfahrung als Beispiel dienen. Als Mönch wurde ich in der Philosophie, der Praxis und im Wissen des Buddhismus ausgebildet, jedoch in keiner Weise auf die Anforderungen des modernen Lebens vorbereitet. Ich habe mit sechzehn Jahren meine persönliche Freiheit aufgegeben und eine enorme Verantwortung übernommen,[1] und als ich vierundzwanzig Jahre alt war, habe ich mein Land verloren. Seit vierunddreißig Jahren lebe ich als Flüchtling im Ausland, im Exil. Die ganze Zeit, da wir für die tibetische Gemeinschaft im Exil gearbeitet haben, mußte unser Land ununterbrochen Zerstörung und Leid erdulden! Trotz dieser Tragödie finde ich, daß es mir in punkto Frieden und Heiterkeit ganz gut geht!

Gelegentlich kommt es vor, daß Touristen aus Tibet oder von einem Besuch der Flüchtlingszentren in Indien mit dem Eindruck zurückkehren, daß es nicht stimmen kann, daß die Tibeter soviel Leid erfahren haben, da sie immer fröhlich sind und lächeln. Dieses Mißverständnis ist der einzige Nachteil unserer geistigen Haltung!

Wie lassen sich innerer Friede und heitere Gelassenheit entwickeln? Ich glaube, daß die menschliche Natur ihrem eigentlichen Wesen nach gut ist. Sicher sind auch Haß und Eifersucht ein Teil von uns, die dominierende Kraft aber scheint mir Warmherzigkeit und Wohlwollen zu sein. Von der Geburt bis zum letzten Atemzug basiert unser Dasein auf menschlicher Zuwendung und Wärme. Es ist unübersehbar, daß Kinder, die im Schoß einer liebevollen Familie aufwachsen, sich leichter tun, ihre menschlichen Qualitäten zu entwickeln als solche, die in ihrer Kindheit Liebe und Mitgefühl vermissen mußten. Ihr Verhalten wird später viel eher von negativen Emotionen bestimmt sein und überall für Spannungen sorgen. Anwesenheit oder Abwesenheit von Liebe und Mitgefühl in einer Familie haben also sichtbare Auswirkungen. Die medizinische Wissenschaft ist der Ansicht, daß innere Ausgeglichenheit eine wichtige Voraussetzung für die Gesundheit des einzelnen ist. Die physische Zuwendung, Körperkontakt mit der Mutter oder einer anderen Bezugsperson, spielt übrigens eine entscheidende Rolle bei der Entwicklung des kindlichen Gehirns.

Wir alle haben schon die Erfahrung gemacht, daß es uns dann, wenn wir guter Dinge sind und die Umwelt in einem freundlichen Licht sehen, leichter fällt, eine Widrigkeit oder eine schlechte Nachricht zu akzeptieren. Ist unser Geist jedoch unruhig, frustriert und verstört, kann schon ein unbedeutender Vorfall den Ausbruch negativer Emotionen provozieren. Lassen wir uns dann von diesen negativen Emotionen mehr und mehr beherrschen, verlieren wir unseren Appetit, unseren guten Schlaf und laufen Gefahr, unserer Gesundheit zu schaden und damit möglicherweise unser Leben zu verkürzen. Geistige Ruhe und innere Ausgeglichenheit sind also ein wahrer Segen.

Ich habe den Eindruck, daß man in der westlichen Welt mehr Wert auf die *Aktion* legt als auf die *Motivation*. In meinen Augen ist die Motivation wichtiger, denn ohne das dahinterstehende Motiv zu kennen, ist es manchmal schwierig, den Wert einer Tat einzuschätzen. Motivation ist der Antrieb des Lebens, der Motor allen Tuns. Ihr Wirkungsbereich ist die Ebene des Denkens, und Gedanken und Emotionen sind entweder positiv oder negativ. Man muß sie voneinander unterscheiden lernen und sich dann bemühen, positive Gedanken zu fördern und die negativen auszuschalten. Auf diese Weise entwickelt sich innerer Friede. Heilsame Gedanken und unheilsame Gedanken auseinanderhalten zu können: Dies macht den Unterschied!

Normalerweise sind wir uns unserer Gedanken und Emotionen nicht wirklich bewußt. Wir nehmen einfach an, daß sie zu uns gehören. Wenn ein Problem auftaucht oder Gefahr droht, scheinen Wut und Haß uns zu schützen und uns zusätzliche Energie zu verleihen. Das Anhaften hingegen schleicht sich unbemerkt ein, wir betrachten es als eine Art von bequemem, altem Freund. Doch dieser alte Freund ist hinterhältig und wird uns am Ende in die falsche Richtung führen. Manche der negativen Emotionen, wie Wut oder Angst, zeigen sofort ihr wahres Gesicht. Bei anderen, wie eben dem Anhaften, werden die negativen Auswirkungen erst sehr viel später sichtbar. Haben wir das, was die negative Einstellung kennzeichnet, einmal erkannt und die Auswirkung festgestellt, können wir uns davor in acht nehmen.

Wir beginnen also damit, uns von negativen Gedanken zu distanzieren und ihr Gegenteil, das heißt Mitgefühl, Verzeihen und Anteilnahme, zu fördern. Auf diese Weise stärken wir schrittweise die Kraft der positiven Emotionen und schwächen gleichzeitig die negativen. Auch wenn letztere weiterhin auftreten, so sind sie doch flüchtiger und berühren unseren Geist nicht mehr allzu stark. Um sich ihrer endgültig zu entledigen, ist es manchmal besser, Haß und Ressentiment, die auf bestimmte Ereignisse in der Vergangenheit zielen, herauszulassen und auszudrücken. Im allgemeinen aber führt das Herauslassen von Haß und anderen negativen Emotionen dazu, daß man sich dies angewöhnt und es in der Folge immer öfter zu Haßausbrüchen kommt. Ich halte es aus diesem Grund für eher nützlich, sich eine gewisse Disziplin aufzuerlegen, um den eigenen Geist zu zähmen. Wenn sie nicht von außen kommt, sondern unsere eigene Intelligenz uns dazu führt, werden wir sie akzeptieren.

Ein Kernpunkt in diesem Geistestraining ist der Faktor Zeit. Man darf nicht erwarten, daß sich eine Wandlung in wenigen Minuten oder Wochen vollzieht. Eine derartige Einstellung ist unrealistisch. Wandlung braucht Zeit, manchmal vergehen Jahre, vielleicht sogar Jahrzehnte. Doch wenn wir an unserem Ziel festhalten und an den Mitteln, die uns dahin führen, werden wir auf jeden Fall Fortschritte machen.

Wie kann man Haß und Wut schwächen? Wut kann manchmal auch positiv sein, nämlich dann, wenn sie von Mitgefühl motiviert ist, während Haß stets negativ ist. Wir müssen uns über seine Gefährlichkeit im klaren sein. Wie ich bereits sagte, läßt der Haß uns unsere Gesundheit verlieren und unsere Freunde, um schließlich unser ganzes Leben zu verpfuschen. Die negativen Emotionen schaffen Probleme auf jeder Ebene – auf persönlicher, familiärer, gesellschaftlicher, nationaler und selbst auf internationaler. Wie die Geschichte der Menschheit zeigt, waren jene, die unglaubliches Leid über andere gebracht haben, meist von Habgier und grenzenlosem Haß getrieben – in manchen Fällen war es auch einfach nur Unwissenheit. Dies soll nicht heißen, daß solche Wesen grundsätzlich böse sind, immerhin sind es *menschliche* Wesen. Nur haben sie ihren Geist völlig von negativen Emotionen beherrschen lassen und sind auf diese Weise schließlich zu Massenmördern geworden.

Die Geschichte der Menschheit liefert aber ebenso Beispiele für Heldentaten und große Erfolge von Menschen, die von Altruismus beseelt und in Frieden mit sich selbst waren. Die meisten der großen Musiker und Künstler besitzen diesen inneren Frieden. Gewiß gibt es Ausnahmen, aber im allgemeinen kann man sagen, daß das Werk eines Künstlers aus jener inneren Ruhe hervorgeht, die das Ausdrücken tiefster Empfindungen überhaupt erst möglich macht. Auf diese Weise verschafft der Künstler anderen Glück und Inspiration. Wir könnten als Beispiel auch Mahatma Gandhi heranziehen. Er war ein wunderbarer Mensch von großer Selbstdisziplin und äußerster Genügsamkeit. Trotz seiner westlichen Erziehung und obwohl er die Annehmlichkeiten und Möglichkeiten eines Lebens im Westen aus eigener Erfahrung kannte, zog er es vor, in Indien ein sehr einfaches Leben – fast das eines Bettlers – zu führen. Dies spiegelt seine Selbstdisziplin und seinen Altruismus wider. Ich glaube, daß alles, was Menschen an Gutem realisiert haben, auf die positiven Emotionen in unserem Geist zurückzuführen ist.

Meine eigenen Erfahrungen und die Erfahrungen von anderen Menschen haben mir deutlich gemacht, wie sehr diese positive geistige Einstellung zu unserem Glück und zu dem Glück anderer beiträgt und wie destruktiv sich eine negative Einstellung auswirkt. Nachdem ich dies festgestellt habe, bin ich es mir geradezu schuldig, mich mit allen Kräften um die Entwicklung meines Geistes zu bemühen.

Menschen sind soziale Wesen, man hat Freunde und man hat Gegner – obwohl es natürlich besser wäre, nur Freunde zu haben. Freunde oder Feinde existieren jedoch nicht als solche. Freundschaft oder Feindschaft ist etwas, was sich aus verschiedenen Faktoren ergibt, worunter der ausschlaggebende unsere eigene geistige Einstellung ist. Wenn wir uns den Men-

schen öffnen und bereit sind, ihnen Freundschaft und Zuneigung entgegenzubringen, fördern wir eine gute Atmosphäre,
und die anderen gehen unwillkürlich mit einem Lächeln auf
uns zu, das nicht künstlich und verkrampft ist, sondern echt.
Wenn wir jedoch voller negativer Absichten und Gedanken
sind, wenn wir die Rechte und Wünsche der anderen nicht
berücksichtigen, kurz, wenn wir nur an uns selbst denken und
andere lediglich benutzen wollen, schafft dies ein ungutes
Klima. Selbst unsere Eltern werden dann allmählich auf Distanz zu uns gehen. Freunde und Feinde sind also eindeutig
Produkte unserer eigenen Haltung.

Manch einer denkt, daß Geld Freunde schafft. Das ist zu
bezweifeln – vor allem schafft es auch Feinde! Außerdem
müssen wir uns immer fragen, ob die, die uns mit einem
breiten Lächeln empfangen, *unsere* Freunde sind oder nur die
Freunde unseres *Geldes*?

Solange wir welches haben, läuft alles bestens, sie sind immer bereit, eine Flasche Champagner mit uns zu leeren. Sollten unsere Mittel aber knapper werden, verschwindet wie
durch Zauberei ein Freund nach dem anderen. Wenn man sie
anruft, sind sie nicht zu Hause oder ihre Antwort fällt ziemlich kurz aus. Geld und materielle Güter sind gewiß nützlich,
aber nicht wesentlich. Den wahren Reichtum finden wir in
unserem Innern.

Mitgefühl, die Bereitschaft zu verzeihen, Hoffnung und
Ausdauer sind Tugenden, die in allen großen Religionen entwickelt und gefördert werden. Ihren Wert kann man auch,
wenn man nicht gläubig ist, erkennen und akzeptieren. Die
großen Weltreligionen haben im Kern alle die gleiche Botschaft und fördern die gleichen menschlichen Qualitäten, was
sie unterscheidet, sind lediglich die Dogmen. Auf dieser Basis
könnte sich die Botschaft von Liebe und Mitgefühl über die
ganze Welt ausbreiten, wenn alle, die einem spirituellen Weg
folgen, in Harmonie und gegenseitigem Respekt zusammen-
arbeiten. Wenn sich jedoch jene, die diese Qualitäten bejahen,
untereinander streiten und kritisieren, sollen sie dann diese
Botschaft anderen vermitteln können? Die Menschen werden
mit Ironie reagieren: Schaut sie euch an! Wo bleiben da Toleranz und gegenseitige Achtung? Sie können sich ja nicht einmal untereinander verständigen! Um der Menschheit wirklich

dienen zu können, müssen zuallererst wir, die Betroffenen, in der Öffentlichkeit ein Vorbild des gegenseitigen Respekts und der Harmonie abgeben. Die Unterschiede mögen aus der Ferne betrachtet enorm erscheinen, doch wenn wir uns näherkommen und unsere Erfahrungen austauschen, werden wir erkennen, daß eine Verständigung, allen dogmatischen Gegensätzen zum Trotz, durchaus möglich ist und wir gemeinsam die positiven Seiten des menschlichen Lebens fördern können. Gute Beziehungen zwischen den verschiedenen Religionsgemeinschaften sind deshalb von allergrößter Bedeutung, und es gibt erfreulicherweise Schritte in Richtung einer gegenseitigen Annäherung, die ermutigend sind.

Ethik und Gesellschaft

Heute wollen wir von der Ethik in der Gesellschaft sprechen, das heißt von ehrlichem und anständigem Verhalten. Ich unterscheide zwei Arten von Ethik, die ich im folgenden erläutern werde. Eine, die an Religion, an Spiritualität gebunden ist, und eine andere, die es nicht ist. Obgleich moralisch einwandfreies Verhalten meist mit einer spirituellen inneren Ausrichtung Hand in Hand geht, glaube ich an die Echtheit jeder Ethik, die das eigene Wohl sowie das der anderen im Auge hat. Wir können ein Verhalten als unmoralisch oder inkorrekt bezeichnen, wenn es anderen schadet. Außerdem müssen die unmittelbaren oder vorübergehenden Auswirkungen dieses Verhaltens von den bleibenden Folgen unterschieden werden. Eine Tat kann nämlich im Moment durchaus nützlich aussehen, sich aber auf lange Sicht als negativ herausstellen, und umgekehrt kann eine Handlung zwar im Augenblick ungeschickt wirken, später aber zu ausgesprochen positiven Resultaten führen. Und nur das letztendliche Ergebnis zählt. Wir sprechen also von Moral oder Ethik, wenn es darum geht, sich anderen gegenüber positiv zu verhalten. Sogar manche Tiere, die als Gemeinschaftswesen leben, benehmen sich ihren Artgenossen gegenüber altruistisch – im Rahmen ihrer Möglichkeiten natürlich. Es gibt also auch bei Tieren, die doch keine Gesetze, keine Religion, keine Verfassung kennen, Verhaltensweisen, die sich als positiv oder negativ qualifizieren lassen. Wenn es also sogar bei Tieren eine gewisse Moral gibt, um wieviel mehr dann bei den Menschen, ob sie nun gläubig sind oder nicht!

Ob ein Verhalten gut oder schlecht, heilsam oder schädlich ist, wird grundsätzlich von der dahinterstehenden Motivation bestimmt. Ein etwas heftiges, energisches Vorgehen könnte dann gerechtfertigt sein, wenn es aus einem einwandfreien Motiv heraus geschieht und wenn etwas Gutes für andere daraus resultiert. In gleicher Weise können sich hinter einem scheinbar sanften Vorgehen ausgesprochen bösartige Absichten verbergen. Ich nenne ein Verhalten gut, wenn es bestimmt ist von Altruismus, von dem Wunsch, Positives für andere zu bewirken; und schlecht, wenn dahinter Böswilligkeit steckt, der Wunsch, anderen Schaden zuzufügen. Übrigens haben Tiere ein gutes Gespür für unser Verhalten. Wenn wir uns einem Hund mit arglistigen Hintergedanken nähern, fühlt er das. Gehen wir offen und freundlich auf ihn zu, merkt er dies ebenfalls und wird uns entsprechend freudig begrüßen. Ich glaube, daß wir alle in unserem tiefsten Innern Aufrichtigkeit und Wohlwollen schätzen, da jeder von uns nach Glück und Zufriedenheit strebt und Leid vermeiden möchte. Und mehr noch: Alle Menschen haben das gleiche Recht, ihr Glück zu realisieren und ihrem Leiden ein Ende zu setzen. Ich betone oft, daß es meine tiefste Überzeugung ist, daß der Sinn, das Ziel der menschlichen Existenz darin besteht, einen Zustand der Fülle und des Glücks zu erreichen. Leben die Menschen, obwohl sie keinerlei Gewißheit darüber haben, was die Zukunft für sie bereithält, nicht in der unausgesprochenen Hoffnung, daß alles gutgehen wird? In dem Moment, in dem man die Hoffnung verliert, gerät man in Gefahr, Selbstmord zu begehen oder aber, völlig entmutigt, sein Leben zu ruinieren. Es ist nicht möglich, das eigene Leben erfolgreich zu gestalten, wenn man verzagt und ohne Hoffnung ist. Wenn es uns hingegen gelingt, unsere Zuversicht zu bewahren, werden wir in der Lage sein, mit allen Schwierigkeiten fertig zu werden. Aus all diesen Gründen meine ich, behaupten zu können, daß das Streben nach Glück unser Lebensziel ist.

Geistiges Glück scheint mir dabei wichtiger, kraftvoller zu sein als physisches Glück. Wo sind die Ursachen für Glück und Leid unseres Geistes zu suchen? Vor allem in unseren Beziehungen. Sind uns die Menschen in unserer Umgebung freundlich gesonnen, bringen sie uns Wohlwollen und Freundschaft entgegen, tut das unserem Geist gut und macht ihn glücklich. Dagegen tut es uns weh, mit der Böswilligkeit und Grausamkeit anderer konfrontiert zu werden. Unserem Geist geht es besser, wenn wir liebevolle Zuwendung erfahren, was automatisch auch zu einem gewissen körperlichen Wohlbehagen führt. Je stärker das geistige Glücksgefühl ist, desto größer wird das physische Wohlergehen sein. Deshalb sind Warmherzigkeit, Liebe und Freundlichkeit im Leben eines Menschen so wichtig und kostbar.

Es gibt unzählige berufliche Tätigkeiten, die heilsam sein können, wenn die Motivation, mit der sie ausgeübt werden, positiv ist. Welcher Weg auch eingeschlagen wird – wenn dabei die Absicht dahintersteht, sich nützlich zu machen, wird meist Segen darauf liegen. Während Aktivitäten, die allgemein als positiv gelten, wie beispielsweise das Praktizieren einer Religion, immensen Schaden anrichten können, wenn sie nicht von dem Willen, anderen zu helfen, getragen sind. Selbst eine begrenzte militärische Intervention, die aus wirklich positiven und altruistischen Motiven durchgeführt wird, könnte sich so gesehen am Ende als durchaus konstruktiv erweisen.

Die großen Fortschritte in der technischen Entwicklung und der wachsende materielle Wohlstand haben eine zunehmende Mechanisierung unseres Lebens und ein Überhandnehmen von Maschinen am Arbeitsplatz und zu Hause zur Folge, was zu einem Verlust der menschlichen Werte führt. Einer weitverbreiteten Ansicht nach ist Wohlstand eine notwendige Voraussetzung für Glück und Zufriedenheit. Doch wenn wir das Leben eines Menschen, der zwar in bescheidenen Verhältnissen, aber in einer Atmosphäre der Liebe und Geborgenheit aufwächst, mit dem eines anderen vergleichen, der vielleicht sehr reich, aber von lieblosen, schwierigen Menschen umgeben ist, wird uns schnell klar, wer wohl der Glücklichere sein mag.

Zweifellos kann der materielle Komfort, den wir uns leisten, zu unserem physischen Wohlbefinden beitragen, aber die Voraussetzung für wahres Glück und wahre Zufriedenheit müssen wir selbst in unserem Innern schaffen.

Ich glaube, daß Liebe und Zuneigung zu den ursprünglichen Qualitäten des Menschen gehören. Wenn wir uns konträr verhalten, handeln wir gegen unsere tiefste Natur, was uns schlecht bekommt. Natürlich sind Haß, Neid und Böswilligkeit ebenfalls Facetten unseres Wesens, das lehrt uns die Geschichte der Menschheit zur Genüge, und manche behaupten deshalb, die menschliche Natur sei im Grunde böse und gewalttätig. Ein Standpunkt, der gewiß nicht ganz ungerechtfertigt ist, den ich aber dennoch nicht teile. Ich halte trotz allem die Liebe für die uns bestimmende Kraft.

Wie ist Liebe zu definieren? Liebe ist der Wunsch, jene glücklich zu sehen, die unglücklich sind. Für jene, die leiden, empfinden wir Mitgefühl: den Wunsch, sie von ihren Leiden befreit zu sehen. Üblicherweise fühlt man Zuneigung und Liebe für seine Nächsten und Freunde, weniger für Fremde und für die, die uns Schaden zufügen, schon gar nicht! Dies beweist, daß die Liebe zu den uns Nahestehenden stark von Anhaften und Begehren bestimmt und folglich nicht unvoreingenommen ist. Wahre Liebe beschränkt sich nicht nur auf unsere Freunde. Sie erstreckt sich auf alle Wesen, denn sie basiert auf der Erkenntnis, daß diese gleich uns Glück erlangen und Leid vermeiden möchten und daß sie auch ein Recht darauf haben, dieses Ziel anzustreben. Dadurch wird die Liebe unparteiisch und bezieht alle, Freunde und Feinde, ausnahmslos mit ein.

Wenn wir von Mitgefühl sprechen, so sollte dieses nicht mit einem huldvollen Mitleid verwechselt werden. Mitgefühl wünscht sich ein Ende des Leids der anderen, für die man sich verantwortlich fühlt. Dieses Gefühl der Verantwortung gibt uns die Kraft, Mittel und Wege zur Lösung der Probleme zu finden. Echte Nächstenliebe bedeutet gleichzeitig Mut und Zuversicht. In dem Maß, wie unser Mut wächst, verringert sich die Angst, deshalb wird der Altruismus zu einer Quelle innerer Stärke. Je mehr Liebe wir entwickeln, desto mehr Selbstvertrauen gewinnen wir, wir werden gelassene, heitere und mutige Menschen!

Der Gegensatz zu Liebe ist Gehässigkeit. Sie ist die Wurzel allen Übels. Wie könnte man in diesem Sinn den Begriff des Feindes definieren? Ein Feind ist im allgemeinen jemand, der unserem Körper schaden möchte, unserem Besitz oder denen, die uns lieb sind, mit einem Wort, jemand, der sich unserem Glück und unserer Zufriedenheit entgegenstellt. Wenn er das, was uns gehört, und unsere Freunde, unsere Familie angreift, vergeht er sich an dem, was wir für die Quelle unseres Glücks halten. Doch ist sie das wirklich? Letzten Endes ist es der innere Friede, der uns glücklich macht – und unglücklich, wenn wir ihn verlieren. Der Feind, der ihn vernichten kann, kommt nicht von außen. Es sind Wut, Haß und Bosheit, die, sowie sie in uns aufsteigen, unseren inneren Frieden und damit unser Glück zerstören. Hier also ist der eigentliche Feind zu suchen. Wer wirklich innerlich ausgeglichen ist, wird selbst in schwierigen Situationen, in denen sich alles seinem Glücklichsein widersetzt, gelassen und ruhig bleiben. Während jemand, in dessen Geist die destruktiven Kräfte der Feindseligkeit, des Hasses und der Eifersucht wüten, immer unglücklich sein wird, selbst unter den allerbesten äußeren Bedingungen.

Alle Hochreligionen haben, wie ich meine, das gemeinsame Ziel, das grundlegend Gute der menschlichen Natur zum Vorschein zu bringen und es mit Hilfe der verschiedensten Mittel und Übungen, die auf den entsprechenden philosophischen Anschauungen beruhen, zu fördern. Bei den monotheistischen Religionen, wie Christentum, Judentum und Islam, steht der Glaube an einen Schöpfergott im Mittelpunkt. Es wird gelehrt, Gott zu lieben und gemäß dem Willen Gottes unseren Nächsten. Einander zu lieben ist hier also ein ganz wesentliches Ziel.

Im Christentum kennt man die Vorstellung der Reinkarnation, der Wiedergeburt, nicht. In einem Gespräch mit einem christlichen Freund sagte ich einmal, ich sähe keine Unvereinbarkeit der Reinkarnationslehre mit der christlichen Theologie. Seine Antwort war, daß die Idee der Reinkarnation in gewisser Weise eine Distanz zu Gott, dem Schöpfer, herstelle. Während der Glaube, daß Gott uns geschaffen hat und daß unsere Existenz nur dieses eine Leben lang währt, eine viel größere Innigkeit und Dringlichkeit der Beziehung zu ihm bewirke. Eine auf ihre Weise logische und bedenkenswerte Erklärung, wie ich meine.

Religionen wie der Buddhismus oder der Jainismus[2] kennen

keinen Schöpfergott, jeder Mensch wird als Herr seines eigenen Schicksals betrachtet. Es liegt an uns selbst und an niemand anderem, die Bedingungen für unser Glück zu schaffen. Anderen zu schaden, hat Leiden zur Folge, ihnen zu helfen, Glück. Mit diesem Gesetz von Ursache und Wirkung wird hier die Notwendigkeit, sich wohlmeinend zu verhalten, erklärt.

In welcher Beziehung stehen Ethik und Religion zueinander? Wer einem spirituellen Weg folgt, stützt sich auf eine Ethik, die darin besteht, anderen keinen Schaden zuzufügen, sondern vielmehr für ihr Wohl zu wirken. Je nach den betreffenden religiösen Anschauungen wird sie als der Wille Gottes erklärt oder als Segen der Drei Juwele (Buddha, seine Lehren und die Gemeinschaft derer, die sie praktizieren). Indem wir moralische Regeln beachten, beenden wir nach und nach den Daseinskreislauf. Ich glaube, daß es eine universelle Ethik gibt, die Ausgangspunkt aller verschiedenen Wege ist und, unabhängig von einer bestimmten Religion, innerhalb jeder Tradition unserer Wahl weiterentwickelt werden kann. Es wäre zu wünschen, daß den großen Religionen, trotz ihrer unterschiedlichen philosophischen Anschauungen, die weitreichende Bedeutung einer gemeinsamen Ethik klar würde.

Es liegt nahe, die Notwendigkeit einer solchen Vielfalt von spirituellen Wegen in Frage zu stellen, wenn sie sich doch alle im Kern ähneln. Würde nicht eine einzige Religion genügen? Ich vergleiche manchmal die Notwendigkeit des Vorhandenseins unterschiedlicher Religionen mit unseren Eßgewohnheiten. Die Geschmäcker sind verschieden, manche mögen diese Speise, jenes Gewürz, einige ziehen die französische Küche vor, andere die chinesische. Aus diesem Grund bieten Restaurants stets eine Auswahl verschiedener Gerichte an.

Was nun die Nahrung für den Geist angeht, so verhält es sich damit ganz ähnlich. Um den unterschiedlichen Bedürfnissen der Wesen entsprechen zu können und ihre verschiedenen Bestrebungen und Neigungen zu befriedigen, bedarf es eines großen Angebots an Philosophien, Religionen und spirituellen Traditionen. Je mehr spirituelle Wege es also gibt, desto besser! Und da eine universelle Ethik ein gutes Fundament abgibt, könnten sie alle in Harmonie nebeneinander bestehen.

Es genügte, daß die Anhänger der verschiedenen Richtungen sich besser kennenlernten und daß sie aus dem, was die anderen Religionen lehren, Nutzen für ihre eigene Praxis zögen. Auf diese Weise würden sie den Wert anderer Traditionen schätzen lernen, was automatisch zu mehr gegenseitigem Respekt führen würde.

Als ich noch in Tibet lebte, war ich – mangels wirklicher Kontakte zu Vertretern anderer Religionen und obwohl es eine tibetische Übersetzung der Bibel gab – der festen Überzeugung, daß der Buddhismus der beste aller Wege sei, und ich sagte mir, wie wundervoll es doch wäre, wenn alle Wesen so denken würden. Später dann habe ich auf meinen Reisen durch die Welt Menschen der verschiedensten Glaubensrichtungen kennengelernt, die von einer tiefen Erfahrung ihres Weges geprägt waren und ihr Leben entweder der Kontemplation oder dem Dienst an anderen geweiht hatten. Der persönliche Kontakt und der geistige Austausch mit ihnen haben mich dazu geführt, den großen Wert ihrer Religionen zu entdecken und diese zutiefst zu achten. Zweifellos bleibt der Buddhismus für mich der kostbarste aller Wege, weil er meinem Wesen am meisten entspricht. Das heißt aber nicht, daß ich glaube, er wäre für die ganze Welt der beste Weg. Diese Art von Erfahrung, von der ich eben sprach, öffnet den Geist und ist für den, der sie gemacht hat, von großem Nutzen.

Ich möchte nochmal wiederholen, daß es meiner Meinung nach für das Wohlergehen aller unerläßlich ist, daß die verschiedenen Religionen lernen, in Harmonie und gegenseitiger Achtung zu koexistieren. Es ist zutiefst beklagenswert, mit ansehen zu müssen, wie sich Menschen im Namen der Religion gegenseitig zerfleischen.

Stellen wir uns zum Schluß noch einige Fragen! Wenn es stimmt, daß Güte die grundlegende Natur des Menschen ist, und wenn es stimmt, daß es genügt, Nächstenliebe zu üben, um Frieden herbeizuführen, warum haben sich die Menschen dann Tausende von Jahren hindurch gegenseitig nichts als Schwierigkeiten gemacht? Kann man wirklich glauben, daß es unter diesen Umständen möglich ist, universelle Liebe zu entwickeln? Kann man von den verschiedenen Religionen wirklich gegenseitigen Respekt erhoffen, wo sie sich doch im

Laufe der Geschichte, ihren vielen Gemeinsamkeiten zum Trotz, so oft bekriegt haben? Ja, ich glaube, daß dies möglich ist, weil die Umstände sich geändert haben. In früheren Zeiten hat man zwar Werte wie Altruismus und Verantwortung für das Wohl der anderen anerkannt, aber nicht unbedingt deren Nützlichkeit eingesehen. Heute sind wir aufgrund des raschen Informationsaustausches auf dem laufenden über das, was weit weg von uns geschieht, und fühlen uns deshalb viel stärker davon betroffen. Das führt zu mehr Solidarität unter den Völkern. Ich bin überzeugt, daß wir zu einer größeren Harmonie in der Welt gelangen können, sofern wir uns wirklich darum bemühen.

PETER SLOTERDIJK

Die Chance einer asiatischen Renaissance: Zur Theorie des Alten

Der Philosoph und Schriftsteller Peter Sloterdijk wurde 1947 in Karlsruhe geboren. Gegenwärtig lehrt er als Professor an der Hochschule für Gestaltung in seiner Geburtsstadt und an der Akademie der Bildenden Künste in Wien. Bekannt wurde er vor allem durch seine 1983 erschienene »Kritik der zynischen Vernunft«, eine fulminante Auseinandersetzung mit dem »aufgeklärten falschen Bewußtsein« unserer Zeit.

In seinem Buch »Eurotaoismus. Zur Kritik der politischen Kinetik« (1989) deutet Sloterdijk die Moderne als »Mobilmachung überhaupt« bzw. als »Selbstmobilmachung ins Unendliche« und stellt sie einer »Antike überhaupt« gegenüber, zu der nicht nur die Vergangenheit Europas, sondern auch die alte Kultur Asiens mit ihrem Sinn für die »Ruhe in der Bewegung« gehört. Seine Überlegungen spannen somit den Bogen über die hier versammelten Texte und bilden deshalb – gewissermaßen als Nachwort – den Abschluß dieses Buches.

Es ist unter Kennern ein offenes Geheimnis, daß seit mehr als hundert Jahren ein großer Teil der westlichen Intelligenz, wie man so sagt, »asiatisiert«. Man könnte darin ein ironisches Spiel des Erkenntnisobjekts mit seinem Subjekt sehen. In der Welt der Intelligenzen bleibt es nicht aus, daß der Entdecker sich einer Gegenentdeckung durch die Entdeckten exponiert. Für die bürgerliche Welt zwischen dem 17. und dem 19. Jahrhundert hatte das Interesse am Osten im Zeichen des Kolonialismus begonnen, der bald einen geistigen Welthandel nach sich zog. Es war die frühromantische Generation, durch die die Asienimporte erstmals auf ein theoretisches Niveau gehoben und in eine großzügige Synopse der Weltkulturen einbezogen wurden. Weltgespräch über Weltliteratur hieß das heitere Leitbild eines romantischen Ökumenismus, in dem man persische Lyrik und Upanishadenübersetzungen herumreichte als Beweisstücke für die eigentlich metaphysische Tätigkeit der Weltseele.

Aber es blieb nicht bei einem philologischen Flirt. Für den wirklichen Osten erwies sich sein Entdecktwordensein durch einen anderen Geist als Begegnung mit seinem Schicksal. Was als Entdeckung, dann als Eroberung, Mission und Unterrichtung des Ostens durch den bereits hochmobilisierten Westen einsetzte, riß alsbald den alten Osten in die Mobilmachung des Planeten mit hinein. Japan hat der Welt das Modell einer formvollendeten Selbstliquidierung geliefert und ein Seppuku zugunsten von Industrie und Geschichte begangen, das für immer verblüffend bleiben wird. Wahrscheinlich wird das alte Asien im Zuge einer epochalen Selbstkolonisation eines Tages vom Erdboden verschwunden sein, es überlebt wohl nur in den Bibliotheken der westlich inspirierten Indologie, Sinologie, Japanologie, nicht anders als das alte Europa nur in altphilologischen und mediävistischen Seminaren überlebt hat – und in Kostümfilmen.

Man muß diesen Vorgang überscharf formulieren, um den westlichen Asienkult in seiner Merkwürdigkeit richtig einzuschätzen. Während der reale Osten sich in die industrielle, szientifische, politische und militärische Mobilmachung stürzt, um seine alten Denk- und Seinsweisen hinter sich zu lassen, erlebt der Westen eine kulturelle Asiatisierung, für die es keine historische Parallele gibt – es sei denn, man wollte die Durchdringung des römischen Imperiums mit griechisch-hellenistischen Bildungsinhalten als Analogon akzeptieren. In diesem Fall muß man wohl das kynische Motiv von der Eroberung des Eroberers zitieren; den letzten Humanisten liegt auch das horazische *Graecia capta ferocem victorem vincit* noch auf der Zunge – immerhin beweist der Vers (»das bezwungene Griechenland besiegte den wilden Sieger«), wie sehr schon in der römischen Szenerie der Vorgang auffiel, daß ein Sieger sich vor der Überlegenheit des Besiegten verbeugte.

Dennoch ist der Topos Eroberung des Eroberers nicht geeignet, die Inflation asiatisierender Motive im aktuellen westlichen Kulturbetrieb zu deuten. Wenn wir uns im historischen Arsenal nach einem Muster für das gegenwärtige Geschehen umsehen, so ist das einzige Phänomen, das dem okzidentalen Asienenthusiasmus gerecht wird, das einer kulturellen Renaissance[1] – wir werden gleich Argumente dafür bieten, daß das Phänomen »unserer« großen Renaissance am Ende des Mittelalters wahrscheinlich erst im Licht des heutigen Asienkults transparent wird.

Renaissancen sind Vergegenwärtigungen alter Kultur unter neuem Vorzeichen. Eine Renaissance erweist darin ihre Genialität, daß sie unter dem Schutz ihrer Begeisterung für ein maßgebliches Altertum die Kraft zum Schritt in etwas nie Dagewesenes findet. Inspiriert von einem überragenden Vorbild, kann sich gerade das vorbildlose Neue hervorarbeiten – es scheint, als seien begeisterte Wiederholungen das große Vehikel der Innovation. In dieser Hinsicht verdanken Renaissancen ihre Fruchtbarkeit immer einem leidenschaftlichen Mißverständnis des Alten durch das Neue, das seinen Namen noch nicht sagt. Erst durch eine intensive Verkennung werden die Altertümer zu neuem Leben erweckt, das aber nicht ihr eigenes ist, sondern die Fluoreszenz des sich noch notwendig selbst verkennenden aktuellen Lebens.

Was die Graecomanie des Quattro- und Cinquecento, dann wieder die des späteren 18. und des gesamten 19. Jahrhunderts für die Selbstformierung der neuzeitlichen bürgerlichen Gesellschaft bedeutet hat, liegt inzwischen kulturgeschichtlich offen zutage. Aber was es mit der jüngeren Asiomanie auf sich haben könnte, ist für die meisten Zeitgenossen ein unentsiegeltes Geheimnis – viele bringen es soweit, das Phänomen, das immerhin auffällt, für eine Mode oder für einen episodischen Exotismus zu halten. Sie machen, scheint es, auf diese Weise Gebrauch von ihrem Grundrecht, an den Hauptereignissen ihrer Zeit vorbeizuleben. Das ändert nichts an der Tatsache, daß in den asiomanischen Phänomenen der Gegenwart Dinge ausgehandelt werden, die an den Nerv des Weltprozesses – sofern wir darüber etwas wissen können – rühren. Indem sich der Westen in einen versunkenen Osten hineinträumt und eine asiatische Antike als maßgebliches Kulturmodell des gegenwärtigen Lebens heraufbeschwört, sucht er in einer fremden Vergangenheit nach Möglichkeiten einer eigenen Zukunft. Nichts anderes geschah, scheint es, damals in der großen europäischen Renaissance, die wohl nur selten ahnte, durch welche abgrundtiefen Differenzen sie von ihren altgriechischen Leitbildern getrennt blieb. So taucht auch die heutige asiatisierende Renaissance in die altöstlichen Weisheitswelten ein, um der Spätmoderne, deren Korruption bedrohlich, wenn nicht unheilbar erscheint, Wege ins Neue, Niegewesene, Unzugängliche zu bahnen. Asien ist für viele die Chiffre, die einer Vorstellung des für uns Unvorstellbaren Obdach bietet.

Daraus lassen sich zunächst vier Folgerungen ziehen: Erstens, daß in der westlichen Hemisphäre eine nachchristliche Ära begonnen hat, die in den heiligen Schriften der jüdisch-christlichen Überlieferung unmöglich noch die Begriffe findet, die unsere Zeit zu einer kompetenten Selbstverständigung nötig hätte; der jungkonservative Zeitdiagnostiker Otto Petras hat – seinerseits auf den Spuren des Junghegelianers Bruno Bauer – diese Sachlage 1935 zu dem noch immer eindrucksvollen Vorsatz zusammengefaßt, »darzustellen, daß das Christentum, die bisher gewaltigste geschichtsbildende Bewegung unseres Planeten, seine gestaltende Kraft erschöpft hat und daß wir in einem tieferen Sinne als dem des Kalenders *post Christum* leben«.[2]

Zweitens, daß die sich selbst überlassene Moderne, wenigstens nach der Überzeugung skeptischer Interpreten, ihre moralischen Reserven verbraucht hat und aus sich keine Gegenkräfte mehr freizusetzen vermag, um ihre fatale Drift abzufangen; der aufgeklärte Säkularismus mit seinem Doppelengagement für Selbstbestimmung und Großtechnologie verabschiedet sich, wie es scheint, vor unseren Augen in einer globalen Verwahrlosung – die Dinge laufen jetzt, wie sie wollen, Anfangsabsichten sind nicht mehr von Belang. Drittens, daß die Versuche der letzten mitteleuropäischen Generationen, aus germanischen, keltischen, griechischen und lateinischen Religionsaltertümern lebbare Formen von Neopaganismus heraufzubeschwören, sich als Strohfeuer erwiesen haben, die manchmal mit barbarischem Qualm und selten auf einem höheren Niveau als dem von spirituellen Partyunterhaltungen abgebrannt sind; somit ist es jedem Interessenten zumutbar zu wissen, daß mit der hausgemachten alteuropäischen, vorchristlichen Substanz unter heutigen Bedingungen vielleicht eine Landkommune, aber kein Staat mehr zu machen ist. Viertens, daß mit der Wendung zum Osten (für die Amerikaner ist es ohnehin keine Wendung, sondern ein Weiterziehen auf ihrem alten Westkurs, nur im nassen Element) nicht weniger als die weltkulturelle Alternative zum griechisch-jüdisch-christlichen Weg ins Spiel kommt, die auch dann noch ihre Qualität als

354

Alternative bewahrt, wenn die reale zeitgenössische östliche Hemisphäre sich durch Annahme westlicher Mobilisierungstechniken bis zur Unkenntlichkeit modernisiert.

Worauf deutet es nun, daß in die Krise der spätmodernen westlichen Welt dieses Phänomen eingeflochten ist, das hier als eine asiatische Renaissance bezeichnet wird? Wenn es tatsächlich eine Logik der Renaissancen gibt, so müßte die neue Asiomanie als Zeichen dafür zu lesen sein, daß kreative Teile der nachchristlichen Zivilisation sich über sich zu verständigen hoffen, indem sie wieder einmal ins Antike greifen – diesmal aber so, daß dieses nicht als *eigenes* Altertum angenommen werden kann, sondern als Antike in fremder Gestalt. Diesmal wird nicht die Illusion einer »Erinnerung« an ein einstmaliges Eigentum bemüht. Wenn heute eine asiatische Antike in den Rang des Vorbildlichen aufsteigt, dann geht es, jenseits von Eigenem und Fremdem, um den Geist des Alten als solchen. Man kann das auch so formulieren: Wir sind uns durch unsere Modernisierung selbst so unheimlich geworden, daß die altfremden Töne des Fernen Ostens uns auf einmal so anzuheimeln beginnen wie ein altvertrautes Idiom. Und wenn es auch eindeutig keine Muttersprache ist, die uns dabei so suggestiv berührt, so könnte es doch, vielen Wendungen nach, eine Schwestersprache der Muttersprache sein. Noch einmal anders gesagt: Die Destruktion unserer eigenen Überlieferungen durch die moderne Analytik hat unser Leben bis auf die Stümpfe abgetragen, das heißt bis auf das anonyme Bewußtsein des faktischen Sichvorfindens in einer zugleich eigenen und fremden Welt. Dieses Bewußtsein, das auf seine Entwürfe machende Geworfenheit ins Da-Sein zurückgebracht ist, kann nun, um sich seine seltsame Lage klarzumachen, ebensogut die Sprache Buddhas wie die Sprache Platos lernen – sofern ihm jede Sprache eine Fremdsprache ist. Es kennt sich nun für immer als das, was sich nicht kennen und nennen kann – und wenn doch, dann in einer nichtwegdenkbaren Selbstverkennung, in einer unbedingten Theatralität. Vom Anonym dieser anarchischen Existenz ist der Weg zu Lao Tzu oder Tschuang Tzu nicht weiter als der zu Parmenides oder Augustinus, der Aufstieg zu Plotin und Hegel nicht steiler als der zu Nâgârjuna und Shankara, der Weg durch Aristoteles nicht trockener als der durch Patañjali, der Eintritt in die Seinsweise von Meister Eckhart nicht geheimnisvoller als der in die von Meister Dogen. Gleich ob sie östlicher oder westlicher Herkunft sind, schwebt über diesen alten Namen und Doktrinen die gleiche anstrengende Unwahrscheinlichkeit, die gleiche faszinierende Befremdlichkeit. Weil eben die Modernisierung unsere alteuropäischen Überlieferungen und Identitäten durch progressive Mobilmachung verdampft hat, ist uns das fremdeste Alte nicht mehr fremder als das bis vor kurzem noch Eigene.

Von hier aus wird die Pointe der asiatischen Renaissance im modernen Westen klar: sie bringt für uns die Frage nach den altweltlichen Voraussetzungen des Unternehmens Neuzeit so zugespitzt vors Bewußtsein, daß sie zwar unterschätzt, mißverstanden, bekämpft und mißachtet werden kann, sich aber bis zuletzt nicht mehr abschütteln läßt. Solange die Zeiten moderne Zeiten sein werden, solange werden sie heimgesucht von der Frage nach der Vereinbarkeit von menschlichen Lebensprozessen und Modernität. Da die menschliche Kultur erwiesenermaßen sehr alt ist und die Moderne sehr neu und unbewiesen, ist es nicht nebensächlich zu erfahren, ob die Moderne die Überbietung des Alten mit den Mitteln des Neuen ist oder ob ihre Neuheit dem Alten ein letztes Ende bereitet. Diese Frage ist so dringend geworden, daß der Unterschied zwischen Eigenem und Fremdem in diesen Dingen keine große Rolle mehr spielt, Seit uns das Fremdeste nicht mehr fremder ist als das alte Eigene, wird deutlich, wie sehr unser Weg ins Beispiellose *alle* altweltlichen Natur- und Kulturreserven zur Disposition gestellt hat. Weil es inzwischen unleugbar eine sich planetarisierende Moderne als »Mobilmachung überhaupt« gibt, drängt sich uns das Problem einer »Antike überhaupt« fast gewaltsam auf. Denn was nehmen wir vom Alten mit auf diese Reise ins Unerhörte? Welche Mitgiften aus der Alten Welt stiften noch einen Zusammenhang zwischen dem Gewesenen und dem Kommenden? Von welchen Provianten werden die folgenden Generationen auf ihrem weiteren Exodus zehren? Wie bleiben die Fähren in den modernen Welträumen mit den antiken Bodenstationen in Kontakt?

In diesen Fragen deutet sich an, daß die asiatisierende Renaissance weit über das hinausgeht, was in der graecisierenden Renaissance der frühbürgerlichen Mobilmachungszeit geschah und daß sie mehr und anderes ist als ein Kulturzitat, das unter

Hinweis auf das maßgeblich Alte etwas beispiellos Neues entfesseln will. Weil sie bereits *nach* diesen Entfesselungen auftritt und einen Eindruck von dem, was Moderne sein kann, schon besitzt, stellt sie die Frage nach dem Alten auf viel radikalere Weise, als die Renaissance des 15. und 16. Jahrhunderts es tat, und sie stellt sie so, daß nach dem Alten nicht mehr nur als einem Vorwand fürs Neue gefragt wird. Seit dem Neuen ohnehin die Welt gehört, ist der Moment gekommen, sich nach den Chancen des Alten als Altem zu erkundigen. Eine Renaissance ist die moderne Asiomanie in eben dem Maß, wie sie Partei für jenes Alte ergreift, das als Altkultur und als Altnatur auch für alle neuweltlichen Abenteuer die Voraussetzungen stellt. So macht die neue, asiomanisch verschlüsselte »Renaissance überhaupt« die Maßgeblichkeit des Alten in zweifacher Hinsicht geltend: sie betont zum einen, daß es die Moderne nicht gäbe, wenn diese sich nicht, als Benutzerin und Verbraucherin vormoderner Ressourcen, auf etwas stützen könnte, was von ihr, auf letztlich selbstdestruktive Weise, nur ausgebeutet, aber nicht regeneriert wird; sie beweist zum anderen, daß das neuweltliche Unternehmen die altweltlichen Vorgaben grundsätzlich überfordert, da die Moderne dem Antrieb folgt, auf einer endlichen Basis ein unendliches Projekt durchzuführen. Sie gehorcht diesem Antrieb, sofern sie sich metaphysisch als Sein-zur-Bewegung konstituiert hat. Dieses aktualisiert sich durch uns in der Produktion erweiterter Produktivität, im Willen zum höhergreifenden Willen, in der Vorstellung gesteigerter Vorstellbarkeiten, in der Kreation umfassender Kreativität, kurzum in der Bewegung zur Bewegung, *ad infinitum.* Als Sein-zur-Bewegung ist die Moderne als »Mobilmachung überhaupt« ausgezeichnet, das heißt als Sein-zur-Selbstvernichtung.

Die »Renaissance überhaupt«, die wir in den asiatisierenden Umtrieben des sensibleren Westens am Werk sehen, kommt nicht weniger als einem Wechsel des ontologischen Vorzeichens gleich.

Denn wenn es einen gemeinsamen Nenner für die Strömungen des altasiatischen Denkens gibt, dann diesen, daß sie den Sinn von Sein als Sein-zur-Ruhe-in-der-Bewegung fassen. Selbst wo, wie im Yoga, mit höchsten Mobilisierungen von Kräften im Sinne einer mystischen Physiologie gearbeitet wird, liegt der Fokus des Bewußtseins immer im Aufstieg zur Stille in der Kraft. Die asiatisierenden Tendenzen im Westen sind vielleicht nur ungeschickte Tastversuche in dieser Richtung – sie drücken die Ahnung aus, daß weniger als ein ontologischer Vorzeichenwechsel nicht genügen wird, um aus den »Modernisierungsprozessen« den fatalen Schub herauszunehmen. Wer heute nach einer Sprache der Demobilisierung sucht, der findet diese am ehesten im altöstlichen Raum, wo für die Kinetik des Lebenswillens andere Dramaturgien ausgebildet wurden als in der westlichen Mobilisierungszivilisation. Und nur durch Anleihen bei solchen Sprachen, die uns durch ihre ärgerliche Weisheit irritieren, läßt sich, wie unbeholfen auch immer, etwas von dem andeuten, was jetzt mitten in der weltweiten Bewegung zur Bewegung gesagt werden muß. Die unausdenkbare Zumutung, die in altasiatischen »quietistischen« Tonarten an moderne Ohren tönt, zielt auf die kinetische Demission der mobilisierenden Systeme und Subjekte. Aber können wir uns im Ernst unsere De-Automobilisierung denken? Ist uns eine Seinsweise vorstellbar, in der die System-Subjekte nicht mehr von ihren Selbststeigerungspropellern vorangetrieben würden? Gibt es für uns überhaupt eine Aussicht darauf, daß aus den Kräften des Subjekts etwas anderes würde als außenweltliche Beschleunigung, Bereicherung, Forschung und Ermächtigung?

Diese Fragen enthalten keine nachträglichen Dementis der Moderne aufgrund schlechter Erfahrungen mit dieser. Sie sind so alt wie die prononcierte Moderne selbst, ja, sie waren untrennbar von dem superben frühromantischen Aufschwung, in dem ein offensiver Modernismus, getragen vom Elan der Selbstüberbietung, in seinen philosophisch besten Augenblicken über sich hinausfragte. Der Satz des Novalis – »Man irrt sehr, wenn man glaubt, daß es Antiken gibt. Erst jetzt fängt die Antike an zu entstehen« – enthält schon den Schlüssel zu den postmodernen Renaissancen. Was aus den neuen Antiken heraufsteigt, sind die Schatten, die zum Licht der Moderne gehören. Je moderner, desto postmoderner – an dieser Formel führt kein Weg vorbei. Von dem Impuls der modernen Selbstmobilmachung ins Unendliche kann jenseits einer unmerklichen Grenze nichts unverwandelt überleben, es sei denn in der grenzenlosen Generosität postmoderner Mäzenate zugunsten von »Renaissancen« überhaupt.

Anmerkungen

Die Anmerkungen der jeweiligen Autoren bzw. der Herausgeber oder Übersetzer der Texte sind kursiv gedruckt. Auf nicht unbedingt erforderliche Quellenhinweise wurde verzichtet. Anmerkungen in gerader Schrift sind von den Herausgebern dieses Buches verfaßt.

ALTER ORIENT UND EUROPÄISCHE ANTIKE

Amenemope

1 Das Herz ist nach der Vorstellung der alten Ägypter sowohl Sitz der Emotionen als auch der Vernunft. Mit ihm kann der Mensch Gottes Weisungen und ebenso die Lebenslehren empfangen und verstehen.

2 *»Ins Herz geben« bedeutet im Ägyptischen oft »auswendig lernen«, vgl. par cœur, by heart; so wohl auch hier.*

3 *Der »Kasten des Leibes« ist die Brust [...], also eine Umschreibung des Herzens, das ohnedies dreimal hintereinander vorkommt. Beschrieben wird der Weg vom äußeren Hören mit den Ohren über das Herz, das versteht, zur Zunge, die das Verstandene weitergibt [...]. Die angenommene Lehre bildet zunächst im Herzen einen Pflock, der auch dann, wenn es stürmt, einen (Schiffs-)Haltepflock für die Zunge bildet, also vor unüberlegten, emotional bestimmten und oft verderblichen Reden schützt.*

4 *Das Bild ist das vom Leben als einer gefährlichen Überfahrt über den Fluß, das Landen am anderen Ufer ist das glückliche Sterben und das Grab, das die Auferstehung verheißt.*

5 *Der Mond ist das Gestirn des Gottes Thot, der im Jenseitsgericht als Ankläger auftritt.*

6 *»In seiner Stunde« heißt, wenn eine charakteristische Eigenschaft voll hervortritt.*

7 *Wer sich sogar im Tempel »heiß« benimmt, wird mit einem sich vordrängenden Baum verglichen, der, da ihm im Gebäude die Sonne mangelt, nur geile Triebe bringt, die nicht gedeihen können. Sein minderwertiges Holz ist selbst im holzarmen Ägypten nichts wert und kann nur ins Wasser geworfen werden – wo es noch dazu in die für einen Ägypter stets bedrohliche Fremde geschwemmt wird – oder gar verbrannt. Tod im Wasser, in der Fremde (fern dem Grab) oder im Feuer sind für den Ägypter fürchterliche Vorstellungen.*

8 Der »wahre Schweiger« [...] wächst wie ein Baum im Sonnenlicht auf, also in Gottes Angesicht, in Kontakt mit ihm, und noch bei seinem Ende wird sein Holz, weil vorzüglich, zu einem Götterbild verarbeitet – eine Apotheose für den Baum, ein Bild für die Seligkeit des frommen Schweigers.

9 Die für die Opfer im Tempel bestimmten Gaben, besonders Nahrungsmittel, verführen zu Diebstahl oder zur Fälschung der Listen zu eigenen Gunsten.

10 Es geht um die Zuteilung von Pfründen, bei denen oft genug Intrigen einen Amtsinhaber wegen eines Günstlings beiseite gedrängt haben.

11 Die hier als falsch zurückgewiesene Meinung besagt, daß sich die Verhältnisse nicht ändern werden, während sich tatsächlich, wie die Natur des Nils lehrt, alle Zustände von heute auf morgen umdrehen können. Gegen solche Schicksalswendungen hilft nur Bescheidenheit.

12 Der Nil verschiebt oft und unberechenbar sein Bett. Hier liegt ein eindrucksvolles Bild vor für den Umschwung des Geschicks. Fluten werden zu Pfützen, wo die Fische zusammengedrängt sind und eine leichte Beute für Wölfe und Vögel werden, während die Fischer leer ausgehen.

13 Re ist der Sonnengott, dessen Taten der König auf der Erde wiederholt.
Die Worte der Bescheidenen sind der Anfang eines Dankhymnus – man soll danken, anstatt nach unrechtem Gut zu schielen, dann findet man Leben (nach dem Sterben) und Glück auf Erden.

14 Die Furche zwischen zwei Feldern verlockt besonders dazu, sie seinem eigenen Gebiet einzuverleiben; bei dem knappen vom Nil überfluteten Land kann auch ein kleiner Zuwachs bedeutsam sein.

15 Während im allgemeinen die Sonne, die alles sieht, auch verborgene Verbrechen aufdeckt (»Die Sonne bringt es an den Tag«), ist in diesem Fall der Mond als Gestirn des Gottes Thot »zuständig«, da Thot als Rechner auch der Gott der Katasterbeamten ist.

16 Ein Erbe muß in Ägypten jeweils von der lokalen Behörde bestätigt werden, und diese Bestätigung wurde bei einem schlechten Ruf des Erblassers verweigert.

17 Der hier mit »Erscheinung« wiedergegebene Begriff bezeichnet einen unmittelbaren, meist negativen, oft strafenden Eingriff einer Gottheit, der sich in einer Krankheit, einem Gerichtsverfahren, bisweilen auch nur in einem »Schrecken« oder einem schlechten Gewissen äußern konnte [...]. Der Gott, der über den Ackergrenzen wacht, vielleicht Thot, schlägt den Übertreter mit einem »Schrecken« und muß dann »befriedigt« werden.

18 *Das Heilsein des Leibes bezieht sich auf Verschontbleiben von körperlichen Strafen.*

19 *Bier wurde aus Gerste gebraut und war ein Grundnahrungsmittel.*

20 *Diese beiden Faktoren, die das menschliche Leben bestimmen, sind allgemein bekannt: das dem Menschen durch die Geburt Mitgegebene, die »Bestimmung«, und die Umwelteinflüsse, das »Geschick«.*

21 *Weil zu schwer beladen. Der »Schweiger« in der folgenden Zeile ist der »Bescheidene«, der sich mit dem von Gott Zugeteilten begnügt, auch wenn es wenig ist.*

Buddha

1 Die unpersönlichen Kräfte, die *dharmas* oder *sanskâras*, nämlich das Körperliche sowohl der Elemente als auch der Sinne, die Empfindung, das Unterscheidungsvermögen und das Bewußtsein.

2 Gemeint ist die Ursache des Leidens, das Grundübel: das Begehren aus Unwissenheit.

3 Dies ist die Quintessenz der buddhistischen Ethik.

4 Die Fesseln, die an die Sinnenwelt binden: Glaube an ein beharrendes Ich, Zweifelsucht, Haften an Riten, sinnliches Begehren und Übelwollen.

Aristoteles

1 Nach Herodot ein weiser Fürst aus Skythien, der nach Griechenland reiste, um sich dort weiterzubilden.

2 Das Spezifische des Menschen dagegen, die Vernunft, besitzt der Sklave nach Aristoteles nur in reduzierter Form (nämlich insofern er als »beseeltes Werkzeug« Befehle empfangen und ausführen kann).

3 Die Gestalt des schönen jugendlichen Schläfers, der seinen ewigen Schlaf Zeus verdankt, taucht zuerst bei Hesiod und Sappho auf.

4 Der Athener Solon, einer der Sieben Weisen, schuf die Verfassung von 594 v. Chr., die zwischen dem Adel und den verschuldeten Bauern einen Ausgleich herstellte.

5 Griechischer Philosoph (ca. 500–428 v. Chr.), in Athen wegen Gottlosigkeit angeklagt; erklärte das Entstehen und Vergehen aus der Weltvernunft, dem *nous*.

Dschuang Dsi

1 *Pong Dsu, der chinesische Methusalem, der 800 Jahre gelebt haben soll.*

2 Der mythische Herrscher ließ der Legende nach die Musik aufzeichnen und schlug selbst die Leier.

3 Letzter Herrscher der Hia-Dynastie, lebte von 1818 bis 1766 v. Chr. Über ihn wird gesagt, er habe die Gestalt und das Antlitz eines Menschen, aber das Herz eines grausamen Tieres besessen. »Der Schrecken, der von ihm ausging«, heißt es bei dem Taoisten Liä Dsi, »reichte hin, um alles zittern zu machen.«

4 *Wörtlich: Von der Zeit der drei Dynastien (Hia, Schang und Dschou) an.*

5 Das Ideal der Menschenliebe wurde im alten China von dem Philosophen Mo Ti und seinen Nachfolgern, den »Mohisten«, vertreten (siehe S. 17).

6 Die Gerechtigkeit war ein Anliegen der Konfuzianer (S. 17).

7 *Wörtlich: »und der Drache wird sichtbar«. Anspielungen auf die Wirkungen des Gewitters; der Drache ist das Symbol der Erhabenheit und Würde.*

8 *Wörtlich: »und der Donner ertönt«. Die beiden Gleichnisse sind von der Zauberkunst des Wettermachens hergenommen.*

9 *Das als Balmungschwert bezeichnete Schwert heißt chinesisch Mo Yê, ein berühmtes Schwert des Königs Ho Lü von Wu 514–494 v. Chr.*

Epikur

1 Homer im »Wettkampf Homers und Hesiods«, verfaßt von dem Sophisten Alkidamas zu Beginn des 4. Jahrhunderts v. Chr.

2 *Essen und Trinken z. B. sind natürliche Begierden, das Trinken eines Verdurstenden aber ist zugleich eine notwendige. Eine natürliche, jedoch nicht notwendige, die Glückseligkeit aber fördernde Begierde ist z. B. der Genuß feiner Speisen, eine nichtige dagegen ist z. B. die Sucht nach öffentlichen Ehrungen.*

3 *Ein Hieb gegen die Kyniker, deren Lehre auf größte Bedürfnislosigkeit abzielte.*

4 Die Knabenliebe war im antiken Griechenland weit verbreitet, aber nicht unumstritten.

5 Hier steht Epikur auch im Gegensatz zu Demokrit (ca. 460 bis ca. 370 v. Chr.), nach dessen Lehre von den Atomen jegliches Geschehen mit absoluter Notwendigkeit erfolgt und sich nichts zufällig ereignen kann.

Seneca

1 Gemeint ist: als Wächterin.
2 Das heißt mit vor Anstrengung gerötetem Antlitz.

Marc Aurel

1 Ein Nomadenvolk an der unteren Donau, das Marc Aurel während seiner Feldzüge zur Verteidigung des Reiches selbst kennengelernt hat.
2 Ilias, VI, 146–149. Dort auch das im Text folgende Zitat.

Bhagavadgita

1 Sanjaya ist ein Sûta, d. h. Wagenlenker und Herold, im Dienste des Dhritarâshtra, des blinden Hauptes der Kuru-Partei, dem er die Ereignisse der großen Schlacht berichtet.
2 *Arjuna heißt Sohn der Prithâ oder auch Sohn der Kuntî, da seine und seiner Brüder Mutter, die Gemahlin des Pându [des verstorbenen Bruders von Dhritarâshtra], diese beiden Namen trägt.*
3 *Der greise königliche Held unter den Kurus, Oheim des Dhritarâshtra und des Pându.*
4 *Der Held, der die Königssöhne im Waffenhandwerk unterrichtet hat.*
5 Gemeint ist Dhritarâshtra (siehe Anm. 1).
6 *Im Text: Der ist ein Sannyâsin, der ein Yogin.*
7 *Das heißt nicht derjenige, welcher das pflichtmäßig zu unterhaltende heilige Feuer und die pflichtmäßigen Verrichtungen gänzlich aufgibt.*
8 Siehe Buddha, S. 21–33.
9 *Vgl. Ev. Matth. 13,44–46.*
10 *Er kommt über das* çabdabrahman *hinaus, d. h. über das Wort-Brahman, das in Worte gefaßte Brahman.*

Augustinus

1 Für Augustinus, wie für alle antiken Autoren, ist »Seele« gleichbedeutend mit »Leben«, das in vernunftloses und vernunftvolles Leben unterteilt wird.
2 Babylon ist in der Bibel die Stadt der Götzendiener und der Ausschweifung, die Stadt derer, die das neue Gottesvolk verfolgen, wie Nebukadnezar einst das hebräische Volk versklavt hat.

363

Boethius

1 *Höchst bemerkenswert ist, daß hier [...] die Unsterblichkeit der Seele zwar allgemein vorausgesetzt wird, doch für den Gedankengang im besonderen keine Rolle spielt. Mag sein, daß Boethius diesen Punkt bewußt umgeht, weil sich da die Wege der antiken Philosophie und der christlichen Theologie allzu rasch und allzu sichtbar hätten trennen müssen.*

2 Im vorhergehenden Gedicht preist die Philosophie die durch Liebe bewirkte Freundschaft und Eintracht zwischen den Menschen.

3 *Anspielung auf Cicero: Tusculanische Gespräche, 5, 61–62.*

4 *Zitat aus Euripides: Andromache, 319–320.*

Seng-ts'an

1 *Auch das subjektive Verhalten zur Wahrheit muß, wie diese selbst, übergegensätzlich sein. Es muß erhaben sein über Hingabe und Widerstand, über Annehmen und Verwerfen. Nur so wird jede, auch nur »haarbreite« Trennung zwischen Ich und Wahrheit vermieden. Nur so ist die vollkommene Subjekt-Objekt-Identität des Erlebens möglich.*

2 *Im Chinesischen steht hier nur das eine Wort »Schischa«. Dieses bezeichnet die Unfreiheit, in die man durch Beharren in der Sphäre des Gegensätzlichen und der Verschiedenheit gerät.*

3 *Alles Gegensätzliche verschwindet. Es wird jedoch nicht zum leeren Nichts, es geht nicht eigentlich unter, sondern es geht auf im Vollkommenen.*

4 *Das gilt wiederum für die beiden identisch gewordenen Seiten des Erlebens: Wie das Sein der Wahrheit zugleich Werden ist, so soll die kontemplative Versunkenheit des Ich zugleich aktive Wirksamkeit sein.*

5 *Insofern alles mit dem Absoluten vereinigt ist, haben die Dinge keine Schuld daran, daß in der Welt Gegensätze auftreten, d. h. daran, daß es Leiden, Schlechtigkeit und Sünde gibt. Erst der Irrtum und die Schuld des Subjekts tragen den Gegensatz von Gut und Böse in die Welt hinein. Indem das Subjekt sich selbst als vereinzelte Existenz auffaßt und sich dadurch aus dem All herauslöst, zersplittert es das All-Eine in das Zweierlei der Gegensätze und wird dadurch selbst zum Urheber des Leidens und der Sünde.*

6 *Beide sind bloß relativ, aber beide wurzeln im Absoluten; in ihrer Unselbständigkeit sind sie abhängig von diesem.*

7 *In der absoluten »Identität« sind ja alle »Differenzen« aufgehoben.*

8 *Für den heiligen Menschen wird alles zum unmittelbar-natürlichen (fast spielerischen) Ausdruck seines Wesens.*

9 *Damit soll das einseitig negative Verhalten aller Weltflucht, allen Weltschmerzes und allen Asketentums getroffen werden.*

10 *Wer eine der »sechs Erscheinungen« (Farbe, Ton, Geruch, Geschmack, Getast und »gedachte« Dinge) verachtet, der gerät durch diese rigorose Selbstquälerei in eine ganz krampfhafte und von Besorgnis beherrschte Geisteshaltung, d. h. in Unfreiheit.*

11 *Deshalb ist es hier unmöglich, Eines zu lieben und ein Anderes zu hassen. Deshalb kann es zum Absoluten überhaupt keine Gemütsbeziehung nach Art weltlicher Liebe oder weltlichen Hasses geben.*

12 *Gemeint ist das Flimmern, das entsteht bei inadäquater Reizung der Sehnerven durch Druck oder Reibung des Auges.*

13 *Bei Beschränkung auf die eine Seite eines Gegensatzpaares wird man stets durch seine andere Seite gestört. Um solche Störungen zu vermeiden, muß man eben bis zum Übergegensätzlichen vordringen.*

14 *Wie das Absolute sich selber stets gleich bleibt, weil aller Stillstand und alle Bewegung nur relativ sind, so bleibt sich auch der gleich, der im Absoluten lebt.*

15 Der Fuchs ist ein Symbol für das (noch) unechte und falsche Buddhatum.

16 *»Es« – ist das Absolute.*

17 *Sinne und Gefühl sind hier gar nicht mehr auf etwas anderes bezogen (nicht mehr relativ) oder gar an individuelle Begrenztheit gebunden; sie sind nichts Psychisches mehr, sondern sie sind »unmeßbar«, d. h. absolut und überindividuell.*

18 *Mit »Soheit« könnte man das Wort »Bhûtatathatâ« vielleicht wörtlich übersetzen. Gemeint ist natürlich das Wesen der Wahrheit.*

19 *Wörtlich: Sie »huldigen dieser Wahrheit«. Das chinesische Wort »Schû« heißt zugleich Wesen, Wahrheit und (davon abgeleitet) Sekte.*

20 *Nur relative Wahrheiten können an Geltungsumfang zu- oder abnehmen.*

21 *Die Zahl 10000 bezeichnet hier die Unendlichkeit und Ewigkeit, welche in ihrer Überzeitlichkeit zugleich im kürzesten Augenblick des »Jetzt« enthalten ist.*

22 *Das Absolute steht also über aller Zeit (10000 Jahre = ein Augenblick), über allem Raum (alle Himmelsrichtungen, alle Welt = hier) und über allen Relationen (Größtes = Kleinstes).*

Mittelalter und Renaissance

Al-Ghasâli

1 *Der Oheim des Propheten und Stammvater des Abbasidenhauses, gestorben 652/53 n. Chr.*

2 Für Dschuneid, eine 910 in Bagdad gestorbene Zentralfigur des Sufismus, bestand das Ziel des Menschen darin, »zu werden, wie er war, als er nicht war«.

3 *Durch ihren Sufikonvent berühmte Stadt in Südbabylonien.*

4 Jesus, über dessen Leben auch im Koran Erzählungen zu finden sind, ist für die Muslime der letzte große Prophet vor Mohammed. Er gilt für sie, obwohl wundertätig, nicht als Sohn Gottes. In der 112. Sure steht geschrieben: »Gott ist einer. Er ist der Ewige. Er ist nicht gezeugt und Er hat nicht gezeugt. Ihm gleich ist keiner.« Das Trinitätsdogma wird deshalb vom Islam abgelehnt. – In der frühen Sufi-Literatur erscheint Jesus oft als der ideale Asket, als ein heimatloser Wanderer, der Gottesliebe ausstrahlt.

5 *Genosse und treuer Diener des Propheten, gestorben 654/55.*

6 *Hervorragender Genosse des Propheten, durch seine kriegerische Tüchtigkeit, insbesondere seine Fertigkeit im Bogenschießen, berühmt; gestorben 675.*

7 *»Nachfolger«, als Koranlehrer der Mekkaner bekannt, gestorben um 692.*

Margareta Porete

1 *Damit wird auf die gängige Unterscheidung der zweierlei Lebensformen im gottgeweihten Leben, die* vita activa *(tätiges Leben) und die* vita contemplativa *(beschauliches Leben) Bezug genommen. Diesem Schema gemäß widmen sich die Tätigen den verschiedenen Werken der Nächstenliebe, während sich die Beschaulichen um das Gebet und die zur mystischen Vereinigung der Seele mit Gott führende Betrachtung kümmern.*

2 *Solche Menschen – Kreaturen, Seelen – haben den nach Margareta Porete falschen Anspruch auf kreatürliche Eigenständigkeit und die selbstische Eigenbezogenheit aufgegeben, um durch eine von Ichstrebungen freie Gottesliebe den höchsten Stand im beschaulichen Leben zu erreichen. Vernichtigt bzw. zu nichts wurde dabei lediglich die Defizienz und Kontingenz der eigenen kreatürlichen Seinsweise, nicht das kreatürliche Sein an sich.*

3 *Dessen Wesensbestimmung und -beschreibung ist der eigentliche Gegenstand der im »Spiegel« vorgestellten Lebensform.*

Die Nächstenliebe betätigt sich vorab in guten Werken, während die Liebe jene geistige Kraft ist, die als sogenannte »theologische Tugend« in Ewigkeit bleibt (1. Kor. 13,4–7: das hohe Lied der Liebe), da sie in ihrem Wesensgrund mit Gott identisch ist (1. Joh. 4,16).

4 Zweifellos spricht Margareta Porete hier in der dritten Person autobiographisch von sich selbst.

5 Margareta Porete zählt »solche Leute« zu den im Traktat über die Gottesliebe (»De diligendo deo«) Bernhards von Clairvaux angeführten Sklaven, Knechten und Taglöhnern, die, ganz im Unterschied zu »dieser Seele«, von der der »Spiegel« spricht, nur auf Lohn und Gewinn aus sind. Sie verwirklichen damit die niedrigste Form der Liebe, die vollkommene Liebe liebt umsonst.

6 Es sind die nach dem eigenen Wunsch und Willen statuierten guten Vorsätze, welche zwar nicht den Weg zur Hölle pflastern, jedoch durch das Pochen auf Eigenleistung und durch Selbstgerechtigkeit verdorben sind.

7 Von Gott als dem »Bräutigam ihrer Jugend« hatten vor Margareta Porete schon andere Beginen geschrieben. Die Beziehung zum Herrn wird somit als ein Liebesabenteuer charakterisiert, das »nicht nur festen Bestand hatte, sondern zunehmend und stets umfassender von [der] ganzen Person Besitz ergriff und damit zugleich alle ihre geistigen und intellektuellen Fähigkeiten wie auch ihre Leidenschaften mit Beschlag belegte« (Louise Gnädinger im Nachwort).

8 Wenn die Seele sich in der reinen Beschauung und Ekstase, also auf der höchsten Stufe des kontemplativen Lebens befindet, hat sie – nach dem »Spiegel« – das hohe Privileg der Untätigkeit, des Nicht-mehr-wirken-Müssens.

9 Diese an anderen Stellen im »Spiegel« wiederholte Anrede macht klar, daß Margareta Porete ihr Buch, ob öffentlich oder in kleinem Zirkel, vortrug bzw. laut vorlas. Es richtet sich jedenfalls an ein zuhörendes Publikum, nicht vorerst an den einzelnen Leser, den es damals noch eher nur selten gab.

10 In dem auf den spirituellen Weg transponierten neuplatonischen Sinn, wonach am Ende der Ausgangspunkt und Ursprung wieder erreicht ist.

11 Die Undarstellbarkeit des innergöttlichen Friedens in Worten wird auch durch den Apostel Paulus behauptet; vgl. vor allem Phil. 4,7 und Hebr. 13,20.

12 Wie gewöhnlich im Mittelalter wird hier die Sünderin, die Jesu Füße salbte (Luk. 7,36–50), mit Maria von Bethanien (Matth. 26,6–13, Mark. 14,3–9, Luk. 10,38–42, Joh. 11,1–16) und Maria Magdalena (Luk. 8,2) gleichgesetzt.

Meister Eckhart

1 Dionysius Areopagita, ein Athener, der nach der Areopagrede des Paulus den christlichen Glauben annahm (Apg. 17,34). Im frühen 6. Jahrhundert wurden unter seinem Namen vier philosophische Schriften, darunter eine »Mystische Theologie«, veröffentlicht, die auf das religiöse Denken des europäischen Mittelalters großen Einfluß ausübten. Eine Legende des 8. Jahrhunderts macht Dionysius zum ersten Bischof von Paris.

2 Gemeint ist der griechische Philosoph Diogenes von Sinope (ca. 400–323 v. Chr.), Schulhaupt der nach seinem Spottnamen »Hund« *(kyon)* benannten Kyniker, die weitestgehende Bedürfnislosigkeit propagierten und nach diesem Ideal auch lebten. Diogenes selbst soll in einer Tonne gewohnt haben. Berühmt geworden ist vor allem seine angebliche Antwort auf das Angebot des Griechenkönigs, einen Wunsch zu äußern: »Geh' mir aus der Sonne, Alexander.«

Heinrich Seuse

1 Siehe Meister Eckhart, Anm. 1.

Johannes Tauler

1 Thomas von Aquin (ca. 1225–1274), bedeutendster Kirchenlehrer des Mittelalters; faßte die christliche Lehre mit der des Aristoteles (S. 34–43) in einer philosophisch-theologischen Synthese zusammen.

2 Die Gabe des Verstandes, die der Wissenschaft, der Weisheit, des Rates, der Frömmigkeit, der Furcht und der Stärke.

Nikolaus von Kues

1 Nikolaus bezieht sich hier auf die Lehre von der Ähnlichkeit oder der Analogie, nach der das geschaffene Sein zu Gott, dem Schöpfer und vollkommenen Sein, in einer Beziehung der stufenweisen Unterscheidung und Übereinstimmung steht.

2 α (alpha) ist der erste, ω (omega) der letzte Buchstabe des griechischen Alphabets.

Michel de Montaigne

1 *Universitas im Doppelsinn des Weltalls und der Hohen Schule.*

2 Montaigne nimmt hier Bezug auf Buch IV, 2 der »Erinnerungen

an Sokrates«, verfaßt von dessen Schüler, dem Geschichtsschreiber und Schriftsteller Xenophon (ca. 430 bis ca. 355 v. Chr.).

3 »*Un registre des essais de ma vie.*«

4 Hier kokettiert Montaigne ein wenig. An späterer Stelle spricht er von seinem innerlichen Zustand anders.

5 Wie der Autor selbst.

6 Krantor von Soloi (ca. 330 bis ca. 275 v. Chr.), griechischer Philosoph. Montaigne kannte den Verfasser einer Trostschrift aus Ciceros »Tusculanischen Gesprächen«.

7 *Ein Ringkämpfer bei Plutarch. (De cohibenda ira, VIII)*

8 Griechischer Historiker (ca. 200 bis ca. 120 v. Chr.), Autor der ersten Universalgeschichte. Ihre 40 Bücher sind zum großen Teil nur in Fragmenten erhalten.

9 Thebanischer Staatsmann und Feldherr (ca. 420–362 v. Chr.), Erfinder der »schiefen Schlachtordnung«. Durch seine Siege über Sparta stieg Theben vorübergehend zur führenden Macht in Griechenland auf.

10 Auf Kreta geborener Priester und Seher, der u. a. um 600 v. Chr. in Athen der Pest ein Ende gemacht haben soll. Das von Montaigne angeführte Pulver hat der Wundertäter der Sage nach von Nymphen erhalten. Überliefert wurde auch, er habe in einer Höhle 57 Jahre geschlafen. Goethe hat den legendenumwobenen Propheten in seinem Festspiel »Des Epimenides Erwachen« verewigt.

11 Plato(n) und seine Anhänger, benannt nach der »Akademie«, der Schule des Philosophen.

12 Aristoteles und dessen Schüler, von *peripatos*: »Wandelhalle«. In einer solchen Halle hat der Meister, umherschreitend, gelehrt.

13 Anspielung darauf, daß Sokrates sich – laut Platons »Apologie« – auf das *daimonion* berief, eine innere göttliche Stimme, die ihn vor falschem Handeln warnte.

14 Plutarch in: Leben des Pompejus, VII.

Vom Beginn der Neuzeit bis zur Gegenwart

Blaise Pascal

1 Pyrrhus I. (319–272 v. Chr.), König der Molosser in Epiros, später auch Herrscher von Makedonien und Thessalien; besiegte in Italien die Römer in zwei Schlachten, allerdings unter großen Verlusten (daher: »Pyrrhussieg«). Die von Pascal erwähnten Anstrengungen dienten der Sicherung des Herrschaftsgebietes des Griechen.

2 Die kursiv in runden Klammern gesetzten Passagen des Textes wurden von Pascal gestrichen, finden sich aber in allen maßgeblichen Ausgaben der »Gedanken«.

3 Gemeint sind vor allem die Skeptiker (wie etwa Montaigne, S. 202–217) und die Stoiker (siehe Seneca, S. 58–69, sowie Marc Aurel, S. 70–78).

4 Eine andere Bezeichnung für die Skeptiker; nach Pyrrhon von Elis (360–270 v. Chr.), der in Athen die ältere skeptische Schule begründet hatte.

5 Der griechische Philosoph (ca. 460 bis ca. 370 v. Chr.) hat mit seinem Streben nach umfassender Erkenntnis, aber auch mit seiner Atomtheorie besonders das Denken Epikurs (S. 51–57) stark beeinflußt.

6 *Dieses Beispiel bezieht sich nur auf natürliche Zahlen.*

Baruch de Spinoza

1 Im Originaltext folgt hier ein Verweis auf mehrere vorausgegangene Aussagen der »Ethik«. Auch an anderen Stellen bezieht sich Spinoza auf früher Gesagtes. Auf die Wiedergabe dieser Verweise wurde – mit einer Ausnahme – verzichtet.

2 Dieses definiert Spinoza als »Traurigkeit, begleitet von der Idee eines Übels, das einem anderen, den wir uns als unseresgleichen vorstellen, begegnet ist.«

3 Lehrsatz 70:
»Der freie Mensch, der unter Unwissenden lebt, ist bemüht, deren Wohltaten, soviel er kann, auszuweichen.
Beweis. Ein jeder beurteilt nach seiner Sinnesweise, was gut sei; der Unwissende also, der jemandem eine Wohltat erwiesen hat, wird diese nach seiner Sinnesweise einschätzen, und wenn er sieht, daß sie von dem Empfänger geringer geschätzt wird, so wird er sich betrüben. Nun ist gewiß der freie Mensch bemüht, die übrigen Menschen sich in Freundschaft zu verbinden, nicht aber ihnen ihre Wohltaten mit solchen zu vergelten, die sie nach ihrem Affekte als gleichwertig veranschlagen, sondern sich und die anderen nach dem freien Urteil der Vernunft zu leiten und nur das zu tun, was er selbst als das Wichtigste erkannt hat: folglich wird der freie Mensch, um nicht den Unwissenden verhaßt zu sein, und um nicht dem Triebe jener, sondern lediglich der Vernunft zu gehorchen, ihren Wohltaten, soviel er kann, auszuweichen suchen. – W. z. b. w.
Erläuterung. Ich sage ›soviel er kann‹. Denn, wenn es auch unwissende Menschen sind, so sind sie immerhin Menschen, die in Notfällen menschliche Hilfe – die doch die wertvollste ist – leisten

können; und darum kommt es oft vor, daß wir nicht umhin können, eine Wohltat von ihnen anzunehmen und folglich ihnen wiederum nach ihrem Sinne dankbar zu sein. Dazu kommt noch, daß auch beim Ablehnen von Wohltaten Vorsicht geboten ist, damit wir nicht den Schein erwecken, als ob wir die Betreffenden verachten oder aus Geiz die Gegenleistung scheuten und so durch eben dasjenige, wodurch wir ihren Haß zu vermeiden suchen, ihren Unwillen hervorrufen. Deswegen ist beim Ablehnen von Wohltaten auf das Nützliche und Schickliche Rücksicht zu nehmen.«

Lehrsatz 71:

»Nur freie Menschen sind gegeneinander recht dankbar.

Beweis. Nur freie Menschen sind einander vollkommen nützlich, verbinden sich einander durch die festesten Bande der Freundschaft und streben mit gleichem Liebeseifer einander wohlzutun; folglich sind nur die freien Menschen gegeneinander recht dankbar. – W. z. b. w.

Erläuterung. Die Dankbarkeit, wie die Menschen, die von blinder Begierde geleitet werden, sie einander erweisen, ist zumeist eher ein Handelsgeschäft oder ein Köder, denn Dankbarkeit. – Undankbarkeit sodann ist kein Affekt. Doch ist Undankbarkeit schändlich, weil sie meist einen in Haß, Zorn, Hochmut oder Geiz usw. befangenen Menschen kennzeichnet. Denn, wer aus Torheit Geschenke nicht zu vergelten weiß, ist nicht undankbar, und noch viel weniger, wer durch die Geschenke einer Buhlerin sich nicht bewegen läßt, ihren Lüsten dienstbar zu sein, oder diejenigen eines Diebes, dessen Diebstähle zu verhehlen und dergleichen. Denn ein solcher zeigt gerade im Gegenteil einen standhaften Sinn, der sich durch keine Geschenke bestechen läßt, sich selbst oder das gemeine Wohl zu schädigen.«

Johann Heinrich Pestalozzi

1 Den Begriff »Menschheit« verwendet Pestalozzi im folgenden manchmal auch für den einzelnen Menschen bzw. für das Menschsein an sich.

2 Lies: Diese künstliche Bahn der Schule, die sich allenthalben vor die Ordnung der … Natur drängt.

3 Unter »Erleuchtung« ist hier »Aufklärung« zu verstehen (vgl. *enlightenment* und *lumière*).

4 Im Sinne von: die erste Vorgabe.

Christoph Martin Wieland

1 Siehe 1. Mose 4,22. Dort als »Meister in allerlei Erz- und Eisen-
werk« bezeichnet.

2 Figur aus C. P. J. de Crébillons Erzählungen »Le Sopha« und »Ah
quel conte«, von Wieland häufig zitiert.

3 In späteren Ausgaben: wandelnde Bildsäulen.

4 *Die Weltverbesserer klagen über die Trägheit der Menschen ungefähr aus eben dem Grunde, warum die Wucherer immer über
nahrungslose Zeiten klagen, und meistens, wenn die Zeiten am
besten sind. Es ist natürlich, daß ein Mann, der sich bewußt ist,
daß er einen herrlichen Entwurf zur Verbesserung des Zustandes
eines ganzen Volkes gemacht hat, seine Idee gern realisiert haben
möchte: so wie einer, der ein Schauspiel gemacht hat, es gern
aufgeführt sieht. Alle Köpfe, meint er, sollten sich also geschwinde
nach dem seinigen drehen, und alle Arme nach seinem Winke
rudern. Tun sie es nicht (wie dies denn gemeiniglich der Fall ist), so
schmält er auf die Trägheit der Menschen; und das ist ihm zu
verzeihen, weil er dabei verliert. Aber diese nämliche Trägheit
schützt die Leute vor der Gefahr, alle Augenblicke das Opfer eines
Projekts und einer angeblichen Verbesserung unwissender Adepten
zu werden; und dies, denke ich, ist ihnen auch zu verzeihen, weil
sie dabei gewinnen. Denn selten bezahlt das zehnte Projekt, wenn
es auch anschlägt, den Schaden von den neunen, die fehlgeschla-
gen sind.*

5 Gemeint ist Sokrates.

6 Griechischer Naturphilosoph und -forscher (371–287 v. Chr.),
von dem u. a. zwei große botanische Werke und die einflußreichen »Charaktere« (Characteres ethici) erhalten sind.

7 Theophrastus Bombastus von Hohenheim, genannt Paracelsus
(1493–1541), Arzt, Naturforscher und Philosoph; plädierte für
eine der Natur gemäße Lebensweise und ihr entsprechende Heil-
methoden. Seine zahlreichen Schriften werden erst in unserer Zeit
richtig gewürdigt.

Johann Gottlieb Fichte

1 Gemeint ist das Reich des Geistes, in dem die endlichen geistigen
Individuen sich als frei erfassen.

2 Das heißt: in dem künftigen Leben der menschlichen Gattung.

3 Anders ausgedrückt: In dem wahrhaftigen Leben des Geistes erweist sich das scheinbare Leben selbst als nichtig.

4 Wie Fichte u. a. in seiner Schrift »Die Grundzüge des gegenwärtigen Zeitalters« (1806) darlegt, ist die Geschichte ein Prozeß der

Entwicklung der Vernunft. In dessen Mitte, der Epoche der »vollendeten Sündhaftigkeit«, leben die Menschen seiner Zeit. Sie lassen sich nicht von der wahren spekulativen Erkenntnis leiten, sondern mißachten diese und setzen sie herab.

Arthur Schopenhauer

1 Um 55 n. Chr. in Phrygien geborener Philosoph der Stoa (siehe Seneca, S. 58–69, und Marc Aurel, S. 70–78). Der freigelassene Sklave lehrte zunächst in Rom, wohin er in jungen Jahren verkauft worden war, später bis zu seinem Tod um das Jahr 135 im westgriechischen Nikopolis. Das »Encheiridion«, das »Handbüchlein der Moral«, ist eine von einem Schüler angefertigte Zusammenfassung von Epiktets »Unterredungen«.

2 Verfasser des nach ihm benannten (in den evangelischen Kirchen apokryphen) Buches des Alten Testaments, lebte um 200 v. Chr. Das Zitat ist Sir. 22,12.

3 Das ist auch die Quintessenz unserer Auszüge (S. 34–43) aus Aristoteles' »Nikomachischer Ethik«.

Leo N. Tolstoi

1 *Clemens von Alexandrien († nach 215), griechischer Kirchenlehrer, Leiter der alexandrinischen Katechetenschule. Durch ihn wurde die griechische Philosophie in die frühe christliche Theologie eingebracht. Gemeinsam mit dem nach ihm wirkenden Origenes († 253/ 54) hat er durch eine Auslegung des Alten und des Neuen Testaments, die sich von deren Verständnis als einem bildlich gegebenen, auf einen höheren geistigen Sinn deutenden Zusammenhang leiten läßt, für den mystischen Charakter der ostkirchlichen Liturgie und die Ikonenverehrung theologisch den Grund gelegt. Die ihrerseits platonisch verwurzelte Unterscheidung von Urbild und Abbild bei Clemens und Origenes ist der byzantinischen Bildtheologie zur Grundlage geworden, der Johannes Damaszenus im Bilderstreit (8./9. Jh.) zur Durchsetzung verholfen hat.*

2 *Einer der großen Kirchenlehrer der Orthodoxie (um 350–407). Erhielt in Antiochien eine rhetorische Ausbildung. Zog sich 372 als Einsiedler in die Wüste zurück, wurde zunächst Presbyter und 398 zum Patriarchen von Konstantinopel berufen. Im entbrennenden theologischen Streit um die Wiederherstellungslehre des Origenes verfocht Chrysostomus mit anderen Anhängern der antiochenischen Schule (Basilius, Gregor von Nyssa) den Gedanken des Origenes von der Erlösung der ganzen Welt einschließlich des Teufels und wurde infolgedessen als Patriarch abgesetzt. Nach kurzer,*

vom Volk erzwungener Rückkehr auf den Patriarchenstuhl schickte ihn Kaiser Arkadios 404 endgültig in die Verbannung. Die Predigten und die Kommentare zum Neuen Testament bilden einen wesentlichen Teil seines nachgelassenen Werkes. Eingehend hat er sich mit den Schriften des Apostels Paulus befaßt. Die in der orthodoxen Kirche am häufigsten gefeierte Liturgie wird dem Johannes Chrysostomus zugeschrieben.

Shrî Ramana Maharshi

1 Wörtlich: Ende der Veden. Hauptrepräsentant dieser Phase des vedischen Denkens ist Shankara (um 800 n. Chr.).

Sigmund Freud

1 Mit der Religion, gesehen als soziokulturelles Phänomen, hat sich Freud in mehreren seiner Schriften ausführlich befaßt. Auch das »Unbehagen in der Kultur« ist in wesentlichen Passagen diesem Thema gewidmet. So wird hier z. B. »das, was der gemeine Mann unter seiner Religion versteht« definiert als ein »System von Lehren und Verheißungen, das ihm einerseits die Rätsel dieser Welt mit beneidenswerter Vollständigkeit aufklärt, andererseits ihm zusichert, daß eine sorgsame Vorsehung über sein Leben wachen und etwaige Versagungen in einer jenseitigen Existenz gutmachen wird. Diese Vorsehung kann der gemeine Mann sich nicht anders als in der Person eines großartig erhöhten Vaters vorstellen. Nur ein solcher kann die Bedürfnisse des Menschenkindes kennen, durch seine Bitten erweicht, durch die Zeichen seiner Reue beschwichtigt werden. Das Ganze ist so offenkundig infantil, so wirklichkeitsfremd, daß es einer menschenfreundlichen Gesinnung schmerzlich wird zu denken, die große Mehrheit der Sterblichen werde sich niemals über diese Auffassung des Lebens erheben können.« (Siehe auch S. 313 und 316 f. des abgedruckten Textes.)

2 *Goethe mahnt sogar: »Nichts ist schwerer zu ertragen als eine Reihe von schönen Tagen.« Das mag immerhin eine Übertreibung sein.*

3 *Wenn nicht besondere Veranlagung den Lebensinteressen gebieterisch die Richtung vorschreibt, kann die gemeine, jedermann zugängliche Berufsarbeit an die Stelle rücken, die ihr von dem weisen Ratschlag Voltaires* angewiesen wird. Es ist nicht möglich,*

---

* Der Roman »Candide« des von 1694 bis 1778 lebenden französischen Philosophen und Schriftstellers endet mit dem Hinweis, es gelte, »un-

374

die Bedeutung der Arbeit für die Libidoökonomie im Rahmen einer knappen Übersicht ausreichend zu würdigen. Keine andere Technik der Lebensführung bindet den einzelnen so fest an die Realität als die Betonung der Arbeit, die ihn wenigstens in ein Stück der Realität, in die menschliche Gemeinschaft sicher einfügt. Die Möglichkeit, ein starkes Ausmaß libidinöser Komponenten, narzißtische, aggressive und selbst erotische, auf die Berufsarbeit und auf die mit ihr verknüpften menschlichen Beziehungen zu verschieben, leiht ihr einen Wert, der hinter ihrer Unerläßlichkeit zur Behauptung und Rechtfertigung der Existenz in der Gesellschaft nicht zurücksteht. Besondere Befriedigung vermittelt die Berufstätigkeit, wenn sie eine frei gewählte ist, also bestehende Neigungen, fortgeführte oder konstitutionell verstärkte Triebregungen durch Sublimierung nutzbar zu machen gestattet. Und dennoch wird Arbeit als Weg zum Glück von den Menschen wenig geschätzt. Man drängt sich nicht zu ihr wie zu anderen Möglichkeiten der Befriedigung. Die große Mehrzahl der Menschen arbeitet nur notgedrungen, und aus dieser natürlichen Arbeitsscheu der Menschen leiten sich die schwierigsten sozialen Probleme ab.

4 An einer späteren Stelle schreibt Freud zu diesem Thema u. a.: »Einer geringen Minderzahl wird es durch ihre Konstitution ermöglicht, das Glück doch auf dem Wege der Liebe zu finden, wobei aber weitgehende seelische Abänderungen der Liebesfunktion unerläßlich sind. Diese Personen machen sich von der Zustimmung des Objekts unabhängig, indem sie den Hauptwert vom Geliebtwerden auf das eigene Lieben verschieben, sie schützen sich gegen dessen Verlust, indem sie ihre Liebe nicht auf einzelne Objekte, sondern in gleichem Maße auf alle Menschen richten, und sie vermeiden die Schwankungen und Enttäuschungen der genitalen Liebe dadurch, daß sie von deren Sexualziel ablenken, den Trieb in eine *zielgehemmte* Regung verwandeln. Was sie auf diese Art bei sich zustande bringen, der Zustand eines gleichschwebenden, unbeirrbaren, zärtlichen Empfindens, hat mit dem stürmisch bewegten, genitalen Liebesleben, von dem es doch abgeleitet ist, nicht mehr viel äußere Ähnlichkeit. Der heilige Franciscus von Assisi mag es in dieser Ausnützung der Liebe für das innere Glücksgefühl am weitesten gebracht haben [...]. Eine ethische Betrachtung [...] will in dieser Bereitschaft zur

seren Garten zu bebauen« – ein Rat, den Freud an anderer Stelle als sinnvolle Methode der Ablenkung von den vielen Schmerzen, Enttäuschungen und unlösbaren Aufgaben, die das schwere Los des Menschen mit sich bringt, interpretiert.

allgemeinen Menschen- und Weltliebe die höchste Einstellung sehen, zu der sich der Mensch erheben kann. Wir möchten [...] hier unsere zwei hauptsächlichen Bedenken nicht zurückhalten. Eine Liebe, die nicht auswählt, scheint uns einen Teil ihres eigenen Werts einzubüßen, indem sie an dem Objekt ein Unrecht tut. Und weiter: es sind nicht alle Menschen liebenswert.«

5 *(Eine Anspielung auf den Friedrich dem Großen zugeschriebenen Ausspruch, wonach in seinem Staate jeder nach seiner Fasson selig werden könne.)*

6 *(Zusatz 1931:) Es drängt mich, wenigstens auf eine der Lücken hinzuweisen, die in obiger Darstellung geblieben sind. Eine Betrachtung der menschlichen Glücksmöglichkeiten sollte es nicht unterlassen, das relative Verhältnis des Narzißmus zur Objektlibido in Rechnung zu bringen. Man verlangt zu wissen, was es für die Libidoökonomie bedeutet, im wesentlichen auf sich selbst gestellt zu sein.*

Carl Friedrich von Weizsäcker

1 Zu Martin Luthers Theologie der Rechtfertigung siehe auch S. 189–201.

2 Pädagoge, Religionsphilosoph und Philologe (1913–1982). Pichts 1964 veröffentlichtes Buch »Die deutsche Bildungskatastrophe« hat eine folgenreiche Diskussion ausgelöst.

Dalai Lama

1 In diesem Alter wurde Tenzin Gyatso, der als kaum Fünfjähriger zum Dalai Lama ausgerufen worden war, die volle Staatsgewalt übertragen.

2 Der Jainismus (von *jaina*: »Sieger«, dem Ehrentitel der 24 Religionsgründer) ist in Indien beheimatet. Sein Kult ähnelt in vieler Hinsicht dem des Hinduismus.

Peter Sloterdijk

1 *Der französische Indienkenner Raymond Schwab hat u. W. erstmalig die Abenteuer der Indologie mit den philologischen Sensationen der Renaissancehellenistik parallelisiert. Vgl. »La renaissance orientale«, Paris 1948.*

2 *Otto Petras: Post Christum, Streifzüge durch die geistige Wirklichkeit; Berlin (Widerstands-Verlag) 1935, S. 11.*

Quellenverzeichnis

Originalüberschriften sind mit einem Sternchen (*) versehen, die anderen Überschriften stammen von den Herausgebern dieses Bandes.

ALTER ORIENT UND EUROPÄISCHE ANTIKE

Amenemope, *Die Seligkeit des Schweigers*
Aus: *Die Weisheitsbücher der Ägypter. Lehren für das Leben.* Eingeleitet, übersetzt und erläutert von Hellmut Brunner; Zürich und München (Artemis Verlag) 2. Auflage 1991, S. 238–243.
© 1991/1996 Artemis & Winkler Verlag, Düsseldorf.

Laotse, *Rückkehr zur Wurzel heißt Stille*
Aus: *Tao te king. Das Buch vom Sinn und Leben.* Übersetzt und mit einem Kommentar von Richard Wilhelm; München (Eugen Diederichs Verlag), DG 19, 10. Auflage der Neuausgabe 1996, Abschnitte 16, 37, 46, 49, 55, 57.

Buddha, *Frieden als Erlöschen des Lebensfeuers*
Aus: *Pfad zur Erleuchtung. Ein buddhistisches Lesebuch.* Übersetzt und herausgegeben von Helmuth von Glasenapp; München (Eugen Diederichs Verlag), DG 8, 6. Auflage der Neuausgabe 1994, S. 84–89, 92–103.

Aristoteles, *Höchste Glückseligkeit: Die Autarkie des beschaulichen Lebens*
Aus: *Die Nikomachische Ethik.* Übersetzt und mit einer Einführung und Erläuterungen versehen von Olof Gigon. Bibliothek der Antike (Deutscher Taschenbuch Verlag/Artemis Verlag) 2. Auflage 1995, Buch 10, Kap. 6–9.
© 1967/1996 Artemis & Winkler Verlag, Düsseldorf.

Dschuang Dsi, *Sich ruhig in den Lauf der Dinge fügen*
Aus: *Das wahre Buch vom südlichen Blütenland.* Aus dem Chinesischen übertragen und erläutert von Richard Wilhelm; München (Eugen Diederichs Verlag), DG 14, 8. Auflage 1994, Buch XV; XI, 1; VI, 3.

Epikur, *Die Unerschütterlichkeit der Seele und die Gesundheit des Leibes als höchste Güter*
Aus: *Philosophie der Freude.* Eine Auswahl aus seinen [Epikurs] Schriften. Übersetzt, erläutert und eingeleitet von Johannes Me-

waldt; Kröners Taschenausgabe Bd. 198; Stuttgart (Alfred Kröner Verlag) 5. Auflage 1973, S. 39–48.

Seneca, *Die Glückseligkeit in der Harmonie mit sich selbst*
Aus: *Vom glückseligen Leben. Auswahl aus seinen [Senecas] Schriften.* Herausgegeben von Heinrich Schmidt, eingeleitet von Jürgen Kroymann; Kröners Taschenausgabe Bd. 5; Stuttgart (Alfred Kröner Verlag) 14. Auflage 1978, Kap. 1–9, 15.

Marc Aurel, *Die Übereinstimmung mit sich selbst als Übereinstimmung des Handelns mit der Allnatur*
Aus: *Selbstbetrachtungen.* Neu verdeutscht und eingeleitet von Otto Kiefer; Leipzig (Eugen Diederichs Verlag) 1903, Buch 10, Abschn. 1–12, 14–22, 24–29, 32, 34, 36.

Bhagavadgita, *Seelenfrieden durch opferbereites, konzentriertes und reflektiertes Handeln*
Aus: *Bhagavadgita. Des Erhabenen Sang.* Übertragen und kommentiert von Leopold von Schroeder. In: Bhagavadgita/Aschtavakragita. Indiens heilige Gesänge; München (Eugen Diederichs Verlag), DG 21, 7. Auflage 1992, S. 33–39, 51–55.

Augustinus, *Der Friede der Gott über alles Liebenden und durch seine Gnade Erwählten*
Aus: *Vom Gottesstaat (De civitate dei).* Vollständige Ausgabe der Bücher 11 bis 22. Aus dem Lateinischen übertragen von Wilhelm Thimme. Eingeleitet und kommentiert von Carl Andresen; München (Deutscher Taschenbuch Verlag) 2. Auflage 1985, Buch 19, Kap. 14, 17, 20, 26–27.
© 1978/1996 Artemis & Winkler Verlag, Düsseldorf.

Boethius, *Die Philosophie als trostspendende Frau im Angesicht von Unglück und Tod*
Aus: *Trost der Philosophie.* Übersetzt von Ernst Gegenschatz und Olof Gigon. Mit einer Einführung und Erläuterungen von Olof Gigon. Bibliothek der Antike (Deutscher Taschenbuch Verlag/Artemis Verlag) 1991, Buch 2–3 (gekürzt).
© 1990/1996 Artemis & Winkler Verlag, Düsseldorf.

Seng-ts'an, *Vereint mit der Wahrheit und ledig und frei von aller Sorge*
Aus: *Zen. Der lebendige Buddhismus in Japan. Ausgewählte Stücke des Zen-Textes.* Übersetzt und eingeleitet von Schûej Ôhasama. Herausgegeben von August Faust (mit Geleitwort von Rudolf Otto); Gotha und Stuttgart (Friedrich Andreas Perthes Verlag) 1925, S. 64–71.

MITTELALTER UND RENAISSANCE

Al-Ghasâli, *Von der Zufriedenheit mit dem Ratschluß Gottes**
Aus: *Das Elixier der Glückseligkeit.* Aus dem Persischen und
Arabischen übertragen von Hellmut Ritter. Mit einem Vorwort
von Annemarie Schimmel; München (Eugen Diederichs Verlag),
DG 23, 6. Auflage 1996, S. 208–209, 214–224.

Margareta Porete, *Die friedvolle Rast der willenlosen Seele*
Aus: *Der Spiegel der einfachen Seelen. Wege der Frauenmystik.*
Aus dem Altfranzösischen übertragen und mit einem Nachwort
und Anmerkungen von Louise Gnädinger; Zürich und München
(Artemis Verlag) 1987, S. 17, 21–22, 78–80, 82–84, 125–128,
141–142.
© 1987/1996 Artemis & Winkler Verlag, Düsseldorf.

Meister Eck(e)hart, *Die Gelassenheit des abgeschiedenen Gemüts*
Aus: *Deutsche Predigten und Traktate.* Herausgegeben und übersetzt von Josef Quint; München/Wien (Carl Hanser Verlag) 1955,
7. Auflage 1995, S. 55–56, 58–61, 93–100.

Heinrich Seuse, *Über die stille Einfalt des edlen Menschen*
Aus: Heinrich Seuse/Johannes Tauler: *Mystische Schriften.* Werk-
auswahl von Winfried Zeller. Herausgegeben von Bernd Jaspert;
München (Eugen Diederichs Verlag), DG 74, 2. Auflage 1993,
S. 77–86.

Johannes Tauler, *Von innerer Freude und Frieden im heiligen Geist*
Aus: Heinrich Seuse/Johannes Tauler: *Mystische Schriften.* Werk-
auswahl von Winfried Zeller. Herausgegeben von Bernd Jaspert;
München (Eugen Diederichs Verlag), DG 74, 2. Auflage 1993,
S. 201–208.

Nikolaus von Kues, *Die Ruhe im Sehen Gottes als Zusammenfall
aller endlichen Gegensätze*
Aus: *Des Cardinals und Bischofs Nicolaus von Cusa wichtigste
Schriften in deutscher Übersetzung von F. A. (= Franz Anton)
Scharpff;* Freiburg i. Br. (Herder'sche Verlagshandlung) 1862,
S. 165–167, 169–170, 174–178, 180–182.

Martin Luther, *Daß allein der Glaube ohne alle Werke fromm frei
und selig macht*
Aus: *Ausgewählte Schriften in sechs Bänden.* Herausgegeben von
Karin Bornkamm und Gerhard Ebeling. Band 1: Aufbruch zur
Reformation; Frankfurt a. M. (Insel Taschenbuch Verlag) 1. Auf-
lage 1995, S. 239–244, 251–260, 263.

Michel de Montaigne, *Über die Ordnung und Ruhe der Lebensführung*

Aus: *Essais*. Auswahl und Übersetzung von Herbert Lüthy; Zürich (Manesse Verlag) 1953, 8. Auflage 1992, S. 842–885 (gekürzt).

Vom Beginn der Neuzeit bis zur Gegenwart

Blaise Pascal, *Jenseits von Ablenkungen der Gesellschaft und den Abgründen der Natur*
Aus: *Gedanken*. Aus dem Französischen. Übersetzung von Ulrich Kunzmann. Herausgegeben und mit einer Einführung von Jean-Robert Armogathe; Leipzig (Reclam-Verlag) 2. Auflage 1992, Kap. 8 (Abschn. 136/139), 9 (143/464), 13 (167/269, 170/268, 173/273, 188/267), 15 (198/693, 199/72), 10 (148/425).

Baruch de Spinoza, *Was notwendig ist, erstreben, und in der Wahrheit zu sich selbst kommen*
Aus: *Die Ethik, Schriften und Briefe*. Herausgegeben von Friedrich Bülow; Kröners Taschenausgabe Bd. 24; Stuttgart (Alfred Kröner Verlag) 1982 (= Unveränderter Nachdruck der 7. Auflage 1976), S. 260–268.

Johann Heinrich Pestalozzi, *Der Mensch muß zu innerer Ruhe gebildet werden*
Aus: *Werke in vier Bänden*. Herausgegeben von Adolf A. Steiner; Zürich (Consortium AG) o. J., Band 4, S. 307–314.
© 1972 by Stauffacher Publishers Ltd. Zurich.

Christoph Martin Wieland, *Philosophie als Kunst zu leben und Heilkunst der Seele**
Aus: *Sämmtliche Werke*. Herausgegeben von der »Hamburger Stiftung zur Förderung von Wissenschaft und Kultur« in Zusammenarbeit mit dem »Wieland-Archiv«, Biberach/Riß, und Dr. Hans Radspieler, Neu-Ulm. Hamburg 1984 (= Reprint der Göschen-Ausgabe, Leipzig 1796); VIII, Bd. 24, S. 55–70.
Alle Rechte für diese Ausgabe und © 1984 by »Hamburger Stiftung zur Förderung von Wissenschaft und Kultur«.

Johann Gottlieb Fichte, *Die Anweisung zum seligen Leben**
Aus: *Die Anweisung zum seligen Leben, oder auch die Religionslehre*. Neuausgabe in der Philosophischen Bibliothek, Bd. 234. Herausgegeben von Hansjürgen Verweyen; Hamburg (Felix Meiner Verlag) 1983, 4. Auflage 1994, S. 11–23.

Arthur Schopenhauer, *Von der Heiterkeit des Sinnes in einer leidvollen Welt*
Aus: *Aphorismen zur Lebensweisheit*. Herausgegeben von Rudolf Marx; Kröners Taschenausgabe Bd. 16; Stuttgart (Alfred Kröner

Verlag) 1974 (= Unveränderter Neudruck der 15. Auflage 1950), Kap. 1–2 (gekürzt).

Leo N. Tolstoi, *Die Freude und das Glück des Lebens, die der Tod nicht vernichten kann*
Aus: *Mein Glaube.* Aus dem Russischen von Raphael Löwenfeld. Durchgesehene Neuausgabe mit Anmerkungen von Evelies Schmidt (= Religions- und gesellschaftskritische Schriften, Band 2); München (Eugen Diederichs Verlag) 1990, S. 13–16, 18–30.

Shrî Ramana Maharshi, *Der Weg zum Selbst als Weg zur Ruhe*
Aus: Heinrich Zimmer: *Der Weg zum Selbst. Lehre und Leben des Shrî Ramana Maharshi.* Neuausgabe mit einer Einleitung von Günther Mehren; München (Eugen Diederichs Verlag), DG 7, 7. Auflage 1991, S. 138–147.

Sigmund Freud, *Über die Glücksmöglichkeiten des Menschen*
Aus: *Studienausgabe.* Herausgegeben von Alexander Mitscherlich, Angela Richards und James Strachey. Band IX: Fragen der Gesellschaft / Urprünge der Religion); Frankfurt a. M. (S. Fischer Verlag GmbH) 1974, S. 207–216.

Carl Friedrich von Weizsäcker, *Friedlosigkeit als seelische Krankheit**
Aus: *Der bedrohte Friede. Politische Aufsätze 1945–1981;* München/Wien (Carl Hanser Verlag) 1981, S. 153–177 (gekürzt).
Der Vortrag ist auch abgedruckt in: C. F. v. Weizsäcker: *Der ungesicherte Friede;* Göttingen (Vandenhoeck & Ruprecht Verlag) 2. Auflage 1979, S. 32–56.

Dalai Lama, *Von Liebe, Mitgefühl, innerer Harmonie und geistigem Glück*
Aus: *In die Herzen ein Feuer. Aufbruch zu einem tieferen Verständnis von Geist, Mensch und Natur.* Einzig berechtigte Übersetzung aus dem Französischen von Padmakara-Übersetzungen (Sabine von Minden und Gerard Godet); (O. W. Barth Verlag) 1. Auflage 1995, S. 69–76, 81–90.
© deutsche Rechte im O. W. Barth Verlag (im Scherz Verlag), Bern und München.

Peter Sloterdijk, *Die Chance einer asiatischen Renaissance: Zur Theorie des Alten**
Aus: *Eurotaoismus. Zur Kritik der politischen Kinetik;* Frankfurt a. M. (Suhrkamp Verlag) 1989, S. 82–95.